스탈린의서재
독재자의 책읽기와 혁명

스탈린의 서재
_독재자의 책읽기와 혁명

2024년 3월 26일 제1판 1쇄 발행
2024년 8월 19일 제1판 2쇄 발행

지은이   제프리 로버츠
옮긴이   김남섭
펴낸이   이재민, 김상미

기획   이지완
편집   이상희
디자인   김회량, 정희정

펴낸곳   (주)너머_너머북스
주소   서울시 서대문구 증가로20길 3-12
전화   02) 335-3366, 336-5131 팩스 02) 335-5848
홈페이지   www.nermerbooks.com
등록번호   제313-2007-232호

ISBN 978-89-94606-87-3 03920

blog.naver.com/nermerschool
너머북스 | 현재를 보는 역사, 너머학교 | 책으로 만드는 학교

너 머 의
글 로 벌
히스토리
06

스탈린의 서재
독재자의 책읽기와 혁명

제프리 로버츠 지음
김남섭 옮김

너머북스

모스크바의 친구들에게 감사하며

일러두기

1. 이 책은 Geoffrey Roberts, *Stalin's Library: A Dictator and His Books* (New Haven and London: Yale University Press, 2022)를 우리말로 옮긴 것이다.
2. 이 책에 나오는 외래어는 국립국어원의 외래어 표기법과 표준국어대사전, 용례찾기를 참조해 표기했다.
3. 본문 아래의 각주는 옮긴이의 주며, 미주는 원서의 주다.
4. 단행본, 신문과 잡지 같은 정기간행물, 중편 소설과 장편 소설 등은 『 』로 표시했다.
5. 논문, 논설, 기사, 단편소설 등은 「 」로 표시했다.
6. 시, 영화, 희곡, 각본, 연극, 그림 등은 〈 〉로 표시했다.
7. 본문 중 굵게 적은 것은 원래 저자가 강조한 것이다.

차례

도판 목차

크렘린의 학자

　이 책에서는 역사상 아주 잔혹한 독재자 중 한 명이었던 이오시프 스탈린의 지적 생활과 전기를 탐구한다. 특이하게도 이 탐구는 스탈린의 개인 장서라는 프리즘을 바탕으로 한다. 독서에 몰두하고 자기 계발에 적극적이었던 스탈린은 평생 책을 열광적으로 모았다. 1920년대 중반에 스탈린은 'I. V. 스탈린의 장서Biblioteka I. V. Stalina'라는 인장을 찍는 형태로 자신이 소유한 장서의 정체성을 확인했다. 스탈린은 또 자신만의 도서 분류 체계를 고안해 사서 업무에도 종사했다. 스탈린의 방대한 소장 도서는 대부분 인접한 건물에 보관되어 있었고 직원들이 책을 가져다주긴 했지만, 그의 가장 큰 모스크바 다차(시골 별장)에서 중심부를 차지한 것은 으리으리한 서재였다. 독재자가 사망한 다음 날 다차를 방문한 드미트리 셰필로프[1]는 "대형 책상이 있었고 맞은편에 보조 책상을 배치해 T자 형태를 이루었는데, 두 책상 다 책과 원고, 서류가 높이 쌓여 있었다. 서재 주위에 있는 작은 탁자들에도 마찬가지였다"라고 회상했다. 스탈린은 이 서재의 소파에

---

1) Dmitry Trofimovich Shepilov(1905~1995). 소련의 정치가이자 외교관. 1949~1952년 소련공산당 중앙위원회 선전부 부장, 1952~1956년 『프라우다』 편집장, 1956~1957년 외무장관을 역임했다.

죽어 있었는데, 그는 며칠 전에 뇌졸중으로 그곳에 쓰러져 일어나지 못했다.[1]

경제학자인 셰필로프는 『프라우다』 편집장이었다. 1956~1957년에 셰필로프는 소련 외무장관으로 활동했으나 공산당 대표로서 스탈린의 후임이었던 니키타 흐루쇼프[2]를 권좌에서 축출하려 한 기도가 실패로 돌아가면서 그 기도를 지지한 대가로 외무장관직을 상실했다. 셰필로프는 대체로 기관원이었기에 그의 회고록 영어판 『크렘린의 학자』는 제목 자체가 적절하다고 볼 수 없었다. 하지만 그 제목은 셰필로프의 죽은 상관에게는 더욱 어울릴 만한 명칭이었다.[2]

스탈린이 사망했을 때 그의 장서는 약 2만 5,000권의 책과 정기간행물, 팸플릿으로 이루어져 있었다. 이 소장 도서들을 온전하게 보존할 수도 있었지만, 그의 다차를 '스탈린 박물관'으로 바꾸는 계획은 1956년 2월 제20차 당 대회에서 흐루쇼프가 그와 그의 개인 숭배를 비난한 후 보류되었다. 그 대신 독재자의 책은 다른 도서관들로 흩어졌다. 그러나 스탈린 장서의 중요한 자취와 흔적은 공산당 기록보관소, 특히 스탈린이 표시하고 주해를 단 거의 400점에 이르는 텍스트들의 컬렉션에 살아남았다. 1980년대 말 소련 공산주의가 해체되었을 때 재발견된 이 포멧키pometki(표시들)는 스탈린이 권력만큼이나 사상을 가치 있게 생각한 진지한 지식인이었음을 밝혀주었다. 말의 힘을 진정으로 믿은 스탈린은 소련 사회주의의 유토피아

---

2) Nikita Sergeyevich Khrushchev(1894~1971). 러시아의 혁명가이자 정치가. 1953년부터 1964년까지 소련 공산당 제1서기, 1958년부터는 소련 각료회의 의장을 역임했다. 스탈린주의를 비판했고 대외적으로는 미국을 비롯한 서방 국가와 공존을 모색했다. 그의 탈스탈린화 정책과 반스탈린주의 정책은 공산주의 국가들에 큰 충격과 함께 폭넓은 반향을 불러일으켰다.

적 목적을 달성하는 데 핵심적이라고 여겨진 더욱 높은 공산주의 의식을 배우기 위해서뿐 아니라 획득하기 위해서도 글을 읽었다. 지식인인 동시에 이데올로그였던 스탈린은 마르크스-레닌주의에 대한 신념을 공언했는데, 장서에서 볼 수 있듯이 그는 완전히 진심이었다.

역사는 스탈린이 가장 좋아한 주제였고, 마르크스주의 이론이 그 뒤를 바짝 뒤따랐으며, 그다음은 픽션이었다. 레닌은 스탈린이 제일 좋아한 저술가였으나, 스탈린은 레프 트로츠키[3]를 비롯한 그의 주요 정적들이 쓴 글도 많이 읽었고, 때로는 그 가치를 인정하기도 했다. 국제주의자로서 스탈린의 관심사는 전 지구적이었지만 러시아어와 그가 태어난 곳의 언어인 조지아[4]어 말고 다른 언어는 구사하지 못했다. 그래서 외국 서적에 대한 그의 독서는 번역된 책에 국한되었다.[3] 스탈린은 고대사를 매우 흥미 있어 했고 러시아의 차르 통치, 특히 이반 뇌제[5]와 표트르 대제,[6] 예카테리나 여제[7] 시대의 교훈에 열중했다. 스탈린은 군사사軍事史를 많이 읽었고 전

---

3) Lev Trotsky(1879~1940). 러시아의 혁명가이자 소련의 외교관, 정치가, 사상가. 초기에는 멘셰비키였다가 볼셰비키로 전환했고 10월 혁명에서 레닌과 함께 볼셰비키당의 지도자 중 한 명으로 소련을 건설했다. 소련의 초대 외무 인민위원을 맡았으며 붉은군대의 창립자다. 레닌 사후 스탈린과의 권력투쟁에서 밀려나 멕시코로 망명했으나, 스탈린이 사주했다고 여겨지는 암살자에게 살해당했다.

4) Georgia. 서아시아와 동유럽 흑해 연안 남캅카스에 위치한 공화국. 수도는 트빌리시다. 러시아어로는 그루지야라고 하며 이 때문에 소연방의 일원이었을 때는 그루지야라고 불렸다. 조지아인들은 자신들의 나라를 '사카르트벨로'라고 일컫는다.

5) Ivan the Terrible(1530~1584). 러시아어 정식 명칭은 이반 4세 그로즈니다. 1533년부터 1547년까지 모스크바 대공국의 대공이었으며, 강력한 전제권력을 수립했다.

6) Peter the Great(1672~1725). 러시아어 정식 명칭은 표트르 1세 벨리키다. 러시아 제국 로마노프 왕조의 황제(재위 1682~1725)로서 서구화 정책과 영토 확장으로 러시아를 유럽의 주요 국가로 발전시켰다.

7) Catherine the Great(1729~1796). 러시아어 정식 명칭은 예카테리나 2세 벨리카야다. 로마노프 왕조의 8번째 군주(재위 1762~1796)로 원래는 프로이센 출신 독일인이다. 무능한 남편 표트르 3세를 대신해 섭정을 맡았으며, 1762년 남편 표트르 3세를 축출하고 황제가 되었다.

투에서 절대 지지 않았던 18세기 전략가 알렉산드르 수보로프[8]와 1812년에 나폴레옹을 물리쳤던 미하일 쿠투조프[9] 원수 같은 차르의 영웅적 장군들을 높이 찬양했다. 아마도 더 놀라운 일은 스탈린이 독일의 '철혈 재상' 오토 폰 비스마르크[10]에게 매료된 사실일 것이다. 스탈린은 또 그처럼 역사를 좋아했던 윈스턴 처칠[11]과 미국 대통령 프랭클린 루스벨트[12] 같은 다른 부르주아 정치가들도 개인적으로 높이 평가했으며, 미국의 헌법을 연구하기도 했다.

스탈린은 회고록을 작성하거나 일기를 쓰지는 않았지만, 자신이 집필하고 편집한 책뿐 아니라 읽은 책에도 뚜렷하게 표시된 문헌적 흔적을 남겼다. 이 책들을 꼼꼼히 살펴보면 20세기에 가장 자기 의식적으로 지적이고자 했던 독재자가 독서 생활을 어떻게 꾸렸는지 그 모습을 복합적으로 미묘하게 그려볼 수 있다.

1장 「잔혹한 폭군과 책벌레」에서는 문자 텍스트를 숭배한 볼셰비키 지식인으로서 스탈린을 개관한다. 스탈린은 모든 볼셰비키 지도자처럼 독

---

8) Alexander Vasilyevich Suvorov(1729 혹은 1730~1800). 러시아 제국의 군사령관. 7년 전쟁, 러시아-투르크 전쟁, 프랑스 혁명 전쟁 등에 참가했다.

9) Mikhail Illarionovich Kutuzov(1745~1813). 러시아의 육군 원수로 1812년 나폴레옹의 러시아 원정기간에 프랑스군을 패퇴시킨 것으로 유명하다. 이 승리는 나폴레옹 전쟁의 중요한 전환점이 되어 나폴레옹의 몰락을 불러왔다.

10) Otto Eduard Leopold Fürst von Bismarck-Schönhausen(1815~1898). 독일을 통일하여 독일 제국을 건설한 프로이센의 외교관이자 정치인. 프로이센 왕국에서 외무장관과 총리, 독일 제국 창설 후에는 초대 총리(재임 1871~1890)를 지냈다.

11) Winston Churchill(1874~1965). 영국의 보수주의 정치가. 1940~1945년, 1951~1955년 영국 총리를 지냈다.

12) Franklin Delano Roosevelt(1882~1945). 미국의 32대 대통령(재임 1933~1945). 임기 동안 대공황과 제2차 세계대전을 모두 경험한 지도자로 뉴딜정책을 실시해 미국이 대공황에서 벗어나도록 도왔고, 제2차 세계대전 때 연합군의 일원으로 독일, 이탈리아, 일본을 상대로 전쟁을 수행해 승리로 이끌었다.

서가 사람들의 사상과 의식뿐 아니라 인간의 본성 자체를 변모하도록 도울 수 있다고 믿었다.

스탈린은 "누군가를 '완전히' 아는 것은 불가능하다"라고 1924년 데미얀 베드니[13]에게 썼으나,⁴ 그의 장서에서 우리는 그의 속을 더 잘 알 수 있게 된다. 스탈린의 눈으로 세계를 보면서 우리는 그의 가장 내밀한 사고뿐 아니라 인격도 상상해볼 수 있다.

스탈린은 사이코패스가 아니라 정서적으로 이해력이 뛰어나고 감수성이 예민한 지식인이었다. 실제로 스탈린이 수십 년간 야만적인 통치를 유지할 수 있었던 것은 그 자신이 깊이 간직한 신념에 대한 정서적 애착의 힘덕분이었다.

2장 「스탈린 전기 작가들의 돌을 찾아서」에서는 그의 전기 문제를 꺼낸다. 이를 위해서 드물지만 스탈린의 초기 삶을 독재자 자신이 어떻게 설명했는지, 또 스탈린의 일대기에 대해 공인된 해석을 구축하려는 공식적 노력에 그가 어떻게 반응했는지를 검토한다. 마찬가지로 중요한 것은 이 장이 스탈린의 전집을 발간하는 프로젝트에 그 자신이 어떻게 광범하게 관여하는지를 다루었다는 사실이다. 스탈린은 자신의 수많은 논설, 연설, 강연, 팸플릿, 소책자를 매우 긴요한 지적 유산으로 여겼다. 이것들은 스탈린이 자신의 전기를 쓸 때 집필의 뼈대로 삼으려 한 저술이었다. 1953년 3월 스탈린이 사망할 당시 미완이었던 이 프로젝트는 흐루쇼프가 취소했으나, 그럼에도 그때까지 발간된 13권은 스탈린의 생애와 사고를 이해하

---

13) Demyan Bedny(1883~1945). 러시아의 시인, 풍자 작가, 볼셰비키 선전가. 본명은 예핌 알렉세예비치 프리드보로프(Yefim Alekseyevich Pridvorov)다.

는 데 여전히 필수적인 자료다. 이는 스탈린을, 스탈린이 자신을 바라보는 식으로, 즉 적극적으로 행동하는 정치적 지식인으로 간주하는 전기 작가들에게는 특히 그렇다.

3장 「읽기, 쓰기, 혁명」에서는 젊은 스탈린을 다룬다. 이 장에서는 특히 스탈린의 교육과 지적 생활, 독서 습관에 주의를 기울이면서 그가 어떻게 지하 혁명가가 되는지를 살핀다. 스탈린은 어릴 때부터 책과 관계했다. 스탈린은 교회 학교에 다녔고 신학교에서 고등 교육을 받았다. 그는 대학교에 진학해서 교수가 되고 싶어 했으나 차르의 억압 앞에서 정치적 행동주의자의 삶을 살기로 했다.

젊은 스탈린이 가장 집중적으로 읽고 공부한 책은 어쩔 수 없이 기독교 성경이었지만, 그의 종교적 훈육이 깊게 장기간 영향을 미쳤다는 증거는 없다. 스탈린은 볼셰비키가 되는 과정에서 종교적 신념을 세속적 신념과 바꿨으나 그의 새로운 이념에서 신의 부재는 마르크스주의의 진리 주장이 계시가 아니라 과학에 뿌리박고 있음을 의미했다.

스탈린은 다른 볼셰비키만큼이나 교회에 적대적이었고 권력을 잡았을 때는 종교를 가혹하게 탄압했다. 제2차 세계대전 동안 임시방편으로 러시아 정교회는 물론 여타 신앙과도 화해했지만 스탈린이 종교적 신념을 보유했다는 증거는 없다.

이 장은 1922년에 스탈린이 총서기로 임명되고 1924년 볼셰비즘 창시자가 죽은 뒤에 '레닌의 유언'을 둘러싸고 벌어진 논쟁으로 끝을 맺는다. 스탈린은 이른바 이 유언에서 레닌이 자신에게 가한 비판을 이겨내고 살아남아 정치적으로 더 강하고 지적으로 더 자신감 있는 모습으로 나타났다. 그리고 레닌을 기억하고자 하는 스탈린의 헌신적 태도는 조금도 약해지지 않았다.

4장 「독재자 장서의 삶과 운명」에서는 1925년을 기점으로 스탈린의 개인 장서가 어떻게 만들어지고 어떻게 해체되었다가 일부 복구되었는지를 이야기한다. 이 장에서는 독재자가 무슨 책을 관심 있게 읽었는지 또 그 책에서 무엇을 배웠는지를 탐구한다. 가족생활과 1932년 부인의 자살을 이야기하며 스탈린의 전기도 계속 다룬다. 더 나아가 스탈린이 사망한 후 그의 장서가 어떻게 되었는지를 상세히 전하고, 남은 장서를 재발견하면서 스탈린을 학문적으로 어떻게 다시 상상하게 되었는지를 개괄한다.

5장 「흥, 망할 놈의 크리스마스! 스탈린의 포멧키」에서는 스탈린이 읽었던 책들에 있는 많은 표시와 메모를 주제에 맞춰 세밀하게 탐구한다. 이 장은 스탈린의 표시를, 새로운 사상과 정보를 흡수하는 한 방법으로 책에 무언가를 쓰는 유서 깊은 휴머니즘 전통 안에 위치시키는 것으로 시작한다. 스탈린은 매우 적극적이고 열성적이며 체계적인 독서가였던 것 같다. 스탈린의 독서가 남긴 물적 흔적은 그의 관심과 사고, 그가 표시한 텍스트들에 대한 정서적 반응을 드러내준다.

스탈린의 생애를 하나의 긴 연극에 비유한다면, 그는 그 과정에서 여러 다른 배역을 맡았다. 확실히 그의 책 표시들에는 연기의 요소가 있었다. 왜냐하면 스탈린은 그 표시들이 틀림없이 연구 대상이 될 거라고 생각했을 것이기 때문이다. 그러나 우리는 이 표시들을 통해 생각에 깊이 빠진 지식인으로서 자연스러운 스탈린에 가장 가까이 다가갈 수 있다.

이 장에서 뜻밖에 밝혀진 사실 중 하나는 혁명 이후 초기에 스탈린이 사람들이 대부분 생각하는 것보다 트로츠키를 더 높이 평가했다는 점이다. 스탈린은 마르크스, 엥겔스, 레닌 다음으로 그 누구보다 트로츠키에게서 더 많은 것을 배웠다.

스탈린의 전기에서는 매우 중요한 몇몇 일화를 분석하면서 그의 포멧키를 함께 검토한다. 1920년대의 당내 권력투쟁, 1937~1938년의 대테러, 1930년대와 1940년대의 스파이 광기, 소련 애국주의의 등장, 군사 업무와 대조국전쟁, 스탈린이 전후에 철학, 과학, 심리학, 언어학 등의 논쟁에 개입한 일이 그런 일화다.

6장 제목 「역공학: 스탈린과 소비에트 문학」에서는 사회주의 사회에서 작가의 역할은 "인간 영혼의 기사技師"여야 한다는 스탈린의 유명한 발언을 참조한다. 스탈린은 픽션을 숱하게 읽었고, 그의 장서에는 소설, 희곡, 시집이 엄청나게 많았다. 유감스럽게도 스탈린은 픽션 작품에는 표시를 하거나 인장을 찍거나 서명을 하지 않았으므로 이 텍스트들은 장서들이 흩어질 때 거의 다 없어지고 아주 조금만 남았다. 하지만 1920년대 말부터 스탈린은 문학, 즉 시, 장·단편 소설뿐 아니라 희곡, 영화 각본에 대해 할 이야기가 많았다. 이 언급들에서 스탈린이 무슨 종류의 문학을 좋아하고 그것을 어떻게 읽었는지를 추론할 수 있다.

스탈린은 글만 보면 습관적으로 뜯어고쳤다. 스탈린은 대체로 매일 그의 책상을 거치고 집무실을 통과하는 문서 수백 건을 편집했다. 그러나 7

장 「소련의 편집장」에서 보이듯이, 스탈린은 또한 자신의 공식 『약전略傳』전후판戰後版의 개정을 비롯해 일부 중요한 책 프로젝트에도 관여했다. 흐루쇼프는 1956년에 스탈린의 개인 숭배를 비난하면서 스탈린이 자신의 자존감을 부풀리려고 전기를 윤색했다고 주장했다.

실제로는, 스탈린은 지나친 찬양을 누그러뜨렸다. 훨씬 더 주목할 만한 사실은 스탈린이 악명 높은 『단기강좌 소련공산당사』(1938)에서 자신의 개인적 존재를 축소한 방식이었다. 이 책은 스탈린의 적을 타락자, 암살자, 스파이로 비난한 당 교본이었다. 이 두 책과 여타 책들에 대한 스탈린의 편집은 스탈린이 사실상 공저자로 간주될 만큼 세밀했다. 스탈린은 세련되게 편집하지는 못했지만 자료를 정리해 정치적 메시지를 단순명쾌하게 전달하는 데 매우 능숙했다.

스탈린은 생애의 마지막 순간까지 상당한 지적 능력을 보유했다. 스탈린은 방황하는 아들 바실리[14]에게 자신이 역사, 문학, 군사 업무에 관해 읽고 있는 책들을 가리키며 "내 나이가 칠십이란다. 하지만 난 지금도 계속 배우는 중이야"라고 말했다.[5] 하지만 1950년대 초에 스탈린은 육체가 쇠잔해지고 지적 능력이 떨어지면서 전성기가 지나갔다.

1920년대에 소련 교육 인민위원이었던 아나톨리 루나차르스키[15]는 스스로를 "볼셰비키 중에서 지식인이자 지식인 중에서 볼셰비키"라고 묘사했다.[6] 이 묘사는 스탈린에게도 사실이었다. 차이가 있다면, 스탈린은 지

---

14) Vasily Iosifovich Dzhugashvili(1921~1962). 바실리 스탈린이라고도 알려져 있다. 스탈린과 그의 두 번째 부인인 나데즈다 알릴루예바 사이에서 태어난 아들이다.

15) Anatoly Vasilyevich Lunacharsky(1875~1933). 러시아의 작가, 정치가. 1890년대 말부터 혁명운동에 가담하고, 혁명 후에는 교육 인민위원으로서 폭넓은 문예 활동을 전개하며 소련 문학의 발전을 위해 노력했다.

식인이라기보다는 볼셰비키였고, 그에게 사회주의 유토피아를 맹렬하게 추구하지 않도록 누그러뜨려 줄 수도 있었을 회의적 태도가 없었다는 사실이다.

1장

잔혹한 폭군과 책벌레

잔혹한 폭군, 개인적 목적을 위해 당을 통제하는 도당徒黨 정치인, 피해 망상에 시달리는 성격, 비정한 관료, 이념적 광신자. 어느 정도 스탈린은 이 모든 것의 전형이었다. 그러나 스탈린은 끝없는 읽기와 쓰기, 편집에 몰두한 지식인이기도 했다. 이는 자기 혼자 하는 고독한 활동이었고, 그 사이사이 스탈린은 회의에 참석하고 연설도 했다. 문자 텍스트든 음성 텍스트든 텍스트는 스탈린의 세계였다.

소련 통치자로서 그가 저지른 악행의 규모를 감안할 때 스탈린을 괴물로 상상하는 것은 자연스러운 일이다. 마음속으로 스탈린이라는 사람이 반대파를 맹렬히 비난하고, 이전 동지들을 배신하고, 강요된 자백을 자세히 조사하고, 처형을 명령하고, 결백 호소에 귀를 닫고, 공산주의 디스토피아의 엄청난 인적 희생을 차갑게 무시했다고 생각하는 것이다. 하지만 도덕적 혐오가 스탈린이 자신이 했던 일을 어떻게 그리고 왜 할 수 있었는지를 설명하는 대안이 될 수는 없다.

이 책에서는 다른 렌즈를 통해 스탈린을 바라본다. 즉 스탈린을 권력만큼이나 사상을 중히 여기고 독학을 한시라도 게을리하지 않은 헌신적인 이상주의자이자 행동주의적 지식인으로, 생애 마지막 순간까지 혁명을 위해 글을 읽은 쉼 없는 정신의 소유자로 간주한다. 책에서는 스탈린 개인 장서의 출현과 해체 그리고 부분적 부활을 이야기한다. 스탈린이 읽은 책이 무엇이고 어떻게 읽었는지 그리고 이로써 그가 무엇을 배웠는지를 탐구한다.

초기 스탈린 전기 작가 중 한 명인 위대한 아이작 도이처[1]는 스탈린의 "사회주의가 냉정하고 진지하며 거칠다"라고 생각했다.[1] 독서가로서 스탈린의 생애를 살피는 이 연구의 주요한 통찰력은 그의 사상에 스며들어 있는 정서적 힘을 보는 것이다. 우리는 스탈린의 개인 장서 중 표시가 된 책들에서 스탈린이 매우 크게 중요시한 사상뿐 아니라 그의 감정도 엿볼 수 있다. 스탈린에게 소비에트 러시아를 근대화하고 공산화하는 데 사용한 야만적인 방법을 실행하고 유지하게 해준 것은 정신병이 아니라 스탈린의 개인적 신념 체계의 활력이었다. 스탈린은 부르주아, 쿨라크,[2] 자본가, 제국주의자, 반동주의자, 반혁명가, 반역자 같은 자신의 적들을 증오했지만, 그들의 사상은 훨씬 더 혐오했다.

알 알바레즈Al Alvarez(1929~2019)가 지식인을 정의할 때처럼 스탈린은 사

---

1) Isaac Deutshcer(1907~1967). 폴란드 태생의 마르크스주의 저술가, 언론인, 정치 활동가. 1927년 폴란드 공산당에 입당해 당 기관지의 편집인이 되었다. 스탈린의 사회주의 파시즘과 코민테른에 반대하고 트로츠키의 반나치 통일전선을 지지하다 1932년 당에서 제명당했다. 1939년 영국으로 망명한 뒤 문학평론가, 경제학자, 정치평론가로서 활발히 활동하며 영국과 미국의 여러 신문과 잡지에 글을 썼다. 주요 저서로는 트로츠키 전기 3부작과 『스탈린』, 『소비에트 노동조합』 등이 있다.

2) kulak. 러시아 제국 말기의 부유한 농민을 일컫는 용어. 소련 초기에는 10월 혁명 참여를 주저하는 농민층을 모호하게 지칭하는 의미로 사용되었다.

상이 정서적으로 중요한 사람이었다.[2] 스탈린이 지닌 지성의 성격에 관한 이러한 시각은 스탈린이 "계몽주의 혁명가", 즉 사회주의가 이성에 의해 획득되어야 할 합리적 목표라고 믿은 "과학적 사회주의자"였지만 또한 사회주의를 투쟁, 동원, 개인적 헌신으로만 달성될 수 있는 인간의 피조물로 본 포스트 계몽주의 낭만주의자이기도 했다는 생각과 잘 어울린다.[3] 스탈린은 그가 성취하고자 하는 바를 스스로 매우 강력하게 감지했기 때문에 "정서적으로 고취된 동원을… 초합리주의적 목표를 달성하는 필수적인 수단으로" 여겼고, "정서의 동원 역할을 날카롭게 깨달았다"라는 것이 놀라운 일은 아니다.[4] 스탈린에게 사회주의를 건설하려고 애쓰는 것은 매우 개인적이고 주의주의主意主義[3)]적인 프로젝트였으며, 투쟁 결과가 실망스러우면 스탈린은 예외 없이 대의가 불충분한 것이 아니라 사람이 부족하다고 생각했다. 스탈린은 사회주의가 결점과 결함이 많지만 "이 결핍은 시스템이 아니라 사람에 있다"라는 피델 카스트로[4)]의 언급에 분명히 동의했을 것이다.[5]

때때로 사람들은 스탈린이 그가 저지른 수많은 반인륜 범죄의 희생자에게 공감하지 못하는 사이코패스라고 말하곤 한다. "한 명의 죽음은 비극이고 100만 명의 죽음은 통계다"라는 말은 스탈린이 했다고 하는, 자주 인용되지만 전거가 의심스러운 발언이다. 이 발언은 지식인으로서 스탈

---

3) voluntarism. 의지가 정신 작용의 본질 또는 세계의 근본이라는 학설.

4) Fidel Castro(1926~2016). 쿠바의 혁명가이자 정치가. 1953년 7월 바티스타 독재정권을 무너뜨리려고 쿠바의 몬카다 병영을 습격했다. 습격작전이 실패하면서 투옥되었지만 석방된 뒤 1956년 말 다시 쿠바를 침공하여 1959년 1월 마침내 바티스타 정권을 타도하고 혁명을 성공시켰다. 그해 2월 총리에 취임하여 1976년까지 재임했으며, 1976년부터는 국가평의회 의장을 지내다가 2008년 2월에 동생 라울 카스트로에게 의장직을 승계하고 2선으로 물러났다.

린이 자신의 공포 통치를 합리화할 수도 있었고 공포 통치에 주의하지 않을 수도 있었다는 아이디어를 압축적으로 드러낸다. 실제로 스탈린은 고도의 감성 지능을 갖고 있었다. 스탈린에게 부족한 것은 그가 혁명의 적이라고 여긴 사람들에 대한 연민이나 동정이었다. 어느 편인가 하면 스탈린은 오히려 너무나 많은 인간적 공감 능력을 지녔고, 숱한 가공의 배신행위와 반역행위를 날조하는 등 사람들에게서 최악의 면을 상상하는 데 그 능력을 사용했다. 이 가공의 배신행위와 반역행위는, 1930년대에 소련 사회를 휩쓸며 정치적 범죄를 이유로 체포되고 투옥되고 추방당하고 총살당했던 무고한 희생자 수백만 명을 삼켜버린 '대테러'에서 결정적으로 중요한 요소였다. 이보다 규모가 작은 수많은 테러가 뒤를 이었고, 이는 1950년대 초의 기괴한 '의사들의 음모' 사건에서 정점에 달했다. 이 사건으로 유대인인 의사 수십 명이 이른바 소련 지도자들을 살해할 음모를 꾸몄다고 체포되었다. 마지막 부당한 체포 물결에 휩쓸린 사람 중에는 스탈린의 오랜 개인 비서인 알렉산드르 포스크료비셰프[5]와 개인 경호 작전 책임자로 스탈린의 어린 자녀들의 경호를 담당한 적이 있는 니콜라이 블라시크[6] 장군도 있었다.[6]

스탈린은 많은 정치인과 공적 인물들처럼 바깥쪽에서 안쪽으로 구성된 사람이었다. 스탈린은 정치에 사로잡힌 인물로서 그의 내적 정신생활은 공적 페르소나와 그가 자리 잡고 살기로 선택한 이념적 우주에 따라 형성

---

5) Aleksandr Nikolayevich Poskryobyshev(1891~1965). 소련의 정치가이자 당 관리. 1930~1952년 소련공산당 중앙위원회 특수부 부장(스탈린의 개인 비서)을 지냈다.

6) Nikolay Sidorovich Vlasik(1896~1967). 소련의 국가 안전 책임자, 중장. 1931~1952년 동안 스탈린의 개인 경호를 담당했다.

되었다. 스탈린은 그가 일생 동안 계속했던 연기에서 많은 역할을 내면화한 메서드 배우[7]와 비슷했다.

이처럼 스탈린이 여러 정치적 자아를 내면화하기 시작한 것은 젊을 때 민족주의와 인민주의[8]에 잠깐 관심을 가지면서부터였다. 이 경험의 결과 스탈린의 기질에서 낭만적 경향이 지속적으로 나타났다. 그 후 완강한 볼셰비키 선동가이자 선전가로서 스탈린은 대중을 계몽하고 조직하는 데 헌신하는 지식인intelligent이자 실천가praktik로 거듭났다.[7] 스탈린은 1905년과 1917년의 혁명적 격변을 경험하면서 정치적 폭력에 길들여졌다. 그러나 스탈린이 대규모 인명 상실에 익숙해지고 낭만적 혁명가에서 무자비한 현실정치 실천가로 이행하는 모습을 보여준 것은 러시아 내전[9]에서였다. 러시아 내전 동안 스탈린은 매우 가혹한 볼셰비키 억압 조치를 시행했다. 1922년 4월 당 총서기로 임명된 스탈린은 그 후 자신이 복무했을 뿐 아니라 창설하는 데도 도움을 준 소련 국가 기구의 완벽한 행정가로 자신의 위치를 굳혔다.

소비에트 정권은 무엇보다 매우 관료적이었고, 스탈린이 주로 읽은 것은 그의 책상을 매일 거쳐 가는 수많은 문서였다. 그러나 스탈린은 언제

---

7) method actor. 극중 캐릭터에 대한 이해와 자신의 경험을 바탕으로 자연스러운 내면 연기를 소화할 수 있는 뛰어난 배우.

8) populism. 러시아어로 나로드니체스트보(narodnichestvo)라고 한다. 아나키즘과 허무주의의 영향을 받아 19세기 후반 러시아에 나타난 혁명 사상을 가리킨다. 인민주의를 신봉하는 사람을 나로드니크[인민주의자, narodnik, populist. 복수형은 나로드니키(narodniki)]라고 불렀다.

9) 러시아 내전(1917~1922). 구 러시아 제국에서 1917년 러시아 혁명이 벌어진 직후 발생한 여러 세력 간의 전쟁을 가리킨다. 교전 세력이 크게 두 개 존재했는데, 레닌의 볼셰비키를 위해 싸우는 붉은군대와 민주주의 및 반민주주의 성격의 다양한 군주제, 자본주의, 사회민주주의 세력이 연합하여 형성된 백군이 있었다. 이에 더해 녹군을 비롯해 여러 다른 무장 세력도 내전에 참여했고 연합군과 독일군 같은 외국 군대도 전쟁에 개입했다.

나 책, 팸플릿, 정기간행물의 개인 컬렉션을 읽을 시간이 있었다. 스탈린은 문서에 행동을 위한 결정과 지시를 휘갈겨 썼다. 하지만 스탈린의 가장 내밀한 관심과 감정은 포멧키, 즉 그가 자기 장서의 많은 책에 했던 주해와 표시에서 드러났다. 스탈린은 저자들을 재빨리 판단했으나 그들의 책은 존중했다. 이는 스탈린이 책, 심지어 적들의 책에도 신중하게 표시하고 주해를 단 사실에서 알 수 있다. 스탈린은 자신이 이미 알거나 믿는 것을 확인하려고 책을 읽는 일은 거의 없었다. 그는 뭔가 새로운 것을 배우려고 책을 읽었다. 나랏일은 스탈린의 독서 생활을 줄이고 방해했으나 그것을 완전히 그만두게 하지는 못했다. 심지어 아주 심각한 국내 위기와 국제 위기의 와중에도 스탈린은 이런저런 책을 읽고 표시하고 종종 편집할 수 있었다.

혁명을 위한 독서

스탈린은 학교와 신학교에서 읽고 주해하는 법을 배웠으나 진정한 전문 기술은 조지아의 수도 트빌리시에 있는 급진적 서점들에서 발견했다. 책은 스탈린을 사회주의로 전향하게 했으며, 차르 러시아의 혁명적 지하 세계로 인도했다. 스탈린은 독서가 자신의 삶을 급진적으로 변화시켰다면, 다른 이들의 삶도 마찬가지로 변화시킬 수 있다는 단순한 이유로 사상의 변혁적 힘을 믿었다.

스탈린은 어릴 때부터 열렬한 독서가였다. 젊은 정치적 행동주의자이자 포부가 큰 지식인인 스탈린의 독서는 당연히 좌익 출판물, 특히 카를 마르크스와 프리드리히 엥겔스의 저술과 러시아 사회민주노동당에서 스탈린이 속한 볼셰비키 정파의 지도자였던 블라디미르 레닌의 저술에 집중되었다. 그러나 스탈린은 레프 톨스토이,[10] 표도르 도스토옙스키,[11] 니콜라이 고골,[12] 안톤 체호프,[13] 윌리엄 셰익스피어,[14] 미겔 데 세르반테스,[15] 프리드리히 실러,[16] 하인리히 하이네,[17] 빅토르 위고,[18] 윌리엄 새커리,[19] 오노레 드 발자크[20] 같은 러시아와 서구 작가들의 고전 소설도 탐독했다.[8]

---

10) Lev Nikolayevich Tolstoy(1828~1910). 러시아의 소설가이자 시인, 개혁가, 사상가. 사실주의 문학의 대가였으며 세계적으로 위대한 작가 중 한 명으로 꼽힌다. 대표작으로는 『전쟁과 평화』, 『안나 카레니나』 등이 있다.

11) Fyodor Mikhailovich Dostoevsky(1821~1881). 러시아의 소설가. 대표작으로는 『죄와 벌』, 『카라마조프의 형제들』, 『악령』 등이 있다.

12) Nikolay Vasilyevich Gogol(1809~1852). 우크라이나의 작가이며 극작가. 작품으로 『감찰관』, 『죽은 농노』, 『외투』 등이 있다.

13) Anton Pavlovich Chekhov(1860~1904). 러시아의 의사, 소설가, 극작가. 작품으로 『세 자매』, 『벚꽃 동산』 등이 있다.

14) William Shakespeare(1564~1616). 영국의 극작가, 시인. 작품으로 『햄릿』, 『맥베스』, 『로미오와 줄리엣』 등이 있다.

15) Miguel de Cervantes Saavedra(1547~1616). 스페인의 소설가, 시인, 극작가. 작품으로 『돈키호테』 등이 있다.

16) Johann Christoph Friedrich von Schiller(1759~1805). 독일의 고전주의 극작가, 시인, 철학자, 역사가, 문학이론가. 작품으로 『돈 카를로스』, 『발렌슈타인』, 『빌헬름 텔』 등이 있다.

17) Heinrich Heine(1797~1856). 독일의 시인, 기자, 문학 평론가. 작품으로 『파우스트 박사』 등이 있다.

18) Victor-Marie Hugo(1802~1885). 프랑스의 시인, 소설가, 극작가. 작품으로 『노트르담의 꼽추』, 『레 미제라블』 등이 있다.

19) William Makepeace Thackeray(1811~1863). 영국의 소설가. 작품으로 『속물열전』, 『장미와 반지』, 『버지니아인』 등이 있다.

20) Honoré de Balzac(1799~1850). 프랑스의 소설가, 극작가, 문예비평가, 수필가, 언론인. 1829년부터 1855년까지 출간된 90편이 넘는 소설을 하나의 작품으로 묶은 『인간 희극』으로 잘 알려져 있다.

1924년 레닌이 사망한 후 스탈린 독서의 많은 부분은 소비에트 국가의 창건자를 계승하기 위한 투쟁에서 경쟁자들의 저술에 집중되었다. 레프 트로츠키, 그리고리 지노비예프,[21] 레프 카메네프,[22] 니콜라이 부하린[23] 같은 사람이 그들이었다. 1930년대에 스탈린은 소비에트 문학으로 주의를 돌려 막심 고리키,[24] 알렉산드르 파데예프,[25] 알렉세이 톨스토이,[26] 일리야 예렌부르크,[27] 이사크 바벨,[28] 미하일 숄로호프[29]의 혁명 이후 글들을 읽었다.

---

21) Grigory Yevseyevich Zinoviev(1883~1936). 1901년부터 러시아사회민주노동당에서 활동했으며, 1903년 이후는 볼셰비키에 속했다. 1905년 혁명 후 망명지에서 레닌의 곁에서 활동했으며, 1917년 2월 혁명 후 레닌과 함께 귀국했다. 10월 혁명 후 페트로그라드 소비에트 의장을 지냈고, 이후 코민테른 집행위원회 의장을 겸하면서 국제 혁명 운동을 지도했다.

22) Lev Borisovich Kamenev(1883~1936). 1901년 모스크바대학교 재학 중 러시아사회민주노동당에 들어가 혁명 운동에 가담하였다. 1914년에 체포되어 시베리아로 유형당했다. 1917년 2월 혁명 후 페트로그라드로 돌아와 『프라우다』 편집인으로 일했다. 10월 혁명 후 모스크바 소비에트 의장을 지냈으며 레닌, 트로츠키, 스탈린, 지노비예프와 함께 정치국원 5명 가운데 한 사람이 되었다.

23) Nikolay Ivanovich Bukharin(1888~1938). 1906년 러시아사회민주노동당에 입당하여 볼셰비키가 되었다. 1911년 아르한겔스크로 유형당하자 서유럽으로 탈출했다. 1917년 2월 혁명 뒤 귀국하여 소비에트에서 활동했고, 당 중앙위원회 위원과 당 기관지 『프라우다』 편집장을 지냈다.

24) Maksim Gorky(1868~1936). 러시아 및 소련의 작가. 본명은 알렉세이 막시모비치 페시코프(Aleksey Maksimovich Peshkov)이다. 작품으로 희곡 〈밑바닥〉, 〈별장의 사람들〉, 〈태양의 아들〉, 〈적(敵)〉, 소설 『어머니』, 자서전으로 『어린 시절』, 『사람들 속에서』, 『나의 대학』 등이 있다. 10월 혁명 후 사회주의 리얼리즘을 주창하여 소련 문학의 기수가 되었다.

25) Aleksandr Aleksandrovich Fadeyev(1901~1956). 소련의 소설가, 문예 이론가, 행정가. 소련 작가동맹의 공동 창립자 중 한 명이었고 1946년부터 1954년까지 그 수장을 지냈다. 1946년에 스탈린상을 수상했다. 소설로 『청년 근위대』 등이 있다.

26) Aleksey Nikolayevich Tolstoy(1883~1945). 러시아와 소련의 작가. 과학소설과 역사소설을 많이 썼다. 작품으로 『아엘리타』, 『표트르 1세』 등이 있다. 1941년과 1943년에 스탈린상을 수상했다.

27) Ilya Grigoryevich Ehrenburg(1891~1967). 소련의 작가. 소설 『해빙』으로 잘 알려져 있다.

28) Isaak Emmanuilovich Babel(1894~1940). 소련의 언론인, 극작가, 단편 소설가. 작품으로 『붉은 기병대』, 『내 비둘기장 이야기』, 『오데사 이야기』 등이 있다. 1939년 체포되어 1940년 총살당했으나 1954년 사후 복권되었다.

29) Mikhail Aleksandrovich Sholokhov(1905~1984). 러시아의 소설가. 작품으로 전 4권으로 된 『고요한 돈강』, 『그들은 조국을 위해 싸웠다』 등이 있다. 1965년 노벨문학상을 수상했다.

스탈린이 몰두한 또 하나는 국제 혁명 운동의 역사였다. 1919년에 볼셰비키는 지구적 혁명을 촉진하려고 '공산주의 인터내셔널'을 설립했다. 스탈린은 방문한 외국 공산주의자들에게 전략적·전술적으로 자문하기를 좋아했고 다른 나라에 대한 지식을 자랑했는데, 그 지식의 많은 부분은 책에서 얻은 것이었다.

군사 전략은 지속적인 관심사였다. 스탈린은 러시아 내전 동안 전선에서 볼셰비키 정치 지도위원[30]으로 복무했는데, 이는 스탈린이 그의 작전 영역에서 정치적 결정뿐만 아니라 군사적 결정도 통제했음을 의미했다. 그 후 스탈린은 독일, 프랑스, 러시아, 소련의 주요 전략 이론가들이 쓴 저술을 모아 읽었다. 놀랄 것도 없이 이러한 관심은 스탈린이 소련 최고사령관이 된 제2차 세계대전 동안 최고조에 이르렀다. 스탈린은 특히 대원수 generalissimo로서 차르 시대 전임자였던 알렉산드르 수보로프와 미하일 쿠투조프의 경험에 주의를 기울였다. 전쟁 당시 스탈린의 집무실에는 두 사람의 초상화가 걸려 있었다. 러시아 역사의 다른 측면 또한 계속 스탈린의 마음을 사로잡았다. 특히 스탈린의 통치와 이반 뇌제, 표트르 대제의 통치가 비교되었다. 스탈린은 또 고대 세계의 역사, 그중에서도 로마 제국의 흥망성쇠에도 이끌렸다.

스탈린은 과학, 언어학, 철학, 정치경제학에 관한 독서에 상당한 시간을 투여했다. 제2차 세계대전 후 스탈린은 유전학, 사회주의 경제학, 언어 이론에 대한 논쟁에 눈에 띌 정도로 몇 차례 개입했다. 이 개입 중 가장 악

---

30) political commissar. 소련군, 인민해방군, 조선인민군 등 공산주의 국가의 중대급 이상 단위의 부대에서 정치적 임무를 담당하는 군인의 보직을 가리킨다. 이 직책을 받는 인원이 장교이기 때문에 정치 장교라고 일컫기도 한다. 주로 해당 부대에서 정치 사업을 책임지고 담당하는 임무를 수행한다.

명 높은 것은 트로핌 리센코[31]를 지지한 일이었다. 리센코는 유전이 환경적 통제의 영향을 받을 수 있다고 주장한 소련의 식물학자였다. 하지만 스탈린은 리센코의 보고에 대해 다음과 같이 사적으로 몇 마디 글을 써서 모든 과학이 "계급적 성격"을 지녔다는 그의 견해를 비웃었다. "하하하⋯ 그러면 수학은? 다윈주의는?"[9]

책 선물

스탈린은 두 어린 아들, 바실리와 양자 아르툠 세르게예프[32]가 야외에서 낡고 제본 상태가 좋지 않은 역사 교과서를 공부하다 몇 페이지가 바람에 떨어져 나가도록 내버려두자 아이들을 붙들고는 책 안에는 수천 년의 역사가 있다, 이 지식은 사람들이 피를 흘려가며 모으고 보존한 것이다, 그런 자료를 갖고 과학자와 역사가들이 수십 년을 작업했다고 말했다. 스탈린은 바실리와 아르툠에게 책을 풀로 붙이라고 한 뒤 이렇게 말했다. "잘했어. 이제 책을 어떻게 다루어야 하는지를 알게 되었구나."[10]

스탈린은 아르툠이 일곱 살이 되자 대니얼 디포[33]의 『로빈슨 크루소』

---

31) Trofim Denisovich Lysenko(1898~1976). 소련의 농업생물학자. 키예프 농업전문학교를 졸업하고 1938년에 소련 농업 학술원 총재가 되었다. 식물의 생장기에는 온도가 필요한 단계와 빛이 필요한 단계가 있다는 '발육단계설'을 제창하고, 1929년 그것을 이용한 춘화처리(春化處理) 재배법을 실시했다. 또 생물의 유전성은 환경과의 연관으로 존재한다고 하여 유전자를 중심으로 하는 멘델리즘을 비판하는 이른바 리센코 학설을 전개하고, 과학계뿐 아니라 정치 세계까지도 휩쓴 리센코 논쟁의 주역이 되었다. 스탈린 사망 후 실각했다.

32) Artyom Fyodorovich Sergeyev(1921~2008). 스탈린의 양자. 소련군 소장을 지냈다.

33) Daniel Defoe(1660~1731). 영국의 소설가, 언론인. 대표작으로 『로빈슨 크루소』를 비롯해 『싱글턴 선장』,

를, 여덟 살이 되자 러디어드 키플링[34]의 『정글북』을 주었다.[11] 디포 책에 스탈린은 이렇게 썼다. "내 꼬마 친구 토미크에게. 의식적이고 변함없으며 두려움을 모르는 볼셰비키로 크기 바란다."[12]

바실리는 공군에서 복무할 운명이었는데, 1934년 3월 열세 살 생일에 스탈린은 그에게 『공중전 1936년』 러시아어 번역본을 선물했다. 이 책은 '헬더스Helders 소령'이 영국과 프랑스 사이에 벌어질 미래의 충돌에 관해 쓴 공상 소설이다. 헬더스는 독일의 비행사 로베르트 크나우스Robert Knauss의 가명이었다.[13]

어린 바실리는 아주 성실한 학생은 아니었고 공부보다 스포츠를 좋아했다. 1938년 6월에 스탈린은 그를 가르치는 교사 중 한 명에게 신랄한 편지 한 통을 썼다. 스탈린은 편지에서 바실리는 "능력이 평범한 버릇없는 아이"이고, "항상 정직한 것은 아니며" 의지가 약함에도 허약한 "지도자들"을 등치기 좋아한다고 적었다. 바실리는 또 자신이 누구의 아들인지 사람들에게 상기시키고 싶어 했다. 스탈린은 교사에게 바실리의 목덜미를 움켜잡고 더는 그의 허튼짓을 참지 말라고 충고했다.[14]

스탈린은 또 바실리에게 자신이 직접 제작을 감독하면서 공들여 만들고 편집한 책 한 권을 주었다. 그것은 정전正典으로 인정된 『단기강좌 소련 공산당사』(1938)로 소련 시민 수천만 명이 읽고 공부한 책이었다.[15] 바실리는 다른 색깔의 연필로 사실상 모든 페이지의 단락에 밑줄을 긋는 등 아주 철저하게 이 책을 읽었다.[16] 바실리의 노력은 그가 1939년에 이 책에 관한

『몰 플랜더스』 등이 있다.

34) Joseph Rudyard Kipling(1865~1936). 영국의 소설가, 시인. 인도의 봄베이(지금의 뭄바이)에서 태어났으며, 대표작으로 『정글북』 등이 있다. 1907년 노벨문학상을 수상했다.

국가시험을 매우 높은 점수로 통과했을 때 보답을 받았다.[17]

스탈린의 딸 스베틀라나[35]는 좀 더 열심히 공부했다. 1937년에 스탈린은 열한 살 딸에게 소련 역사 교과서를, 1938년에는 『단기강좌』 한 권을 주었다. 아버지는 나에게 그것을 읽을 것을 "명령했다"라고 스베틀라나는 회고했다. 왜냐하면 "아버지는 내가 당의 역사─아버지가 해석하는 당의 역사─를 공부하기를 원했기" 때문이다. 스베틀라나는 오빠와 달리 그것을 읽지도 않았고─"그것은 나를 너무 지루하게 했다"─스탈린은 이 사실을 알게 되었을 때 "몹시 화를 냈다."[18] 그러나 개인적으로 소장한 책 중 스베틀라나가 읽은 다른 책에는 레닌의 『유물론과 경험비판론』과 스탈린의 『레닌주의의 문제들』이 있었다.[19]

볼 셰 비 키 책 문 화

스탈린이 자녀에게 책을 선물하고 바실리와 아르툠에게 책을 잘못 간수했다고 질책한 일은 인쇄에 바탕을 둔 볼셰비키의 정치문화와 문자 텍스트에 대한 그들의 가치 부여를 나타내는 것이었다. 책을 불사르지 않은 독재자 스탈린은 1871년에 루브르 도서관을 불 질렀던 코뮌나르들[36]에 대

---

35) Svetlana Iosifovna Alliluyeva(1926~2011). 이오시프 스탈린과 스탈린의 두 번째 부인 나데즈다 알릴루예바에게서 태어난 막내딸이다. 위로 오빠 바실리 스탈린이 있다.

36) Communards. 1871년 3월 18일부터 5월 28일까지 존속했던 프랑스 파리 코뮌(Paris Commune)의 지지자들을 가리킨다. 파리 코뮌은 인류 역사상 최초의 노동자 정부로 평가되며 자코뱅주의, 공산주의, 아나키즘 등 다양한 이념을 표방하면서 여성 참정권 보장, 노동 시간 제한 등 당시로서는 매우 진보적인 정책을 펼쳤다.

해 빅토르 위고가 보인 다음과 같은 반응에 공감했을 것이다.

당신은 잊어버렸는가? 당신의 해방자가

책이라는 사실을. 책은 저기 저 높은 곳에 있다네.

책은 반짝이네. 밝게 빛나고 환하게 비추기에.

책은 단두대와 전쟁과 기근을 파괴하네.

책은 말한다네. 더는 노예도 없고 더는 버림받은 사람도 없어야 한다고.[20]

스탈린과 소비에트인들은 카테리나 클라크Katerina Clark의 말을 빌리면, "세속적 신념에서 숭배 대상으로 기능하는 책에 **비상한** 경외심"을 가졌다.[21] 스탈린의 감독 아래에서 모스크바는 사회주의 '로마', 전적으로는 아니지만 기본적으로 인쇄된 말에 바탕을 둔 세계 문화의 급진적 중심지가 되기를 열망했다.

1917년 볼셰비키가 러시아에서 권력을 잡은 뒤 제일 먼저 한 일의 하나는 출판 산업을 국유화하는 것이었다. 볼셰비키에게 말은 급진적 행동과 결합해 사회뿐 아니라 인간의 본성 자체도 능히 변화시킬 물질적 힘으로 전화될 수 있는 사상을 표현하는 것이었다. 스탈린 치하에서 소련 작가들은 사회주의와 공산주의를 건설하는 새로운 소비에트 남성과 여성의 사고와 감정을 형성하는 일을 도울 책임이 있었다. 스탈린은 소련 작가들이 전국 대회에 참석하려고 모인 1934년 8월에 다음과 같이 말한 것으로 전해졌다. "사회주의를 건설하려면 우리는 토목, 전기, 기계 기사들이 필요합니다. 우리는 집을 짓고 자동차와 트랙터를 만들기 위해 그들이 필요합니다. 그러나 그 못지않게 중요한 것은 우리가 인간 영혼의 기사, 인간의 정신을 건설하는 작가—기사들이 필요하다는 사실입니다."[22]

레닌에 따르면, 공산주의는 '소비에트 권력 더하기 전 국토의 전력화電力化', 즉 인민들의 민주주의와 첨단 산업화였다. 그러나 세 번째 결정적 요소인 대중적 문해력文解力과 문화적 계몽도 있었다. 레닌이 말한 대로, "글을 모르는 사람은 정치 바깥에 있으므로 먼저 알파벳을 배워야 한다. 이것이 없으면 정치도 있을 수 없다"라는 것이었다.[23]

소비에트 정권은 읽기와 쓰기를, 부르주아 이념과 문화적 후진성으로부터 집단적·개인적으로 자기를 해방하고 그런 후 더욱 높은 공산주의 의식을 성취하는 수단으로 여겼다. 볼셰비키 지도자와 활동가들은 이 정신 혁명을 면제받지 않았다. 소비에트 사회주의 시스템의 집단주의 문화에 맞춰진 새로운 의식의 창출 또한 그들의 개인적 임무였다. 권좌에 앉은 볼셰비키는 읽기와 배우기, 자기 개선의 영속적 혁명에 여전히 전념했다. 그들은 사회주의 아래에서 사람들은 많이 읽어야 하고, 사회가 공산주의로 나아감에 따라 훨씬 더 많이 읽을 거라고 믿었다.[24]

공립 도서관은 레닌의 비전을 실현하는 데 중심적인 장소일 터였다. 레닌은 수만 개소의 도서관, 열람실 그리고 걸어서 10분 거리에 있는 모든 사람의 집에 책과 혁명 문헌을 가져다줄 이동 차량으로 이루어진 거대한 네트워크를 상상했다. 서가에 대한 신속하고 자유로운 접근, 상호 대차 제도, 긴 도서관 이용 시간, 쉬운 대출 시설 등이 특징인 '스위스—미국'식으로 공립 도서관 서비스를 신설하는 법령이 공포되었다. 사설 도서관을 국유화했고, 개인이 소유한 주요 책 컬렉션도 몰수했다. 제2차 세계대전 당시 나치는 4,000개소의 도서관을 파괴하거나 약탈했지만, 전쟁이 끝날 즈음에 모스크바에만 1,500개소 등 소련에 8만 개소의 도서관이 여전히 존재했다. 소련의 공립 도서관은 수요를 충족하려고 대중적인 도서는 무엇이든 권당 최소한 10만 부 인쇄를 요구했다.[25]

전쟁이 끝났을 때 붉은군대가 독일에서 뜯어낸 전리품 중에는 모스크바대학교를 위한 책들과 국가의 주요 보관소인 레닌 도서관을 위한 책 76만 권이 가득 실린 화차貨車가 13량 있었다. 1948년까지 279개소의 모스크바 개별 문화 기관이 250만 권 이상의 '노획 서적'에 대한 권리를 주장하거나 이 도서들을 전시했다.[26]

레닌은 사람들이 개인이 소장하는 도서를 모아 책을 읽기보다는 공립 도서관의 통제적인 사회적 환경 속에서 책에 접근해 읽는 방식을 좋아했다. 하지만 그와 같은 선호는 볼셰비키 당원에게는 적용되지 않았는데, 이들에게는 레닌을 비롯한 소련 지도자들의 공인된 저술을 수집하고 읽고 보유하도록 권장했다.

볼셰비키는 말이 소비에트 시스템을 지지하는 만큼이나 전복하는 데 똑같이 용이하게 이용될 수 있다는 사실을 날카롭게 깨달았다. 검열은 볼셰비키가 권좌에 올랐을 때 폐지되었으나 1922년에 다시 시행되었다.[27] 정권이 점점 더 권위주의적으로 되면서 신문, 잡지, 출판사, 인쇄소의 산출물을 통제하려고 정교한 검열 시스템이 만들어졌다. 공산주의자들은 소련 시민들이 생각하거나 말하거나 쓰는 것은 쉽게 통제할 수 없었으나, 읽는 것은 효과적으로 통제할 수 있었다. 소비에트 검열 기관인 글라블리트[37]는 한창일 때 직원 수천 명이 전국적으로 흩어져 있는 사무실에 상주했다. 미하일 고르바초프[38]가 글라스노스트[39]를 실시하고 소련의 정치적 담론을 검열에서 해방한 1980년대 말에 공산주의 시스템이 붕괴한 것은 우연의 일치가 아니다. 고르바초프의 지적 혁명, 즉 고르바초프가 풀어놓은 말의 힘은 스탈린의 등골을 오싹하게 했을 것이나 그를 놀라게 하지는 않았을 것이다.

공립 도서관도 검열을 받았다. 볼셰비키 정권은 아주 초창기부터 사서들에게 회람장(비공식적으로 탈무드[40]라고 알려졌다)을 돌려 어떤 책을 서가에서 치워야 하는지를 지시했다. 초기 시절에 도서관 숙청을 책임진 사람은 레닌의 부인 나데즈다 크룹스카야[41]였다. 어떤 당 지령문은 도서관에 반혁명 도서뿐 아니라, 이제는 낡아버린 혁명과 내전 시기의 정책을 설명하

---

37) Glavlit. '문헌과 출판업무 총국'(Glavnoe upravlenie po delam literatury i izdatel'stv, Main Administration for Literary and Publishing Affairs)의 약어. 1922년 러시아 소비에트연방 사회주의공화국의 교육 인민위원부 산하에 설립되어 검열을 하고 국가기밀을 보호하는 소비에트 국가 기관을 일컫는다. ·

38) Mikhail Sergeyevich Gorbachev(1931~2022). 소련의 정치가. 1985~1991년 소련공산당 총서기, 1988~1990년 소련 최고회의 의장, 1990~1991년 소련 대통령을 역임했다. 소련 최고 지도자로 재임하면서 개방 정책인 페레스트로이카를 추진했으며, 이는 소련을 비롯한 중부 유럽과 동유럽 공산주의 국가들의 개혁과 개방에 큰 영향을 주었다. 소련 붕괴 이후 일반적으로 냉전을 종식한 인물로 평가된다.

39) glasnost. '개방'이라는 뜻의 러시아어. 좀 더 원어에 가까운 표기는 '글라스노스치'다. 소련의 지도자 미하일 고르바초프가 1985년에 실시한 개방 정책을 가리킨다. 이 정책에 따라 이전에 반소련적이라고 금지된 문학작품이나 영화, 연극 등이 일반인들에게 공개되면서 보수적인 관료와 사회의 부패가 전면적으로 비판을 받는 등 소련의 민주화가 크게 앞당겨졌다.

40) Talmud. 유대 율법과 그 해설을 집대성한 책.

41) Nadezhda Krupskaya(1869~1939). 러시아의 볼셰비키 혁명가이자 정치가. 1898년 블라디미르 레닌과 결혼했으며, 1929~1939년 소련의 교육 부인민위원을 지냈다.

는 것이 분명한 친소비에트 자료도 치워버리라고 지시했다. "소비에트 러시아는 이미 1923년에 유토피아 과거와 절연하고 있었다"라고 피터 케네즈Peter Kenez는 말했다.[28] 1925년에 레닌 지역의 검열 사무소는 정치적·이념적 이유로 448권을 금지했다. 이 책 중 255권은 당시까지 존재하던 사설 출판사에서 발행했다.[29]

크룹스카야는 도서관에 대중적 소비를 위한 추천 도서, 특히 아동 문학 목록을 돌리는 등 책을 정해주기도 하고 금하기도 했다. 볼셰비키는 대중들이 픽션 고전을 읽기를 무엇보다 열망했다. 1918년에 그들은 대중용 판본을 비치한 '인민 도서관'을 설립해 무료로 책을 대출했다. 같은 해 볼셰비키는 세계 문학 고전들을 러시아어로 번역하자는 작가 막심 고리키의 제안을 채택했다. 고리키는 수천 권의 번역을 염두에 두었으나 러시아 내전 동안 그냥 종이가 부족해서 이 야심 찬 계획을 접을 수밖에 없었다.[30]

1930년대에 도서관 서고에서 계속 책들을 치웠다. 1938~1939년에 인쇄물 1만 6,453종 2,413만 8,799부가 도서관과 출판업 계통에서 사라졌다.[31] 때때로 지역에서 시행하는 검열이 너무 극단적이어서 일정 정도 억제하지 않으면 안 될 정도였다. 1933년에 당 지도부는 "도서관들이 '폐가식 서가제'를 너도나도 시행하는" 바람에 상당량의 책을 대출하지 않고 보관하고 있다고 비난했다. 당 지도부는 중앙위원회의 특별 지시가 있을 때만 도서관에서 책을 치울 수 있는 법령을 공포했다. 1935년에 중앙위원회는 "도서관 자원을 약탈, 훼손"하는 "전면적인 도서관 정비와 무차별적인 책 정리"를 축소하는 결의안을 통과시켰다. 중앙위원회는 또 책을 치울 때

마다 그 책 2부를 몇몇 중앙 도서관, 학술 기관, 당 상부 기구의 '특별 도서관 컬렉션'에 보관하라고 지시했다.[32]

스탈린의 장서

　지하 혁명가로서 스탈린의 떠돌아다니는 생활방식은 스탈린이 1917년 혁명 이후에야 책을 수집해 영구적인 개인 장서를 구축하기 시작했음을 의미했다. 그러나 스탈린이 소장한 도서는 재빨리 수천 권으로 늘어났다.

　스탈린은 책들이 자기 것이라고 확인하는 장서 인장이 있었으나, 그 장서는 물질적 실체라기보다는 하나의 개념이었다. 장서는 특정의 건물에 보관되어 있지 않았고, 아주 쉽게 그렇게 했을 수도 있었겠지만 단일한 장소도 없었다. 스탈린이 책을 좋아한 것은 책에 있는 아이디어와 정보 때문이었다. 스탈린은 이윤이나 미적 감각 때문에 혹은 현대판 르네상스 인간으로서 자신의 숭배 이미지를 위한 하나의 업적으로 책을 수집한 것이 아니었다. 스탈린의 장서는 살아 있는 기록물이었고, 그 보유 도서는 여러 국내 장소와 작업 공간에 흩어져 있었다. 폴 라파르그[42]가 마르크스에 대해 말했듯이, 책은 스탈린에게 사치품이 아니라 정신의 도구였다.

　스탈린만 이런 노력을 기울인 게 아니었다. 레닌, 트로츠키, 카메네프, 지노비예프, 부하린 등 모든 볼셰비키 최고 지도자는 책을 수집했다. 게오

---

42) Paul Lafargue(1842~1911). 19세기 프랑스에서 주로 활동했던 쿠바 태생의 사회주의자. 어린 시절 가족과 함께 프랑스로 이주해 의사로 일했고 피에르 조제프 프루동에게 영향을 받아 정치에 입문했다. 1868년 마르크스의 둘째 딸 로라 마르크스와 결혼하여 엥겔스의 지원을 받으며 정치 활동을 함께했다.

르기 주코프[43] 원수의 장서는 서적이 2만 권에 이르렀다고 하며, 스탈린의 국방 인민위원 클리멘트 보로실로프[44]의 엄청난 컬렉션은 제2차 세계대전 후 그의 다차(시골 별장)가 불탔을 때 없어졌다.[33]

스탈린과 그의 책들을 둘러싼 보안과 감시 수준을 고려하면, 스탈린의 컬렉션이 훼손될 가능성은 별로 없었다. 제2차 세계대전 당시 히틀러의 군대가 모스크바로 다가오자 스탈린의 장서를 상자에 넣어 남동부 러시아에 있는 쿠이비셰프(사마라)로 보냈다. 쿠이비셰프는 수도가 베어마흐트[45]에 함락될 것에 대비해 많은 정부 부서가 소개된 곳이었다. 스베틀라나 역시 쿠이비셰프로 보내졌으나 1942년 여름에 모스크바로 돌아왔다. 스베틀라나는 이렇게 회상했다. 스탈린의 아파트는 "비어 있었고 음울했다. 아버지의 책들은 쿠이비셰프에 있었고 식당의 책꽂이는 비어 있었다."[34]

1990년대에 작가 레이첼 폴론스키Rachel Polonsky는 스탈린의 최측근 부관으로서 총리와 외무 인민위원으로 오랫동안 봉직한 뱌체슬라프 몰로토프[46]의 장서 흔적과 우연히 마주쳤다. 책은 크렘린 앞 도로 바로 건너편에

---

43) Georgy Konstantinovich Zhukov(1896~1974). 소련의 군인이자 정치가. 제2차 세계대전에서 크게 활약해 1943년 소련군 원수로 승진했다. 1955~1957년 소련 국방장관을 지냈다.

44) Kliment Yefremovich Voroshilov(1881~1969). 소련의 육군 원수이자 정치가. 1934년 국방 인민위원, 1935년 소련 최초의 원수가 되었다. 1946년 부총리, 1953년 최고회의 간부회 의장이 되었으나 1960년 해임되었다. 1961년 제22차 당 대회에서 1957년 '반당그룹'에 참가했다고 비난받았지만, 자기비판을 함으로써 제명을 모면했다.

45) Wehrmacht. 1935년부터 1945년까지 존재했던 나치 독일 국방군을 가리킨다. 제2차 세계대전 동안 베어마흐트는 육군(Heer), 전쟁해군(Kriegsmarine)과 공군(Luftwaffe)으로 구성되어 있었다.

46) Vyacheslav Mikhailovich Molotov(1890~1986). 소련의 혁명가이자 정치가. 1930~1941년 소련 인민위원회의 의장, 1939~1946년, 1946~1956년 외무 인민위원 및 외무장관을 지냈다. 1939년 독소 불가침 조약을 체결하고 제2차 세계대전 동안 스탈린의 최측근으로서 소련의 외교정책을 주도했다. 스탈린 사망 후 탈스탈린화를 추진한 흐루쇼프와 대립하다 좌천되어 당적을 박탈당했다.

있는 몰로토프의 낡은 아파트에 보관되어 있었다. 공산주의 이후 모스크바 상황을 상징적으로 보여주기라도 하는 듯, 이 고급 아파트는 몰로토프의 손자가 한 미국 투자 은행 직원에게 임대하고 있었고, 폴론스키는 그 옆집에 살았다.[35] 몰로토프의 컬렉션 중 수백 권만 남아 있었지만, 잔존한 장서의 목록을 보고 그녀는 장서가 한때 1만 권에 이르렀다는 것을 알았다.

폴론스키는 몰로토프의 책들이 다방면에 걸쳐 있고 문화적으로 범위가 넓다는 사실에 깜짝 놀랐다. 물론 여러 마르크스주의 텍스트가 있었고, 이와 더불어 소련 전쟁 회고록, 경제학과 농업(몰로토프가 총리였을 때 몰두한 업무)에 관한 책, 『소비에트 대백과사전』, 『단기강좌 소련공산당사』, 윈스턴 처칠의 『제2차 세계대전사』 러시아어 번역본도 있었다. 러시아 역사에 관한 책과 차르 니콜라이 2세[47]의 서간들이 에드거 앨런 포[48]의 전기와 오스발트 슈펭글러[49]의 『서양의 몰락』과 함께 서가에 꽂혀 있었다. 러시아 문학 고전 및 편지와 나란히 조지프 콘래드,[50] 조지 버나드 쇼,[51] H.G. 웰스,[52]

---

47) Nikolai Ⅱ(1868~1918). 러시아 제국의 마지막 황제(재위 1894~1917). 본명은 니콜라이 알렉산드로비치 로마노프다. 로마노프 왕조의 14번째 군주로 1917년 2월 혁명으로 퇴위했으며, 1918년 7월 가족과 함께 총살당했다.

48) Edgar Allan Poe(1809~1849). 미국의 작가, 시인, 편집자, 문학 평론가. 미스터리 및 마카브르 작품들로 유명하며, 미국 단편 소설의 선구자이기도 하다. 추리소설이라는 장르를 최초로 만들어냈다고 평가받으며, 과학소설 장르의 형성에도 이바지했다.

49) Oswald Spengler(1880~1936). 독일의 문화 철학자. 특히 두 권으로 된 그의 저서 『서양의 몰락』은 제1차 세계대전 후의 패전국 독일을 비롯하여 20세기 사상계에 큰 영향을 주었다.

50) Joseph Conrad(1857~1924). 폴란드 출신의 영국 소설가. 주요 작품으로는 『암흑의 핵심』, 『로드 짐』, 『노스트로모』, 『서구인의 눈으로』 등이 있다.

51) George Bernard Shaw(1856~1950). 아일랜드의 극작가, 소설가, 수필가, 비평가. 1925년 노벨문학상을 수상했다.

52) Herbert George Wells(1866~1946). 영국의 소설가이자 문명 비평가. 과학, 역사, 정치, 사회를 다루는 여러 장르의 다양한 작품을 남겼다. 특히 『타임머신』, 『투명인간』 등 과학소설 100여 편을 썼다.

아나톨 프랑스[53]의 작품들이 있었고, 토머스 맬러리[54]의 『아서왕의 죽음』과 단테[55]의 『신곡』 삽화판도 보였다.[36] 스탈린의 장서도 마찬가지로 다양했고 몰로토프의 장서보다 규모가 두 배 이상 컸다.

몰로토프는 스탈린보다 훨씬 오래 살아 1986년 96세로 사망했지만, 공직은 늙은 상관이 죽고 나서 4년 조금 넘게 더 유지했다. 1957년 몰로토프는 당 대표로서 스탈린의 후임인 니키타 흐루쇼프와 격렬하게 권력투쟁을 벌였으나 패배하고 말았다. 당 지도부에서 밀려난 몰로토프는 몽골 인민 공화국 대사로 좌천되었다.[37]

몰로토프와 흐루쇼프 사이에 벌어진 논쟁에서 한 가지 쟁점은 스탈린의 역사적 유산이었다. 몰로토프는 스탈린이 실수를 자주 저질렀다고 인정했지만, 소련에서 사회주의를 건설하는 데 건설적 역할을 했다고 변호했다. 반면에 흐루쇼프는 스탈린과 그의 개인 숭배를 전면적으로 비난하고 싶어 했고, 1956년 2월 제20차 소련공산당 대회의 비공개 회기에서 실제로 그렇게 했다.

흐루쇼프의 이른바 비밀 연설은 독재자가 보유한 개인 장서의 운명을 결정지었다. 스탈린의 모스크바 다차를 그의 삶을 기리는 박물관으로 만드는 계획은 보류되었고, 그의 책들은 대부분 다른 도서관으로 흩어졌다. 하지만 소련의 기록 보관원과 사서들은 장서 중 일부 중요한 책들, 특히

---

53) Anatole France(1844~1924). 프랑스의 작가, 소설가, 비평가. 소설 『실베스트르 보나르의 죄』, 『타이스』, 『붉은 백합』 등으로 이름을 떨쳤다. 1921년 노벨문학상을 받았다.

54) Thomas Malory(1415년경~1471). 잉글랜드의 작가. 영어로 쓴 최초의 산문 『아서왕의 죽음』으로 잘 알려져 있다.

55) Durante degli Alighieri(1265~1321). 두란테의 약칭인 단테(Dante) 또는 단테 알리기에리(Dante Alighieri)로 널리 알려진 이탈리아의 시인. 작품으로 『신곡』, 『향연』, 『새로운 삶』 등이 있다.

스탈린이 읽고 표시하고 주해를 단 거의 400점에 이르는 도서를 회수해서 따로 보관했다. 스탈린의 장서에 속한 것으로 확인 가능한 다른 책 몇천 권도 보존했다. 포스트소비에트 시기에 재발견된 이 잔존한 책들은 제일 깊고 가장 내밀한 스탈린의 사고 흔적을 엿볼 수 있는 보고로 간주되었다.

조너선 브렌트Jonathan Brent가 2000년대 초에 스탈린의 장서 중 살아남은 이 책들을 마주하게 된 사연을 읽으면 당시 그가 성스러운 종교의식을 치른 느낌을 받는다. 예일대학교 출판부 편집인이었던 브렌트는 '예일 스탈린 디지털 기록보관소Yale's Stalin Digital Archive, SDA'의 구축을 협상하려고 모스크바에 있었다. 이 디지털 기록보관소는 러시아어로 '리츠니 폰트lichny fond'라 일컫는 독재자의 개인 파일 시리즈에 있는 모든 문서의 이미지를 담을 계획이었다. 주해된 책들이 이 시리즈의 한 부분이 될 텐데, 브렌트는 샘플을 몇 개 볼 수 있었다.

아무도 우리가 발견한 것을 어떻게 할지 전혀 대비가 없었다.… 스탈린 장서의 저술들을 보는 것은 어쩐지 스탈린과 바로 얼굴을 맞대는 느낌이다. 스탈린이 두 눈으로 본 글들을 보는 것이다. 스탈린이 건드리고 냄새 맡았던 페이지를 건드리는 것이다. 스탈린이 이 페이지들에 했던 표시는 그가 러시아 국민에게 했던 표시를 확인해준다.… 내가 살펴본 저술 중 **스탈린이 읽지 않은 것은 단 한 권도 없었다.** 자세히 주해를 단다든지 밑줄을 친다든지 반박을 가한다든지 높이 평가한다든지 경멸감을 표한다든지 공부한다든지 하는 등의 흔적이 없는 저술은 단 하나도 없었다.… 우리는 스탈린이 **개인적으로** 어떻

게 생각하고 반응하고 상상했는지를 본다.[강조는 원문]**38**

나는 2010년대에 스탈린의 장서들, 단지 샘플이 아니라 컬렉션 전체를 살펴보기 시작했을 때, 이미 1996년부터 러시아 기록보관소에서 연구조사를 수행하려고 해마다 모스크바를 찾던 상태였다. 종종 읽을 수 없을 만큼 휘갈겨 쓴 독재자의 글을 판독하려 하면서 느끼던 색다른 기분은 오래전에 사라지고 없었다. 나는 일반적인 것이 아니라 실질적인 것과 세부적인 것에 관심이 있었다. 스탈린의 포멧키가 실제로 무엇을 의미했고 그의 개인적 사고방식과 내용에 대해 우리에게 무엇을 말해줄 것인가?

그런데 브렌트의 말에는 일리가 있었다. 개인적인 사진과 때로 형식적으로 급히 쓰곤 했던, 가족에게 보낸 약간의 편지를 제외하고, 스탈린의 장서들은 우리가 독재자의 정신세계에 접근하고자 할 때 이용할 수 있는 좋은 수단 중 하나다.**39**

스탈린의 리치니 폰트에는 수천 개 파일이 있으며, 그것들은 비망록, 보고서, 초고, 대화 기록, 손으로 쓴 메모 등 수만 점의 문서를 담고 있다. 이 파일들은 역사가에게는 말할 수 없이 귀중하지만, 스탈린의 개인적 서류라기보다는 공식적 서류다. 우리는 오직 스탈린의 개인 장서에서 그가 책을 읽으며 무엇을 표시하고 썼는지를 살펴볼 때만, 골똘히 생각에 빠진 지식인으로서 자연스러운 스탈린에게 진실로 가까이 다가갈 수 있다.

편집증은 정치적이다

　기록보관소에서 스탈린의 개인 장서 중 남아 있는 책들을 발견한 이후 많은 사람이 그 도서들을 뒤져서 스탈린의 진정한 본성—그의 통치를 끔찍하게 만든 성격을 이해하는 열쇠—을 엿보고 싶어 했다. 그러나 스탈린의 책들은 실제로 그의 개인적인 사고와 감정을 드러내지만, 대량 학살을 허용할 수 있는 스탈린의 능력을 이해하는 열쇠는 빤히 보이는 곳에 숨겨져 있다. 혁명을 방어하고 공산주의 유토피아를 추구하는 무자비한 계급 전쟁의 정치와 이념이 그것이다.

　자주 주목되곤 하는 스탈린의 편집증偏執症은 정치적인 것이지 개인적인 것이 아니다. 편집증은 1917년 이후 볼셰비키에 대한 인민들의 지지가 종종 빈약하다는 사실, 소비에트 국가가 여전히 국제적으로 고립되어 있고 이미 러시아 내전 당시 소비에트 국가를 전복하려 했던 자본주의 열강이 대연합을 꾸려 공격을 재개하면 여전히 이에 취약할 수밖에 없는 사실을 반영했다. 스티븐 코트킨Stephen Kotkin이 언급한 대로 "혁명의 문제들은 스탈린 안에 있는 편집증을 끌어냈고, 스탈린은 혁명에 내재한 편집증을 끌어냈다."[40]

　민족주의에 관한 스탈린의 글을 제외하면, 스탈린이 마르크스주의 정치 이론의 전개에 크게 기여한 바는 내전 당시 레닌의 저술에서 비롯한 아이디어인, 사회주의 아래에서 계급투쟁이 격화한다는 견해를 그가 널리 퍼뜨린 것이었다. 스탈린은 소련이 강해지면 강해질수록 자본주의자들은 외부 세력과 내부의 전복활동을 결합해서 사회주의 시스템을 파괴하고자 더욱더 필사적으로 될 것이라고 말했다. 이 개념이 스탈린 사망 후 소비에트 정치 어휘집에서 탈락했을 때 소련이 좀 더 부드럽고 훨씬 덜 폭력적인 권위주의 체제로 급속히 이행한 사실은 의미심장하다.

스탈린은 또 충분히 이성적이고 자기 의식적이어서 자신을 개인 숭배하며 늘어놓는 찬사를 믿지 않았다. 스탈린이 아버지 이름을 팔고 있다고 바실리를 나무란 사실은 잘 알려져 있다. "너는 스탈린이 아니고 나도 스탈린이 아냐. 스탈린은 소비에트 권력이야. 스탈린은 신문에 있고 초상화에 있는 사람이지 네가 아니고 심지어 나도 아니야!"[41] 그러나 스탈린이 자신을 위대한 지식인으로, 국가수반·당 대표·정통 마르크스주의의 수호자라는 레닌의 정당한 상속자로 여긴 것은 의심할 여지가 없다. 말하자면 개인 숭배의 구호가 표현하듯이, 그는 "오늘날의 레닌"이었다. 스탈린이 레닌의 책보다 더 감탄하며 열심히 읽은 책은 없었다. 스탈린은 1947년에 "레닌은 우리의 스승입니다"라고 미국 공화당 정치인 해럴드 스타슨[56]에게 자랑스럽게 말했다.[42]

스탈린의 개인 장서는 그의 생각을 들여다볼 수 있는 많은 매력적인 통찰력을 제공하나, 다른 무엇보다도 내적 정신세계가 자신의 공적 페르소나와 자신이 사는 이념적 우주에 따라 형성된 어떤 사람을 드러내준다. 스탈린의 장서에서 바라보는 관점은 안쪽 창에서 바깥쪽을 내다보는 것이다. 우리는 스탈린이 책을 읽은 방식을 따라감으로써 그의 눈을 통해 세계

---

56) Harold Edward Stassen(1907~2001). 미국 정치인으로 미네소타주 25대 주지사(1939~1943), 펜실베이니아대학교 총장(1948~1953)을 지냈다. 1944년부터 1992년까지 아홉 번에 걸쳐 미국 대통령 공화당 후보 지명에 도전했으나 모두 실패했다.

를 엿볼 수 있다. 우리는 스탈린의 영혼을 자세히 들여다보게 되지는 않겠지만 그의 안경을 쓰게 된다.

스탈린은 의심이 들면 그것을 숨기지 않는 광신자였다. "가장 중요한 것은 마르크스주의에 관한 지식이다"라고 스탈린은 1940년대에 잘 알려지지 않은 군사 이론 잡지의 여백에다 휘갈겨 썼다.[43] 스탈린은 진심이었다. 스탈린 장서의 주해가 달린 수많은 페이지에는 스탈린이 공산주의 대의에 의구심을 품었음을 보여주는 흔적이 단 하나도 없다. 스탈린이 마르크스주의 철학과 경제학의 난해한 주장들에 주해를 달면서 기울인 에너지와 열정은 공산주의야말로 길이고 진리고 미래라는 그의 믿음을 웅변하는 뚜렷한—때로 너무나 지루한—증거다.

스탈린은 의심할 여지 없이 매우 교조적인 마르크스주의자였지만, 그렇다고 자기 이념의 맹목적인 포로는 아니었다. 스탈린은 마르크스주의 틀 밖을 보고 그 밖으로 나가려고 다양한 저자 및 시각과 관계를 맺을 능력이 있었다. 스탈린은 분노에 불타는 눈으로 반대자들을 바라보았으나, 그들이 썼던 글에 신중하게 주의를 기울였다.

2장

스탈린 전기 작가들의
돌을 찾아서

스탈린은 일기도, 회고록도 쓰지 않았으며, 자신의 개인적 역사에 거의 관심을 보이지 않았다. 하지만 스탈린은 자신의 전기를 형체 짓고 자신의 전기 작가들이 따라갈 문서들의 길을 내려고 무진 애를 썼다.[1]

"이 과정을 묘사하기는 힘듭니다." 스탈린은 1926년 자신을 찬양하는 미국인 방문객 제롬 데이비스[1]가 그가 어떻게 볼셰비키가 되었는지를 물었을 때 이렇게 대답했다. "먼저 기존의 상황이 잘못되고 불공정하다고 확신하게 되죠. 그런 뒤 이 상황을 바로잡으려고 최선을 다하기로 다짐합니다. 차르 체제 아래에서는 인민들을 진심으로 도우려는 어떤 시도도 법의 테두리를 벗어나게 하지요. 결국 혁명가로서 추적당하고 집요하게 괴롭힘을 당하는 처지가 됩니다."[2]

저명한 사람들의 전기를 여러 권 저술한 독일의 작가 에밀 루트비히[2]는

---

1) Jerome Dwight Davis(1891~1979). 미국의 국제 평화 운동가, 사회 개혁 운동가, 노동운동가.

2) Emil Ludwig(1881~1948). 독일과 스위스의 작가. 역사적 위인들의 전기와 연구로 잘 알려져 있다.

1931년 스탈린에게 비슷한 질문을 했고, 마찬가지로 이렇다 할 정보가 없는 간략한 답변을 들었다.

루트비히: 무엇 때문에 귀하는 반란자가 되었습니까? 혹시 귀하의 부모께서 귀하를 나쁘게 대했기 때문이었나요?

스탈린: 아닙니다. 부모님은 교육받지 못한 분들이었으나 결코 제게 나쁘게 대하지 않았습니다. 당시 제가 학생으로 있던 신학교는 달랐습니다. 치욕적인 체제와 신학교에 만연했던 예수회적 방식에 항의하면서 저는 혁명가, 유일하게 진정한 혁명 교리인 마르크스주의의 신봉자가 될 준비를 했고 결국 그렇게 되었습니다.[3]

1939년에 소련의 극작가 미하일 불가코프[3]는 스탈린의 젊은 시절에 대해 희곡을 쓰고 싶어 했다. 스탈린의 60세 생일을 기념해 무대에 올릴 생각이었다. 그러나 스탈린은 "젊은이는 하나같이 비슷비슷한데, 뭐 하러 젊은 스탈린에 관해 희곡을 씁니까?"라며 이 프로젝트를 거절했다.[4]

스탈린은 가끔 그의 젊은 시절에 관해서는 좀 더 기꺼이 밝히려 했지만, 어린 시절에 대해서는 그렇지 않았다. 스탈린이 관심을 보인 시기는 볼셰비키로서 지하 활동을 하며 보냈던 시절, 즉 청년과 성인 초기에 걸친 기간이었다. 스탈린은 그때부터 글을 읽고 자신의 저술을 곰곰이 생각하기를 좋아했으며, 생애 마지막 순간까지 러시아의 혁명적 사회주의 운

---

3) Mikhail Afanasyevich Bulgakov(1891~1940). 러시아와 소련의 문필가, 의사, 극작가. 사후에 출간된 장편소설 『거장과 마르가리타』로 잘 알려져 있다.

동의 논쟁, 분열, 전략, 전술, 정파 투쟁에 관여했다. 1920년대에 스탈린은 초판본 레닌 전집에서 1905년 혁명[4]을 다룬 책들에 방대한 표시를 남겼다. 제2차 세계대전 후 스탈린은 스탈린 전집 제1권으로 재출판된 자신의 1905년 논설 「프롤레타리아 계급과 프롤레타리아 정당」을 자못 관심을 두고 다시 읽었다. 이 논설은 러시아 사회민주노동당의 당규에 관한 것이었고, 스탈린은 논설 말미에 당원 자격의 세 가지 조건을 자세히 쓰는 수고를 아끼지 않았다. 당 강령에 동의해야 하고, 물질적으로 지원해야 하며, 당 조직의 하나에 참여하는 것이 그 조건들이었다. 게오르기 사파로프[5]가 1917년 이전에 볼셰비키 전략과 전술이 어떻게 진화해왔는지를 세밀하게 연구해 1923년에 발간한 책에도 표시가 많았다.[5]

스탈린에게 당의 역사는 죽은 것이기는커녕 심지어 지나간 것도 아니었다. 차르 러시아에서 비합법적 정치 활동가로서 살았던, 인생을 바꿀 만한 스탈린의 인격 형성적 경험은 끊임없이 흥미를 유발하고 실제로 중요한 의미가 있는 체험이었다. 스탈린은 1951년에 내방한 인도 공산주의자들에게 이야기하면서 수십 년 전에 자신이 배운 교훈을 열렬히 나누고 싶어 했다. 스탈린은 그들에게 최근에 중국 공산주의자들을 권좌에 올려놓은 농민 기반의 혁명 전술을 피하고, 그 대신 볼셰비키에게 승리를 안겨준 노동자-농민 동맹을 본뜰 것을 촉구했다. 스탈린은 1917년 7월에 페트로그라드에서 노동자들의 폭동 움직임이 있자 반혁명 세력에게 패배당할 것

---

4) 1905년 1월 말 상트페테르부르크에서 발생한 '피의 일요일 사건'을 기점으로 전국적으로 확산한 러시아 제국의 혁명을 가리킨다. 총파업, 전함 포툠킨호의 반란 등으로 최고조에 이르렀지만 헌법 제정 약속과 무력 진압으로 같은 해 12월에 사실상 종결되었다.

5) Georgy Ivanovich Safarov(1891~1942). 러시아와 소련의 볼셰비키 혁명가, 정치인. 좌익 반대파에 가담한 혐의로 체포되어 수감 중 비밀경찰(NKVD)의 정보원으로 일했지만 1942년 7월 처형당했다.

이기 때문에 볼셰비키가 그 움직임을 자제시킨 사실을 지적하며, 미숙한 봉기가 얼마나 위험한지를 경고했다. 스탈린은 개인적인 테러 행동에 반대했다. 개인적인 테러리즘은 진보 운동을, 그렇게 행동하는 영웅들과 옆에서 영웅들을 응원하나 혁명 투쟁에는 직접 참여하지 않는 군중들로 분열하는 효과만 낳을 뿐이었다. "우리는 영웅과 군중이라는 이론에 반대합니다"라고 스탈린은 그들에게 말했다.[6]

윈스턴 처칠은 스탈린의 대외 정책과 관련해 다음과 같이 유명한 말을 했다. "저는 여러분에게 러시아가 어떻게 행동할지 예측할 수 없습니다. 러시아는 수수께끼 안에 미스터리로 둘러싸인 불가사의 그 자체입니다." 처칠은 덜 자주 인용되지만 계속 이렇게 언급했다. "그러나 아마도 열쇠가 있을 겁니다. 그 열쇠는 러시아의 국익입니다."[7]

이것은 1939년 10월에 한 발언이었고, 처칠은 BBC 라디오 방송 청취자들에게 제2차 세계대전 직전에 스탈린이 왜 히틀러와 불가침 조약을 맺고 그 후 독일의 폴란드 공격에 가담했는지를 설명하는 중이었다. 처칠의 희망은 스탈린이 소련의 국익과 나치 위협 때문에 궁극적으로 히틀러와 결별하는 것이었다. 결국 1941년 6월에 히틀러가 소련 침공을 개시하면서 그 관계는 깨졌다.

스탈린의 혁명 이전 시절과 관련해 풀리지 않은 수수께끼는 그의 정치적 견해와 활동은 상당히 많이 알려져 있으나 가족생활, 교육, 개인적 관계, 젊은이로서 성격적 특성의 세세한 부분은 매우 큰 불확실성으로 둘러싸여 있다는 점이다. 증거의 틈들은 수많은 다른 개인적·정치적 속셈을 채울 요량으로 추측과 고정관념, 편파적 회고의 선별적 수용 등으로 보통 메워졌다. 스탈린의 젊은 시절에 관한 일류 전기 작가인 로널드 수니Ronald Suny는 다음과 같이 썼다. "스탈린에 관한 한, 가십이 사실로 보고되고 전설이 의미를 제공한다. 학문은 신뢰할 만한 자료를 거의 참조하지 않은 흥미 본위의 선정주의 문학으로 대체된다."[8]

스탈린의 전기: 탐색의 시작

1920년 12월에 스탈린은 소련 통신사 타스TASS의 전신인 로스타ROSTA의 스웨덴 지국이 그에게 보낸 신상身上 조사 설문지에 손으로 직접 답변을 썼다.

1. 이름: 이오시프 비사리오노비치 스탈린(주가시빌리)

2. 출생 연도 및 장소: 1878년, 고리(트빌리시주)

3. 출신: 그루지야[6]인, 아버지는 노동자(제화공)였고 1909년에 사망, 재봉사인 어머니는 여전히 생존

4. 교육: 1899년 트빌리시 정교회 신학교 6학년(최종학년) 중퇴

5. 혁명 운동에 얼마나 오래 참가했는가?: 1897년부터

6. 러시아 사회민주노동당RSDLP과 볼셰비키 정파에 얼마나 오래 가담했는가?: 1898년 RSDLP에 가입, 1903년 (정파 형성 때) 볼셰비키 정파 가입.

---

6) 지금의 조지아를 가리킨다.

1898년-트빌리시 당 위원회 위원, 1903년-캅카스 당 지역 위원회 위원, 1912년-볼셰비키 당 중앙위원회 위원

7. 다른 혁명 정당의 당원인 적이 있었는가?: 없음. 1898년 이전에는 RSDLP의 동조자였음

8. 차르 체제하에서 받은 처벌투옥, 유형, 이주: 7번 체포되고, 6번 유형(이르쿠츠크, 나림, 투루한스크 등), 5번 유형 탈출, 감옥에서 7년 복역, 1917년까지 러시아에서 비합법적으로 생활(이주지가 아니라 상트페테르부르크에 있었지만 당 업무로 런던, 베를린, 스톡홀름, 크라쿠프 방문)

9. 소비에트 러시아에서 어떤 공식 직책을 맡았는가?: 노동자농민감찰국 인민위원, 민족 인민위원, 노동국방회의 위원, 공화국 혁명-군사평의회 위원, 전러시아 중앙집행위원회 위원

10. 문헌 활동. 책, 팸플릿, 주요 논설. 어떤 신문과 잡지를 편집했는가?: 팸플릿: (1) 『볼셰비키에 대해』(그루지야어) 1904년, (2) 『아나키즘인가 사회주의인가?』(러시아어) 1906년, (3) 『마르크스주의와 민족 문제』(러시아어) 1913년. 그루지야 볼셰비키 신문 『새 시대』(1906년)와 러시아 신문 『바쿠 프롤레타리아』(1908년), 상트페테르부르크에서 『별』[레나 학살[7] 때](1921년), 1917년 케렌스키[8] 시절 중앙당 기관지 『노동자의 길』 편집

---

7) Lena Massacre. 1912년 4월 17일(구력 4월 4일) 제정 러시아 군대의 병사들이 북동부 시베리아 레나강 인근에서 파업 중이던 금광 노동자들에게 무차별 총격을 가해 수백 명의 사상자를 발생시킨 사건을 일컫는다.

8) Alexander Fyodorovich Kerensky(1881~1970). 제정 러시아의 정치가로 러시아 혁명 때 트루도비키의 수장이자 총리를 지냈다. 러시아 10월 혁명 후 핀란드와 영국을 거쳐 프랑스로 망명했고, 1939년 제2차 세계대전이 터지자 나치 독일을 피해 대서양을 건너 미국에 정착했다.

11. 개인적 언급: 현재 당 중앙위원회와 조직국 위원

– I. 스탈린[9]

한 가지 궁금한 사항은 스탈린의 출생 날짜와 관련이 있다. 교회 기록에 따르면, 스탈린은 1878년 12월 6일(구력 러시아 역법[9])에 태어났고, 이해는 로스타 설문지에 스탈린이 썼던 연도다. 하지만 스탈린이 공식적으로 밝힌 생일은 1879년 12월 21일(신력 러시아 역법)이고, 이는 1929년 50세 때, 그 후 다시 1939년과 1949년 60세와 70세 때 각각 떠들썩하게 축하한 날짜다. 이런 차이의 이유는 여전히 미스터리이나 1921년 10월에 스탈린은 당원 신청서를 작성했고, 여기서 1879년을 그의 출생연도로 적었다.[10] 스탈린의 보좌역이 1922년 12월에 준비한 약력은 1879년이 태어난 해임을 밝혔고, 이반 P. 톱스투하[10]가 준비하고 스탈린이 읽고 승인한 것이 틀림없을 간략한 일대기의 첫 문장도 마찬가지였다.[11]

톱스투하의 텍스트는 러시아 혁명 10주년을 기념하려고 마련된 이른바 그라나트Granat 인명사전에 일련의 볼셰비키 지도자들을 기술하면서 그중 한 항목으로 실렸다. 스탈린의 복심 보좌관이었던 톱스투하는 오랫동안 혁명 운동에 참여한 활동가였고, 스탈린이 민족 인민위원으로 임명되었을 때 이 미래의 독재자를 위해 일하기 시작했다. 스탈린이 당 총서기가

---

9) 서양에서 대표적인 구력과 신력은 율리우스력과 그레고리력이다. 러시아의 경우 율리우스력을 사용하다 러시아 혁명 후인 1918년 초에야 그레고리력을 도입했다. 그러므로 구력 1800년 2월 18일부터 1900년 2월 16일까지는 구력에 12일을 더해야 신력 날짜가 된다. 1900년 2월 17일부터는 구력에 13일 더하면 신력 날짜가 된다.

10) Ivan Pavlovich Tovstukha(1889~1935). 소련 공산당 관리, 스탈린의 개인 비서. 1927년 소련 최초로 스탈린의 공식 전기를 쓴 것으로 알려져 있다.

되자 톱스투하는 그를 따라 중앙 당 기구에 들어갔다. 톱스투하는 1920년 대 내내 스탈린의 중요한 측근 중 한 명이었고, 레닌 전집 초판의 발간을 책임진 '레닌 연구소' 소장직을 비롯해 몇몇 주요 직무를 수행했다. 1931년 톱스투하는 당의 기록보관소 겸 연구조사 기관으로 새로 설립된 '마르크스엥겔스레닌 연구소IMEL' 부소장으로 임명되었다. 톱스투하는 1935년 결핵으로 사망했으나, 명판에 이름을 새기고 기록보관소 열람실 하나에 그의 이름을 붙이는 것으로 그에 대한 기억을 보존했다.[12]

스탈린이 가진 정치 경력의 연대기를 확장한 것에 불과한 톱스투하의 스탈린 '전기'는 1924년 레닌이 사망한 후 당내 후계 투쟁이 한창 벌어지던 때에 작성되었다. 이 전기는 스탈린이 혁명 전에도, 혁명 동안에도, 그리고 혁명 이후에도 항상 레닌과 가까웠음을 강조했다. 전기는 14페이지짜리 팸플릿으로도 제작되었으며, 1929년에는 스탈린의 50세 생일을 기념해 그를 찬미하는 몇몇 글의 하나로 『프라우다』에 확장판이 게재되었다.[13]

톱스투하의 설명은 스탈린에 관한 진정한 개인적 정보가 결여되었는데, 그라나트에 기술된 다른 볼셰비키의 전기도 마찬가지였다. 실제로는 반드시 그런 것은 아니지만, 이론적으로 볼셰비키는 표면에 나서지 않는 겸양적인 태도를 취하는 것이 좋다고 믿었다. 볼셰비키는 당이라는 집단체에서, 또 집단체를 통해 생활을 영위했다. 그들의 개인적 전기는 당 역사의 본질적인 한 부분이었다. 볼셰비키의 인격과 사적 생활은 그들의 당 연혁에 엄격히 종속되어 있었다. 교양소설Bildungsroman에서 보이는 내면성의 부재는 자부심의 문제였다.

1926년 6월 스탈린은 한 달 동안 그루지야로 여행을 떠났다. 트빌리시에서 스탈린은 철도 노동자에게 연설하면서 혁명 전에 자신이 걸었던 정치적 여정을 간추려 보여주었다. 신학생 출신답게 연설은 종교적 표현으로 가득 찼다. 연설은 거의 스탈린의 자서전이라 할 만했다.

스탈린은 노동자들의 환영에 답례하면서 자신은 노동자들이 생각하듯이 "전설적인 전사戰士나 기사騎士"가 아니라고 겸손하게 부인하는 것으로 연설을 시작했다. 스탈린은 자신이 겪었던 정치 생활의 진정한 이야기는 프롤레타리아 계급이 자신을 교육한 사실에 있다고 말했다. 스탈린의 첫 번째 교사는 그가 1898년에 철도원들의 공부 서클을 책임졌을 때 접촉했던 트빌리시 노동자들이었다. 스탈린은 그들로부터 정치 업무를 실제로 어떻게 수행하는지 가르침을 받았다. 이는 스탈린의 "혁명 투쟁에서 첫 번째 영세"였고 그는 "혁명의 기예에서 **도제**"로 일했다. "혁명 투쟁에서 두 번째 영세"는 스탈린이 바쿠에서 석유 노동자들을 조직하면서 보낸 시절(1907~1909)에 받았다. 바쿠에서 스탈린은 "혁명의 기예에서 **직인**이 되었다." 황야에서의 기간—"감옥이나 유형지에서 또 다른 감옥이나 유형지로 떠돌던 시기"—이 지난 후 당은 스탈린을 페트로그라드[11]로 보냈고 그곳에서 스탈린은 1917년에 "혁명 투쟁에서 세 번째 영세"를 받았다. 바로 이곳 러시아에서 레닌의 지도를 받으며 스탈린은 "혁명의 기예에서 **명장**名匠"이 되었다.[14]

스탈린이 이 이야기를 할 때 확연하게 눈에 띄는 사실은 그가 전적으로

---

11) Petrograd. 원래 이름이 상트페테르부르크인 이 도시는 1914~1924년에는 페트로그라드, 1924~1991년에는 레닌그라드로 불리다가 1991년 9월 6일 처음 명칭을 되찾아 다시 상트페테르부르크로 불리게 되었다.

계급적·정치적 언어로 이야기를 주조한다는 점이었다. 스탈린의 그루지야 배경은 우연한 지리적 문제 말고는 전혀 중요하지 않았다. 그의 인격 형성적 계급투쟁 경험은 노동자들이 존재하는 곳이라면 어디서라도 가능했고, 결정적으로 중요한 사건은 러시아 프롤레타리아 급진적 계급의 심장부인 페트로그라드에서 발생했다. "있잖아, 아빠는 옛날에는 그루지야 사람이었어"라고 어린 바실리 스탈린은 여섯 살 먹은 여동생 스베틀라나에게 말했다. 스베틀라나 역시 그녀가 아이였을 때 가족들은 "그루지야적인 것에 어떤 특별한 주의도 기울이지 않았다. 아버지는 완전히 러시아인이 되어 있었다"라고 회고록에 적었다.[15]

톱스투하는 정식 스탈린 전기를 쓰고 싶었으나 당에 그 영예를 다툴 경쟁자들이 있었다. 톱스투하와 겨룬 사람 중 한 명은 자신을 역사가라고 믿는 당 관리 예멜리얀 야로슬랍스키[12]였다. 야로슬랍스키가 뒷날 유명해지게 된 이유 중에는 스탈린이 사망할 때까지 당 역사에 관한 필독서가 된 『단기강좌 소련공산당사』(1938)를 스탈린 등과 공저했다는 사실이 있었다.

스탈린 전기를 발간하고자 하는 야로슬랍스키의 야심은 IMEL의 톱스투하 등에 의해 좌절되었다. 1935년 8월 야로슬랍스키는 스탈린에게 도움을 호소했지만 별다른 관심을 받지 못했다. 스탈린은 "나는 나에 대한 전기를 집필하는 구상에 반대합니다"라고 야로슬랍스키의 편지에 답신했다. "고리키도 당신 같은 계획이 있었고 역시 나한테 물었지만, 나는 이를 지지하지 않아 그 문제를 다루지 않았습니다. 나는 스탈린 전기를 쓸 때가

---

12) Yemelyan Mikhailovich Yaroslavsky(1878~1943). 러시아와 소련의 볼셰비키 혁명가, 공산당 관리, 언론인, 역사가. 1921년, 1939~1943년 공산당 중앙위원회 위원, 1921년 서기국 위원을 지냈다.

왔다고 생각하지 않습니다!"[16]

문제는 적절한 공식 전기의 부재가 스탈린이 1931년『프롤레타리아 혁명Proletarskaya Revolyutsiya』에「볼셰비즘의 역사와 관련한 몇 가지 문제」를 논의하는 서한을 실으면서 자신이 펼쳤던 전망에서 메우기 힘든 큰 구멍이 되었다는 사실이다.[17] 스탈린의 편지는 주제넘게도 제1차 세계대전 전 독일 사회민주주의에 대한 레닌의 정책을 비판하는 논설을 발표한 아나톨리 슬루츠키Anatoly Slutsky라는 젊은 역사가를 장황하게 비난하는 것이었다. 스탈린은 그 논설과 필자를 '반당'적이며 '준트로츠키주의'적이라고 힐난했다. 슬루츠키에 대한 스탈린의 비난은 지루하고 편향적이었지만 순전히 레닌에 관한 당 노선의 교조적인 억설만은 아니었다. 스탈린의 비판은 이 문제에 대한 세밀한 텍스트 분석과 역사적 분석으로 뒷받침되었다.

슬루츠키는 무모한 행위에 대한 벌로 '마르크스주의 역사가 협회'에서 쫓겨났고 '공산주의 학술원'의 '역사 연구소'에서도 직책을 잃었으며 그 후 공산당에서도 제명되었다.[18]

스탈린은 자신의 '편지'에서 야로슬랍스키를 비롯해 당 역사가들의 작업을 좀 더 폭넓게 공격할 기회를 얻었다. "형편없는 관료들 외에 누가 글로 된 문서만 의존할 수 있단 말입니까? 기록보관소에 상주하는 샌님들 말고 누가 당과 그 지도자들이 기본적으로 그들의 **행위**로 검사받아야 한다는 사실을 이해하지 못한단 말입니까?… 레닌은 우리에게 혁명 정당과 경향, 지도자들을 그들의 선언과 결의안이 아니라 그들의 **행위**로 검사하라고 가르쳤습니다."[19]

두 달 뒤 스탈린은 에밀 루트비히와 인터뷰하면서 역사 연구에서는 인민들과 그들의 행동이 가장 중요하다는 점을 더 강하게 주장했다. 이 독일인 작가가 "마르크스주의는 개인이 역사에서 걸출한 역할을 하는 것을 부인합니다"라고 언급하자 스탈린은 이렇게 응수했다. "마르크스주의는 걸출한 개인의 역할을 절대 부인하지 않으며," 스스로 선택하는 조건하에서 역사를 만드는 것은 물론 아니지만 "또한 인민들이 역사를 만드는 것도 부인하지 않습니다. 그리고 위대한 인민들은 이러한 조건을 올바로 이해해서 그 조건을 어떻게 바꿔야 하는지를 이해할 수 있는 한에서만, 중요한 가치가 있는 무엇이 아닌가 합니다." 루트비히가 "마르크스주의는 역사에서 영웅의 역할, 영웅적 인물의 역할을 부인합니다"라며 자신의 주장을 굽히지 않자, 스탈린은 "마르크스주의는 영웅의 역할을 부인한 적이 없습니다. 반대로 영웅이 중요한 역할을 하는 것을 인정합니다"라고 대꾸했다.[20]

스탈린은 '영웅들'이 자신들의 행동으로 기존 사회 질서를 근본적으로 변화시킬 수 있다—현저한 사례는 1917년에 사회주의 혁명을 단행하고자 한 레닌의 결단이다—고 주장함으로써 개인은 역사 과정을 체현하고 사회 발전 법칙에 따라 행동하는 한에서만 중요하다는 결정론적 마르크스주의 정설에 주의주의적 차원을 더했다.[21] 그러나 스탈린 개인 숭배의 열정적 추종자들은 그들이 추앙하는 영웅의 장대한 일대기를 교훈적이고 교화적으로 해석할 것을 갈망했다.

베리야와 바르뷔스

두 편의 출판물이 공인된 스탈린 전기의 부재가 만들어낸 공백을 메꾸었다. 첫째, 라브렌티 베리야[13]의『자캅카지예 볼셰비키 조직들의 역사에 관해』가 있는데, 이는 책 한 권 분량의 긴 강연 내용을 기록한 것이다. 둘째, 더 의외로 놀라운 것은 프랑스 공산주의 지식인 앙리 바르뷔스[14]가 쓴 대중적인 준공식 스탈린 전기다.

베리야는 1938년 스탈린의 보안 담당 책임자가 되기 전에 그루지야 공산당을 이끌었다. IMEL의 트빌리시 분회는 스탈린이 1917년 이전에 자캅카지예에서 벌였던 정치 활동을 연구하는 데 특히 힘을 쏟았고, 베리야는 1934년에 당 이론지『볼셰비크』에 이 주제를 다루는 (대필) 논설을 게재했다. 1935년 7월에 베리야는 트빌리시의 당원들을 상대로 같은 주제에 관해 긴 강연을 했다. 강연의 텍스트는『프라우다』에 연재되었고, 그 후 책으로 출간되었다. 소련 전역의 당원들은 이를 철저히 공부하라는 지시를 받았다. 베리야는 "친애해 마지않는 스승, 위대한 스탈린"에게 헌정된 이 책을 스탈린에게 보냈고, 책을 읽은 스탈린은 주로 그 자신이 참가한 사건들

---

13) Lavrenty Pavlovich Beria(1899~1953). 소련의 정치가. 1931년 그루지야(지금의 조지아) 공산당의 제1서기가 되었다가 1938년 말 내무 인민위원이 되어 대숙청 뒤의 치안기관을 맡았다. 1941년 인민위원회의 부의장이 되었고, 제2차 세계대전 중에는 원수로 임명되었다. 1953년 스탈린이 죽은 뒤, 말렌코프, 몰로토프와 함께 집단 지도부를 구성했다. 일정한 자유화를 내세웠으나, 권력투쟁에 패해 1953년 6월 스탈린에 대한 지나친 '개인 숭배'의 책임을 물어 체포되었으며, 같은 해 말 총살되었다.

14) Henri Barbusse(1873~1935). 프랑스의 소설가. 인간의 본능과 하층민의 비참함을 묘사한 소설『지옥』으로 처음 주목을 받았다. 이후 제1차 세계대전에 참전, 종군 체험을 바탕으로 쓴 실화 소설『포화(砲火)』로 명성을 얻었다. 이 작품은 프랑스 최고 권위의 문학상인 공쿠르상을 수상하며 전쟁의 폭력성을 일깨운 걸작이라는 평가를 받았다. 그 외『광명』,『연쇄』,『예수』,『졸라』등 다수의 작품을 남겼다.

의 날짜에 밑줄을 긋는 등 몇몇 페이지에 표시를 했다. 주디스 데블린Judith Devlin이 쓴 대로, 이 책은 곧 스탈린 숭배의 고전이 되었고 여덟 판이나 간행되었으며, 1953년 스탈린이 사망할 때까지 절판되지 않고 계속 발간되었다.[22]

청년 스탈린의 혁명 활동을 격찬하는 베리야의 설명은 베리야가 스탈린이 썼다고 생각하는, 조지아어로 된 미서명 출판물을 상당수 활용하고 또 스탈린의 옛 동지와 지인들의 미발간 회고록을 적극적으로 이용했다는 점에서 주목할 만했다. 베리야의 다소 과장된 텍스트의 한계는 텍스트에 스탈린 말고는 사람들이 거의 들어본 적도 없거나 신경도 쓰지 않은 인물들이 등장하고 마찬가지로 잘 알려지지 않은 사건들이 묘사되어 있다는 사실이었다.

앙리 바르뷔스는 유명한 평화주의자이자 반전 작가였다. 1923년부터 프랑스 공산당원이었던 바르뷔스는 1932년 암스테르담 '세계 반전대회'의 조직을 돕고 1933년에 창립한 '반전 반파시즘 세계위원회'를 이끌었다. 스탈린은 1930년대에 몇몇 저명한 서방 지식인들과 대화를 나눴지만, 1920년대에 스탈린이 만났던 서방 지식인은 바르뷔스뿐이었다. 스탈린은 1927년 9월, 1932년 10월, 1933년 8월, 1934년 11월 등 총 네 차례에 걸쳐 바르뷔스와 이야기를 나눴다. "나는 바르뷔스 동지와 이야기를 나눌 시간도 없을 정도로 그렇게 바쁘지는 않습니다"라고 스탈린은 1932년 만남에서 말했다.[23]

바르뷔스가 스탈린 전기를 써야겠다고 마음먹은 까닭은 공산주의 선전기획자 빌리 뮌첸베르크[15)와 대화하면서 자극을 받았기 때문이다. 뮌첸베르크는 1919년 3월 볼셰비키가 혁명을 확산하고자 모스크바에 본부를 두고 설립한 '공산주의 인터내셔널(코민테른)'에서 일하던 독일의 혁명가였다.[24] 1932년 12월에 소비에트 당의 선전 분과는 스탈린에게 전기를 집필하고자 하는 바르뷔스의 제안을 수용할 것을 권하는 서한을 썼다. 이 프로젝트를 감독할 사람으로 톱스투하가 제안되었으나, 결국 그 과업은 당의 선전 책임자 알렉세이 스테츠키[16)가 맡았다.[25]

　프랑스를 비롯한 다른 나라뿐 아니라 소련에서도 발간되었지만, 바르뷔스의 전기는 주로 국제 독자층을 겨냥했다. 작가로서 바르뷔스의 명성, 공산주의자로서 그에 대한 신뢰와 더불어 스탈린에게 이 프로젝트를 지지하게 만든 것은 바로 이 선전주의적 목적이었다. 또한 스탈린은 바르뷔스가 스탈린이 애호하는 문사 중 한 명인 에밀 졸라[17)의 전기를 이미 쓴 사실에도 의심할 여지 없이 깊은 인상을 받았다. 졸라 전기의 러시아어 번역본은 1933년 초에 발간되었다.

　1934년 9월 스테츠키는 바르뷔스에게 스탈린 전기 원고에 관해 수정 사항과 질문 사항을 적은 긴 목록을 보냈다. 바르뷔스에게 보낸 스테츠키의 편지는 프랑스어로 되어 있었으나 스탈린과 다른 당 관리들을 위해 러시아어로 번역되었다.

---

15) Wilhelm 'Willi' Münzenberg(1889~1940). 독일의 공산주의 정치 활동가, 출판업자. 1919~1920년 '청년 공산주의 인터내셔널' 국제 서기를 지냈다.

16) Aleksey Ivanovich Stetsky(1896~1938). 소련의 정치가, 언론인, 선전가. 1938년 소련의 대숙청 당시 총살당했으며, 1956년 사후 복권되었다.

17) Émile Zola(1840~1902). 프랑스의 자연주의 소설가, 극작가, 시인, 비평가, 언론인. 문학 외적으로는 드레퓌스 사건 당시 「나는 고발한다」를 발표해 그의 무죄를 주장한 것으로 유명하다.

스테츠키의 정정은 주요 가닥이 두 개였다. 첫째, 스탈린의 생애와 볼셰비즘의 역사에 관한 많은 사실상의 오류를 바로잡았다. 스탈린의 아버지는 농민이 아니라 공장에서 일한 제화공이었다. 스탈린이 교회 학교에 간 것은 그의 아버지가 각별히 종교적이었기 때문이 아니라 학교가 무료인 데다 쉽게 접근할 수 있었기 때문이다. 레닌이 아니라 그의 형이 나로드니크(인민주의자)였다. 스탈린도 레닌도 몇 달 동안 베를린에 산 적이 없었다. 바르뷔스는 스탈린이 겪었던 숱한 체포, 투옥, 유형 등의 일자도 틀렸다.

둘째, 스테츠키는 바르뷔스에게 트로츠키와 트로츠키주의자들이 스탈린의 정치적 반대자일 뿐만 아니라 유해하고 음험한 영향력을 지닌 무리라는 소비에트 당의 견해를 받아들이라고 계속 설득하고자 했다. 이들은 필요한 어떤 수단을 써서라도 공산주의 운동에서 뿌리 뽑아야 하는 반혁명 세력이었다.

스테츠키는 바르뷔스에게 보내는 편지에 동봉한 설명 글에서 스탈린을 레닌 이래로 가장 위대한 마르크스주의 이론가라기보다는 실제적이고 상식적인 개인으로 묘사한 점에 우려도 표명했다. 스테츠키는 또 바르뷔스가 한 인간으로서 스탈린을 기술한 내용이 불완전하다고 느꼈다. 전기는 스탈린의 "작업 스타일, 그가 대중과 이야기하는 방식과 다각도로 맺는 관계"를 보여주지 못했다. 또 "그것은 스탈린을 둘러싸고 있는 사랑을 보여주지 못했다." 하지만 스테츠키는 바르뷔스가 위대한 재능을 충분히 발휘해 더없이 "위풍당당"한 스탈린을 포착해 전달할 것이라고 확신했다.[26]

이 전기는 1935년에 프랑스어로[『스탈린: 한 인간을 통해 본 새로운 세계Staline: Un monde nouveau vu à travers un homme』 서명이 있는 책 한 권을 스탈린의 장서에서 찾을 수 있다], 1936년에는 러시아어로 발간되었다. 스테츠키는 러시아어판 서언에서 "이 책은 소비에트 땅, 소비에트 인민, 그리고 그 지도자에 대한 엄청난 사랑을 갖고 집필되었다"라고 썼다. 안타깝게도 이즈음 바르뷔스는 사망했다. 그는 1935년 8월 모스크바 여행 중에 세상을 떴다.

모스크바에서 열린 바르뷔스의 추도식에는 소련의 지식인과 당 관리들이 대거 참석했고, 의장대가 바르뷔스의 유해를 기차역까지 호위했다. 그런 다음 공식 대표단이 '시베리아 익스프레스' 열차를 타고 파리로 유해를 이송했다. 스탈린 자신도 성명서를 발표했다. "나는 우리의 친구, 프랑스 노동계급의 친구, 프랑스 인민의 고귀한 아들, 만국 노동자들의 친구 서거에 여러분과 함께 비통한 마음을 금치 못합니다."[27]

바르뷔스의 스탈린 전기는 칭송일색의 성인전이지만 창의적이고 흥미로운 일대기였다. 그것은 틀에 박힌 전기라기보다는 스탈린을 소비에트 사회주의 프로젝트를 체현한 인물로 그린 정치적 초상화였다. 바르뷔스가 개인적으로 언명한 책의 집필 목표는 "독자가 이 사회적 변혁의 중심에 있는 인간을 잘 알 수 있게 그에 대한 완벽한 초상화를 제공하는 것"이었다.[28] 바르뷔스는 이 목표를 달성하려고 혁명 러시아의 역사를 간략하게 써서 스탈린이 레닌과 함께 핵심 인물임을 밝히고 이와 동시에 트로츠키와 스탈린의 인격을 확연히 대비했다. 트로츠키는 교만하고 우쭐대고 성마르고 비현실적이고 충동적이고 고집 세고 말이 많은 전제적 성격의 인물이었다. 반면에 스탈린은 다음과 같다.

> 이성과 실제적인 상식에 전적으로 의지한다. 그는 흠잡을 데 없고 거침없이 체계적이다. 스탈린은 안다. 그는 레닌주의를 완벽하게 이해한다.… 그는 으스대지 않으며, 창의적이고 싶은 욕구에 불안해하지 않는다. 스탈린은 자신이 할 수 있는 것은 무엇이든 하려고 할 뿐이다. 그는 말재주나 선정주의를 믿지 않는다. 말을 할 때는 단지 단순함과 명료함을 결합하고자 할 뿐이다.[29]

이 인용문이 보여주듯이, 스테츠키는 스탈린이 기본적으로 실천가 praktik, 즉 활동가라는 견해로부터 바르뷔스를 벗어나게 하는 데 성공하지 못했다. 스테츠키는 아마도 트로츠키가 책에서 그렇게 크게 부각되지 않았더라면 좋았을 거라고 생각했겠지만, 바르뷔스는 이 스탈린의 경쟁자를 다룬 대목과 관련해서 좀 더 성공을 거두었다. 바르뷔스의 결론은 레닌그라드 당수 세르게이 키로프[18)]가 1934년 12월에 암살당했을 무렵 트로츠키는 이미 반혁명가가 되어 있었다는 정통적인 주장이었다. 그러나 바르뷔스는 트로츠키가 어떻게 반혁명으로 나아가는지, 이른바 그 경로를 세밀하고 그럴듯하게 구성했다. 레닌 및 스탈린과의 분쟁이 트로츠키를 반혁명으로 이끌었다는 바르뷔스의 설명은 소비에트 선전가들의 히스테리적 비난과 논쟁에 비해 매우 효과적이었다.

앤드루 소바넷Andrew Sobanet은 바르뷔스의 책이 1939년에 발간될 소련

---

18) Sergey Mironovich Kirov(1886~1934). 소련의 정치가이자 공산당 지도자. 레닌그라드 공산당 당수였던 1934년에 암살당했으며, 이 사건을 구실로 스탈린이 대숙청을 개시했다고 흔히 말해진다.

의 공식적인 스탈린『약전』의 줄거리에 본보기를 제공했을 것이라고 주장한다.

『약전』은『스탈린』처럼 스탈린의 가족생활과 학교 교육을 상세히 설명하고, 이어서 고향에서의 생활과 커져가는 마르크스주의의 중요성을 묘사한다. 두 텍스트 모두 레닌의 작업과 글에 대한 스탈린의 애정, 선전가로서 스탈린의 작업, 1917년 이전 스탈린의 혁명 활동, 혁명 시기와 내전 시기 스탈린의 영웅적 활동을 상술한다. 스탈린은『약전』에서 바르뷔스의 텍스트처럼 "레닌 대의를 계속 밀고 나갈 훌륭한 계승자… 스탈린은 오늘날의 레닌이다"라고 묘사된다. 이른바 스탈린의 전지전능함에 대한 언급 역시 두 책 모두에서 발견할 수 있다.… 두 책 다 스탈린을 터무니없이 과장된 용어로 찬미하는, 그에 관한 지면들로 끝을 맺는다.[30]

바르뷔스 책의 문제점은 지면에 등장하는 인물 중 장차 말썽의 소지가 될 수도 있는 사람들이 포함된 사실이었다. 실제로 그 사람들 중 일부는 스탈린 숙청의 희생자가 된 후 곧 소련에서 '잊힌 사람'이 될 것이었다. 러시아어판은 출간된 지 2년 만에 시중에서 사라졌고 추가 판본의 발행이나 번역도 금지되었다.

이 책의 영어판에는 스탈린이 러시아 내전 당시 함께 복무했던 알렉산드르 예고로프[19] 원수와 같이 찍은 사진이 들어 있었다. 하지만 예고로프

---

19) Alexander Ilich Yegorov(1883~1939). 소련군 원수. 1938년 소련군 숙청 당시 체포되어 1939년 처형되었으며, 1950년대 말에 사후 복권되었다.

는 1938년 반소련 음모에 가담한 혐의로 체포되어 1939년 총살당했다. 영어판에는 또 감질나게도 "스탈린의 비밀 장서, 현재 티플리스[20] 박물관에 있음"이라고 적혀 있는 일부 책장을 찍은 사진도 실려 있다. 이 장서는 스탈린이 지하 활동 시절에 은닉하던 책들이라고 추정된다.

전반적으로 스탈린은 여전히 자신의 전기나 성인전에 반대했다. 왜냐하면 자신의 개인 숭배를 너무 심하게 조장하기를 원치 않았기 때문이다. 1933년에 스탈린은 그의 전기에 바탕을 둔 전시회를 개최하자는 '노장 볼셰비키 협회'의 제안을 거부하면서 "그런 일은 유해할 뿐 아니라 우리 당의 정신과도 맞지 않는 '개인 숭배'를 강화할" 것이라고 언급했다. 스탈린은 또 콤소몰(공산주의 청년동맹)[21] 설립 15주년을 기념하려고 그의 생애에 대해 우크라이나 당 브로슈어를 발간하는 것도 금지했다. 1935년 한 잡지가 「살스크 스텝지대의 스탈린」이라는 군사 관련 논설을 게재하기를 원하자, 스탈린은 자신의 역할이 과장되었고 다른 사람을 거의 언급하지 않았다며 반대했다. 스탈린은 특히 자신의 어린 시절 이야기가 공개되는 것을 싫어했다.[31] 가장 극적인 것은 1938년에 『스탈린의 어린 시절 이야기』라는 V. 스미르노바V. Smirnova가 쓴 아동용 도서의 출간을 중단하려고 스탈린이 개입한 일이었다.

---

20) Tiflis. 1936년까지 조지아의 수도인 트빌리시를 부르던 이름.

21) Komsomol(Kommunistichesky soyuz molodezhi). 공산주의 청년동맹. 1918년에 조직된 소련의 공산주의 청년 정치 조직을 가리킨다. 공산당의 지도하에 청년들에게 공산주의 교육을 실시하고 공산당과 국가의 기관에 적극 참여시키는 것을 목적으로 한 공산당원 양성 단체다. 대상은 주로 15~28세 남녀이며, 가입할 때 사회적 출신, 학업, 노동과 일상의 규율성 등에 걸쳐 엄격한 심사를 받았고, 「콤소몰스카야 프라우다」 등의 기관지도 발행했다.

이 작은 책은 수많은 사실상의 오류와 왜곡, 과장, 과분한 찬사로 가득 차 있습니다. 저자는 열렬한 동화광, 거짓말쟁이(아마도 '정직한' 거짓말쟁이), 아첨꾼들에 의해 오도되었습니다. 저자한테는 안됐지만 사실은 사실입니다.··· 가장 중요한 것은 책이 소련 아이들(과 일반 사람들)의 의식에 개인, 위대한 지도자, 무오류의 영웅들에 대한 숭배를 주입하려는 경향이 있다는 것입니다. 그것은 위험하고 해롭습니다.··· 나는 귀하께 책을 불살라버리라고 충고합니다.[32]

스탈린은 이와 유사하게 「바쿠 볼셰비키와 노동자들의 선두에 선 I. V. 스탈린, 1907~1908」이라는 논설에도 분노했다. 미하일 모스칼레프[22]가 저자였고, 논설은 1940년 1월에 한 역사 잡지에 실렸으며, 그 후『프라우다』에 특집 논설로 요약, 게재되었다. 스탈린은『프라우다』의 기사를 읽었는데, 화가 난 것처럼 붉은 펜으로 몇 군데 밑줄을 긋고 물음표를 달았다. 스탈린은 또 원래 논설도 읽고 비슷한 형태로 표시를 했다. 그 후 스탈린은 잡지의 편집인에게 편지를 썼는데, 편집자는 공교롭게도 야로슬랍스키였다. 편지에는 "공개하지 말 것"이라고 표시되어 있었으나, 스탈린은 사본을 저자뿐 아니라 정치국과『프라우다』편집인에게도 전달했다. 스탈린은 야로슬랍스키에게 논설이 역사적 진실을 왜곡하고 사실상의 오류를 포함하고 있다고 불만을 털어놓았다. 스탈린은 모스칼레프가 미심쩍은 회고 자료를 이용했다고 비판하고 "볼셰비즘의 역사는 왜곡되어서는 안 됩니다. 그런 짓은 용납할 수 없으며, 볼셰비키 역사가들의 전문성·존엄

---

22) Mikhail Abramovich Moskalev(1902~1965). 소련의 역사가. 모스크바대학교 교수를 지냈다.

성과 상충합니다"라고 결론 내렸다.[33]

야로슬랍스키는 이 문제를 논의하려고 스탈린을 만나기를 원했지만, 결국 모스칼레프의 논설이 기반이 된 자료를 제시하는 상세한 편지를 스탈린에게 쓰는 것으로 일이 진행되었다. 스탈린은 이틀 뒤인 4월 29일 답변하며 자료를 신뢰할 수 없다는 자신의 지적을 거듭 상세히 설명했다. 스탈린은 다음과 같이 썼다. "역사가는 회고록과 그것에 기반을 둔 논설을 무조건 그대로 믿을 권리는 없습니다. 역사가는 그것들을 비판적으로 검토하고 객관적인 정보를 바탕으로 검증할 의무가 있습니다." 스탈린은 당의 역사는 과학적인 역사, 온전한 진실에 기반을 둔 역사여야 한다고 언명했다. "사대주의는 과학적 역사와 양립할 수 없습니다."

논란을 일으킨 한 가지 쟁점은 스탈린이 바쿠 석유 노동자들의 신문인 『구도크Gudok』(기적汽笛) 편집인이었다는 모스칼레프의 언급이었다. 이 서술은 야로슬랍스키가 지적했듯이 신문의 편집인이자 발행인의 회상을 비롯해 여러 자료에 기반을 두었다. 스탈린은 답변을 하며 발행인이 "헷갈렸다"라고 썼다. "나는 『구도크』 편집실을 방문한 적이 없습니다. 편집진의 일원도 아니었습니다. 『구도크』의 실질적 편집인이 아니었어요(시간이 없었습니다). 편집인은 자파리제[23] 동지였습니다." 하지만 스탈린은 1907~1908년 신문에 여러 차례 기고했고, 그래서 그의 옛 동지들의 기억에 약간 혼란이 있는 것은 그리 놀라운 일이 아니었다.[34]

---

23) Prokofy Aprasionovich Dzhaparidze(1880~1918). 아제르바이잔의 볼셰비키 지도자. 1918년 바쿠 인민위원회의 내무 인민위원과 식량 인민위원을 지냈다.

스탈린 전집

야로슬랍스키는 1939년 12월에 스탈린의 60세 생일을 기념하는 행사가 진행되자 스탈린 전기를 발간하려는 시도를 재개할 기회를 얻었다. 그는 소련 백과사전을 위해 썼던 스탈린에 대한 글이 편집인들에게 너무 길고 난해하다고 거부당하자, 스탈린에게 글이 "대중이 쉽게 접근할 수 있는 평이한 문체"로 작성되었다고 장담하며 얇은 책으로 출간하는 것을 허락해 달라고 간청했다. 야로슬랍스키의 책은 1939년 말에 출간되었으나, 120만 부 이상 인쇄된 IMEL의 스탈린 『약전』의 발간으로 관심에서 멀어졌다. 하지만 스탈린은 책 교정용으로 한 부를 받자 첨부한 편지에 "들여다볼 시간이 없음"이라고 썼다.[35] 스탈린은 야로슬랍스키의 서명이 있는 책에 표시하지 않았으며, 아마 읽어보지도 않았을 것이다.

스탈린 속마음에 더 가까운 프로젝트는 자신의 전집을 발간하는 일이었다. 논설, 전단, 편지, 연설, 성명, 보고서, 인터뷰, 마르크스주의 이론에 관한 기고문 등은 스탈린의 정치 생활을 보여주고 그 이정표를 나타내며 그의 가장 중요한 사상을 기록한 텍스트들이었다.

볼셰비키 지도자들의 전집을 발간하는 일은 제2차 세계대전 전의 소련에서 일종의 산업에 가까웠다. 1923년에 이미 22권짜리 지노비예프 저작 판본이 인쇄되었다. 1929년에 트로츠키의 전집은 20권에 달했다. 1930년대 중반까지 레닌 전집은 이미 3개 판본이 존재했다. 이런 기준에서 볼 때 스탈린 저술들의 출간 시도는 뒤늦은 것이었다.

지칠 줄 모르는 톱스투하는 1930년대 초에 스탈린 전집을 발간하려고 자료를 모으기 시작했고, 1931년에 스탈린 자신은 8권짜리 판본을 위한 계획의 개요를 제시했다. 정치국은 톱스투하가 사망하고 2주 후인 1935년 8월에 스탈린의 혁명 이전 저술들이 승인받지 않고 재출간된 데 자극받아 스탈린 전집의 출간을 결정한 결의안을 통과시켰다. IMEL이 스테츠키와 당 선전 부서의 협조를 받아 이 작업을 진행하는 것으로 정해졌다.[36]

11월경 스테츠키는 스탈린에게 출간 계획의 윤곽을 보여주었다. 소치네니야Sochineniya(저작들 혹은 저술들)라고 불리는 여덟 권에서 열 권으로 이루어진 책 한 질을 발행하려고 했다. 이 판본은 스탈린이 이전에 출간한 글에 더해 연설 속기록, 편지, 메모, 전신문 같은 미발간 글들을 담을 터였다. 문서들을 시간순으로 발간하고, 그 내용을 사실적으로 확인하는 상세한 정보로 뒷받침할 터였다. 각 권은 스탈린 생애와 정치 활동의 연표를 담고 다양한 외국어뿐 아니라 소련의 모든 민족 언어로 발행할 계획이었다.[37]

이후 원래 생각했던 책의 권수는 12권으로, 그런 뒤 16권으로까지 늘어났으나 나머지 계획은 거의 그대로 유지되었으며, 실제로 대부분 이행되었다. 하지만 시간은 예상보다 훨씬 더 걸렸다. 목표는 1936년에 첫 번째 분량의 권들을 발간하고 러시아 혁명 20주년에 맞춰 1937년까지 시리즈를 완결하는 것이었다. 그러나 제1권은 수많은 다양한 이유로 향후 10년 동안 빛을 보지 못했다.

기술적인 난제는 스탈린의 아주 초기 글들이 조지아어로 되어 있는 데다 많은 글이 익명이나 가명으로 발표된 사실이었다. 이 글들은 스탈린이 쓴 것으로 확인되고 증명된 다음 러시아어로 번역되어야 했다. IMEL과 그루지야 공산당이 통제하는 연구소의 트빌리시 분원 사이에 줄다리기가 약간 있었다. 말할 필요도 없이 그루지야 동지들은 그루지야에서 태어난 스탈린이 젊은 시절에 쓴 글을 관리할 권리가 있다고 열렬히 주장했다. 그 후 대테러[24]의 파괴적인 충격이 있었다. 1930년대 중반에 IMEL의 많은 직원이 '인민의 적'으로 체포되거나 직책에서 해임되었다. 테러로 당 역사가들도 대거 제거되었다. 당 관리 중에서는 스테츠키가 주목을 끌 만한 희생자였다. 그는 1938년에 체포되어 총살당했다. 대조국전쟁 동안 IMEL의 많은 직원이 선전, 교육, 사기를 책임진 정치 장교로 군에서 복무하곤 했다. 스탈린의 저작 발간을 맡은 분과는 세 명으로 축소되었고 우파로 소개되었다. 추가로 맡은 책무 중에는 '우크라이나에 관한 논설과 연설들', '레닌과 스탈린의 군사 관련 서신' 같은 고무적인 제목을 단 스탈린 저술의 특별 전시 모음집을 급히 준비하는 일도 있었다.[38]

스탈린이 발간이 지연되는 것을 크게 걱정했다는 증거는 없다. 이것은 후대를 위한 프로젝트였다. 그사이에 『레닌주의의 기초』, 『마르크스주의와 민족 및 식민지 문제』, 『레닌주의의 문제들』, 『변증법과 역사유물론』 등 스탈린의 책들이 이미 대량으로 시중에 유통 중이었다. 전쟁 동안에 이 스탈린주의 고전들에 더해 『소련의 대조국전쟁에 관해』라는 스탈린 연설 모

---

24) Great Terror. '대숙청' 혹은 스탈린 치하에서 사태를 주도한 소련의 비밀경찰(NKVD, 부) 수장 니콜라이 예조프의 이름을 따 '예좁시나'라고도 한다. 1936~1938년 소련의 정치, 경제, 국방, 행정, 사법, 언론, 문화예술, 과학기술, 교육, 농업, 공업 등 전 분야에서 스탈린이 가한 대대적인 정치적 숙청과 억압을 가리킨다. 특히 억압이 집중된 1937~1938년 동안 문서로 밝혀진 사실만으로도 최소 68만 명이 처형된 것으로 알려져 있다.

음집도 간행되었다.

IMEL은 스탈린에게 정기적으로 진척 상황을 보고했고, 조지아어로 된 글을 번역하는 데 따르는 세부적 문제를 비롯해 크고 작은 사안들을 그와 상의했다. 스탈린은 종종 질의에 주의를 기울이지 않거나 굼뜨게 응답했고, 1946년 제1권이 발간되기 직전에야 긴밀하게 참여해 자신의 지적 유산을 검토하는 등 그 과정을 조율하는 책임을 졌다. 스탈린은 각 권의 '견본'(러시아어로 마케트maket)을 받아 포함될 문서를 최종 선별할 터였다. 스탈린은 이 기회를 이용해 텍스트들을 수정하고 편집했다. 스탈린이 손으로 쓴 수정사항은 내용을 고치기보다는 문체를 손보는 것이었다. 그것은 스탈린이 자신의 개인 역사를 다시 쓰기보다는 좀 더 보기 좋게 만든 경우였다.[39]

이뿐만 아니라 정치적으로 난처하거나 의심되는 발언들은 스탈린의 책상에 교정쇄가 오르기 전에 미리 제거되었다. 이 제거는 많은 경우 문서를 직접 변조하기보다는 생략과 누락의 형태를 띠었다. 역사는 스탈린의 부하들에 의해 변경되기보다는 왜곡되었다. 가장 까다로운 문제는 스탈린의 글에서 당시는 그의 전우였지만 이후 정치적 반대파나 훨씬 더 심각하게는 '국가의 적'이 된 사람들에 대해 우호적으로 언급된 부분을 어떻게 처리하는가였다. 그들 중에는 1930년대에 반역죄로 일련의 섬뜩한 연출재판[25]에 회부된 이전의 당 지도자들이 많았다. 가급적 그들에 대한 우호적

---

25) show trial. 사법 당국이 미리 피고의 유죄를 결정해놓은 공개재판. 재판의 주된 목적은 일반인들에게 피고의 혐의와 평결을 보여줌으로써 반체제 가능성이 있는 사람들에게 사례를 제시하고 경고하는 것이다. 연출재판은 교정보다는 보복의 성격을 띠는 경향이 있으며, 선전의 목적도 있다. 이 용어는 1930년대에 소련에서 처음 사용된 것으로 알려져 있다.

언급이 삭제되었고, 그들에 대한 스탈린의 논박이 특별히 포함된 텍스트는 그들을 지칭할 때 '동지'라는 단어를 생략했다. 그와 같은 검열의 얼토당토않은 사례는 볼셰비키의 권력 장악에 관한 스탈린의 논설에서 다음의 문구가 생략된 일이었다. 이 논설은 원래 1918년 11월 『프라우다』에 게재되었다.

> 반란을 조직하는 실제적인 작업은 페트로그라드 소비에트 의장 트로츠키 동지의 독창적인 리더십 아래 수행되었다. [페트로그라드] 수비대가 소비에트 편으로 급속히 돌아선 것은 당의 '군사—혁명 위원회', 무엇보다도 트로츠키 동지의 작업 덕분이었다고 말해도 과언이 아니었다.[40]

스탈린의 저작집을 준비하는 데 핵심 인물은 바실리 모찰로프Vasily Dmitriyevich Mochalov(1902~1970)라고 하는 젊은 역사가였다. 그는 캅카스 노동운동의 역사를 전공했다. 조지아어를 아주 잘 알았던 모찰로프는 1940년에 IMEL의 스탈린 분과 책임자로 임명되었다. 일이 느리게 진행되는 데 실망한 모찰로프는 1944년 8월 스탈린과 정치국에 편지를 써서 직원을 더 임명하고 첫 분량으로 두세 권을 먼저 발간하기 위한 최종기한을 짧게 정하라고 촉구했다.[41]

스탈린은 모찰로프의 편지에 답신하지 않았지만, 편지는 프로젝트의 속도를 높이는 정치국 결정들을 한 차례 몰고 왔다. 그러나 이 결정들은 IMEL의 모찰로프 상관들에게 달가운 것이 아니었다.[42] 상관들은 모찰로프의 편지 때문에 난감한 처지에 놓였고 성과를 내야 하는 압력에 더욱 시 달리게 되었다. 모찰로프는 또 번역 문제와 어떤 미서명 출간물을 스탈린 의 것으로 할 것인가 하는 문제를 둘러싸고 그루지야 동지들과도 갈등했 다. 트빌리시 동료들에 따르면, 모찰로프는 캅카스의 언어들과 역사에 대 한 지식이 부적절해서 스탈린의 초기 저술을 편집하고 번역하는 데 여러 번 실수를 저질렀다.

1944년 10월 모찰로프는 새로 부임한 IMEL 소장 블라디미르 크루시코 프[26)]에게서 연구소에서 그가 더 근무할 필요가 없다는 말을 들었다. 모찰 로프가 이유를 묻자 크루시코프는 자기와 모찰로프가 서로 성격이 맞지 않는다고 말했다.[43] 크루시코프는 정치국과 주고받은 서신에서 스탈린 전 집의 출간에 진척이 없다고 모찰로프와 IMEL의 전 소장 M.B. 미틴[27)]을 비 난했다.[44] 주눅 들지 않은 모찰로프는 소치네니야의 준비에 대한 연구소 의 토론에 계속 참여해 연구소가 프로젝트를 다루는 방식에 이의를 제기 했다. 모찰로프는 또 스탈린에게 다시 접근해 출간 문제를 의논하려고 하 니 만나달라고 요청했다. 모찰로프의 노력은 1945년 12월 28일에 스탈린 을 만나는 호출로 보상을 받았다. 크루시코프, 그루지야 공산당 선전 책임 자이자 전 IMEL 트빌리시 분원장 표트르 샤리야[28)]도 자리를 함께했다.

---

26) Vladimir Semyonovich Kruzhkov(1905~1991). 소련의 철학자. 1944~1949년 마르크스엥겔스레닌 연구소(IMEL) 소장을 지내고, 1953년 소련 학술원 회원으로 임명되었다. 1955~1961년 우랄대학교 교수, 1961~1973년 소련 문화부 산하 예술사 연구소 소장을 역임했다.

27) Mark Borisovich Mitin(1901~1987). 소련의 철학자. 1939년 소련 학술원 회원으로 임명되었고, 1939~1944년 IMEL의 소장을 지냈다.

28) Pyotr Afanasyevich Shariya(1902~1983). 소련의 정치인. 소련 최고소비에트 대의원, 그루지야 학술원 회원. 1943~1948년 그루지야 공산당 중앙위원회 선전선동 담당 서기를 지냈다.

모찰로프는 이 회동을 매우 상세하게 보고하는 글을 썼다. 이 만남은 저녁에 스탈린의 크렘린 집무실에서 90분 동안 계속되었다.

스탈린은 크루시코프와 모찰로프 사이의 의견 차이를 질문하는 것으로 만남을 시작했다. 크루시코프는 이 견해차가 해소되었다고 주장했으나, 모찰로프는 첫 번째 두 권에 누가 집필했는지 불분명한 논설 몇 편이 포함되는 것에 반대한다고 다시 말했다. 이들 논설 중에는 그루지야 신문『브르졸라Brdzola』(투쟁)에 실린 논설이 두 편 있었는데, 모찰로프는 이 논설들이 스탈린이 썼다고 여겨지는 다른 논설에 비해 "논조가 차분하다"고 생각했다.

스탈린이 이 반대가 IMEL에서 쫓겨난 이유냐고 묻자, 모찰로프는 그것이 크루시코프가 말하는 이유지만, 자신이 보기에 소장은 자기가 당 지도부에 썼던 편지가 마음에 들지 않았던 것 같다고 답했다. 모찰로프는 또 샤리야와의 차이도 언급했는데, 샤리야는 모찰로프가 옹호한 "새로운 번역"이 아니라 옛 스타일의 번역을 더 좋아했다.

스탈린은 어떤 부분은 번역이 형편없지만, 일부는 매우 뛰어나서 다른 번역가가 작업한 것 같다고 대꾸했다. "번역은 쓰는 일보다 어렵습니다"라고 스탈린은 밝혔다. 그러고는 스탈린은 자기가 다른 신문들에 몇 번 나눠 급히 썼던『아나키즘인가 사회주의인가?』라는 논설을 예로 들면서, 자기 글을 고칠 필요가 있는지 곰곰이 생각했다.

스탈린은『브르졸라』에 실린 논설들에 대해서는 논조가 다르다는 데 동의했다. 스탈린은 논조가 차분한 것은 자신이 "교수가 너무 되고 싶어서

대학교에 가기를 원했기" 때문이라고 설명했다. "바투미 발포 사건이 모든 것을 바꿔놓았지요. 나는 욕을 퍼붓기 시작했습니다.… 논조가 바뀌었습니다."[45]

스탈린은 인쇄 부수의 규모를 논의하면서 3만에서 4만 부면 충분할 거라고 겸손하게 제안했다. 누군가가 레닌 전집의 인쇄 부수가 50만 부라고 지적하자, 스탈린은 자신은 레닌이 아니라고 말했지만, 최종적으로 30만 부를 수용하는 쪽으로 가닥을 잡았다. 스탈린은 각 권의 길이가 300~360 페이지 정도이기를 원했다. 스탈린은 판형은 레닌 저작집의 소규모 판형을 선호했으나 표지는 회색이든 짙은 자홍색이든(실제로 선택된 색) 관심이 없었다.[46]

모찰로프의 부인 라이사 코누샤야Raisa Konushaya(역시 IMEL에서 일했다)에 따르면, 모찰로프는 만남을 끝내고 "얼굴은 창백하나 두 눈은 반짝이며" 집으로 돌아왔다. 모찰로프는 스탈린이 자신의 견해를 지지했고 스탈린의 글이 아닌 출간물은 저작집의 첫 두 권에서 제외될 것이라고 그녀에게 말했다.[47] 하지만 샤리야의 회상은 달랐다. 스탈린은 모찰로프에게 하고 싶은 말을 하게 한 다음, 바로 이어 논란의 미서명 출간물들을 자신이 저술했다고 주장했다는 것이다.[48]

스탈린의 집무실에서 이 회동이 끝나고 오래지 않아 정치국은 스탈린 저작집의 발간에 관한 또 다른 결의안을 통과시켰다. 전집은 16권으로 이루어지고 각 권은 50만 부씩 발행하며 가격은 권당 6루블로 책정할 것이다. 첫 세 권은 1946년에, 제4권에서 제10권까지는 1947년에, 나머지는

1948년에 발간할 것이다. 또 시리즈를 신속하게 다양한 언어로 번역해 수만 부, 일부 경우 수십만 부 인쇄하는 사안에 관한 결의안들도 통과되었다.⁴⁹ 이 판본의 계획은 1946년 1월 20일 『프라우다』에 공표되었고, 제1권이 7월에 판매에 들어갔다.

스탈린은 제1권에 서언을 기고해 독자들에게 자신의 초기 글들을 "완전한 마르크스–레닌주의자로 아직 주조되지 않은 한 젊은 마르크스주의자의" 저술로 여기라고 권유했다. 스탈린은 젊은이다운 오류를 두 가지 저질렀음을 강조했다. 스탈린은 레닌이 찬성한 대로 지주 토지를 국가 소유화하기보다는 사유지로 농민들에게 분배할 것을 옹호하는 잘못을 범했다고 인정했다. 스탈린은 이 첫 번째 실수를 인민들이 차르 전제정을 타도하면 러시아에서 사회주의 혁명이 곧 뒤따를 것이라는 레닌의 견해를 자신이 충분히 평가하지 못한 점과 연결했다. 스탈린은 또 자신이 사회주의 혁명은 어떤 국가에서도 인구 대다수가 노동계급이어야 가능하다는, 당시 마르크스주의자들 사이에서 지배적이었던 견해에 동조하는 우를 범했던 반면, 레닌은 러시아처럼 압도적인 농민 국가에서도 사회주의가 승리할 수 있다는 점을 보여준 사실도 인정했다.⁵⁰

1901~1934년 시기를 다룬 저작 열세 권은 1946년부터 1949년 사이에 출간되었다. 그 후 출간은 중단되었고 이 프로젝트는 제20차 당 대회에서 흐루쇼프가 스탈린을 비난한 뒤 취소되었다.

스탈린이 살아 있는 동안 마지막 세 권이 왜 출간되지 않았는지 그 이유를 알기는 어렵다. 1946년부터 스탈린은 모든 각 권의 '견본'을 받아볼 수 있었다. 한 가지 가능성은 1938년의 『단기강좌 소련공산당사』를 갱신할지를 결정할 수 없었기 때문일 것이다. 이 책은 그의 저작집 제15권으로 출간될 예정이었다(이 책은 이제 익명의 당 위원단이 아니라 스탈린이 저술한 것으로 되어 있었다). 1946년 10월 크루시코프는 원문에 어떤 수정을 가했는지를 상세히 설명하는 메모와 함께 이 책의 견본을 스탈린에게 보냈다. 1947년 1월에 당 선전 책임자 게오르기 알렉산드로프[29]와 당 잡지 『볼셰비크 Bol'shevik』 편집인 표트르 페도세예프[30]는 소련공산당의 역사를 1945년까지 확장하는 초고 두 개 장章을 스탈린에게 보냈다. 그들은 전쟁의 특징을 묘사하고 소련 승리의 원인을 분석한 스탈린의 1946년 2월 선거 연설에서 실마리를 얻었다. 1948년 2월에 아마도 스탈린 자신의 요청으로 또 다른 당 관리가 『단기강좌』의 추가된 초고 두 개 장을 제출했다. 1951년에는 수정된 1938년 텍스트만 실은 또 하나의 제15권 견본이 스탈린에게 보내졌으나 이것 역시 출간되지 않았다.[51]

1934~1940년 시기를 다루는 제14권 또한 문제가 많았다. 이는 특히 히틀러의 외무장관 요아힘 폰 리벤트로프[31]가 보낸 60세 생일 축하 인사에 스탈린이 과장되게 반응했기 때문이다. "독일 국민과 소련 국민 사이에 피

---

29) Georgy Fyodorovich Aleksandrov(1908~1961). 소련의 철학자, 정치인. 1940~1947년 공산당 중앙위원회 선전선동부 부장, 1947~1954년 학술원 철학연구소 소장, 1954~1955년 문화부 장관 등을 역임했다.

30) Pyotr Nikolayevich Fedoseyev(1908~1990). 소련의 철학자, 사회학자, 정치인. 1941~1955년 『볼셰비크』(나중에 『코무니스트』)의 편집장, 1955~1962년 소련 학술원 철학연구소 소장, 1962~1967년, 1971~1988년 학술원 부원장, 1967~1973년 마르크스-레닌주의 연구소 소장 등을 역임했다.

31) Joachim von Ribbentrop(1893~1946). 나치 독일의 외교관이자 정치인. 1930년대 초 나치당에 입당했고, 히틀러 치하에서 영국대사와 외무장관을 역임했다. 이후 방공 협정과 뮌헨 협정, 독일-소련 불가침 조약, 강철 조약 등 제2차 세계대전 직전에 맺어진 각종 주요 조약들의 협상과 조인을 담당했고, 동맹국이나 점령국의 정부에 대한 외교 활동도 맡았다. 전쟁 후 뉘른베르크 재판에 회부되어 사형 판결을 받고 교수형에 처해졌다.

로 굳게 맺어진 우정은 확고하게 지속될 온갖 근거가 있습니다." 이와 같은 곤혹스러운 언급은 용케 얼버무리고 넘어갈 수 있었지만, 제14권이 출간되면 1939~1941년의 나치–소비에트 협정[32]이 필연적으로 주목받게 될 터였다.[52]

스탈린이 전시에 윈스턴 처칠, 프랭클린 루스벨트와 교환한 서신들을 출간하는 제안도 있었다. 이 문서들이 출간되면 스탈린의 공공 이미지는 훨씬 좋아질 것이었다. 스탈린의 오랜 부관 뱌체슬라프 몰로토프가 1940년대 말에 이 중요한 프로젝트를 책임지게 되었고, 두 권으로 이루어진 서신집이 1952년까지 인쇄 준비를 마쳤다. 이 문서들은 함부로 변경하지 않았다. 왜냐하면 스탈린이 처칠과 루스벨트에게 비공식적으로 보낸 메시지의 사본을 서방의 기록보관소에서 쉽게 찾을 수 있었기 때문이다. 또다시 뚜렷한 이유 없이 출간이 지연되었고, 서신집은 1957년까지 모습을 드러내지 않았다. 십중팔구 이는 서신들에서 티토[33]를 우호적으로 취급했기 때문일 것이다. 유고슬라비아의 대중적 파르티잔 운동에서 공산주의 지도자였던 티토는 당시 소비에트의 영웅이자 스탈린이 총애하는 인물이었

---

32) Nazi–Soviet pact. 1939년에 나치 독일과 소련이 맺은 상호불가침 조약. 조약에 서명한 인물의 이름을 따서 몰로토프-리벤트로프 조약이라고도 한다. 그러나 2년 뒤인 1941년에 나치 독일이 소련을 침공하여 독소전쟁이 벌어지면서 이 조약은 파기되었다. 이 조약에서는 중부 유럽을 독일과 소련이 각각 분할하기로 하는 비밀 보충 협약서도 작성했다. 폴란드 동부, 라트비아, 에스토니아, 핀란드, 루마니아 북부의 베사라비아는 소련의 영향권에 두기로 인정받았고, 1939년 9월 두 번째 밀약에서 리투아니아도 소련의 몫으로 추가되었다. 이 비밀 보충 협약에 근거해 1939년 9월 17일에 폴란드를 침공한 소련군은 폴란드의 동부지역을 점령하고 1940년 6월 발트해의 에스토니아, 라트비아, 리투아니아 세 나라와 루마니아의 부코비나와 베사라비아를 점령해 소련 영토로 만들었다.

33) Josip Broz Tito(1892~1980). 유고슬라비아의 독립운동가, 노동운동가, 공산주의 혁명가. 제2차 세계대전 동안 유고슬라비아를 침공한 나치 독일에 맞서 파르티잔 운동을 이끌었다. 1953~1980년 유고슬라비아 사회주의공화국 연방의 초대 대통령이었으며, 비동맹운동의 의장을 지냈다.

다. 전쟁 후 두 사람은 결별했고, 티토는 실제로는 유고슬라비아에서 자본주의를 부활시키는 데 여념이 없는 제국주의 간첩이라는 이유로 공산주의 운동으로부터 파문당했다. 스탈린이 사망한 후 이 서신집의 발간을 막는 장애물은 흐루쇼프가 스탈린−티토 분열을 부인하고 사회주의 유고슬라비아와의 형제적 관계를 복원함으로써 제거되었다.[53]

미국의 역사가 로버트 H. 맥닐Robert H. McNeal이 말했듯이, "스탈린의『소치네니야』는 한 정치인이 생산한 문서들의 최종 모음집을 발간할 때 세우고 싶었을 기준에는 한참 미치지 못했다."[54] 영어 번역본에서『저작들Works』이라고 불리는 이 컬렉션은 스탈린이 쓴 글을 "거의 모두" 포함했다고 주장했지만, 맥닐은 간행된 이 13권이 다루는 시기 동안 스탈린의 서명이 있거나 스탈린이 쓴 것으로 인정된 글은 895편인데, 그중『소치네니야』에는 480편만 실렸다고 확인했다. 맥닐의 수치는 베리야를 비롯한 다른 소련 저자들이 스탈린이 썼다고 주장하는 지나치게 많은 1917년 이전 출간 미서명 저술들로 부풀려졌으나, 스탈린이 쓴 글로 입증할 수 있는 많은 문서가『소치네니야』에 없는 것은 의심할 여지가 없다. 러시아 기록보관소에는 이 저작집에서 누락된 거의 100편에 이르는 문건들의 목록이 있다.[55] 일부 문서는 사소하거나 반복적으로 여겨졌기 때문에 빠졌을 수도 있지만, 많은 경우 동기는 확실히 정치적이었다. 이 미발간 텍스트들은 역사가의 분석을 기다리나, 그 텍스트들이 이미 발간된 텍스트들에서 제시되는 스탈린과 크게 다른 스탈린을 드러내지는 않는다는 올가 예델만Olga Edel'man의 논평에 동의하지 않기는 어렵다.[56]

간행된 스탈린 『소치네니야』 열세 권은 그 한계에도 불구하고 그의 전기를 위한 유일하게 가장 중요한 자료가 될 운명이었다. 그 책들은 맥닐이 표현한 대로 "한 인간과 그의 시대 연구"에 "필수적"이었다.[57] 그것들은 스탈린이 그 자신을 보았던 식으로 그를 바라보는 전기 작가들에게 특히 중요했다. 스탈린은 스스로를 무엇보다도 먼저 정치 활동가이자 이론가로 여겼으며, 그를 움직이게 하는 원동력은 자신의 행동뿐 아니라 성격도 형성한 공산주의 이념에 대한 아낌없는 헌신이었다. 그러나 정치가 스탈린 전기 작가의 돌이라는 점에 모든 이가 동의하는 것은 아니다.

3장

읽기, 쓰기, 혁명

스탈린의 어린 시절에 대해 가장 잘 알려진 이야기 중에는 술에 취한 아버지 비사리온 주가시빌리Vissarion Dzhugashvili(베소Beso)가 스탈린을 두들겨 패는 등 잔인하게 다루었다는 일화가 있다. 이 이야기의 출처는 스탈린의 그루지야 시절 친구인 이오세브 이레마시빌리[1]다. 스탈린처럼 이레마시빌리는 러시아 사회민주노동당에 입당했으나, 레닌의(그리고 스탈린의) 볼셰비키 정파 반대파인 멘셰비키를 지지했다. 1932년 회고록이 출간되었을 때 이레마시빌리는 독일에서 망명 생활을 하고 있었다. 이레마시빌리에 따르면, "부당한 구타는 소년을 아버지만큼이나 난폭하고 냉혹하게 만들었다. 권력으로든 나이로든 다른 사람에 대해 권위가 있는 사람은 누구든 소년에게 아버지를 떠올리게 했으므로 곧 자기 위에 있는 모든 사람에게 복수하고 싶은 감정이 생겨났다."[1]

스탈린의 또 다른 소년 시절 친구로서 프랑스로 이주한 소소 다브리셰

---

1) Joseph Iremashvili(1878~1944). 그루지야(조지아) 정치인이자 작가. 스탈린의 어린 시절 친구였지만, 그 후 정치적 반대자가 되었다. 10월 혁명 전 멘셰비키 정파에 가담해 1921년 독일로 추방되었고 베를린에 정착했다. 스탈린의 어린 시절에 대한 최초의 회고록 『스탈린과 그루지야의 비극』(1932)을 독일어로 출간한 것으로 잘 알려져 있다.

프Soso Davrishev 역시 베소가 자기 아들을 때렸다고 회상했지만, 그의 회고록은 이레마시빌리의 회고록이 발간되고 오랜 세월이 흐른 뒤까지도 세상에 나오지 않았다. 스탈린의 딸 스베틀라나는 아버지가 어릴 때 할머니에게 맞았다고 말했다고 회상했다. 스베틀라나는 두 번째 회고록에서 이 주장을 되풀이했을 뿐 아니라 베소의 폭력적인 행동도 강조했다.

> 싸움, 막돼먹은 행동은 가장이 술에 취해 있는 이 가난하고 반쯤은 문맹인 가족에서 드문 현상이 아니었다. 어머니는 이 꼬마를 때렸고 남편은 그녀를 때렸다. 그러나 소년은 어머니를 사랑했기에 그녀를 지켰으며, 한 번은 아버지에게 칼을 던지자 [아버지가] 그를 잡으러 쫓아간 적도 있다.[2]

이러한 평판에 근거해 스탈린의 성격에 관한 셀 수 없이 많은 병리학적인 이론이 고안되었다. 가장 극단적인 것은 로만 브라크만Roman S. Brackman의 이론이었다. 브라크만은 스탈린이 아버지를 살해한 뒤 대량 학살의 정치 생활로 가는 길로 들어섰다고 추정한다. 그러나 의료 기록은 베소가 살해된 것이 아니고 1909년에 결핵, 대장염, 만성 폐렴으로 병원에서 사망했음을 보여준다. 1909년은 스탈린이 1920년에 로스타의 신상 조사 설문지에 적은 바로 그 사망 연도다.

브라크만은 또 다른 음모론을 주도적으로 주창하기도 했다. 즉 스탈린이 사실 차르 비밀경찰인 오흐라나[2]의 요원이라는 것이다. 이러한 가설

---

2) Okhrana. Otdeleniye po Okhraniyu Obshchestvennoy Bezopasnosti i poryadka(공안질서수호국)를 줄여서 부르는 말. 19세기 말 러시아 제국 내무부 산하의 비밀경찰 기관으로 1881년 좌익 혁명분자들의 정치테러를 단속하려고 창설되었다. 러시아 국내외에 많은 지부를 두고 반체제 인사들의 활동을 감시했다.

의 출발점은 1913년 7월의 이른바 '예료민 편지'이다. 이 편지에서 예료민 A. Yeryomi이라는 차르 정권의 경시감은 스탈린이 그의 요원 중 한 명이라고 적었다. 1956년 『라이프』지에 영어로 실린 이 문서의 출처는 알렉산드르 오를로프[3]였다. 오를로프는 1930년대에 서방으로 망명한 스탈린 보안경찰의 장교였다. 브라크만은 대부분 학자처럼 예료민 편지가 명백한 위조라고 인정했지만, 이 문서는 사실, 스탈린이 실제로는 경찰 요원이라는 발상의 신빙성을 떨어뜨리는 수단으로 스탈린 자신이 날조했다고 주장했다. 브라크만에게 1930년대의 대테러는 무엇보다 그가 과거에 저지른 변절 행위를 아는 사람은 누구든지 죽이기로 계획된 스탈린의 은폐 공작이다. 이 가설을 뒷받침하려고 제시하는 모든 증거는 정황적이고 추정에 그치나, 브라크만에게 직접적 증거가 없는 사실은 그 자체가 은폐와 음모를 실증하는 것이기도 하다.[3]

좀 더 믿을 만하지만, 이에 못지않게 추정에 근거하는 것은 독일의 정신분석가 카렌 호나이[4]의 신경증적 성격의 분석에서 얻은 통찰과 정치적 전기를 종합한 로버트 터커Robert Tucker의 이론이다. 터커에 따르면, 스탈린은 이상화된 자아상을 창조하는 것으로 어린 시절의 트라우마에 반응한 신경증 환자였다. 스탈린의 개인 숭배는 단순히 대중을 조종하고 동원하려는 정치적 장치이기는커녕 "스스로를 러시아사와 세계사의 가장 위대

---

3) Alexander Mikhailovich Orlov(1895~1973). 소련 비밀경찰의 대령으로 스페인 제2공화국에 파견된 내무인민위원부(NKVD)의 고정 요원이었다. 1938년 처형을 우려하여 귀국을 거부하고 가족과 함께 미국으로 망명했다.

4) Karen Horney(1885~1952). 미국에서 주로 활동한 독일 태생의 정신분석가로 '신경증적 성격' 이론을 주장, 발전시킨 것으로 유명하다. 남녀 심리학에서 선천적인 차이에 관한 프로이트의 이론에 반대했으며, 생물학적 요소보다는 사회와 문화적 요소에서 그 차이를 찾고자 했다.

한 천재로 터무니없이 과장해 바라보는 스탈린 자신의 시각"을 반영했다. 스탈린의 권력욕과 정적 숙청은 정신역동적精神力動的이었고, 그의 숭고한 자아상과 어울리는 명성과 영광을 얻으려는 노력을 반영했다.

터커는 1950년대 초에 모스크바의 미국 대사관에서 외교관으로 근무하면서 이 가설을 발전시켰다. 터커가 스스로 인정했듯이, 그의 이론을 뒷받침할 직접적 증거는 없었으며, 당시 그의 동료들이 일반적으로 받아들이던 상식은 스탈린도 다른 소련 지도자들도 개인 숭배를 그다지 심각한 문제로 여기지는 않는다는 것이었다. 그러나 터커는 제20차 당 대회에서 흐루쇼프가 스탈린을 비난하자 자신감을 얻었다. 터커의 말을 빌리면, 흐루쇼프는 스탈린을 고발하면서 그를 "깊은 불안감 때문에 자신의 상상된 위대함을 끊임없이 확인해야 하는" "웅장한 거인"으로 묘사했다.⁴

흐루쇼프가 인용하고 터커가 강조한 증거는 스탈린이 자신의 공식 소련 전기를 편집하면서 찬양이 불충분한 구절에 표시를 했다는 것이었다. 스탈린에 대한 흐루쇼프의 많은 주장처럼 이는 얼토당토않은 것이었다. 스탈린이 전후에 발행된 자신의『약전』재판본을 편집한 것은 사실이지만, 그는 실제로는 지나친 칭찬을 누그러뜨리고 다른 혁명가들에게 더 많은 명성이 주어져야 한다고 고집했다. 스탈린이 편집한 다른 많은 텍스트도 마찬가지였다. 스탈린은 스스로를 높이 평가했지만, 그 평가는 극단적인 개인 숭배에는 한참 못 미치는 것이었다.

자신의 가족사를 바라보는 스탈린의 시각은 그의 많은 전기 작가보다 훨씬 느긋했다. 스탈린은 1938년 3월 고위 공군 장교들의 회의에서 연설하면서 자신의 배경을 예로 들어 계급적으로 적격하더라도 정직이 보장되지는 않는다는 점을 분명히 보여주었다. 노동자도 악당일 수 있고 비프롤레타리아도 선량한 사람일 수 있었다.

예를 들어, 나는 노동자의 아들이 아닙니다. 아버지는 노동자로 태어나지 않았어요. 그는 도제를 데리고 있는 장인이었고, 착취자였습니다. 우리는 생활이 나쁘지 않았습니다. 나는 아버지가 파산해서 프롤레타리아가 될 수밖에 없었을 때 열 살이었어요. 나는 아버지가 노동자 대열에 합류한 것을 잘됐다고 말할 수 없었습니다. 아버지는 내내 불운에 욕을 퍼부었지만 내게는 그것이 좋은 일로 드러났습니다. 확실히 재미있습니다(웃음). 열 살 때 나는 아버지가 모든 것을 잃어버린 것이 기쁘지 않았습니다. 나는 40년 뒤 그것이 저에게 플러스가 될 줄 몰랐어요. 그러나 그것은 내가 얻었던 이익이 결코 아니었어요.[5]

소소, 열심히 공부하는 아이

스탈린의 따뜻한 회상은 그가 비교적 괜찮은 어린 시절을 보냈다는 일부 역사가들의 견해와 일치한다. 부모 모두 농노로 태어났고 가족은 잘살지는 못했지만 가장 가난한 축에 끼지는 않았다. 가족은 스탈린을 고향인 그루지야의 고리에 있는 교회 학교에, 그 뒤에는 주도인 트빌리시에 있는 일류 신학교에 입학시킬 수 있는 연줄이 있었다. 스탈린의 아버지는 음주 문제가 있었고 부모의 결혼 생활은 파탄 났으나, 스탈린은 아들을 맹목적으로 사랑하며 의지가 굳센 어머니의 유일하게 살아남은 자식이었다. 어머니는 이 자식이 성직자가 되기를 원했다. 어릴 때 소소라고 불렸던 스탈린은 천연두에 걸려 얼굴에 영원히 마맛자국이 남았다. 그는 또 왼팔을 잘 사용하지 못하는 불구 문제도 겪었는데, 이는 유전적 영향이었거나 사고의 결과였을 것이다. 소소는 열한 살 때 마차가 그의 두 다리를 치고 도망가는 불행한 일을 또 한 번 겪었다. 이 사고로 그는 평생 걸음걸이가 어색했다.

스탈린은 고리에서 아이들로 이루어진 거리 불량배의 우두머리였다고 하나, 스티븐 코트킨Stephen Kotkin이 지적했듯이 소소는 고리에서 훌륭한 학생 중 한 명이었다. 스탈린은 거리의 깡패이기는커녕 열성적인 '책벌레'이자 '독학자'였으며, 이는 평생 그의 특성이 되었다.[6] 스탈린의 어린 시절에 대한 이 기본적인 사실은 그루지야 화가 아폴론 쿠타텔라제[5)의 스탈린 찬양 그림 〈어머니와 함께 있는 스탈린 동지〉(1930)에서 잘 포착되었다. 이 그림은 기운을 북돋우고 지원을 아끼지 않는 어머니가 지켜보는 가운데 옷을 잘 차려입고 학구적으로 생긴 소년이 열심히 책을 읽는 모습을 보여준다.

1878년에 태어난 스탈린은 1888년 아주 높은 점수로 입학시험을 치르고 고리의 교회 학교에 들어갔다. 어머니 케케Keke에 따르면, 소소는 "언제나 읽고 말하면서 모든 것을 알아내려 하는, 열심히 공부하는" 착한 소년

---

5) Apollon Karamanovich Kutateladze(1900~1972). 그루지야 출신의 소련 화가. 1943년부터 트빌리시 국립 예술원에서 근무했다. 명예 훈장과 노동 적기 훈장, 소련 인민예술가 칭호를 받았다.

이었다.[7] 소소는 노래를 아주 잘 불러 교사들 사이에서 불불리bulbuli(나이팅게일)로 알려졌다. 케케는 독실한 기독교도였고 아들도 그랬다. 그의 학교 친구 한 명이 회상했듯이 스탈린은 "정확한 시간에 모든 예배에 참석하는 등 매우 신앙심이 깊었다." 이 정보 제공자에 따르면, "책은 이오시프의 떼어놓을 수 없는 친구였다. 그는 식사 시간에도 책을 손에서 놓으려고 하지 않았다."[8]

소소가 그처럼 좋은 학생이었으므로 교회 회의에서는 수업료를 면제했고 교과서를 무료로 제공하면서 매달 장학금을 3루블씩 주었다. 소소는 또 그를 영리하고 성공적인 학생이라고 칭찬하는 내용이 적힌 조지아어판 시편 다비트니davitni도 받았다. 소소는 1894년 5월에 대학교 입학을 허가받았고, 성적을 바탕으로 신학교 입학이 추천되었다. 소소의 점수는 다음과 같았다(5점이 최고 점수).

품행: 5

신성사神聖史와 교리문답: 5

전례 해설과 기독교 티피콘[6]: 5

러시아어, 교회 슬라브어, 조지아어: 5

그리스어와 산수: 4

지리와 손글씨: 5

전례 성가: 5[9]

---

6) Typikon. 비잔티움 예식의 전례서. 성무일도 낭송을 위한 지침과 여러 가지 다른 전례 의식을 수행하는 지침이 들어 있다.

바로 그해 스탈린은 최근에 문을 연 고리의 급진적 서점을 방문했을 때 혁명 활동의 길로 들어서는 첫걸음을 내디뎠다. 스탈린은 서점의 도서 열람실에서 학교에서 정해준 문헌을 대신할 수 있는 문헌, 특히 그루지야와 러시아 문학의 고전들을 만났다.

스탈린은 열다섯 살 때 트빌리시 신학교에 입학하려고 수도로 거처를 옮겼다. 이 신학교는 그가 다녔던 교회 학교와 마찬가지로 러시아 정교회 그루지야 교구가 운영했다. 트빌리시에는 신학교가 두 군데 있었다. 하나는 그루지야인들을 위한 것이고 다른 하나는 아르메니아인들을 위한 것이었다. 두 신학교 모두 사제가 되려는 명민한 소년들을 위한 학교였다. 스탈린은 성경학, 교회 슬라브어, 러시아어, 그리스어, 교리문답, 지리, 서법書法에서 뛰어난 성적을 보이는 등(산수는 아니었다) 입학시험을 매우 잘 치러 국가 장학금을 받았다. 로버트 서비스Robert Service가 언급했듯이, 스탈린의 전기 작가들은 스탈린이 정교회에서 받은 양질의 교육을 과소평가하는 경향이 있었다.[10]

그루지야 신학교는 학생들의 생활 상태와 규제에 항의하는 동맹 휴학 때문에 1년 동안 문을 닫았다가 스탈린이 입학할 즈음 다시 문을 열었다. 스탈린이 신학교에 들어갔을 무렵, 그곳에는 학생 저항과 지적 반란의 전통이 이미 잘 확립되어 있었다. 학생들은 러시아어로만 수업을 진행하고 그루지야의 언어, 역사, 문화는 절대 공부하지 못하게 하는 교회 당국의 '러시아화' 정책에 특히 분개했다.

소소의 동급생 중에는 그가 함께 고리 학교를 다닌 다른 소년 아홉 명뿐 아니라 한 해 전에 입학했어야 하는 학생들도 있었다. 교습은 스탈린이 여전히 붙잡고 씨름하는 외국어인 러시아어로 진행되었으나 그는 공부를 잘했고, 대다수 과목에서 4점과 5점을 맞았다. 스탈린이 공부한 일반 비종교 과목 중에는 러시아 역사와 문학, 논리학, 심리학, 물리학, 기하학, 대수학이 있었다. 부지런하고 순종적인 스탈린은 애국적인 시 몇 편을 쓸(조지아어로) 시간과 정신이 여전히 있었고, 그는 이 시들을 『이베리아Iveria』라고 하는 민족주의 성향의 신문에 투고했다.

1895년 시 다섯 편이 '소셀로Soselo'라는 필명으로 발표되었다. 4행 시절詩節 6개로 이루어진 가장 긴 〈달에게〉에서 소년 스탈린은 이렇게 노래했다.

> 일찍이 억압자들에게 쓰러진 사람들이
> 희망을 품고 다시
> 성산聖山 위에 우뚝 솟아오를 것임을
> 잘 안다네.

시인으로서 스탈린의 삶은 짧게 끝났다. 1896년 또 한 편의 시가 그루지야의 진보적 신문에 발표되었고, 그것으로 그만이었다.[11] 소련 시기에 스탈린의 시들은 비밀리에 러시아어로 번역되었으나 발표되거나 그의 전집에 포함될 가능성은 전혀 없었다. 그 시들은 너무 민족주의적이었다. 스탈린에게 문학의 정치적 유용성이 언제나 다른 무엇보다 가장 중요했고 그 시들을 발표하는 것은 자신의 일대기를 복잡하게 만드는 것 말고는 어떤 효과도 없었을 것이다. 아니면 그 시들이 미학적으로 스탈린의 마음에 들지 않았거나 러시아어 번역이 좋지 않았을 수도 있다.

1896~1897년에 소소는 그보다 나이가 많은 신학생 세이트 데브다리아니[7)]가 조직한 비밀 연구회에 들어갔다. 데브다리아니에 따르면, 연구회의 계획은 자연과학, 사회학, 그루지야 문학, 러시아 문학, 유럽 문학, 마르크스와 엥겔스의 저작들을 공부하는 것이었다. 스탈린은 이 불온 활동 때문에 학점이 2~3점대로 떨어졌다.[12]

금지된 비종교 서적의 출처 중 하나는 『이베리아』 편집인 일리야 차브차바제[8)]가 운영하는 '그루지야 문학회'의 '값싼 도서관'이었다. 1896년 11월 신학교 장학관은 품행서에 다음과 같이 썼다. "주가시빌리는 '값싼 도서관' 출입증을 갖고 있고 그곳에서 책을 빌리는 것 같다. 오늘 나는 빅토르 위고의 『바다의 일꾼들』을 압수했는데, 그 안에서 앞에서 말한 도서관 출입증을 발견했다." 이에 대한 처벌로 교장은 프랑스혁명에 관한 위고의 소설 『93년』을 소지한 사실에 이미 경고한 적이 있다고 하면서 스탈린을 '장기長期' 징벌방에 가뒀다. 품행서에 적힌 1897년 3월 일자의 또 다른 항목은 이렇게 언급했다.

밤 11시 나는 이오시프 주가시빌리에게서 르투르노 Letourneau**의 『민족들의 문학 전개』를 빼앗았다. 주가시빌리는 이 책을 '값싼 도서관'에서 빌렸다.** …

---

7) Seit Devdariani(1879~1937). 그루지야의 철학자, 정치 활동가. 1919~1921년 그루지야 민족회의 대의원 및 그루지야 제헌의회 의원을 지냈다. 스탈린의 대테러 때 처형당했다.

8) Ilia Chavchavadze(1837~1907). 그루지야의 언론인, 출판업자, 작가, 시인. 19세기 후반 동안 차르 통치 하에서 그루지야 민족주의의 부흥에 노력하고 그루지야의 언어, 문학, 문화를 보존하는 데 앞장섰다. 그루지야에서 '민족의 아버지'로 일반적으로 존경받고 있다.

주가시빌리는 예배실 계단에서 앞에서 말한 책을 읽는 모습이 적발되었다. 이것은 이 학생이 열세 번째로 '값싼 도서관'에서 빌린 책을 읽는 모습이 적발된 경우다.[13]

소소 같은 반항적인 학생들이 좋아하는 작가 한 명은 그루지야의 알렉산드레 카즈베기[9]였다. 그의 소설 주인공 코바Koba는 그루지야에서 러시아의 통치에 저항하는 무법자였다. 이 등장인물의 이름은 소소가 비합법 지하 혁명 활동에 가담했을 때 처음 사용한 가명이 되었다. 코바는 1913년이 되어서야 좀 더 볼셰비키적으로 들리는 스탈린, 즉 '강철 인간'이 되었다.

소련의 스탈린 공식 『약전』에 따르면, 그는 신학교 3학년과 4학년 때 마르크스주의 연구 서클을 이끌었고, 이 불온 활동을 바탕으로 1898년 러시아 사회민주노동당RSDLP에 가입했으며, 1899년 5월에는 신학교에서 퇴학당했다. 하지만 알프레드 J. 리버Alfred J. Rieber가 강조했듯이, 신학교의 성적은 소소가 골치 아픈 학생이었으나 급진적 활동가는 아니었음을 보여준다.[14] 소소는 정치 활동 때문에 신학교에서 쫓겨난 것이 아니라 시험을 치르지 않아 추방되었다.[15] 소소가 도중하차했을 때 신학교는 그에게 신학생으로 지낸 4년 동안 품행이 방정方正했음을 증명하는 문서를 발행해주었다. 4개월 후 신학교 당국은 소소 자신의 요청으로 그에게 최종 성적표를 발행했는데, 성적표는 학점이 크게 나아졌음을 보여주었다.[16]

---

9) Alexander Kazbegi(1848~1893). 그루지야의 작가. 대표작으로 소설 『부친 살해』가 있다.

성서 해설: 4

성경의 역사: 4

교회사: 3

설교법: 3

러시아 문학: 4

러시아 문학사: 4

일반 세속사: 4

러시아 세속사: 4

대수학: 4

기하학: 4

부활절 전례: 4

물리학: 4

논리학: 5

심리학: 4

그리스어: 4

교회성가 부르기(슬라브어): 5

교회성가 부르기(조지아어): 4

스탈린은 졸업하지 못했기 때문에 대학교에 갈 수도 없었고 성직자가
될 수도 없었다. 스탈린은 교회 학교에서 가르칠 자격이 있었으나 트빌리
시 기상대에 취직해 그곳에서 먹고 자며 계기의 측정값을 기록했다. 이것

은 그가 처음이자 마지막으로 가진 평범한 직업이었다.

스탈린은 급진 사상을 계속 공부했고 정치적 관여 범위를 확대했다. 가장 중요한 영향을 미친 사람은 동생인 바노Vano도 같은 기상대에 근무했던 라도 케츠호벨리[10]였다. 고리 출신의 라도는 1893년 동맹 휴학을 주도했다는 이유로 트빌리시 신학교에서 쫓겨났다. 1896년 라도는 키예프의 신학교에서 퇴학당했으며, 이듬해 트빌리시로 돌아와 그루지야 마르크스주의 그룹에 가담하고 스탈린의 신학생 동료들과 접촉했다. 라도는 젊은 스탈린의 멘토로서 그를 비합법적 혁명 운동과 노동자 연구 서클에 연결해주는 통로가 되었다. 활동가이면서 지식인이기도 했던 라도는 스탈린이 처음으로 정치적 역할 모델로 삼았던 인물이다.

정교도 스탈린?

스탈린은 신학교를 그만두었을 무렵 이미 교회 교육을 10년 동안 받은 상태였다. 스탈린은 성경보다 더 집중적으로 공부한 책이 없었다. 스탈린은 신학적 문제에 능통했고 교회사에 관해 상세한 지식을 갖고 있었으며 동방 정교회 의례를 매우 잘 알았다. 스탈린의 교육은 세속적 요소가 상당했지만, 무엇보다 기독교적 사고가 그 핵심에 있었다.

많은 이가 스탈린의 종교 교육이 그에게 미친 장기적 영향을 궁금해했

---

10) Lado Ketskhoveli(1877~1903). 그루지야의 작가이자 혁명가. 스탈린을 처음으로 마르크스주의에 입문시킨 사람 중 한 명이다.

는데, 가장 급진적인 주장은 스탈린이 계속 기도하고 성경을 읽는 비밀 신자로 남았다는 것이다. 스탈린이 비밀경찰 요원이라는 음모론처럼, 숨어 있는 '정교도 스탈린'이라는 가설은 증거에 근거하지 않는다. 종교에 관한 스탈린은 볼셰비키 정통 신앙의 모델이었다.

스탈린은 신학교를 떠난 후 모든 종교에 등을 돌렸다. 마르크스주의적 사회주의자로서 스탈린은 스스로 무신론자라고 선언했다. 그가 속한 운동은 반교권주의를 숨기지 않았으며, 기성 종교를 파괴하고 사회의 모든 단계에서 초자연적 사고를 근절하기를 원한다는 것을 대놓고 표방했다. 볼셰비키는 러시아 정교회를 자본주의적 현상 유지에 필수불가결한 요소이자 사회주의적 계몽의 근대화 프로젝트를 가로막는 근본적인 장애물로 여겼다.

볼셰비키는 종교적 자유를 지지했으나 종교 반대 운동의 권리도 보유했다. 1906년 스탈린은 이렇게 썼다.

사회민주주의자들은 모든 형태의 종교적 박해와 싸울 것이고… 가톨릭교나 개신교를 박해하면 언제나 이에 저항할 것이다. 사회민주주의자들은 민족들이 자신들이 좋아하는 종교를 천명할 권리를 항상 옹호할 것이다. 하지만 그와 동시에… 사회민주주의자들은 사회주의 세계관의 승리를 달성하고자 가톨릭교, 개신교, 정교에 반대하는 선동을 수행할 것이다.[17]

볼셰비키의 지도자 레닌은 아주 완강한 교회 반대자 중 한 사람이었고,

종교는 피억압자들의 한숨이라는 둥 인민들의 아편이라는 둥 마르크스의 경구를 인용하기를 좋아했다. 종교 문제를 둘러싸고 레닌에게 반대한 사람은 아나톨리 루나차르스키였다. 그는 스스로를 볼셰비키 중에서 지식인, 지식인 중에서 볼셰비키라고 묘사한 사회주의 시인이자 철학자, 예술 애호가였다. 루나차르스키는 자신이 '건신建神주의'[11]라고 일컬은 운동의 주창자였다. 루나차르스키는 사회주의가 세속적 종교이며 사회주의자들은 그들과 기독교도들을 이어주는 가교를 건설해야 한다고 믿었다. 기독교 교리는 과학적으로 틀렸고 교회는 사실 반동적인 기구지만, 기독교의 윤리, 가치, 감정은 칭찬할 만하고 사회주의적 인본주의와 겹쳤다. 루나차르스키판 기독교 사회주의에 신은 존재하지 않았다. 사회주의는 신이 인간이라는 인간중심주의적 종교였다. "신을 찾을 필요가 없다. 세계에 신을 부여하자! 세계에 신은 없지만, 있을 수도 있다. 사회주의를 위한 투쟁의 길이… 건신주의가 의도하는 것이다."[18]

루나차르스키의 견해는 1908년과 1911년에 각각 발간된 『종교와 사회주의』라는 2권짜리 저서에서 제시되었다. 스탈린은 루나차르스키의 몇몇 책과 팸플릿을 갖고 있었으나 그중에 『종교와 사회주의』가 있다고 기록되어 있지는 않다. 그러나 스탈린은 이 두 책을 읽었거나 적어도 친숙했던 것 같다.[19]

건신주의는 볼셰비키 사이에서 결코 많은 영향력을 얻지 못했고, 루나차르스키는 1917년에 레닌과 화해했다. 1917년부터 1929년까지 볼셰비

---

11) god-building(Bogostroitel'stvo). 러시아에서 1905년 혁명 패배 후 사회민주주의자들 사이에서 있었던 사회주의와 종교를 융합하려는 시도.

키의 교육 인민위원으로 봉직했던 루나차르스키는 건신주의를 포기했으나 볼셰비키의 반종교 열풍을 누그러뜨리려 애썼다. 그럼에도 교회에 대한 볼셰비키 정책은 매우 억압적이었다.[20] 볼셰비키는 권력을 장악하자마자 곧 교회를 국가와 그리고 학교를 교회와 분리했다. 1918년에 채택된 헌법으로 종교적 양심의 자유가 보장되었지만, 반종교 선전의 권리도 마찬가지로 보장되었다. 성직자, 자본가, 범죄자와 여타 바람직하지 못한 자들은 정치적 권리가 제한된 2급 시민으로 분류되었다. 1922년에 볼셰비키는 교회 귀중품을 수탈했고 몰수에 저항하는 사람들에게 연출재판과 성직자, 평신도들의 처형으로 대응했다.[21]

반종교 선전과 소비에트 무신론의 홍보는 1920년대 초부터 볼셰비키가 무엇보다도 역점을 둔 사업이었다. 이에 따라 반종교 신문 『베즈보즈니크 Bezbozhnik』(무신론자)를 발간하고 '무신론자 연맹'을 창설했다. 둘 다 어디에나 모습을 드러내는 스탈린의 시종 예멜리얀 야로슬랍스키가 주도했다. 스탈린은 일부 선전이 마음에 들지 않자 그것을 '반종교 쓰레기'라고 여겼고, 1924년에 "이른바 반종교 선전을 가장한 분별없는 훌리건적 행위에 불과한 이 모든 것을 당장 그만두고 내던져버리라"라고 명령했다.[22]

1927년에 스탈린은 내방한 미국의 노동자 대표단에 공산당은 종교적 자유에 찬성하지만, "종교에 중립적일 수 없으며, 당은 과학에 찬성하고… 모든 종교가 과학의 반대이기 때문에 모든 종교적 편견에 맞서 반종교 선전을 수행합니다"라고 설명했다. 스탈린은 진화론을 가르치는 행위의 불법성을 두고 테네시주에서 최근 벌어진 스코프스 재판[12]을 언급하면

---

12) Scopes trial. 1925년 7월 21일, 미국의 테네시주에서 있었던 과학 교사 존 스코프스(John Scopes)에 대한

서, 공산주의자들은 과학을 옹호하기 때문에 소련에서는 다윈주의자들이 기소될 수가 없다고 대표단에 장담했다. 그러나 스탈린은 성직자들을 계속 박해하는 것은 변명하지 않았다. "우리가 성직자를 억압했다고요? 그렇습니다. 우리는 억압했습니다. 유일하게 유감스러운 것이 있다면 그들을 아직 완전히 제거하지 못했다는 사실입니다."[23]

볼셰비키의 반종교 운동은 1920년대 중반에는 'NEP[13] 사회주의'[24]의 맥락에서 얼마간 누그러졌다. 내전이 끝난 후 레닌이 도입한 신경제정책은 공산당 밖에서의 독립적 정치 활동은 전혀 용인하지 않았지만, 농민에 의한 사적 농업의 부활을 허용했고 약간의 사회적·문화적 이완을 수반했다. 볼셰비키는 스탈린이 강제적인 소련 농업의 집단화 운동을 개시한 1920년대 말에 좀 더 강압적인 접근으로 돌아갈 때까지 선전과 교육으로 신자들을 설득하려 했다. 농민들이 종교를 고수하는 일은 그들이 토지 소유에 집착하는 것만큼이나 유해한 것으로 여겨졌다. 1929년에 당은 반혁명적 종교 단체들을 상대로 "무자비한 전쟁"을 선포했다.[25]

전투적인 반종교 운동의 물결에서 또 한 번의 썰물은 1930년대 중반에 찾아왔다. 1936년 이른바 '스탈린 헌법'이 제정되어 종교적 자유가 보장되고 성직자들의 투표권이 부활했다. 그러나 교회는 1937~1938년의 대테러

재판이다. 스코프스는 공립학교에서 진화론를 가르치지 못하도록 한 테네시주 법률을 어기고 학교에서 진화를 가르쳤다는 이유로 벌금형을 받았다. 일반적으로 원숭이 재판(Monkey Trial)이라고도 한다.

13) New Economic Policy. 소련 당국이 전시 공산주의를 대신해 1921년 3월부터 1928년 5개년 계획 개시 때까지 채택했던 경제정책. 농민들에 의한 수확물의 자유 판매와 소규모 개인 기업, 자유 상거래 등 자본주의적 시장 제도를 어느 정도 인정했다. 소련의 경제는 이 기간에 급속도로 회복되었으나, 다른 한편으로 부농(kulak)과 네프만(Nepman)이라고 불리던 상인들이 발생해 소련 정부는 1920년대 말 강력한 공업화와 폭력적 농업 집단화를 실시해 신경제정책 자체를 종결시켰다.

때 다시 박해를 받아 교회 1만 4,000개소가 문을 닫고 3만 5,000명에 이르는 "종교적 숭배의 신봉자들"이 체포되었다. 1939년까지 소련에는 1,000개소에 채 미치지 못하는 정교회만 남았는데, 이는 정교회가 5만 개소였던 차르 러시아 시절의 상황과 확연히 대비되었다.[26]

스탈린의 대對종교 정책이 크게 바뀐 것은 잘 알려져 있듯이 1943년 9월에 스탈린이 러시아 정교회의 지도자들을 만났을 때였다. 이 회동은 스탈린의 크렘린 집무실에서 있었고, 스탈린은 소련의 전쟁 수행 노력에 대한 교회의 애국적 지지에 만족을 표하는 것으로 만남을 시작했다. 1시간 20분 동안 이어진 회동에서 스탈린은 새로운 총대주교를 임명하고, 교회를 증설하며, 체포된 성직자들을 석방하고, 성직자들을 교육하는 강좌·신학교·학술기관을 설치하는 데 기꺼이 동의했다. 스탈린은 심지어 교회에 국가 재정의 지원을 제공하고 그때까지 손으로 만들던 종교용품을 대량 생산하려고 양초 공장의 건립을 허용하겠다고 약속했다.

이 회동 기록은 스탈린이 이후 '러시아 정교회 업무 회의' 수장으로 임명한 전 내무 인민위원부[14] 관리 게오르기 카르포프[15]가 작성했다.[27] 이튿날 언론에 보도된 이 만남은 기성 종교와 소비에트 정권의 평화적 공존을 시사하는 것이었다. 정교회와 그 추종자들은 정치적 충성에 대한 보답으로 너무 적극적으로 전도 활동에 나서지만 않는다면 종교 생활을 할 수 있게 되었다.[28]

---

14) NKVD(Narodny Kommissariat Vnutrennikh Del). 1934년부터 1946년 사이에 존재한 소련의 내무부이자 최고 보안기관(비밀경찰).

15) Georgy Grigoryevich Karpov(1898~1967). 소련의 정치인, 내무 인민위원부(NKVD) 수장. 1943~1960년 소련 인민위원회의 산하 '러시아 정교회 업무 회의' 의장을 지냈다.

스탈린이 어쩌면 종교의 품으로 돌아간 것 같은가? 이것은 확실히 총대주교가 표방한 느낌이었다. 총대주교는 그때부터 스탈린을 "모든 사람으로부터 깊이 존경받고 사랑받는 사람"이자 "하느님의 섭리"에 따라 "하느님이 임명한 현명한 지도자"라고 언급했다.[29] 하지만 스탈린이 교회 사람들을 자신의 집무실로 초청한 많은 실용적 이유가 있었다. 그것은 히틀러와 벌인 싸움에서 동맹국인 영국과 미국의 여론에 잘 어울렸다. 스탈린은 전쟁에서 승리하는 데 교회의 지지가 필요 없었다. 전쟁은 1943년 1월 스탈린그라드에서 소련군이 승리한 후 결정적으로 스탈린에게 유리한 쪽으로 돌아선 상태였다. 그러나 아무리 사소한 것이라도 도움이 되었다. 1941년 6월 독일이 침공한 때부터 소련에서는 인민들 사이에 종교가 부활했고, 그 현상을 억압하기보다는 인정하고 주류 교회로 흘러가도록 하는 것이 더 나았다. 빅토리아 스몰킨Victoria Smolkin이 지적했듯이, 스탈린은 무슬림과 침례교도들에게도 유사한 조치를 취했다.[30] 특히 러시아 정교는 1941년부터 1944년 사이에 독일군이 점령한 거대한 영토가 탈환되어 소비에트 시스템으로 다시 편입되었을 때 강력한 동맹 세력이 될 것이었다.[31]

스탈린과 그가 어릴 때 받은 종교적 훈육의 관계를 바라보는 또 하나의 방법은 공산주의를 '정치 종교'로 여기는 것이다. 스탈린이 공산주의자가 되었을 때 하나의 신앙을 또 다른 신앙으로 교체했다는 발상은 직관적으로 호소력이 있었다. 확실히 공산주의와 기독교는 매우 유사하다. 공산주의에도 성전과 의례, 이단, 순교자, 죄인, 성인이 있었다. 공산주의는 또 이미 결정된 역사 단계, 즉 노예제, 봉건제, 자본주의, 사회주의, 공산주를 통해 지상의 천국으로 나아간다는 세속화된 종말론도 갖고 있었다. 공산주의는 기독교처럼 감정적이고 신념에 기반을 둔 지지자들의 헌신에 의존했다.

롤랜드 보어Roland Boer는 스탈린의 글에 "성경적인 암시, 기원, 억양이 흩뿌려져 있다"라고 언급했다.[32] 트로츠키는 『단기강좌 소련공산당사』에서 유다로 낙인찍혔고, 스탈린은 매일의 연설에서 "하느님의 축복이 있기를", "하느님만이 압니다", "하느님이 용서하는 것입니다" 등 신을 들먹이는 경향이 있었다. 스탈린은 1920년 11월에 볼셰비키 혁명 3주년에 관해 바쿠 소비에트에서 연설하면서 1521년 마르틴 루터[16]가 보름스 의회[17]에서 했던 유명한 말을 넌지시 암시했다.

여기 나는 옛 자본주의 세계와 새로운 사회주의 세계 사이의 경계선에 서 있습니다. 여기 경계선에서 나는 옛 세계를 산산조각 내려고 서방의 프롤레타리아들과 동방의 농민들의 노력을 결합합니다. 역사의 신이시여, 저를 도우소서![33]

그러나 정치 종교에 비유하는 일을 너무 지나치게 밀고 나갈 수는 없다. 공산주의에는 하느님이 없으며, 개인 숭배가 절정일 때도 스탈린은 신으로 여겨지지 않았다. 공산주의 이념에 따르면, 인류의 운명을 결정짓는

---

16) Martin Luther(1483~1546). 독일의 종교개혁가. 비텐베르크대학교의 교수를 지냈으며 종교개혁을 일으킨 인물이다.

17) Diet of Worms. 1521년 4월, 신성로마 제국 황제 카를 5세가 보름스에서 회의를 소집해 독일의 영주와 추기경들이 참석한 가운데 소환한 종교개혁가 마르틴 루터의 견해를 심의한 제국의회를 가리킨다.

동인은 당과 인민이었다. 공산주의에는 교회나 사원이 없었다. 레닌의 시신은 방부 처리되어 붉은광장에서 공개 전시되었고 스탈린의 시신도 한동안 그랬으나, 그들의 시신은 성인의 유해와 달리 숭배되지는 않았다. 스탈린같이 의식적이고 헌신적인 마르크스주의자에게 공산주의는 과학과 경험적으로 검증 가능한 사회 발전 법칙에 기반을 두었다. 레닌의 말을 바꾸어 표현한다면, 마르크스주의는 전능하기에 진리로 여겨진 것이 아니었다. 마르크스주의는 진리이기 때문에 전능했다. 아니 스탈린은 그렇게 믿었다.[34]

볼셰비키 지식인

나폴레옹에 따르면, 어떤 한 사람을 이해하려면 스무 살 때 그의 세계가 어떠했는지를 어느 정도 알 필요가 있다.[35] 그 나이 때 스탈린의 세계는 바르샤바에서 블라디보스토크까지, 북극해에서 카스피해와 흑해까지 10개 시간대에 걸쳐 동서와 남북으로 수천 킬로미터를 뻗어 있는 거대한 대륙 제국의 변두리였다. 1897년 센서스에 따르면, 1억 2,500만 명이 러시아에 살았으며, 국가 주도의 산업화가 도시 노동계급을 상당수 창출했지만, 인구 대다수는 농민이었다. 러시아 국경 내에는 100개 이상의 민족과 인종 집단이 있었다. 인구의 거의 절반은 인종적으로 러시아인이었으나 상당수 우크라이나인, 벨로루시야인, 유대인과 여러 튀르키예인, 중앙아시아인 집단도 있었다. 1783년 이후 러시아의 보호령이었던 스탈린의 그루지야는 주민이 약 100만 명을 헤아렸다. 차르 러시아 인구의 거의 70퍼센트는 동방 정교회에 가입해 있었지만, 다른 기독교 전통과 이슬람, 여타 신앙의 신자들도 많았다.

거의 300년 동안 로마노프 왕조가 통치한 러시아 차르 제국은 의회가 없고 정당이 금지된 전제정이었다. 차르의 급진적 반대자들은 감시와 괴롭힘, 체포, 투옥, 유형을 당했다. 파업은 불법이었고 노동조합도 마찬가지였으며, 막 생겨나던 지하 노동운동은 스파이와 정보원으로 들끓었고 오흐라나가 설립한 가짜 조직들에 시달렸다. 당국과 공모하고 있다고 좌익 활동가들을 고발하는 등 차르 요원들이 은밀하게 그릇된 정보를 퍼뜨렸고, 노동자들의 소요는 폭력과 가혹한 탄압에 직면했다. 스탈린은 트빌리시, 바쿠, 바투미에서 정치 선동가로서 이러한 일들을 직접 관찰하고 경험했다. 실제로 1902년에 바투미에서 있었던 파업과 시위의 결과 많은 참가자가 죽거나 다쳤는데, 스탈린은 처음으로 체포되었고, 그의 어린 시절 친구이자 가까운 동지였던 라도 케츠호벨리는 교도관의 총격을 받고 죽었다.

스탈린이 가담한 정치 운동은 노동 대중이 자본주의 시스템에 따라 착취와 억압을 당하며, 이 자본주의 시스템은 민주주의 혁명에 의해 타도되고 사회주의 혁명이 그 뒤를 이어야 할 것이라고 믿었다. 일부 급진주의자들이 농민 반란이 러시아에서 혁명적 변화를 일으키는 열쇠라고 생각한 반면에, 스탈린과 같은 마르크스주의자들은 사회적 변화의 동인으로 도시 노동계급에 기대를 걸었다. 자신과 같은 정치 활동가들의 역할은 노동자들을 교육해 사회주의 대의로 끌어들이고 그들의 사회적·정치적·경제적 투쟁을 고무하고 지지하고 지도하는 것이었다.

스탈린의 정치 생활에서 아주 일찍부터 그가 가담한 당인 RSDLP는 두 개 주요 정파로 분열했다. 스탈린은 1903년 처음 분열이 발생했던 당의 제2차 대회에서 다수파라고 주장했기 때문에 볼셰비키라고 불리게 된 레닌의 정파를 지지했다. 반대쪽은 이른바 소수파인 멘셰비키였는데 율리 마르토프[18]가 정파를 이끌었다. 실제로는 각 정파에 대한 지지는 대등하게 균형이 잡혀 있었는데, 많은 당원, 예를 들어 레프 트로츠키 같은 이는 두 정파 중 어느 한쪽을 택하고 싶어 하지 않았다.

당 가입 조건을 둘러싼 의견 차이가 처음에 분열을 일으킨 원인이었다. RSDLP는 멘셰비키가 주장하듯이, 광범한 기반에 바탕을 두고 가능한 한 합법적 활동을 벌이는 비교적 공개적인 정당이어야 하는가? 아니면 레닌이 좋아하는, 규율 있고 고도로 중앙집중적인 비밀 간부정당이어야 하는가? 부분적으로 이는 비합법과 차르 억압이라는 상황에서 구사해야 할 전술을 둘러싼 논쟁이었다. 그러나 더욱 중요한 것은 당의 역할을 둘러싼 근본적 차이였다. 멘셰비키는 인민들이 그들의 조건과 권리를 개선하고자 하는 투쟁을 경험함으로써 사회주의 의식이 자연발생적으로 확산되고 마음에 깊이 새겨진다고 상상한 반면, 볼셰비키는 당원들이 '과학적 사회주의'를 대중에게 전달해야 한다고 생각했다. 이와 관련된 것은 러시아에서 사회주의 혁명의 가능성을 평가하는 문제였다. 멘셰비키에게 사회주의는

---

18) Yuly Osipovich Martov(1873~1923). 러시아의 정치인, 혁명가. 본명은 율리 오시포비치 체데르바움(Yuly Osipovich Tsederbaum)이다. 20세기 초에 멘셰비키의 지도자가 되었다.

먼 훗날의 목표였다. 그러므로 그들에게는 사회주의 의식을 퍼뜨리고 선진 노동자들을 당에 충원하는 일은 일상적인 사회적·경제적 투쟁과 러시아에서 민주주의 혁명의 자양분이 될 정치적 개혁을 위한 선동보다 덜 중요했다. 사회주의 혁명이 멘셰비키가 생각한 것보다 더 빨리 일어날 수 있다고 믿은 볼셰비키는 노동 대중 사이에서 좀 더 수준 높은 사회주의 의식을 모색했다. 레닌은 노동계급과 빈농들이 실질적으로 동맹을 맺을 가능성이 충분하다고 믿었다. 스탈린은 레닌의 주장에 대해 1904년에 쓴 한 편지에서 다음과 같이 그럴듯하게 의견을 표명했다. "우리는 프롤레타리아 계급을 진정한 권익 의식을 갖도록, 사회주의 사상의 의식을 갖도록 고양해야 하며, 이 사상을 작은 변화로 분산하거나 자연발생적 운동에 맞추지 말아야 합니다."[36]

스탈린이 레닌을 지지한 것은 뻔한 행동이거나 자동적인 행동이 결코 아니었다. 그의 지역인 그루지야와 자캅카지예에서는 멘셰비키가 지배적 정파였다. 스탈린은 초기 정치 생활의 많은 시간을 지역 멘셰비키와 정파 싸움을 벌이다가 결국 패배하는 데 소진했다. 1917년 두 혁명의 결과 그루지야에서 권좌에 오른 정파는 멘셰비키였고, 그들은 1921년 볼셰비키에 의해 공직에서 쫓겨날 때까지 그루지야에서 통제권을 장악했다.

스탈린은 노동 대중의 일상적 계급투쟁에 몰두하는 이들에게 믿을 만한 사람으로서 손쉽게 멘셰비키의 호의를 얻을 수도 있었겠지만, 고등 교육을 받은 그는 사람들을 사회주의로 전향하는 활동에 전념했다. 스탈린은 스스로를 노동자나 농민이 아니며 사실상 계몽과 사회주의 의식을 퍼뜨리는 것이 임무인 지식인이라고 생각했다. 스탈린이 독서와 자기 개선에 평생 광적으로 전념한 것은 바로 이 지식인 정체성을 근본적으로 선택했기 때문이다. 스탈린은 평범한 노동자들을 존중했지만 일부 중간 계급 사회주의자들처럼 그들을 우러러보지는 않았다. 좋은 노동자는 그 자신처럼 당이 제공한 진리를 파악할 수 있는 교육받은 사람이었다. 그리고 바로 그러한 노동자들을 통해 대다수 노동계급에 다가가서 그들을 교육할 것이었다.[37]

스탈린의 전기 작가들은 러시아에서 벌어진 지하 혁명 활동의 정치, 일상 투쟁, 정파, 인물 같은 세세한 점을 무시하는 경향이 있었다. 그러나 이 세계는 스탈린이 성인이 된 이후 인생의 거의 절반을 차지했다. 그것은 스탈린의 성격과 인격이 형성된 정치적·사회적 환경이었다. 젊은 혁명가로서 스탈린은 신념을 채택하고 정신자세를 획득했으며, 경험을 쌓고 선택을 했다.

젊은 스탈린의 생애를 살펴볼 수 있는 증거는 부족하지 않다. 문제는 이 젊은 시절을 입증하는 스탈린의 기본적인 개인 문서 중 지금까지 남아 있는 것이 거의 없으며, 증거 대부분이 매우 당파적이고 편향된 회고들로 이루어져 있다는 사실이다. 보통 회고록의 필자들이 스탈린을 어떻게 회상하는지는 그들이 그의 후기 인생을 어떻게 보고 판단하는지와 밀접하게 연관되어 있다. 심지어 스탈린을 개인적으로 아는 사람들의 스탈린에 대한 인식조차 볼셰비키가 권력을 장악하고 내전, 테러, 대규모 폭력으로 권력을 확고히 한 이후에 그가 살았던 생애와 그가 지녔던 페르소나에 대한 지식으로 과잉 규정된다.

역사가들은 젊은 스탈린의 개성을 평가하는 데 회고록 필자들만큼이나 분열되어 있다. 대부분은 성숙한 스탈린의 많은 특성이 젊은 시절에 이루어졌을 거라는 데 동의하지만, 스탈린은 혁명 이후에도 새로운 역할과 정체성을 계속 받아들였다.

젊은이로서 스탈린은 자신감과 자기 확신에 차 있었다. 스탈린은 레닌이 이끄는 볼셰비키파의 헌신적인 일원이었고 멘셰비키와 벌인 당내 투쟁에서 은밀하게 일을 꾸미는 음모가였다. 스탈린은 동지들에게 충직했고 정치적 반대자들을 경멸했다. 스탈린은 앞으로 나서기를 꺼리지 않았으나 상황이 요구하면 저자세로 속마음을 잘 드러내지 않는 태도를 취했다. 그는 서슴없이 화도 낼 수 있었지만 대체로 냉정함을 잃지 않았다. 스탈린은 대단한 웅변가는 아니었으나 인쇄 매체에서는 숙련된 논객이었다. 정치적 신념이 교조적이었던 스탈린은 경험에 비추어 마음을 바꿀 수 있었고, 완고할 수도 있었지만 실용적일 수도 있었다. 스탈린의 개인 생활—짧게 끝난 한 차례 결혼과 다른 여성들과의 불장난이 몇 차례 있었다—은 온 힘을 다하는 그의 열정적인 정치적 활동에 엄격히 종속되었다. 스탈린은 1904년 이후 어머니를 거의 혹은 전혀 보지 않았고, 심지어 1922년까지는 편지도 쓰지 않았다. 스탈린이 젊은 시절에 드러낸 정치 스타일의 많은 부분은 그의 멘토이자 롤 모델인 레닌의 스타일에서 비롯했다. "화해는 레닌이 보기에 전투적 혁명가에게 부정적인 자질이었다"라고 로널드 수니는 썼다. "날카로운 이념적 구별, 원칙에 입각한 분열, 입장의 순수성은 미덕이 되었다. 조정, 타협, 온건은 내버려졌고 성급한 행동에 대한 욕구가 그 자리에 대신 들어섰다.["38]

스탈린의 정치 활동을 보여주는 문서 기록은 상당히 상세하고 그의 정치적 견해가 어떻게 진화했는지는 꽤 분명하다. 하지만 논란거리가 몇 가지 남아 있다. 스탈린은 당 자금을 마련하려고 벌인 강도와 갈취에 어느 정도 연루되었는가? 스탈린은 유명한 1913년 소책자 『마르크스주의와 민족 문제』의 진짜 저자인가? 스탈린은 나중에 주장된 만큼 레닌에게 충직했는가? 스탈린은 볼셰비키의 권력 장악에서 두드러진 역할을 한 것으로 예찬되지만, 실제로는 1917년에 "흐릿한 존재", "혁명을 놓친 사람"이었는가?[39] 스탈린은 러시아 내전 동안 볼셰비키 지도자 중 가장 무자비한 지도자였는가? 스탈린은 1920년에 바르샤바를 점령하려는 붉은군대의 시도를 약화함으로써 볼셰비키 혁명이 유럽으로 확산되지 못하게 했는가?

스탈린은 러시아에서 혁명적 격변이 진행되던 시기인 1905~1907년에 당을 위해서 폭력적 행동을 벌인 볼셰비키 무장 갱 조직에 가담했다. 1905년 1월 상트페테르부르크에서 평화적 시위대에 총격을 가한 '피의 일요일' 사건이 발생하면서 차르에 저항하는 반란이 일어났다. 러시아에서 정치적 암살은 전혀 새로운 것이 아니었고, 인민들의 소요가 진행된 이 기간에 좌익 주도의 무장 집단에 차르 관리 수천 명이 살해당했다.

1905년 7월에 스탈린은 「무장 반란과 우리의 전술」이라는 미서명 논설을 신문에 발표했다. 스탈린은 이 논설에서 반란은 대중의 행동으로부터 자연발생적으로 일어날 것이라는 멘셰비키의 견해를 비난했다. 거꾸로 반란은 인민과 비축 무기를 보호할 무장 집단들의 선봉 조직 등에 의해 체

계적으로 준비되고 실행되어야 한다고 스탈린은 주장했다.[40]

스탈린은 사이먼 시백 몬티피오리Simon Sebag Montefiore의 『젊은 스탈린』에서 크게 다루어진 1907년 6월의 트빌리시 마차 강도 사건에서 지엽적인 역할을 했다.[41] 수익을 25만 루블 올렸으나 사망자가 몇 명 나온 이 폭력적 강도 행각은 당이 그와 같은 "몰수"를 그만두기로 이미 결정한 후에 발생했기 때문에 RSDLP 내에서 논란을 불러일으켰다. 스탈린은 멘셰비키 반대자들에게 강도 사건에 연루되었다며 비난받았지만, 강탈 행위에 직접 참여하지는 않았으며, 어쩌면 그날 시내에 있지도 않았던 것 같다. 십중팔구 스탈린의 연루는 정보를 제공하고 작전을 도덕적으로 지지하는 정도에 그쳤을 것이다.

스탈린은 이른바 트빌리시 "엑스"Ex. expropriation(몰수)에 관련된 것을 부인하지도 인정하지도 않았다. 독일 작가 에밀 루트비히는 은행 강도 사건에서 어떤 역할을 했는지 묻자 스탈린이 "마구 웃기 시작하더니 몇 번 눈을 깜빡거리고 인터뷰가 진행되는 3시간 동안 처음이자 유일하게 자리에서 일어섰다"라고 회상했다. "은행 강도 문제는 스탈린이 무시하는 정도로만 대답한 것 말고는 답변하지 않으려 한 유일한 질문이었다."[42]

스탈린의 침묵은 트로츠키의 비판을 받았다. 트로츠키는 이 "대담한" 행동을 스탈린의 공식 전기에서 제외한 것은 "비겁"하다고 투덜댔다. 이는 당을 위해 은행을 턴 행위가 잘못되었기 때문에 제외한 것이 아니었다. 오히려 트로츠키의 말에 따르면, 은행 강도는 스탈린의 "혁명적 결의"를 증명하는 행동이었다. 그 사건이 공식 전기에서 빠진 것은 1907년에 혁명적 물결이 퇴조하고 있고 그런 몰수 행위는 "모험적 행동으로 변질"되었는데도 스탈린이 정치적 판단 착오를 일으켜 그런 모험을 감행한 사실을 은폐하기 위해서였다.[43]

정치적 폭력에 대한 스탈린의 일반적 태도는 도움 여부를 따진 레닌의 태도와 동일했다. 폭력은 일반적으로 혐오스럽지만 만일 그것이 혁명적 대의를 촉진한다면 용인할 수 있었다. 개인적인 테러 행위는 민중적 운동의 뒷받침을 받는 대규모 테러 활동의 한 부분이라면 허용될 수 있었다. 게다가 개인적 암살과 수탈 행동은 조직적 게릴라 전쟁과 무장 반란 준비보다 덜 중요했다.[44]

1905~1907년 혁명 시기가 지나가자, 볼셰비키는 특히 민중 봉기에 대한 양보로 차르 니콜라이 2세가 수립한 국가 두마, 즉 의회를 위한 선거가 치러지는 동안에는 무장 투쟁을 포기하고 비폭력적인 정치 선동을 선호했다. 두마 선거는 보통 선거에 기반을 두기보다는 간접투표였고, 기관 자체는 매우 무력했다. 좌파 정당들은 1906년에 개원한 초대 두마 선거를 보이콧했으나 1907년의 제2대 두마 선거에는 참여했다. 제3대 두마를 위해서는 선거권이 보수적인 정당들에 유리하게 개악되었지만, 볼셰비키를 비롯한 사회민주주의자들은 1912년 제4대 두마 선거에서 승부를 다툴 수 있었다.

볼셰비키는 의원직을 6석 확보했고 멘셰비키는 7석을 얻었다. 두마의 볼셰비키 정파 지도자 로만 말리놉스키[19]는 매우 유능한 것으로 드러났다. 유감스럽게도 말리놉스키는 오흐라나 요원이기도 했다. 말리놉스키

---

19) Roman Vatslavovich Malinovsky(1876~1918). 폴란드 출신의 볼셰비키로 20세기 초에 러시아 사회민주노동당 중앙위원회 위원을 지냈다. 1912년 제4대 국가 두마의 볼셰비키 정파 소속이었지만, 나중에 오흐라나의 비밀 협력자로 밝혀졌다.

가 저지른 많은 배신행위 중 하나는 그의 "절친" 가운데 한 명인 이오시프 스탈린을 적의 손에 팔아넘긴 일인데, 스탈린은 1913년 2월 상트페테르부르크에서 체포당했다. 말리놉스키는 1914년에 의원직을 사임했으나 차르 기록보관소에서 증거 문서가 발견된 1917년에야 경찰 스파이라는 정체가 분명하게 드러났다. 1년 뒤 볼셰비키는 그를 재판에 넘겨 처형했다. 말리놉스키는 볼셰비키가 처음 사로잡은 경찰 스파이는 아니었지만, 그의 적발은 특히 스탈린에게 매우 충격적이었다.[45]

스탈린이 아니라 레닌이 『마르크스주의와 민족 문제』의 진짜 저자라는 생각은 스탈린의 최대 정적인 트로츠키가 쓰고 그가 죽은 뒤인 1941년에 발간된 스탈린 전기에서 비롯한다. 스탈린 전기도 쓰고 트로츠키 전기도 쓴 아이작 도이처는 이 전기를 "깊은 통찰력과 맹목적 격정으로 가득 찬 기묘하게 매혹적인 책"이라고 기술했다.[46]

레닌이 『마르크스주의와 민족 문제』의 아이디어를 내고 스탈린의 초고를 편집했다. 스탈린은 독일어 자료의 번역 글에서도 도움을 받았다. 스탈린은 영어, 프랑스어, 독일어, 에스페란토어를 공부했지만, 러시아어 말고는 어떤 외국어도 완전히 익히지 못했다. 그러나 스탈린이 민족 문제에 관한 볼셰비키 정책의 기본 원칙을 제시한 이 마르크스주의 고전의 주요 저자라는 사실은 의심할 여지가 없다.[47]

국제주의자로서 볼셰비키는 민족주의가 분열적인 데다 계급투쟁에 쏠려 있는 주의注意를 딴 데로 돌리기 때문에 반대했다. 그러나 볼셰비키는 민족주의 감정의 힘을 인정했고, 자본주의·제국주의 억압에 맞서서 민족주의가 자극하는 동원의 정치적 유용성을 수용했다. 그러므로 볼셰비키는 민족 자결권을 지지했으며, 민족 독립이 억압을 끝장내고 스탈린이 표현했듯이 "민족들 사이에 존재하는 갈등의 원인을 제거한다면" 그 자신 민족 자결권을 위해 싸울 것이었다.

스탈린의 글은 1913년 초에 친볼셰비키 잡지인『계몽Prosveshcheniye』에 세 부분으로 나뉘어 게재되었다. 서명자는 "K. 스탈린"인데 이는 막 사용되기 시작한 가명이었지만, 앞으로 그가 지하 당 활동을 벌이며 코바를 대신해 평생 쓸 이름이 될 터였다.

볼셰비키는 1917년 권력을 장악한 후 민족 자결권을 계속 지지했고, 일련의 소련 헌법에서 이 권리를 소중하게 다루었다. 하지만 볼셰비키 담론에서 한 가지 중요한 변화가 있었는데 이는 소련을 구성한 민족들의 분리 독립을 사실상 배제하는 것이었다. 민족문제 인민위원으로서 스탈린은 민족 자결권이 혁명을 위태롭게 하거나 사회주의 발전을 방해하는 일은 허용되지 않을 거라고 경고하는 주요 주창자였다.[48]

스탈린은 1917년 이전에 레닌과 아주 크게 의견이 충돌한 적은 없었지만, 일부 중요한 강조와 관점의 차이는 존재했다.[49] 스탈린은 감옥과 국내 유형지에서 많은 시간을 보냈다. 레닌을 비롯한 다른 볼셰비키 지도자들과 달리, 스탈린은 외국에서 망명 혁명가로 생활해본 적이 없었다. 레닌에게 스탈린을 아주 가치 있게 여기도록 만들고 스탈린이 볼셰비키 당의 정상에 별 어려움이 없이 오르도록 윤활제 역할을 한 것은 스탈린이 러시아 내에 머무르면서 대중 선동가이자 선전가, 언론인으로서 활동한 사실이었다. 아무도 멘셰비키를 비판하는 데 그보다 더 격렬하지는 않았지만, 실용적 이유로 스탈린은 종종 당의 단결을 지지하곤 했다. 스탈린은 볼셰비키 정파 내부의 분열을 경멸했고 이론 문제를 둘러싼 불화에 대한 태도도 거의 마찬가지였다. 스탈린은 마르크스주의 유물론의 성격에 대한 철학적 논쟁에 대응하며 그것을 "찻잔 안의 폭풍"이라고 묘사했다. 로널드 수니가 언급했듯이, 스탈린은 "이 철학적 차이를 철저히 살펴보고… 자신의 결론에 도달했다. 그러나 스탈린의 최고 관심사는 유물론과 인식을 둘러싼 이 논쟁이 정파의 분열을 일으키지 않도록 하는 것이었다." 스탈린은 1908년 감옥에서 쓴 편지에 이렇게 적었다. 철학적 토론은 중요하지만 "나는 우리 당이 하나의 분파가 아니라고 생각하며 실제로 오래전부터 분파가 아니었습니다. 우리 당은 **철학적**(지식철학적) 경향에 따라 그룹으로 분할될 수가 없습니다."[50]

스탈린은 유형 생활을 하며 몇 년을 보냈다. 정치 활동을 할 기회가 제한되었지만, 이는 독서와 연구를 위한 시간이 많다는 것을 의미했다. 스탈린이 1908년부터 1912년 사이에 볼로그다(북부 러시아)에 있을 때 경찰은 그가 자주 지역 도서관에 들어가서 시간을 보내는 광경을 지켜보았다. 스탈린이 볼로그다에서 활동하는 모습을 본 또 다른 목격자는 스탈린과 긴밀하게 함께 작업하던 정치 활동가 표트르 치지코프[20]의 여자 친구인 폴리나 오누프리예바Polina Onufriyeva였다. 폴리나의 1944년 증언에 따르면, 세 사람은 많은 시간을 함께 보냈고 문학과 예술에 대해 오랫동안 이야기를

---

20) Pyotr Alekseyevich Chizhikov(1887~1918). 제정 러시아의 혁명가. 러시아 사회민주노동당 당원으로서 1911~1912년에 스탈린이 볼로그다에서 유형 생활을 할 때 그가 신임하던 동료 중 한 명이었다.

나눴다. 폴리나는 스탈린이 러시아 문학과 외국 문학에 매우 해박했다고 회상했다. 스탈린은 폴리나의 지적 멘토가 되었고 그녀에게 코간P. S. Kogan 의 『서유럽 문학사 논고Ocherki po Istorii Zapadno-Yevropeyskikh Literatur』(1909) 한 부를 주었다. 스탈린은 그 책에 이렇게 적었다. "괴팍한 이오시프가 지적인 심술보 폴랴에게."[51]

1912년 2월에 스탈린은 볼로그다의 셋방에서 사라졌다. 몇 주 뒤 스탈린의 집주인은 경찰에 이를 알렸고 꽤 많은 책을 포함해 그가 방에 남겨둔 물건들의 목록을 제출했다. 남겨진 책 중에는 회계, 산술, 천문학, 최면술에 관한 서적이 있었다. 철학 텍스트로는 볼테르,[21] 오귀스트 콩트,[22] 카를 카우츠키,[23] 멘셰비키 철학자 파벨 유시케비치[24]가 쓴 저술이나 이들에 관한 저술이 눈에 띄었다. 문학 쪽으로는 러시아 시인들의 작품을 모아놓은 시집과 제목이 밝혀지지 않은 오스카 와일드[25]의 저작이 있었다.[52]

스탈린이 가장 오래 유형 생활을 한 곳은 시베리아의 투루한스크였다.

---

21) Voltaire(1694~1778). 프랑스의 대표적인 계몽주의 작가. 본명은 프랑수아-마리 아루에(François-Marie Arouet)다. 대표작으로 『샤를 12세의 역사』, 『루이 14세의 시대』, 『각 국민의 풍습·정신론』, 『캉디드』 등이 있다.

22) Isidore Marie Auguste François Xavier Comte(1798~1857). 프랑스의 철학자, 사회학자. 실증주의적·경험주의적 사회학의 창시자다.

23) Karl Johann Kautsky(1854~1938). 독일의 마르크스주의 학자. 1890년대 중반 이후 독일 사회민주당 내에 대두한 베른슈타인 등의 수정주의를 통렬히 비판해 정통파를 대표하는 이론가로서 권위를 떨쳤다. 하지만 레닌이 지도하는 볼셰비즘을 반마르크스주의라고 격렬하게 비난했는데 그 때문에 레닌으로부터 '배교자'라고 낙인찍혔다. 저서로 『자본론해설』, 『윤리와 유물사관』, 『권력으로의 길』 등이 있다.

24) Pavel Solomonovich Yushkevich(1873~1945). 러시아의 멘셰비키 철학자. 레닌이 『유물론과 경험 비판론』에서 비판적으로 다룬 『마르크스주의 철학 연구』(1908)에 알렉산드르 보그다노프 등과 함께 마흐주의 필진으로 참여했다. 1922년부터 모스크바의 마르크스-엥겔스 연구소에서 근무했다.

25) Oscar Fingal O'Flahertie Wills Wilde(1854~1900). 아일랜드의 시인이자 극작가. 대표적인 작품으로 장편 소설 『도리언 그레이의 초상』이 있다.

스탈린은 1913년 7월에 이곳으로 추방되어 거의 4년을 머물렀다. 이 시기에 쓴 스탈린의 편지 가운데 몇 편이 남아 있는데, 그중 일부는 절친 로만 말리놉스키에게 보낸 것이었다. 투루한스크는 가혹한 유폐 장소였고 스탈린은 종종 건강이 나빴다. 예상할 수 있듯이 스탈린은 친구와 동지들에게 자신의 물질적 형편에 대해 괴로움을 호소했고 재정적 도움을 요청했다. 그러나 무엇보다도 스탈린은 책과 잡지, 특히 민족 문제에 관한 연구를 계속하는 데 필요한 문헌들을 보내달라고 졸랐다.[53]

스탈린의 집주인 목록이 보여주듯이 그는 관심이 다양했고 여러 종류의 책을 많이 읽었다. 그러나 스탈린이 몰두한 것은 마르크스주의 문헌, 그중에서도 마르크스와 엥겔스의 고전적 저술이었다. 스탈린이 처음으로 발표한 주요 저술은 『아나키즘인가 사회주의인가?』(1906~1907)라는 일련의 신문 논설이었다. 이 논설에서 스탈린은 마르크스와 엥겔스의 견해를 효율적으로 활용해 마르크스주의가 너무 형이상학적이라는 아나키스트 철학자들의 주장을 반박했다. 『마르크스주의와 민족 문제』(1913)에서 스탈린은 민족이 그가 믿듯이 땅, 언어, 경제생활에 기반을 둔 역사적 실체라기보다는 심리적 구조물이라는 이른바 오스트리아 마르크스주의 견해를 비판했다. 레닌을 제외하고 스탈린이 가장 좋아한 러시아 마르크스주의자는 러시아의 혁명적 사회주의 운동의 창건자 중 한 명인 게오르기 플레하노프[26]였다. 플레하노프는 『일원론적 역사관의 발전』이라는 매우 영향

---

26) Georgy Valentinovich Plekhanov(1856~1918). 러시아 마르크스주의 이론가이며 혁명가. 러시아 마르크스주의 운동의 기초를 닦았다. 대학 시절부터 인민주의 운동에 가담했다가 1883년 '노동해방단'을 조직하여 정통 마르크스주의에 입각해 러시아 사회민주노동당을 조직하려고 노력했다. 1901년 레닌 등과 『이스크라』를 발간했고 1903년 멘셰비키의 일원으로 그 수장이 되었다. 저서로 『사회주의와 정치투쟁』, 『일원론적 역사관의 발전』, 『우리의 견해차』, 『마르크스주의의 근본문제』 등이 있다.

력 있는 역사 이론서를 썼고, 스탈린은 만년에 이 텍스트를 다시 읽었다.[54]

전쟁과 혁명

스탈린이 투루한스크로 유형당하고 1년 후 제1차 세계대전이 발발했다. 전쟁은 많은 정당이 자기 나라를 방어하려고 결집하면서 국제 사회주의 운동에 분열을 가져왔다. 여느 때처럼 급진적이고 비타협적인 레닌은 전쟁에 반대했을 뿐 아니라 사회주의자들에게 조국의 패배를 위해 활동하라고 요구했다. 레닌의 구상은 국제 전쟁을 내전과 계급전쟁으로 변화시켜 러시아와 모든 교전국에서 혁명을 격발하는 것이었다.

1917년 여름에 종결될 예정이던 스탈린의 유형 생활은 차르 니콜라이 2세의 몰락이라는 예기치 않은 극적 사건으로 갑자기 끝이 났다. 러시아의 수도 페트로그라드에서 수비대의 반란과 인민들의 봉기가 일어나면서 퇴위할 수밖에 없었던 차르는 민주적인 개혁을 모색하는 두마 정치인들과 극적인 행동으로 후방을 안정시키기를 희망하던 군사 지도자들로부터도 이미 압력을 받고 있었다. 차르 행정부는 임시정부로 대체되었고, 임시정부는 새로운 민주적 헌법을 제정할 책무를 지닌 제헌의회를 구성할 자유선거를 실시할 생각이었다. 또한 소비에트들도 권력을 다투고 있었다. 소비에트는 1905년 혁명 동안 처음 나타나 1917년에 빠르게 부활한 인민 동원 기구였다. 사회주의자들이 지배하던 소비에트는 노동자, 농민, 병사

대표들로 이루어졌으며, 1916년 12월부터 소집되지 않았던 엘리트적인 두마와 달리 국민 전체를 대표한다고 주장했다.

1917년 3월 스탈린이 페트로그라드로 돌아왔을 때 볼셰비키가 직면한 가장 긴급한 사안은 임시정부에 대한 태도 문제였다. 볼셰비키는 임시정부를 지지해야 하는가, 지지하지 말아야 하는가? 볼셰비키는 차르가 물러난 지금 독일과 그 동맹국들과의 전쟁에 계속 반대해야 하는가? 일부 볼셰비키는 소비에트와 함께 러시아에서 진행 중인 민주주의 혁명의 구현체로서 임시정부를 지지하고 당의 반전 입장을 누그러뜨리기를 원했다. 다른 볼셰비키는 새 정부와 아무 관계를 맺지 않고 레닌의 '패배주의' 입장을 계속 견지하기를 원했다. 처음에 스탈린은 중도적 견해를 취했다. 그는 소비에트들의 요구를 실행하는 한 임시정부를 지지했지만 이와 동시에 새 정권에 러시아의 전쟁 참여를 중단하라고 촉구했다.

레닌은 4월에 스위스의 망명지에서 러시아로 귀국해 전쟁과 임시정부를 전면적으로 반대할 것을 요구했다. 레닌은 소비에트가 권력을 장악해 사회주의 혁명으로 급속히 이행하기를 원했다. 스탈린은 처음에 레닌의 급진적 태도에 저항했으나 곧 그에게 설득되어 태도를 바꾸었다.

스탈린은 1917년에 레닌이 말하거나 제안한 것에 전부 찬성한 것은 아니었지만, 큰 전환점이 있을 때마다 레닌 편을 들었다. 하지만 스탈린은 농업을 사회화하자는 주장과는 대조적으로 개별 농민에게 토지를 분배하자는 자신의 주장을 고수했다.[55] 1917년 볼셰비키가 농민들의 토지 점거를 지지한 것은 농촌에서 인민들의 지지를 얻는 발판을 마련하는 데 결정적이었다.

스탈린은 레닌처럼 러시아 혁명이 유럽 혁명과 세계 혁명의 촉매제가 될 수 있다고 생각했다. "러시아가 사회주의로 가는 길을 놓을 나라가 될 가능성이 없지 않다.… 우리는 오직 유럽만이 우리에게 길을 보여줄 수 있다는 낡은 생각을 버려야 한다. 교조적인 마르크스주의와 창조적인 마르크스주의가 있다. 나는 창조적인 마르크스주의를 지지한다."[56]

스탈린은 한 가지 중요한 문제에서 레닌에 반대했다. 그것은 1917년 10월 페트로그라드에서 볼셰비키 봉기를 일으키라는 레닌의 요청에 공개적으로 반대했다는 이유로 레프 카메네프와 그리고리 지노비예프를 당에서 축출하는 것이었다. 이들은 이 제안이 모험주의적이고 패배와 반혁명으로 끝날 거라고 믿었다. 스탈린은 유형 생활을 하며 함께 시간을 보내는 등 혁명 전에 카메네프와 매우 가까웠다. 스탈린은 당의 단결을 이유로 두 사람이 조직에 남아서 볼셰비키 중앙위원회 결정을 준수하는 데 동의하는 한 중앙위원회 위원직을 보유해야 한다고 주장했다. 그것은 오랜 세월 지하 혁명 활동을 경험한 데서 비롯한 스탈린의 또 다른 태도였다. 결정을 실행하는 데 중앙으로부터의 통제와 구성원의 규율을 중요시하는 이러한 태도는 일부 '망명' 볼셰비키나 당이 급속히 팽창하면서 새로 입당한 많은 당원에게서는 찾아볼 수 없는 태도였다. "중앙위원회의 결정이 내려지면 어떤 토의도 없이 수행되어야 한다."[57] 바로 이것이 당의 운용을 지배한 이른바 '민주 집중제'였다.

1917년에 스탈린이 "때때로 희미하게 나타나고 어떤 흔적도 남기지 않은 흐릿한 존재"라는 많이 인용한 문구는 멘셰비키인 니콜라이 수하노프[27]의 1922년 회고록에서 비롯한다. 스탈린이 활력 없고 시시한 사람이었다는 수하노프의 인식과 종종 대비되는 것은 1917년 5월에 트로츠키가 러시아로 귀국한 후 가한 극적인 충격이다. 페트로그라드 소비에트에 선출된 트로츠키는 7월에 볼셰비키에 합류했고 9월에 소비에트 집행위원회 의장으로 선출되었다. 트로츠키는 레닌의 볼셰비키 봉기 요청을 지지했고 페트로그라드 소비에트의 무장 조직으로서 '군사-혁명 위원회'를 설립했다. 1917년 11월에 페트로그라드에서 주요 건물과 통신 기반시설을 무력으로 장악하며 볼셰비키 쿠데타를 수행한 조직이 바로 이 기구였다. 이튿날 트로츠키는 제2차 소비에트 대회의 대표들에게 임시정부가 타도되었다고 말하면서, 권력 장악에 반대한 온건 사회주의자들은 "역사의 쓰레기통"으로 들어가는 것이 마땅하다고 야유했다.

소비에트에 기반을 둔 레닌의 정부는 볼셰비키와 전투적인 농민들을 대표하는 좌익 사회주의자-혁명가들이 연립한 것이었다. 장관들은 레닌이 좀 더 혁명적으로 들린다고 생각했기 때문에 인민위원이라 불렸다. 레닌은 '인민위원회의' 의장이었고, 트로츠키는 외무 인민위원이었으며, 스탈린은 완전히 새로운 민족 인민위원 직책을 맡았다. 트로츠키는 취임하자마자 다음과 같은 유명한 말을 했다. "나는 세계의 인민들에게 몇 가지 혁명적 선언을 한 다음 폐업할 것입니다."[58]

---

27) Nikolay Sukhanov(1882~1940). 러시아의 혁명가, 경제학자. 본명은 니콜라이 힘메르(Nikolay Nikolayevich Himmer)이다. 1903년부터 사회주의자-혁명가당 당원이었다가 1917년에 멘셰비키에 가담했다. 1917년 2월 혁명 후 페트로그라드 집행위원회 위원이었으며, 1920년까지 멘셰비키 국제주의자를 지지했다. 10월 혁명 후 소비에트 경제기관에서 일했고, 1931년 지하 멘셰비키 조직에 가담한 혐의로 기소되었다. 1937년 다시 체포되어 1940년 총살당했다.

역사적 기억에서 트로츠키 때문에 빛이 바랬지만 1917년에 스탈린보다 더 중요했던 볼셰비키는 거의 없었다. 유형지에서 페트로그라드에 도착한 최초의 볼셰비키 지도자 중 한 명이었던 스탈린은 당 신문인『프라우다』편집진의 일원으로 이 볼셰비키 언론에 많은 논설을 기고했다. 당국이 『프라우다』를 탄압하자 스탈린은 대리인이 되어 당이 발행하는 이 신문을 편집했다. 1917년 여름에 임시정부가 볼셰비키를 엄중히 단속하면서 트로츠키가 투옥되고 레닌이 핀란드로 도주했지만 스탈린은 붙들리지 않고 계속 활동했다. 스탈린은 당의 모든 주요 회의에서 발언했고, 1917년 7~8월에 레닌이 없는 동안 열린 제6차 볼셰비키 당 대회에 주요 보고를 제출했다. 이 일은 힘든 과업이었다. 임시정부의 강력한 탄압을 촉발한 7월 사태[28]의 급진적인 시위 이후 당이 쇠퇴하던 상황에서 이 과제를 수행해야 했기 때문이다. 스탈린은 레닌의 봉기 제안을 지지했고, 그 준비상황을 감독하는 책무를 진 당 지도자 일곱 명 중 한 명이었다. 크리스 리드Chris Read 가 표현하듯이, "만일 스탈린이 흐릿한 존재였다면, 그것은 아마 그가 특출하지 않아서가 아니라 끊임없이 활동한 결과였던 것 같다!"[59]

권력을 잡은 레닌, 스탈린, 트로츠키는 어떤 희생을 치르더라도 권력을 유지하기로 결심했다. 그들은 단지 러시아 혁명의 운명뿐 아니라 전 인류의 사회주의의 미래가 달려 있다고 믿었다. 예정된 제헌의회 선거가 11월 말에 허용되었으나, 선거 결과 반볼셰비키 다수파가 탄생하자 러시아 역

---

28) July Days. 1917년 7월 16~20일(신력) 사이에 러시아의 페트로그라드에서 일어난 폭동을 가리킨다. 노동자와 병사들이 임시정부에 항의하는 시위에 나섰으며, 볼셰비키는 처음에는 반대했으나 곧 시위를 지지했다. 폭동이 실패하면서 레닌이 핀란드로 도주하는 등 10월 혁명 전에 볼셰비키 세력이 일시적으로 쇠퇴하는 결과를 낳았다.

사상 처음 민주적으로 선출된 의회는 기능이 허락되지 않았다. 볼셰비키는 그들과 그들의 동맹자들이 통제하던 소비에트들이 여론을 더 대표하고 인민의 이익을 보호하는 데 더 나은 처지에 있다고 주장했다.[60]

1918년 3월에 레닌의 정부는 독일, 오스트리아-헝가리, 불가리아, 오스만투르크 제국과 브레스트-리토프스크 평화 조약[29]에 서명했다. 조약의 협상은 볼셰비키 구성원들 내에 깊은 분열을 일으켰고 좌익 사회주의자-혁명가들과의 동맹을 깨뜨렸다.

레닌의 정권이 단행한 초기 행동 중 하나는 "공정하고 민주적인 평화"를 위해 전면적인 휴전과 협상을 요청한 '평화 포고'를 선포하는 것이었다. 전투가 계속되자 레닌은 독일과 개별 휴전에 동의하고 브레스트-리토프스크에서 협상을 시작했다. 소련 측의 협상을 이끈 외무 인민위원 트로츠키는 실제로 평화 조약을 체결할 생각이 없었다. 그 대신 트로츠키는 유럽의 혁명적 상황이 무르익고 대중의 행동으로 전쟁이 중단되기를 바랐으므로 협상을 질질 끌면서 선전의 장으로 이용하려 했다. 독일은 한동안 이 뻔한 수작에 동조하는 척했으나 1918년 1월 평화 조약을 맺는 대가로 구 차르 제국의 서부 지역 상당 부분의 합병을 요구하는 최후통첩을 발표했다.

레닌과 스탈린은 독일의 조건을 수용하기를 원했다. 그렇지 않으면 전쟁에서 패배하고 그와 함께 혁명도 실패할 것이라는 이유에서였다. 이에 반대한 측은 니콜라이 부하린과 독일과의 혁명전쟁을 지지하는 '좌익 공

---

29) Brest-Litovsk peace treaty. 1918년 3월 3일 소비에트 러시아의 볼셰비키 정권과 동맹국(독일 제국, 오스트리아-헝가리 제국, 불가리아 왕국, 오스만 제국) 사이에 맺어진 평화조약. 조약의 결과 러시아는 제1차 세계대전에서 이탈하고 동부전선이 마무리되었다. 독-러 단독 강화 조약이라고도 불린다.

산주의자들'[30])이었다. 이들은 유럽의 프롤레타리아 계급이 볼셰비키 러시아를 지지하여 궐기할 것이라고 주장했다. 좌익 사회주의자-혁명가들도 혁명전쟁에 찬성했다. 트로츠키는 교전행위의 종결을 일방적으로 선언하는 "전쟁도 없고 평화도 없다"라는 타협안을 제시했다. 트로츠키의 제안은 받아들여졌고, 바로 이것이 트로츠키가 브레스트-리토프스크에서 깜짝 놀란 독일의 협상가들에게 말한 것이다.

그와 같은 평화가 찾아오면 독일이 서부의 적군을 패배시키는 데 집중할 수 있으므로 그 평화를 묵인할 거라는 트로츠키의 계산은 베를린이 동부전선에서 공세를 단행해 빠르게 성공을 거두자 완전히 잘못된 것으로 밝혀졌다. 군사적 붕괴의 가능성에 직면한 볼셰비키는 훨씬 냉혹해진 독일의 조건을 수용하는 수밖에 없었다. 그렇지만 볼셰비키가 평화 조약에 찬성 표결을 한 것은 1918년 3월에 특별히 소집된 당 대회에서 격렬한 토론을 거친 이후였다. 바로 그 회의에서 볼셰비키는 당명도 러시아공산당(볼셰비키)으로 변경했다.

내 전 지 도 위 원

브레스트 평화는 러시아 내전으로 가는 길을 닦았다. 러시아가 세계대전에서 이탈하자 볼셰비키 반대자들은 [이를 초래한] 볼셰비키를 권좌에서

---

30) Left Communists. 1918년 전반기에 레닌의 정책에 반대했던 러시아 공산당 내의 정파를 일컫는다. 니콜라이 부하린이 이끌었으며, 혁명전쟁의 지속과 프롤레타리아 계층에 의한 경제 운영을 주장했다.

끌어내리려고 무력 사용을 주저하지 않았다. 러시아의 이전 동맹국들이 차르와 임시정부에 보냈던 물자가 독일 수중에 들어가는 일이 없도록 공급을 중단하는 조치를 취하는 가운데 조약은 또한 외국이 개입할 구실도 제공했다. 1918년 11월 제1차 세계대전이 끝나자 더 많은 동맹국 부대가 러시아로 쏟아져 들어갔고, 외국의 군사적 개입은 러시아에서 정권 변경을 노리는 반볼셰비키 십자군의 일부가 되었다.

내전은 막상막하하였다. 1919년 내전이 한창일 때 볼셰비키는 중부 러시아로 영역이 좁혀져 있었고 사방에서 前 차르 장군과 제독들이 이끄는 '백군'의 공격을 받았다. 브레스트-리토프스크 대실패의 결과 외무 인민위원직에서 물러난 트로츠키는 백군을 상대로 볼셰비키가 승리를 거두는 데 중심적 역할을 했다. 전쟁 인민위원으로서 트로츠키는 500만 명에 이르는 붉은군대를 모병했는데, 모집된 병력 중에는 前 차르 시대 장교와 하사관이 5만 명 포함되었으며, 이것이 많은 논란을 불러일으켰다.

내전 동안 스탈린은 레닌이 전선에 파견한 각종 문제 해결 책임자였다. 로버트 맥닐Robert McNeal은 이렇게 언급했다.

스탈린이 붉은군대의 승리에 공헌한 정도는 오직 트로츠키의 기여 다음뿐일 정도로 컸다. 스탈린은 붉은군대를 전반적으로 조직하는 문제에서는 역할이 좀 더 작았으나 결정적으로 중요한 전선들에서 방향을 제공하는 문제에서는 더 중요했다. 영웅으로서 스탈린의 명성이 트로츠키의 명성에 훨씬 뒤떨어졌다면, 그것은 객관적 공훈이 아니라 이 단계의 그의 경력에서 자기 선전

수완이 부족한 것과 관련 있었다.[61]

1918년 6월 스탈린은 남부 러시아의 식량 공급선을 보호하려고 차리친 (1924년에 스탈린그라드로 개명)으로 파견되었다. 도시가 막 적군에게 함락되려 하자 스탈린은 불충하고 반역적이라고 여겨지는 사람들을 대대적으로 체포하고 처형하는 것으로 대응했다. 스탈린은 1918년 8월 판니 카플란[31] 이 레닌 암살을 기도하자 격분했다. 카플란은 볼셰비키에 의해 금지된 사회주의자-혁명가당의 당원이었다. 스탈린은 "부르주아 계급과 그 대리인들에게 공개적이고 체계적인 대규모 테러를 수행하는" 것으로 이 "비열한" 행동에 대응하고 있다고 모스크바에 타전했다.[62]

차리친에 있는 동안 스탈린은 볼셰비키를 지지한 부르주아 군사 전문가들의 역할을 둘러싸고 트로츠키와 충돌했다. 스탈린은 무엇이든 이용가능한 전문지식을 활용하는 데 전적으로 찬성했으나 이 전문가들을 불신했고 확고한 정치적 충성을 다하는 사람들에게 의존하는 쪽을 선호했다. 전직 차르 장군을 임명해 볼셰비키의 남부 전선을 지휘하게 하려 한 트로츠키의 시도를 스탈린이 막아서자, 이 전쟁 인민위원은 스탈린을 모스크바로 즉각 소환하라고 요구했다. 부르주아 군사 전문가들의 활용에 관해 트로츠키와 의견을 같이하던 레닌은 이 요구에 응했지만 스탈린에 대한 신임은 유지했다.

---

31) Fanny Yefimovna Kaplan(1890~1918). 러시아의 유대-우크라이나계 여성 사회주의자. 사회주의자-혁명가당(SR) 당원으로, 볼셰비키가 10월 혁명 후 사회주의자-혁명가당을 비롯한 다른 좌파 정당들의 활동을 금지하자 이를 혁명에 대한 배신이라고 여기고 레닌 암살을 기도했다.

1919년 1월 스탈린은 페름 지역이 왜 콜차크[32] 제독의 백군에 함락되었는지를 조사하려고 우랄 지역에 파견되었다. 펠릭스 제르진스키[33]가 스탈린을 동행했다. 제르진스키는 내전 동안 볼셰비키의 '적색 테러' 기관이었던 체카[34]의 무서운 수장이었다. 그들은 모스크바로 돌아와 보고하면서 백군 쪽으로 변절한 전 차르 장교들의 수를 강조했다.

1919년 3월 볼셰비키 당의 제8차 대회에서 트로츠키가 전前 차르 장교들을 모집한 사안을 두고 토론이 벌어졌다. 트로츠키가 전선에 있었으므로 전쟁 인민위원의 의견을 변호하는 일은 레닌의 몫이 되었다. 스탈린은 그 자신이 의구심이 들었는데도 부르주아 군사 전문가들의 채용을 중단하기를 원한 사람들에 맞서 레닌을 지지했다.

봄에 스탈린은 에스토니아에 근거지를 둔 유데니치[35] 장군의 백군이 위

<hr>

32) Aleksandr Vasilyevich Kolchak(1874~1920). 러시아의 제독. 해군사관학교 졸업 후 1916년 여름 흑해함대 사령관이 되었으나 1917년 2월 혁명 후 수병과 대립해 사직한 후 미국으로 파견되었다. 10월 혁명 후 극동과 시베리아로 돌아와 영국의 지지 아래 활동하다가 1918년 11월 4일 옴스크에서 성립된 시베리아 정부 육해군 장관이 되었고, 그달 18일 쿠데타로 군사정권을 수립, 러시아국가 최고 집정관이라고 자칭했다. 1919년 3월 모스크바를 목표로 대공세에 나섰으나 붉은군대에 패해 이르쿠츠크에서 총살되었다.

33) Feliks Edmundovich Dzerzhinsky(1877~1926). 러시아의 혁명가. 1895년부터 혁명운동에 가담한 뒤 리투아니아 사회민주당 결성에 참여했다. 1906년 이 당의 대표로 러시아 사회민주노동당 중앙위원회의 일원이 되어 레닌의 신뢰를 얻었다. 10월 혁명 시기에는 페트로그라드의 군사-혁명 위원회의 일원으로 활동하면서 봉기를 주도했다. 혁명 후 전 러시아 비상위원회(체카) 초대 의장이 되었으며, '적색 테러'를 조직하여 공산당의 지배 체제를 강화하는 데 힘썼다.

34) Cheka. Chrezvychaynaya Komissiya(비상위원회)의 준말. 완전한 명칭은 '전러시아 반혁명·사보타지와 투기 단속 비상위원회(VChK)'다. 1917년 12월 20일 레닌이 공포한 법령으로 만들어진 소련의 국가보안 기구(비밀경찰)이며, 1922년에 국가보안부(GPU)로 대체되었다.

35) Nikolay Nikolayevich Yudenich(1862~1933). 제정 러시아의 군인. 러일전쟁 때 연대장으로 복무했고, 1915년 대장이 되었다. 1917년의 2월 혁명 뒤 캅카스 지역 군사령관을 끝으로 퇴역했고, 10월 혁명 뒤 핀란드와 에스토니아로 망명했다. 1919년 백군을 이끌고 페트로그라드를 침공하려고 그 근교인 가치나까지 점령했으나, 붉은군대에 패했다. 프랑스 남부 니스에서 사망했다.

협하던 페트로그라드의 방어를 강화하려고 파견되었다. 몇 달 동안 스탈린은 전선을 순회하고 군사 기지를 감찰하는 등 페트로그라드 지역에서 매우 눈에 띄는 실권자였다. 1919년 10월에 스탈린은 모스크바로 접근하는 남부 진입로 방어를 도우려고 남부 전선으로 갔다. 당시 이 진입로는 데니킨[36] 장군이 이끌던 부대의 위협을 받고 있었다.

스탈린의 다음 임무는 그 병력이 1920년 4월에 갓 독립한 폴란드군의 공격을 받던 남서부전선이었다. 제1차 세계대전의 여파 속에 다시 창건된 새 폴란드 국가는 독일, 오스트리아–헝가리 제국, 차르 러시아의 영토로 만들어졌다. 폴란드와 러시아의 국경은 영국 외무장관 커즌[37] 경이 이끌던 국제 위원회에서 획정되었다. 러시아에서 내전이 맹렬히 계속되는 동안 가능한 한 많은 영토를 움켜쥐기로 한 폴란드인들은 '커즌선'으로 알려진 이 경계를 받아들일 수 없었다.

유제프 피우수트스키[38] 원수가 이끄는 폴란드군의 군사행동은 처음에는 잘 진행되었으나 붉은군대가 곧 폴란드군의 진격을 멈춘 다음 그들을

---

36) Anton Ivanovich Denikin(1872~1947). 제정 러시아의 육군 중장. 1917년 10월 혁명 후 벌어진 러시아 내전에서 백군 반볼셰비키 국가인 '러시아국가'의 부최고통치자, 남부 러시아군 총사령관을 지냈다.

37) George Nathaniel Curzon(1859~1925). 영국의 보수당 정치가. 1886년 하원의원, 1891년 인도차관, 1895년 외무차관, 1898년 인도총독이 되었다. 1919년 외무장관 임시 대리로 파리 강화회의에 참석했고 그해 10월 외무장관이 되어 1924년까지 영국 외교를 책임졌다.

38) Józef Klemens Piłsudski(1867~1935). 폴란드의 정치가이자 군인. 1892년 폴란드 사회당을 결성하고 반(反)러시아 투쟁을 전개했으나, 1906년 사회당과 분리, 독자적인 '혁명파'를 결성했다. 그 후 갈리치아에서 무장 집단을 조직하고 제1차 세계대전 때 이 '폴란드 군단'을 통솔하여 러시아와 싸웠다. 1916년 독일과 오스트리아에 의해 폴란드 독립이 일방적으로 선언되었지만, 폴란드군의 독자적 지휘권이 인정되지 않자 독일 측에 이를 거부하고 감금되었다. 1918년 독일혁명으로 석방된 뒤 독립 폴란드군 최고사령관 겸 국가주석이 되었으며, 국내의 혁명 운동을 탄압하고 1919년 레닌의 볼셰비키 정부와 전쟁을 벌였다. 1920년 말 한때 정계를 은퇴했다가 1926년 쿠데타로 정권을 잡고 독재정치를 폈다.

밀어내기 시작했다. 피우수트스키를 무찌르고 폴란드에서 프롤레타리아 혁명을 고취할 목적으로 폴란드 영토 안으로 진입해 싸워야 하는가 하는 질문이 제기되었다. 폴란드에서 프롤레타리아 혁명이 일어나면 그 혁명은 독일과 유럽 나머지 지역으로 번져나갈 터였다. 스탈린은 내전 동안 이미 신속한 진격과 후퇴를 많이 경험한 터라 신중한 태도를 보였다. 스탈린의 전선군은 크림에 근거지를 둔 브란겔[39] 남작의 백군과도 싸워야 했다. 7월 중순 『프라우다』와 인터뷰하면서 스탈린은 이렇게 말했다.

반폴란드 전선에서 우리의 성공은 의문의 여지가 없습니다. … 그러나 폴란드가 이미 끝장난 상태나 다름없고, 우리에게 남아 있는 것은 '바르샤바로 행군'하는 일뿐이라고 생각한다면 꼴사나운 허풍일 것입니다. … 브란겔의 위험이 제거되지 않은 상황에서… '바르샤바로의 행군'을 말하는 것은 어이없는 일입니다.[63]

그러나 레닌이 정부가 커즌의 휴전 제안에 어떻게 응답해야 하는지 묻자 7월 13일에 스탈린은 다음과 같이 전신문을 보냈다.

폴란드군은 완전히 결딴나는 중입니다. … 저는 폴란드의 패배에 즈음하여 제국주의가 지금처럼 약한 적이 있었다고 생각하지 않습니다. 우리가 지금처럼 강한 적은 결코 없었으며 그러므로 우리가 단호하게 행동하면 할수록 러시

---

39) Pyotr Nikolayevich Vrangel(1878~1928). 제정 러시아의 군 장교 출신으로 러시아 내전 동안 남부 러시아에서 반볼셰비키 백군 지휘관을 지냈다. 내전에서 패배한 후 1920년 11월 외국으로 망명해 1928년 브뤼셀에서 사망했다.

아와 국제 혁명에 더 좋을 것입니다.[64]

당 중앙위원회는 폴란드를 침공하기로 정식으로 결정했다. 그리고 7월 23일 정치국은 '임시 폴란드 혁명위원회'를 설립했다.[65]

붉은군대의 폴란드 진격은 처음에는 매우 성공적이었다. 붉은군대가 바르샤바로 다가가는 중에 모스크바에서 열린 제2차 공산주의 인터내셔널(코민테른) 세계 대회에 참석한 대표들은 레닌이 대축척 전쟁 지도에 붉은군대가 진격하는 전황을 표시하자 열광했다.[66]

스탈린도 흥분했다. 7월 24일 스탈린은 레닌에게 이렇게 썼다.

> 폴란드가 패배로 지쳐 있고 우리한테는 코민테른과 적절한 붉은군대가 있습니다. 다른 한편으로 협상국 측은 폴란드군이 재편되고 재무장될 수 있도록 숨 쉴 틈을 확보하려 하고 있습니다. 이런 상황에서 이탈리아에서 혁명을 고취하지 않는 것은 죄악일 것입니다.… 코민테른은 이탈리아에서 그리고 헝가리와 체코슬로바키아 같은 약한 국가들에서 봉기를 조직하는 문제를 고려해야 합니다(루마니아 역시 분쇄되어야 합니다).[67]

남서부전선의 볼셰비키 지도위원으로서 스탈린의 소관하에 있는 병력 중 세묜 부됸니[40]의 제1기병군이 있었다. 8월 중순 부됸니는 모스크바(1918년 3월부터 볼셰비키 정권의 수도)의 명령을 받아 붉은군대의 바르샤바 점

---

40) Semyon Mikhailovich Budyonny(1883~1973). 소련의 군인. 스탈린의 오랜 동료로 러시아 내전에서 기병대(후에 제1기병군으로 확대)를 조직하여 반혁명군과 싸웠다. 1935년 원수로 진급하고 제2차 세계대전 동안 남서부 방면(남서부전선과 남부전선) 군 최고사령관을 지냈다.

령 작전을 지원했다. 브란겔의 위협을 계속 걱정하면서 바르샤바가 아니라 리보프를 탈취하기를 원하던 스탈린은 명령에 부서하기를 거부했다.[68] 부돈니 부대의 재배치가 지체되었는데 이는 문제 해결에 도움이 되지 않았다. 어차피 붉은군대의 공세는 특히 폴란드에서 기대하던 프롤레타리아 반란이 실현되지 않았기 때문에 실패할 운명이었을 것이다. 8월 말 폴란드군은 바르샤바 공격을 격퇴했고, 붉은군대는 전면적으로 후퇴했다. 레닌은 강화를 요청한 다음 1921년 3월에 리가 조약을 체결하지 않으면 안 되었다. 이 조약으로 소비에트 러시아는 심각한 영토 상실을 겪었는데, 특히 주로 벨로루시야인, 우크라이나인, 유대인들이 거주하는 서부 벨로루시야와 서부 우크라이나가 폴란드로 편입되었다.

폴란드 군사 작전 때 스탈린이 취한 행동은 상당한 논쟁의 원인이 되었다. 일찍이 이 논란의 원인을 제공한 사람은 나중에 스탈린의 참모총장으로 복무한 보리스 샤포시니코프[41]였다. 샤포시니코프는 아마도 스탈린의 장서에서 한 부를 발견할 수 있을 1924년에 쓴 저서 『비스와강에서: 1920년 군사 작전의 역사에 대하여Na Visle: K Istorii Kampanii 1920』에서 부돈니의 지체가 붉은군대의 바르샤바 진격에 부정적 영향을 주긴 했지만, 여하튼 그의 군대는 제시간에 도착할 수 없어서 소비에트 서부전선군이 폴란드군에게 패배하는 것을 막지 못했을 거라고 결론지었다.[69] 영국 군사사가인 앨버트 시튼Albert Seaton은 군사령관으로서 스탈린에 관한 연구에서 비슷한 의견에 도달했다.

---

41) Boris Mikhailovich Shaposhnikov(1882~1945). 소련의 군사령관. 1928~1931년, 1937~1940년, 1941~1942년 소련군 참모총장을 지냈다. 1940년 원수로 승진했다.

스탈린이 명령을 거부하거나 명령 실행을 지체한 것이 서부전선군의 패전과 그로 인한 러시아—폴란드 전쟁의 패배에 간접적으로 책임이 있는 정도는 전쟁 전체를… 고려할 때만 검토할 수 있다. 많은 다른 요인이 패배에 한몫했다. 정치적 판단 착오, 잘못된 군사적 지시, 형편없는 훈련과 조직, 남서부전선군과 서부전선군의 기강해이, 자만하고 미숙한 지휘관, 부적절한 신호 통신이 그것이다. 하지만… [서부전선군이] 괴멸적 패배를 모면할 수도 있었을 개연성이 있었던 것 같다.[70]

스탈린은 "효과적인 예비 전투력의 부족"(트로츠키는 보급이 주요 문제라고 생각했다) 때문에 패배했다고 주장하는 보고서를 정치국에 제출하는 것으로 진행 중인 폴란드에서의 대실패에 대응했다. 스탈린은 또 폴란드에서 패배한 이유를 밝혀줄 고위급 조사도 요청했다.[71] 이것은 트로츠키뿐 아니라 레닌과도 긴장을 일으켰다. 트로츠키와 레닌 둘 다 실패한 폴란드 모험을 너무 깊게 논의하지 않기를 바랐다. 레닌은 트로츠키와 함께 정치국을 성공적으로 구워삶아 스탈린이 제안한 조사를 좌절시켰다.

1920년 9월 볼셰비키 제9차 당 협의회에서 스탈린은 폴란드 군사 작전 동안 "전략적 오류"를 범했다고 레닌과 트로츠키의 비판을 받았다. 스탈린은 자신이 '바르샤바로의 행군'에 대해 공개적으로 의구심을 표명한 사실을 지적하는 품위 있는 발언으로 이에 대응하면서 위원회를 구성해 참사의 원인을 검토하자는 요청을 되풀이했다.[72]

이즈음 스탈린은 자신의 요청으로 군사적 책무에서 해방된 상태였다.

내전은 거의 끝났고, 스탈린은 다른 할 일이 많았다. 전쟁 내내 스탈린은 민족 인민위원이었고, 1919년 3월에 국가 통제 인민위원부의 수장으로 임명되었다. 국가 통제 인민위원부는 나중에 국가 재산을 보호하고 말 안 듣는 관리들의 기강을 바로잡는 것이 책무인 노동자―농민 감찰국으로 이름이 바뀌었다.

스탈린은 두 인민위원부의 일상적 활동에서 직접적 역할은 거의 하지 않고 관리들에게 위임했다. 그러나 스탈린은 민족 문제와 관련해서는 언제나 정책을 속속들이 잘 파악했다. 이 문제에 관한 지배적인 볼셰비키 목소리는 여전히 레닌의 목소리였지만, 스탈린이 레닌과 항상 의견을 같이한 것은 아니었다. 스탈린은 레닌이 제안한 좀 더 긴밀하게 결합한 미래의 세계 연방보다는 사회주의 국가들의 연합에 찬성했다. 스탈린은 선진적이고 잘 확립된 민족들은 가까운 장래에 그들 자신의 독립 국가를 갖고 싶어 할 거라고 주장했다. 그들의 새로운 사회주의 통치자들은 소비에트 러시아에서 지배적인 민족들 사이의 연방적 관계를 일반화하자는 레닌의 제안을 받아들이지 않을 것이었다. 그러나 좀 더 실제적으로 중요한 것은 스탈린이 고도로 중앙집중화된 소비에트 국가를 선호한다는 사실이었다. 1922년 소비에트 사회주의공화국 연방USSR이 창설되었을 때 그것은 연방주의 외관 뒤에 스탈린이 선호한 고도로 중앙집중화된 국가가 존재하는, 레닌과의 타협을 반영했다.

그루지야는 스탈린과 레닌 사이에 가장 심각한 긴장의 원천이었다. 스탈린의 고국은 지하활동 시절부터 스탈린의 오랜 적수였던 노에 조르다니아[42)]가 이끄는 멘셰비키 정부가 통치했다. 그루지야 멘셰비키 국가는 1920년 5월에 볼셰비키의 인정을 받았고, 그들은 공산당의 활동을 합법화하는 대가로 그루지야 내정에 간섭하지 않겠다고 약속했다. 레닌은 그루지야에 대해 스탈린과 트로츠키보다 좀 더 유화적인 태도를 취하고 싶어 했다. 스탈린과 트로츠키는 둘 다 이 나라를 군사적으로 점령하기를 원했다. 1921년 2월에 붉은군대가 진입했다.

그루지야에서 볼셰비키가 권력을 탈취하고 초기 몇 주 동안 스탈린은 몸이 아파 북캅카스의 휴양시설에서 몸을 추스르며 여름을 보냈다. 7월에 스탈린은 그루지야 볼셰비키를 도와 대중들을 새 정권 쪽으로 결집하려고 산맥을 넘었다. 곳곳에서 마주친 민족주의 열정에 질겁한 스탈린은 체카에 볼셰비키 통치에 반대하는 저항 세력을 진압하라는 명령을 내렸다. 피체자 100여 명 중에는 스탈린의 어린 시절 친구인 이오세브 이레마시빌리도 있었다.[73]

스탈린이 우려한 것은 그루지야 민족주의만이 아니었다. 스탈린의 해결책은 지역 전체의 민족주의와 인종적 차이를 담는 그릇으로 '자캅카지예 사회주의 연방'이었다. 아르메니아, 아제르바이잔, 그루지야로 구성된 이 연방은 1921년 말에 성립했고, 1922년 USSR을 수립한 조약의 서명국(다른 서명국은 러시아, 우크라이나, 벨로루시야였다)이었다.[74]

---

42) Noe Zhordania(1869~1953). 그루지야의 언론인이자 멘셰비키 정치인. 1918년부터 그루지야 민주공화국의 총리를 지내다 1921년 3월 볼셰비키의 붉은군대에 축출되어 프랑스로 망명했다.

총서기

폴란드 전쟁, 민족 문제, 그루지야 위기를 둘러싼 견해 차이는 스탈린과 레닌의 개인적 관계를 얼마간 훼손했다. 그러나 1922년 4월에 스탈린은 공산당 총서기가 되었고, 이 임명을 밀어붙인 사람은 레닌이었다. 총서기는 중앙위원회 기구를 감시하고 주요 인원을 배분하며 정치국 회의의 의제를 설정하는 직책이었다. 지식인이면서도 실천가praktik였던 스탈린이 이 직책에 임명된 것은 특히 그가 레닌의 충직한 부관임을 또다시 행동으로 이미 보여주었기에 충분히 이해되는 일이었다. 1921년 3월 제10차 당대회에서 스탈린은 소비에트 노동조합의 역할을 둘러싸고 벌어진 논란에서 레닌을 지지했다. 트로츠키는 국가가 노동조합을 지휘하기를 원한 반면 좌익 '노동자 반대파'[43)]는 프롤레타리아들이 직접 자신들의 공장을 통제하기를 바랐다. 스탈린은 노동조합의 역할이 당의 정치적 지령에 맞춰 노동자의 이익을 보호하는 것이라는 레닌의 견해에 동의했다. 스탈린은 또 신경제정책의 도입에서도 레닌을 지지했다. 신경제정책은 내전기의 가혹한 '전시 공산주의'로부터 당이 후퇴한 것이었다. 당 단결의 한결같은 옹호자였던 스탈린은 대회가 정파, 즉 자체 내부 조직과 규율을 갖고 활동하는 당내 그룹을 금지하는 것을 지지했다. 하지만 이 금지에도 불구하고 레닌은 스탈린에게 그들의 그룹을 위해 중앙 당 기구를 장악하도록 요구했다.[75]

---

43) Workers' Opposition. 10월 혁명 후 소비에트 러시아에서 과도한 관료화에 반대해 등장한 러시아 공산당의 한 정파. 국가 경제의 관리를 노동조합으로 이전하는 것을 옹호했다. 알렉산드르 실랴프니코프, 세르게이 메드베데프, 알렉산드라 콜론타이, 유리 루토비노프 등이 이끌었다.

스탈린이 총서기직에 오르던 바로 그 순간은 내전 동안에 시작된 국가 기능에 대한 당의 잠식이 절정에 달했을 때였다. 레닌은 1917년 권력을 장악했을 때 국가 기관들, 즉 인민위원회의Sovnarkom와 각 부서, 하위 기구를 통해 통치할 작정이었다. 하지만 그것은 그리 잘 작동하지 않았다. 소브나르콤 내에서는 말만 무성했지 행동은 거의 없었다. 소브나르콤은 특히 내전기에 요구된 신속하고 단호한 정책 결정에는 잘 맞지 않았다. 소브나르콤의 민주적 정당성은 소브나르콤이 대표한다고 생각하는 소비에트들에 의거했으나 소비에트는 내전 동안 붕괴한 상태였다. 당은 점점 많은 국가 기능을 넘겨받았다. 정치국이 중요한 결정을 전부 내렸고, 소비에트 정권은 당의 권력이 국가와 사회의 모든 단계에서 지배적인 '당-국가' 혼성체로 급속히 진화했다. 당은 단지 국가를 통제하거나 차지한 데 그치지 않았다. 당의 조직과 인력은 국가의 가장 중요한 부문이었다.[76]

레닌은 소브나르콤에서 트로츠키를 그의 부관 중 한 명으로 임명함으로써 총서기로서 스탈린의 권력에 균형을 맞출 생각이었다. 그러나 레닌은 1922년 5월에 그의 심신을 약하게 만든 일련의 뇌졸중 가운데 첫 번째 뇌졸중을 겪었다.[77]

레닌이 몸져누워 있는 동안 후계자 투쟁이 시작되었고, 곧 과부가 될 나데즈다 크룹스카야가 첫 포문 중 하나를 열었다. 크룹스카야는 '레닌의 유언장'이라고 알려지게 된 문서가 존재한다고 밝혔다. 이 문서는 1922년 말과 1923년 초에 레닌이 병상에서 구술한 일련의 메모였다. 유언장의 출처에 대한 의혹이 표명되어왔고 크룹스카야와 레닌의 말을 받아 적은 직원이 레닌이 하지도 않은 말을 지어냈을 수도 있지만, 결정적으로 중요한 사실은 당시에는 아무도 레닌의 메모를 두고 그 신빙성을 의심하지 않았다는 것이다.[78]

레닌은 스탈린과 트로츠키에 대해 이렇게 말했다고 한다.

　　총서기가 된 스탈린 동지는 수중에 엄청난 권력을 집중시켰고, 나는 그가 아주 신중하게 그 권력을 사용하는 법을 항상 알고 있는지 잘 모르겠다. 다른 한편 트로츠키 동지는… 특출한 능력—개인적으로 그는 확실히 현 중앙위원회에서 가장 유능한 사람이다—이 돋보인다. 하지만 너무 지나친 자신감과 업무에서 순전히 행정적 측면에 심하게 끌리는 성향도 두드러지게 나타난다. 현 중앙위원회의 가장 유능한 두 지도자가 지닌 이 두 자질은 부지불식간에 분열을 낳고, 우리 당이 이 사태를 막을 조치를 취하지 않는다면, 뜻하지 않게 분열이 일어날 것이다.[79]

훨씬 더 비판적인 것은 레닌의 유언장에 딸린 다음과 같은 글이었다.

　　스탈린은 너무 무례한데, 이러한 결함은 우리끼리는, 우리 공산주의자들이 서로 대할 때는 충분히 용납되겠지만 총서기가 그런 것은 용납할 수 없다. 바로 이것이 내가 동지들에게 스탈린을 총서기직에서 해임하고 좀 더 관대하고 좀 더 충직하고 좀 더 공손하고 좀 더 다른 동지들을 배려하고 변덕이 덜 한… 다른 사람을 그 자리에 임명하는 방법을 생각해보라고 제안하는 이유다. 이러한 상황은 무시해도 좋을 정도로 세세한 문제처럼 보일지도 모르겠다. 그러나 나는 분열을 막는 안전장치라는 관점에서 보면, 내가 스탈린과 트로츠키의 관계에 대해 썼던 내용을 생각하면… 그것은 결정적으로 중요할 수 있는 세세한 문제다.[80]

스탈린을 총서기직에서 해임하자는 레닌의 제안은 그 직책의 업무가 여전히 대체로 행정적인 일이었기 때문에 훗날 여겨지는 만큼 그리 극단적인 것은 아니었다. 오히려 당의 최고 지도자 중 한 명으로 남아 있는 한, 그런 부담을 덜어주는 것이 심지어 스탈린에게 좋은 일이었을 수도 있었다.

레닌의 유언장은 정치적으로 찻잔 안의 폭풍에 불과한 소동만 일으켰을 뿐이다. 트로츠키를 자신들의 리더십 야심을 방해하는 주요 위험으로 확인한 스탈린의 정치국 동지들은 막 태어나고 있던 독재자를 지지했고, 유언장을 이용해 당 활동가들 사이에서 스탈린에 대한 반대를 불러일으키려던 노력은 그다지 성공을 거두지 못했다. 스탈린은 한 차례 이상 레닌의 희망대로 당 총서기직을 사임하겠다고 했으나 그의 사임이 받아들여질 가능성은 전혀 없었다.

스티븐 코트킨은 스탈린이 레닌의 유언장 소동에 심리적으로 매우 불안해졌으며, 깊은 피해의식과 자기 연민의 감정을 품게 되었다고 확신한다.[81]

스탈린은 유언장에 화가 나고 레닌의 말에 속이 타들어 갔을 수도 있으나 이 사건이 그의 심리 상태에 지속적인 충격을 가한 증거는 없다. 스탈린은 자기 연민에 빠지는 유형이 아니었고 스스로를 피해자로 생각하지도 않았으며 여전히 레닌을 충성스럽게 기억했다. 스탈린은 1927년 7월 열린 중앙위원회 총회에서 레닌의 언급에 대해 자신의 견해를 밝히는 자리에서 부끄러워하지 않았다. 자신이 무례하다는 유언장의 구절을 그대로 인용하면서 스탈린은 이렇게 말했다. "동지 여러분, 사실 나는 신뢰를 저버리고 당을 무례하게 파괴하고 분열하는 사람들에게 무례합니다. 나는 이를 숨기지 않았고 지금도 숨기지 않습니다."[82]

스탈린은 레닌의 후계자로 등장하기에 좋은 위치에 있었다. 1924년 1월 레닌이 사망한 후 스탈린은 점점 독보적인 당 지도자가 되어갔다. 스탈린은 레닌 숭배를 창안하는 데 도움을 주었고 스스로 레닌의 가장 충직한 제자를 표방했다. 스탈린은 당을 괴롭힌 여러 정책적 분란에서 중도주의 태도를 취했다. 그는 공식 관직 임명권을 이용해 지지를 모았다. 스탈린은 지역 당 관리들의 욕구와 이익에 주의를 기울였다. 무엇보다 가장 중요한 사실로 스탈린은 외국으로 혁명을 확산하는 일보다 국내에서 사회주의를 건설하는 일을 우선시함으로써 당 관리와 활동가들의 삶에 의미를 부여했다.

볼셰비키는 권력을 잡았을 때 선진 국가들에서 혁명이 일어나 그들의 혁명을 지지할 것이라고 기대했다. 혁명이 외국으로 확산하지 못하자 스탈린은 '일국 사회주의'라는 새로운 교리를 고안했다. 일국 사회주의는 소비에트 러시아가 러시아 혁명과 미래의 세계 혁명을 보호할 사회주의 국가를 건설할 수 있다고 선언했다. '국제주의'는 단 하나의 성공적인 혁명의 이익에 봉사하게끔 다시 정식화되었다. 1927년 스탈린은 이렇게 말했다,

"국제주의자는 흔들리지 않고 주저 없이 무조건 소련을 방어할 준비가 되어 있는 사람입니다. 왜냐하면 소련은 세계 혁명운동의 기지이고, 이 혁명운동은 소련이 방어되지 않으면 방어될 수도 없고 촉진될 수도 없기 때문입니다."[83]

스탈린 자신은 1920년대의 정파 투쟁에서 승리할 수 있었던 이유를 당과 국가의 중간급 관리들에게서 지지를 얻었기 때문이라고 설명했다. 스탈린은 1937년에 "우리가 트로츠키와 기타 등등을 어떻게 이길 수 있었습니까?"라고 물었다. "아시다시피 트로츠키는 레닌 이후 우리나라에서 가장 인기 있는 사람이었습니다. 부하린, 지노비예프, 리코프,[44] 톰스키[45] 모두 인기가 있었습니다. 우리는 거의 알려져 않았습니다.… 그러나 중견 간부들이 우리를 지지했고 우리 주장을 대중에게 설명했습니다. 한편 트로츠키는 이 간부들을 완전히 무시했습니다."[84]

총서기로서 스탈린의 업무량은 엄청났고, 당-국가 관료층이 확대되면서 계속 증가했다. 보고서, 결의안, 속기록 등 스탈린의 집무실을 거쳐가는 서류 뭉치가 끝없이 이어졌고, 이에 더해 그는 빈번하게 찾아오는 방문객들을 맞이하고 수많은 회의에도 참석해야 했다. 그러나 스탈린은 매우 능력 있는 행정가로 밝혀졌는데, 스탈린의 성공적인 일 처리를 보여주는 한 가지 척도는 그가 직면한 과업의 규모였다. "총서기는 수십만 관리의 기량과 경험을 추적하는 시스템을 수립하고… 대부분 자질이 형편없는 35

---

44) Alexey Ivanovich Rykov(1881~1938). 러시아의 마르크스주의 혁명가이자 소련의 정치인. 소련 인민위원회의 의장(1924~1930), 노동국방회의 의장(1926~1930) 등을 역임했다. 1938년 부하린 등과 함께 처형당했다.

45) Mikhail Pavlovich Tomsky(1880~1936). 공장 노동자, 노동조합 조직가, 볼셰비키 지도자였다. 전러시아 노동조합 중앙회의 의장을 지냈다. 1936년 스탈린 대테러의 압박에 못 이겨 자살했다.

만 명의… '직원'을 조직해야 했다. 이 직원들은 함께 힘을 모아 인구가 거의 1억 4,000만 명에 이르는, 세계에서 가장 큰 나라를 심각한 정치적 분열의 와중에서 겪던 끔찍한 경제적 위기로부터 구해내야 했다."[85]

많은 정치 지도자처럼 스탈린이 했던 독서 생활의 대부분을 차지한 것은 보고서, 브리핑, 통신문이었다. 버락 오바마[46] 대통령은 퇴임하면서 이런 자료는 뇌의 분석적 측면을 작동시키는 데는 좋지만, 자신은 때때로 "픽션의 시적 감동뿐 아니라 깊이도" 놓쳤다고 불만을 털어놓았다. "픽션은 우리가 날마다 언쟁을 벌이는 문제의 표면 아래에 있는 진실을 상기시키는 유용한 역할을 했다." 비슷한 맥락에서 블라디미르 푸틴[47] 대통령은 "생각할 거리를 갖고 업무를 잊어버리며 일반적으로 말해 다른 세계, 가치 있고 아름답고 재미있는 세계에 빠지기" 위해 책상에 미하일 레르몬토프[48]의 시집 한 권을 놔두고 있다고 말했다.[86]

스탈린은 오바마처럼 셰익스피어를 좋아했고, 십중팔구 푸틴처럼 레르몬토프도 좋아했을 것이다. 그러나 마르크스주의 인생관으로 무장한 스탈린은 논픽션이 주는 시적 감동도 마찬가지로 매력적임을 알았다.

---

46) Barack Hussein Obama II(1961~). 미국의 정치인. 2008년 미국 대통령 선거에 민주당 소속으로 출마, 미국 최초로 아프리카계 미국인으로 대통령에 당선되었으며, 2012년 미국 대통령 선거에서 재선에 성공해 총 8년의 임기를 마치고 퇴임했다.

47) Vladimir Vladimirovich Putin(1952~). 러시아 연방의 정치가. 1999년 러시아 대통령 보리스 옐친에 의해 총리로 지명되었으며 그해 12월 31일 옐친이 사임하면서 총리로서 대통령직을 대행했다. 이듬해 3월 26일 열린 정식 대선에서 러시아의 대통령으로 당선되어 2008년까지 제2대 대통령직을 맡았다. 대통령에서 물러난 뒤 드미트리 메드베데프 정권에서 총리를 지냈고, 2012년과 2018년 연이어 대통령 선거에서 승리해 계속 대통령직을 수행하고 있다.

48) Mikhail Yuryevich Lermontov(1814~1841). 러시아의 시인, 소설가. 러시아 낭만주의의 대표자다. 가장 유명한 시는 〈나 홀로 길을 가네〉이며, 소설로는 『우리 시대의 영웅』이 있다.

4장

독재자 장서의
삶과 운명

1925년 5월 스탈린은 그의 직원들에게 매우 중요한 임무를 맡겼다. 자신의 개인 장서 컬렉션을 분류하는 일이었다.

나의 권고(와 요청)

1. 저자뿐 아니라 주제별로도 책을 분류할 것

    a. 철학

    b. 심리학

    c. 사회학

    d. 정치경제학

    e. 재정

    f. 공업

    g. 농업

    h. 협동조합

i. 러시아 역사

j. 다른 나라의 역사

k. 외교

l. 대외 무역과 국내 무역

m. 군사 문제

n. 민족 문제

o. 대회와 협의회

p. 노동자들의 상태

q. 농민들의 상태

r. 콤소몰

s. 다른 나라 혁명의 역사

t. 1905년

u. 1917년 2월 혁명

v. 1917년 10월 혁명

w. 레닌과 레닌주의

x. 러시아공산당(볼셰비키)의 역사와 인터내셔널

y. 러시아공산당 내에서의 토론(논설, 팸플릿)

z. 노동조합

    aa. 픽션

    bb. 예술 비평

    cc. 정치 잡지

dd. 과학 잡지

　　　ee. 사전

　　　ff. 회고록

2. 이 분류에서 제외하여 책을 다음 인명별로 따로 정리할 것

　　　a. 레닌

　　　b. 마르크스

　　　c. 엥겔스

　　　d. 카우츠키

　　　e. 플레하노프

　　　f. 트로츠키

　　　g. 부하린

　　　h. 지노비예프

　　　i. 카메네프

　　　j. 라파르그

　　　k. 룩셈부르크[1]

　　　l. 라데크[2]

---

[1]　Rosa Luxemburg(1871~1919). 폴란드 출신의 독일의 사회주의자. 1894년 폴란드왕국 사회민주당을 결성하고 독일사회민주당에 가입한 뒤 에두아르트 베른슈타인을 격렬하게 비판하여 각광받았다. 제1차 세계대전이 일어난 후 좌익 급진파의 중심이 되어 1916년에는 스파르타쿠스단을 조직했다. 1918년 11월 독일혁명이 일어난 후 독일공산당을 결성했는데, 1919년 1월 혁명파가 베를린에서 봉기했을 때 카를 리프크네히트와 함께 정부군에게 학살당했다.

[2]　Karl Bernhardovich Radek(1885~1939). 소련에서 활동한 국제적 혁명가. 젊은 시절 폴란드-리투아니아 사회민주당, 1908년부터는 독일 사회민주당에서 당내 좌파로 활약했다. 1917년의 러시아 10월 혁명 후 페트로그라드로 가서 '좌익 공산주의자'에 가담했고, 1920~1924년 코민테른 서기를 지냈다. 1920년 소

3. 나머지는 전부 저자별로 분류할 수 있음(한쪽에 다음 자료들을 둘 것: 교과서, 작은 잡지, 반종교 나부랭이 등)[1]

스탈린은 분명히 꽤 거창한 개인 장서를 염두에 두고 있었다. 이 장서는 인문학과 사회과학뿐 아니라 미학, 픽션, 자연과학도 포함하는 다양하고 방대한 양의 인간 지식을 담을 것이었다. 스탈린이 제안한 체계는 전통적인 도서관 분류와 역사, 이론, 혁명운동의 리더십에 대한 그의 특별한 관심을 반영하는 범주를 결합했다. 혁명 운동의 리더십에는 레프 트로츠키, 레프 카메네프, 그리고리 지노비예프 같은 내부 경쟁자의 저술뿐 아니라 카를 카우츠키와 로자 룩셈부르크 같은 반볼셰비키 사회주의 비판가들의 저술도 포함되었다. 당연히 가장 눈에 잘 띄는 자리는 마르크스주의 창시자인 카를 마르크스와 프리드리히 엥겔스, 마르크스주의의 탁월한 근대적 주창자인 블라디미르 레닌에게 돌아갔다.

따로 분류되는 혁명적 문필가의 목록에 프랑스 사회주의자 폴 라파르그가 포함된 것은 지금 사람들의 눈에는 이상하게 보일 수도 있으나 스탈린의 장서에는 그의 책이 몇 권 있었다. 라파르그는 급진적인 책자 『게으를 권리』(1880)의 저자로 스탈린 세대 혁명가들 사이에서 이름을 날렸다. 라파르그는 또 마르크스의 둘째 딸 라우라Laura와 결혼했다. 이뿐만 아니라 부부는 1911년 동반 자살했다. 그 직후 볼셰비키 잡지 『계몽 Prosveshcheniye』은 카우츠키의 부고를 게재했고, 다음 호에는 라파르그가 국

련 당내 투쟁에서 트로츠키파에 가담하여 1927년 공산당에서 제명되었으나, 1930년에 복귀했다. 하지만 1936년에 다시 제명되었고 1939년에 옥사한 것으로 전해진다.

제 사회주의 운동에 공헌한 바를 분석하는 글을 실었는데 스탈린은 아마 틀림없이 이 논설들을 읽었을 것이다.[2] 1950년 스탈린은 그루지야 태생의 니콜라이 마르[3]가 설파한 언어의 단일기원설을 둘러싼 소련 언어학 논쟁에 개입하면서 라파르그의 팸플릿 『언어와 혁명』을 인용하며 그의 주장에 찬동했다.[3]

스탈린의 사서

스탈린의 분류 체계는 익명의 '사서'를 위해 준비한 것으로 러시아 기록 보관소 등록부에 기재되어 있다. 하지만 스탈린이 손으로 쓴 문제의 문서는 수신인이 없다. 드미트리 볼코고노프[4] 장군은 1989년 소련 시절에 쓴 획기적인 스탈린 전기 『승리와 비극』에서 스탈린의 비서이자 보좌관인 이반 P. 톱스투하가 수취인이라고 확인했다. 소련군 정치 본부에서 근무하고 1988년부터 1991년까지 국방부의 '군사사 연구소'를 이끌었던 볼코고노프는 전례 없이 당과 국가의 기밀문서에 접근할 수 있었다. 볼코고노프는 1970년대에 전기 작업을 시작했지만, 소련에서 개혁적인 미하일 고르바초프가 권좌에 올랐을 때 비로소 그것을 출간할 수 있었다.

볼코고노프에 따르면 스탈린은 톱스투하를 불러서 신뢰하는 조수에게

---

3) Nikolay Yakovlevich Marr(1865~1934). 그루지야 태생의 역사학자이자 언어학자. 언어의 '단일기원설'과 '야페트설'을 주장했다.

4) Dmitry Antonovich Volkogonov(1928~1995). 러시아의 역사가. 심리전 책임자로서 소련군 연대장을 지냈다. 소련 해체 전후로 공개된 새로운 자료를 바탕으로 스탈린, 레닌, 트로츠키의 전기를 출간해 서방에 잘 알려졌다.

자신을 위해 개인 장서를 적절하게 정리해달라고 요청했다. 톱스투하가 어떤 책을 포함해야 하는지를 알고 싶어 하자 스탈린은 먼저 뭔가를 받아쓰게 했으나 그 후 위에서 인용한 메모를 급히 휘갈겨 쓰기로 마음먹었다.[4]

볼코고노프는 종종 자신이 쓴 스탈린에 관한 이야기들의 출처를 언급하지 못하곤 했는데, 이 경우가 그런 사례였다. 하지만 그렇다고 다른 역사가들이 개연성이 거의 없는 이 이야기를 되풀이하는 것을 그만두지는 않았다.[5] 스탈린은 보통 직원에게 받아쓰게 하는 형식으로 습관적으로 상세한 현장 지시를 내렸다. 스탈린은 직원이 그와 같은 지시를 손으로 쓰면 예외 없이 즉석에서 그 지시를 편집하고 수정했다. 이 메모는 그런 수정이 없었고 스탈린이 즉흥적이 아니라 신중하게 작성한 티가 난다.

스탈린이 고위 관리에게 책의 분류를 수행하지는 않더라도 감독하라고 요청했을 수 있지만, 요청의 실제 수취인은 아마도 슈샤니카 마누차리얀츠Shushanika Nikitichna Manuchar'yants(1889~1969)라는 사서였을 것이다. 그녀는 확실히 이 메모의 한 수취인이었다. 왜냐하면 1925년 7월 3일에 슈샤니카가 스탈린에게 그의 범주를 확대해 운송, 교육, 통계, 대중 과학, 법을 포함하기를 원하는지 물어보는 글을 썼기 때문이다. 슈샤니카는 보고서, 조사서, 대중적인 책자 같은 종목을 따로 보관해야 하는지, 또 그녀 생각에 장서에 이상적인 조절 가능한 선반을 주문해도 좋은지도 알고 싶어 했다.

습관대로 스탈린은 그녀가 타이프로 친 메모의 여백에 자신의 답변을 쓰는 것으로 질문에 대답했다. 첫 번째 질문에 스탈린은 "그렇게 할 필요

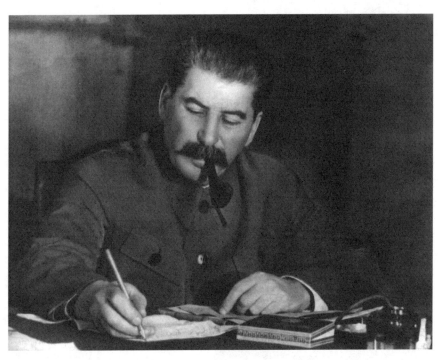

1. 크렘린 집무실에서 일하고 있는 스탈린, 1938년

2. 레닌과 스탈린의 사서였던 슈샤니카 마누차
리얀츠(1960년대 사진)

3. 스탈린의 두 번째 부인 나데즈다 알릴루예바
의 젊은 시절 사진, 1917년

4. 스탈린과 나이 어린 두 자녀, 바실리와 스베틀라나, 1935년

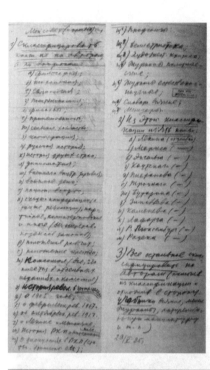

5. 스탈린이 손으로 쓴 장서 분류 체계,
1925년 5월

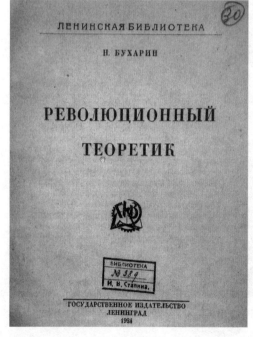

6. 니콜라이 부하린의 레닌에 관한 팸플
릿, 『혁명적 이론가』의 속표지. 스탈린의
장서 인장이 찍혀 있다.

7. 레닌이 논쟁적인 자신의 저서 『일보 전진, 이보 후퇴』에서 정치적 반대자들에 일부 반론을 가한 부분에 스탈린이 번호를 매긴 모습

8. 카를 카우츠키의 『테러리즘과 공산주의』의 여백에 스탈린은 다음과 같이 적었다. "카우츠키에게는 정학이 동학을 압도한다. 그는 [프롤레타리아 계급의] 통치 아래에서 사정은 필시 다를 것이라는 사실을 이해하지 못한다." 페이지의 아래에서 스탈린은 프롤레타리아 계급으로 하여금 파리에서 권력을 장악하고 그 후 국내외에서 프랑스 혁명을 이끌도록 추동한 것은 바로 이 절망이었다는 카우츠키의 서술 옆에 '하-하' 라고 썼다.

9. 『레닌, 음모주의, 10월』의 앞표지에 스탈린은 다음과 같이 적었다. "트로츠키가 반란의 경과에 대해 일리치[레닌]에게 거짓말했다고 몰로토프에게 말하라."

10. 스탈린은 셰스타코프의 학교 교과서의 제목을 『단기강좌 소련사』에서 『소련사; 단기강좌』로 바꿀 것을 제안했으나, 원래 제목이 유지되었다.

11. 알렉세이 톨스토이의 1942년 희곡 『이반 뇌제』의 뒤표지에 스탈린이 끄적거린 낙서. 우치텔uchitel'(교사)이라는 단어가 몇 차례 등장하며, 스탈린 장서의 다른 책들에도 마찬가지로 이 단어가 나타난다.

12. 현대 군사술에 관한 1946년의 한 논설에서 전쟁에서 승리하는 데 리더십과 의지력의 역할을 강조하는 단락 옆에 스탈린은 "그렇지 않음", "가장 중요한 것은 마르크스주의에 대한 지식이다"라고 적었다.

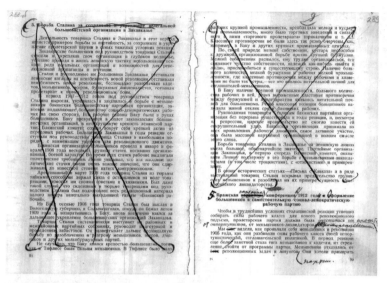

13. 자캅카지예의 볼셰비키 지하운동에서 스탈린이 한 역할에 관한 섹션이 있는 『단기강좌 소련공산당사』 초고의 페이지들. 그것은 스탈린이 삭제한 많은 섹션 중 하나다.

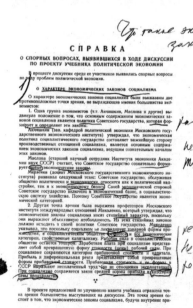

14. 1951년 『정치경제학』 교과서 초고에 관한 회의에서 경제 법칙의 성격을 둘러싼 논의를 요약하는 이 페이지의 제일 위에 스탈린은 "무슨 경제 법칙", 또 여백에는 "하-하-하", "히-히", "그렇지 않음"이라고 썼다.

가 있음nuzhno"이라고 대답했으나 법 뒤에 괄호를 치고 "법령 제외isklyuchaya dekrety"라고 적어 넣었다. 두 번째와 세 번째 질문에 대한 대답은 간단히 "예da"였다.⁶

레닌의 사서였던 슈샤니카는 1924년에 레닌이 사망한 뒤에도 그의 동생인 마리야와 부인 나데즈다 크룹스카야를 위해 계속 일했다. 그녀는 스탈린의 사서로도 일했던 것 같은데, 이는 스탈린이 1926년에 왜 그녀에게 자신의 『레닌주의의 문제들Voprosy Leninizma』에 서명을 해서 한 부 증정했는지 설명해줄 것이다.⁷ 십중팔구 스탈린에게 분류 체계를 고안하도록 재촉하고 그의 장서 인장인 'I. V. 스탈린의 장서Biblioteka I. V. Stalina'를 창안한 사람은 바로 슈샤니카였을 것이다. 이 장서 인장은 그녀가 레닌의 사서로 일했을 때 사용한 디자인처럼 디자인이 단순했다.

1930년대에 스탈린의 운송 인민위원이었던 라자리 카가노비치⁵⁾ 역시 장서 인장이 있었다. 스탈린처럼 카가노비치도 지식인 집안이 아니라 수수한 집안 출신이었다. 그도 자신의 책에 인장을 찍었을 뿐 아니라 번호도 매겼는데, 이는 카가노비치가 상당한 컬렉션을 구축할 생각이었음을 보여준다.⁸

슈샤니카는 1920년에 레닌을 위해 일하러 갔을 때 그의 집무실에 책이 썩 많지 않다는 사실에 놀랐으나 곧 레닌이 현재의 업무나 참조 목적으로 필요한 책만 갖고 있다가 건네주었음을 알게 되었다. 그렇지만 2,000권에 이르는 책이 있었고 그중 많은 책이 외서였으며, 레닌의 작은 크렘린 아파

---

5) Lazar Moiseyevich Kaganovich(1893~1991). 소련의 정치가이자 스탈린의 측근 중 한 사람. 소련 운송 인민위원(1935~1944), 우크라이나 공산당 제1서기(1925~1928, 1947), 소련 각료회의 제1부의장(1953~1957) 등을 역임했다.

트에 인접한 방에 3,000권을 더 보관 중이었다. 이 책들은 6개 책장에 알파벳순으로 꽂혀 있었고, 그중 한 책장에는 마르크스주의 고전이 정리되어 있던 반면 또 하나의 책장은 외국에서 발간된 반혁명적 '백위군' 문헌으로 가득 차 있었다. 다른 책꽂이들에는 백과사전, 사전, 잡지, 군사 관련 서적과 지도, 러시아 문학과 외국 문학, 공산주의와 소련 대외 정책에 관한 텍스트, 러시아의 혁명적 민주주의자들의 저술들이 있었다.

레닌은 책을 빨리 읽었고, 빨간 색연필이나 검은 색연필로 책에 글을 쓰는 습관이 있었다. 슈샤니카는 레닌의 사서로서 평범한 일상 업무를 이렇게 회상했다.

> 새로 받은 책들을 살펴보고 레닌의 책상 옆 테이블에 가장 중요한 책을 가져다놓는다. 새 책들을 등록하고 목록 카드를 작성한다. 책꽂이를 깔끔하게 정리하고 레닌이 요청한 책들을 가져다준다. 레닌에게 필요한 책들을 다른 도서관에서 주문한다.[9]

레닌의 집무실에서 함께 근무했던 슈샤니카의 동료 중 스탈린의 부인인 나데즈다 알릴루예바[6]가 있었다. 스탈린의 딸 스베틀라나에 따르면, 아버지의 장서에 있던 역사·예술 책 수백 권은 어머니 책이었다. 스베틀라나는 1955년에 당 지도부에 편지를 써서 아버지 장서 안의 이 하위 컬렉션에 대한 소유권을 주장했으나 성공하지는 못했다.[10] 아마도 슈샤니카에

---

6) Nadezhda Sergeyevna Alliluyeva(1901~1932). 스탈린의 두 번째 부인. 철도 노동자로서 러시아 혁명가였던 세르게이 알릴루예프의 막내딸이다. 1911년 스탈린을 처음 만났으며, 10월 혁명 후인 1919년에 그와 결혼했다. 슬하에 아들 바실리와 딸 스베틀라나를 두었다. 1932년 자살한 것으로 알려졌다.

게 그들의 책을 정리해달라고 요청한 것은 나데즈다의 아이디어였을 것이다.

슈샤니카의 회고는 스탈린을 위해 일했다고 하지도 않았고, 한 번 지나가는 투로 언급한 것 말고는 그의 이름을 언급하지도 않았다. 흐루쇼프가 독재자를 비난한 후 소련에서 그와 같은 회상록은 금지되었다. 유일한 예외는 제2차 세계대전 동안 최고 사령관으로서 스탈린의 역할과 관련해 군사 문제를 거론한 회고였다.

1930년에 슈샤니카는 '레닌 연구소'에 일하러 갔는데, 1931년에 이 연구소는 새로 만들어진 '마르크스엥겔스레닌 연구소IMEL'의 핵심이 되었다. 처음에 그녀는 레닌과 관련된 프로젝트를 진행했으나 1940년에 스탈린의 전집 간행을 책임진 분과로 옮겨서 1955년에 퇴직할 때까지 그곳에 있었다. 슈샤니카는 1970년 레닌 탄생 100주년에 그녀의 책 재판이 출간되기 직전 해인 1969년에 사망했다.

슈샤니카는 IMEL로 이직한 덕분에 아마 생명을 보존할 수 있었을 것이다. 1935년에 미화원, 경비원, 관리자, 사서 등 수많은 크렘린 보조직원이 스탈린을 비롯한 소련 지도자들을 암살하는 (날조된) 음모에 연루되었다. 체포되어 총살된 사람 중에 레프 카메네프 동생의 전 부인으로 사서였던 니나 로젠펠트Nina Aleksandrovna Rozenfel'd(1886~1937)가 있었다.

1935년 3월에 중앙위원회 조직국 회의에서 스탈린은 "여러분은 크렘린에서 무슨 일이 벌어지고 있는지를 이미 들었습니다"라며 다음과 같이 말을 이었다.

우리 지도자들의 아파트에 접근하는 유일한 사람은 방을 청소하는 여성 미화원이나 주문한 책을 가져다준다는 핑계로 아파트를 방문하는 사서입니다. 그들은 누군가요? 종종 우리는 그들이 누군지 모릅니다. 사용하기 아주 쉬운 매우 다양한 독극물이 존재합니다. 독극물은 책에 묻혀 있습니다. 당신은 책을 받아 읽고 쓰죠. 혹은 독극물은 베개에 묻어 있습니다. 당신은 잠자리에 누워 숨을 쉽니다. 그리고 한 달 뒤 모든 게 끝납니다.[11]

슈샤니카가 크렘린의 일을 그만둔 것은 그녀가 떠난 후 새로 취득한 도서에 인장을 찍는 시스템이 쇠퇴했기 때문에 독재자 장서의 삶이 고난을 겪기 시작한 것과 시기적으로 일치했다. 앞으로 보겠지만 스탈린이 사망한 후 그의 포멧키(표시나 주해들)나 다른 식별 흔적이 있는 책들만 기록보관소에 간수되었다. 나머지 책은 흩어져 다른 도서관으로 사라졌다.

도서의 수집과 대여

개인이 소장한 도서 컬렉션을 분류하는 일은 종종 목록을 만드는 일을 수반하지만, 유일하게 알려진 스탈린 도서 목록은 그가 사망한 후 IMEL이 장서 자료 중 남은 것들을 기록보관소에 수장하려고 이전하는 과정에서 작성한 목록뿐이다. 분류는 또 장서 자료를 살펴볼 수 있는 중심적 장소나 장소들을 드러내기도 한다. 하지만 스탈린의 장서는 그의 여러 집무실, 아파트, 다차들에 넓게 산재해 운용 중인 개인적 보관 자료들이었다.

1920년대 초부터 스탈린은 크렘린과 여기서 몇 분 떨어진 스타라야 플로샤티Staraya Ploshchad'(구광장)의 당 중앙위원회 건물에 있는 또 다른 업무 공간에 숙소와 집무실이 있었다. 이 공간들에는 확실히 그의 장서 중 많은 책이 있었다. 운송 인민위원 I. V. 코발료프[7]에 따르면, 스탈린은 회의를 진행하면서 책꽂이에서 레닌의 책을 뽑아 "블라디미르 일리치[8]가 이 문제에 대해 말한 게 있는지 한번 봅시다"라고 말하는 버릇이 있었다.[12] 중앙위원회 건물에서 근무한 A. P. 발라쇼프A. P. Balashov는 때때로 스탈린의 컬렉션에서 책을 빌리곤 했다. "엄청난 장서가 들어 있는 장櫃들이 있었다. 스탈린에게 중앙 출판사가 발간한 모든 책을 두 부씩 보냈고, 일부 책에는 서명이 있었다. 많은 저자가 직접 자기 책을 보냈다. 스탈린은 한 부를 우리에게 넘겨주었고 우리는 그것들을 나눠 가졌다."[13] 스탈린의 딸 스베틀라나는 그가 살던 크렘린 아파트의 "벽에는 그림을 걸 공간이 없었다. 벽은 책으로 빽빽이 채워져 있었다"라고 회상했다.[14] 스탈린의 양자 아르툠 세르게예프는 다음과 같이 기억했다. "스탈린은 책을 많이 읽었다. 만날 때마다 그는 내가 무엇을 읽고 있고 그것에 대해 어떻게 생각하는지를 묻곤 했다. 스탈린의 집무실 입구에는 책이 산더미같이 쌓여 있었다. 스탈린은 그것들을 훑어보고는 자기 장서에 둘 책을 따로 챙기곤 했다."[15] 스베틀라나의 첫 남편(1944년부터 1947년까지) 그리고리 모로조프Grigory Iosifovich Morozov(1921~2001)는 스탈린의 크렘린 아파트에 있는 장서를 이용할 수 있

---

7) Ivan Vladimirovich Kovalyov(1901~1993). 소련의 군 장교, 정치인. 1944~1948년 소련 운송 인민위원 및 장관을 지냈다.

8) 레닌을 가리킨다. 레닌의 본명은 블라디미르 일리치 울리야노프(Vladimir Ilich Ulyanov)다.

게 허락받았다.

    욕심 많고 호기심 가득 찬 독자로서 나는 그곳에서 오랫동안 행복한 시간을 보냈다. 컬렉션이 굉장했다고 말해야 한다. 백과사전, 교과서, 유명한 학자들의 저서, [문학] 고전, 당 지도자들의 저술. 스탈린은 여백에 때때로 상세한 주해가 숱하게 표시된 사실이 증명하듯이 그것들을 모두 주의 깊게 읽었다.[16]

    제2차 세계대전 당시 영국 통역관을 지낸 A. H. 버스A. H. Birse 소령은 스탈린의 크렘린 침실을 방문할 기회가 있었는데, 그는 그곳에서 대형 책장을 보았다. "나는 책들을 슬쩍 쳐다보았다. 그것은 좋은 역사 서적과 함께 마르크스주의 문헌들로 이루어진 컬렉션이었으나 러시아 고전은 볼 수 없었다. 그루지야어로 된 책이 몇 권 있었다."[17]

    스탈린의 보안 인민위원 라브렌티 베리야의 아들 세르고 베리야Sergo Lavrentyevich Beria(1924~2000)는 스탈린이 그의 이너서클[9]에 속하는 어떤 사람을 방문했을 때 다음과 같이 행동했다고 주장했다.

    그는 그 사람의 소장 도서 쪽으로 가더니 책들을 읽었는지 들춰보기까지 했다.… 스탈린은 독서와 관련해 조언하고 싶어 했으며, 나의 문학 지식이 부족한 것에 화를 냈다. 예를 들어 나는 『제르미날』을 읽지 않았는데(『나나』만 읽었을 뿐이다), 스탈린은 에밀 졸라를 흠모했다.

---

9) inner circle. 특정 그룹 내부의 핵심적 권력 집단이나 의사결정 기관을 뜻하는 용어. 영향력이나 정보, 힘 등을 소유하는 집단으로 외부에 모습을 잘 드러내지는 않지만, 의사결정 과정에 절대적 영향력을 행사하는 이른바 권력의 실세라고 할 수 있다.

세르고는 또 스탈린이 하루 500페이지를 읽었다고 말한 사실을 상기했다. 이는 회고록 집필자들이 반복적으로 주장하는 것이고, 스탈린이 아마 누군가에게 비슷하게 말했을 것이나 그의 엄청난 업무량을 생각하면 그것은 사실이 아닐 공산이 매우 컸다. 휴일이나 집무실 밖에서 보낸 날 말고 스탈린은 그처럼 폭넓게 독서할 시간이 그냥 없었을 것이다. 또 다른 회고록 설명에 따르면, 스탈린은 "문학을 비롯한 여러 글을 매일 정해진 양인 300페이지가량" 읽었다고 말했다.[18]

베리야 2세는 또 스탈린이 서표書標를 사용했고 "책에 밑줄을 긋거나 메모를 하는 행위를 몹시 싫어했다"라고 말한다.[19] 스탈린의 장서 중 남아 있는 많은 책에 종이 꼬리표가 끼워져 있었고, 그래서 베리야가 어쩌면 옳았을 수도 있지만, 그가 텍스트에 표시하는 것을 "몹시 싫어했다"라고 말하는 것은 책 수백 권이 그 반대 사실을 보여주기 때문에 명백히 틀렸다.[20]

로이 메드베데프와 조레스 메드베데프[10]에 따르면, 1920년대에 스탈린은 자신의 장서용으로 매년 책을 500권 주문했다.[21] 그것은 분주한 정치인에게는 많은 양인 것 같지만 장서에 대한 스탈린의 야심과 잘 어울렸고, 그의 리츠니 폰트lichny fond(개인 파일 시리즈)에서는 여러 출판사의 이름과 도

---

10) Roy Aleksandrovich Medvedev(1925~). 러시아의 역사가. 1956년 공산당에 입당. 스탈린 시대의 역사 연구에 종사했는데, 체제 내의 개혁을 목표로 삼았다. 1969년 『역사가 판단하게 하라』를 집필하여 스탈린 옹호 움직임에 항의하다가 당에서 제명되었다. 1971년부터는 소련을 떠나 외국에 머무르면서 『공산주의란 무엇인가?』, 『소련에서의 소수의견』 등의 저서를 출판했고, 스탈린 비판을 계속 전개했다. 쌍둥이 동생 조레스(Zhores Aleksandrovich Medvedev, 1925~2018)는 모스크바의 농업대학교를 졸업한 후 방사선 의학연구소에서 근무했다. 1969년에 저서 『리센코 학설의 흥망』을 나라 밖에서 출판했으나, 1970년에는 정신병원에 수감되었고, 1973년 영국 유학 중 국적을 박탈당하여 귀국이 불가능하게 되었다. 로이와 조레스가 공동으로 저술한 책으로는 『고발한다! 미치광이는 누구인가?』, 『흐루쇼프 권력의 시대』 등이 있다.

서 안내 책자를 발견할 수 있다.

볼셰비키가 권력을 잡았을 때 거대한 출판 산업을 물려받은 사실은 스탈린의 광범한 책 취득이 무엇을 의미하는지를 살펴볼 수 있는 좀 더 폭넓은 맥락이었다. 1913년에 차르 러시아는 도서를 3만 4,000종 출간했다. 이보다 더 많이 발간한 나라는 독일뿐이었다. 내전 동안 종수는 급락했으나 1925년에 소련은 2만 종을 출간했고 1928년쯤에는 차르 러시아에서 기록한 최고 종수를 능가했다. 바로 그해 소련은 2억 7,000만 부를 발행했는데, 이는 차르 시절에 제작한 부수보다 2배 이상 많은 것이었다.

출판업은 1918년에 볼셰비키가 '시영화'(즉 다양한 시 소비에트가 접수)했으나, 1921년에 신경제정책으로 상업 활동이 부활하면서 많은 민간 출판사가 영업을 재개할 수 있었다.[22] 이들은 1920년대 동안 영업을 계속했다. 민간 회사들은 국영 출판사에 의해 위축되긴 했지만, 순수 문학, 아동 문학, 외국 번역서 같은 일부 도서 분야에서 상당한 시장 점유율을 차지했다. 또 소련 정권에 적대적인 러시아 망명 출판업자들이 제작한 서적을 비롯해 외국에서 발간된 도서가 수입되는 상황을 거의 통제하지 못했다.[23]

스탈린이 직접 주문한 경우 말고 서적을 가장 많이 입수한 원천은 출판사와 저자가 그에게 자발적으로 보낸 책이었다. 소련의 출판사는 최고위 볼셰비키에게 발행한 책을 제공하도록 기대되었고, 저자들은 특히 1920년대 말에 스탈린 숭배가 본격화한 후에는 당의 총서기에게 저술을 선물하고자 하는 동기가 따로 필요하지 않았다. 1930년대에 크렘린은 수천 권은 아니더라도 책 수백 권을 비롯해 스탈린에게 바치는 선물이 홍수처럼 밀려들었다. 심지어 1920년대에도 출판물이 그에게 꾸준히 흘러들었는데, 지금 남아 있는 "스탈린의 아파트 앞으로 보내진 문헌 기록부, 1926년 4~12월"은 이를 잘 보여준다.[24] 이 9개월 동안에만 수십 권이 스탈린에게 보내졌다.

예상대로 이들 도서 중 많은 책이 마르크스주의 철학, 경제학, 정치학에 관한 것이었으나 러시아 역사, 예술 사회학, 아동 심리, 스포츠, 종교에 관한 서적도 있었다. 문학으로는 투르게네프,[11] 도스토옙스키, 푸시킨[12]뿐 아니라 잭 런던[13]과 마크 트웨인[14]의 『아서왕 궁정의 코네티컷 양키』[15] 러시아어 번역본 등이 눈에 띄었다. 스탈린이 수령한 회고록 중에는 레닌의 부인 크룹스카야와 내전 시기에 볼셰비키와 싸운 차르 장군 안톤 데니킨의 회고록이 있었다. 스탈린의 아파트에 도착한 특이한 책 중에는 매독, 살인법, 유대인 도살 의례, 최면에 관한 도서가 있었다. 정치 잡지뿐 아니라 과학, 문화 잡지 등 많은 잡지 역시 정례적으로 스탈린에게 보내졌다.

이 특정의 한 무더기 책 중에서 스탈린이 받은 단연코 가장 중요한 학술서는 제1차 세계대전의 일반참모를 연구한 보리스 샤포시니코프의 『군대의 두뇌Mozg Armii』 제1권이었다. 소련의 군 관계자들 사이에서 널리 읽히

---

11) Ivan Sergeyevich Turgenev(1818~1883). 러시아의 소설가. 대표작으로 『아버지와 아들』 등이 있다.

12) Aleksandr Sergeyevich Pushkin(1799~1837). 러시아의 시인, 소설가. 러시아 근대문학의 창시자이자 국민 시인으로 평가받는다.

13) Jack London(1876~1916). 미국의 소설가, 사회평론가. 대표작으로 『강철군화』 등이 있다.

14) Mark Twain(1835~1910). 미국의 소설가. 본명은 새무얼 랭혼 클레먼스(Samuel Langhorne Clemens)다. 주요 작품으로 『톰 소여의 모험』, 『허클베리 핀의 모험』 등이 있다.

15) A Connecticut Yankee in King Arthur's Court. 미국의 작가 마크 트웨인이 1889년에 쓴 소설. 우리나라에서는 『아서왕을 만난 사나이』로 번역 출판되었다.

고 논의된 이 서적은 제2차 세계대전 동안 스탈린의 상급 사령부가 기능을 수행할 때 본보기로 참조하게 되는 책이었다. 1929년에 샤포시니코프는 스탈린에게 헌정된 3권짜리 특장본 『군대의 두뇌』를 그에게 보냈다고 전해진다.[25]

스탈린은 또 개인 장서든 기관의 도서관이든 다른 곳에서 책을 빌리기도 좋아했다. 장서를 3만 권 소유했다는 소련 시인 데미얀 베드니는 스탈린이 책을 빌려간 뒤에 손가락자국이 지저분하게 남아 있다고 불평했다.[26] 가장 즐겨 이용한 장소는 주요 국립 책 보관소인 '레닌 도서관'이었다. 스탈린이 사망한 후 돌려주지 않은 책 72권이 그의 개인 컬렉션에서 발견되었다. 책을 대여하고 나서 반환하지 않는 것은 스탈린의 오랜 습관이었다. 1898년 스탈린이 신학교를 그만두었을 때 학교 당국은 신학교의 중앙 도서관에서 가져간 책 18권에 대해 18루블 15코페이카를 지불하라고 요구했다.[27]

스탈린이 레닌 도서관에서 빌린 책은 그가 세상을 떠나고 3년 후인 1956년에 벌금을 내지 않고 대부분 반환되었다. 그러나 스탈린이 표시를 남긴 24권은 '마르크스-레닌주의 연구소'(명칭이 바뀐 IMEL)가 보유했다. 그 중에는 헤로도토스[16]의 두 권짜리 고전 『역사』가 있었다. 하지만 보유한 도서 목록에 언급된 다른 일부 서적처럼 이 책 두 권은 연구소의 기록보관소에서 사라져버린 것 같다.[28]

---

16) Herodotos(기원전 484?~기원전 425?). 고대 그리스의 역사가. 그리스-페르시아 전쟁을 탐구한 저서 『역사』로 잘 알려져 있으며, 서양에서 일반적으로 '역사학의 아버지'로 불린다.

불행한 가족

스탈린의 크렘린 숙소는 평범한 소련 시민의 기준에서는 으리으리했지만, 개인 장서를 대량 보관하기에는 충분하지 않았다. 스탈린은 권력이 절정에 올랐을 때 책을 둘 편리한 장소를 위해 기존 건물을 이용하거나 새로 건물을 지을 수도 있었으나 그렇게 할 의향을 전혀 비치지 않았다. 그 대신 스탈린은 1920년대부터 1950년대에 이르기까지 여가와 독서 시간의 대부분을 보낸 모스크바의 두 다차에 책을 주로 보관했다.

1920년대 초에 국가로부터 배당받은 첫 모스크바 다차는 모스크바 외곽으로 30여 킬로미터 떨어진 우소보라 불리는 마을에서 그리 멀지 않았다. 그곳은 집과 부지가 1917년 혁명 전에 아르메니아의 석유왕인 주발로프Zubalov 형제가 소유했기 때문에 주발로보 다차라고 일컬었다. 부지에는 집이 세 채 있었는데, 집마다 고위 볼셰비키와 그 가족이 살았다. 스탈린의 다차는 비교적 수수한 2층짜리 집이었다. 거기에는 큰 방이 하나 있었는데 책장들이 바닥에서 천장까지 들어서 있었다.

스탈린과 그의 확대 가족(주로 인척들로 이루어졌다)은 주말과 여름에 이 다차에서 많은 시간을 보냈다. 누구 말을 들어봐도 1920년대는 스탈린 가족에게 꽤 행복한 시절이었다. 딸 스베틀라나는 애정 어린 마음으로 이렇게 회상했다.

아버지는 주발로보를 마당에는 풀이 무성하게 자라고 칙칙한 박공博栱 집에 낡은 가구들이 여기저기 들어선 어두컴컴한 시골구석에서, 꽃밭과 채소밭 그리고 온갖 종류의 유용한 별채들이 있는 화창하고 풍요로운 땅으로 바꿔놓았다. 집을 다시 지었고 높은 고딕식 박공을 제거했다. 방을 개조했고 퀴퀴한 냄새가 나는 낡은 가구를 내다 버렸다.… 어머니와 아버지는 위층에서 생활했고 아이들과 할머니, 할아버지 그리고 우리 집에서 지내게 된 사람은 누구든지 아래층에 살았다.[29]

스탈린 가족의 목가적인 삶은 1932년 11월 스베틀라나의 어머니 나데즈다('나다') 알릴루예바가 자살하면서 갑자기 막을 내렸다. 스베틀라나의 전기 작가 로즈메리 설리번Rosemary Sullivan이 말했듯이, "나다는 스탈린의 세계에서 이해하기 힘든 인물"이었고,[30] 그녀가 죽은 이유와 상황은 여전히 불분명하다.

스탈린과 나다의 로맨스는 스탈린이 유형지에서 상트페테르부르크로 돌아온 1917년에 시작되었다. 열여섯 살이었던 나다는 스탈린이 오래전부터 알고 지내던 노장 볼셰비키 가족의 딸이었다. 1918년 3월 볼셰비키가 모스크바를 수도로 삼았을 때 나다는 스탈린을 따라 모스크바로 갔고 민족 인민위원부에서 그와 함께 일했다. 그녀는 볼셰비키당에 가입했고, 내전 시기에 스탈린이 전선으로 파견되자 그를 동행했다. 그들은 1919년 3월에 결혼 신고를 마쳤다. 나다는 마흔 살인 스탈린의 두 번째 부인이었다. 그들은 슬하에 두 자녀 바실리(1921년생)와 스베틀라나(1926년생)를 두었다. 스탈린은 또 예카테리나 (카토) 스바니제[17]와의 결혼에서 얻은 아들

---

17) Yekaterina 'Kato' Svanidze(1885~1907). 스탈린의 첫 번째 부인. 재봉사였으며, 1906년 스탈린과 결혼했

야코프Yakov도 있었다. 스바니제는 야코프가 태어나고 몇 달 후 발진티푸스로 사망했다. 외가 친척들의 손에 양육된 야코프는 1920년대에 함께 살려고 아버지에게 갔다. 스탈린은 야코프와 잘 지내지 못했으나 1930년대 말에 야코프가 포병 장교가 되자 관계가 좋아졌다. 야코프는 다른 소련 병사 수백만 명처럼 1941년 여름에 독일군의 포로가 되었다. 야코프는 1943년에 수용소에서 죽었는데 아마도 탈출을 시도하다가 그렇게 되었을 것이다.

소련군 병사들은 심각하게 부상당하지 않는 한 항복이 허용되지 않았다. 병사들을 죽을힘을 다해 싸우게 하려고 병사들이 포로가 되는 경우 그 가족이 고초를 겪었는데, 스탈린의 아들도 예외는 아니었다. 야코프가 전쟁포로로 있는 동안 발레리나인 부인 율리야Yulia는 체포되었고 딸 갈리나Galina는 스탈린의 다른 확대 가족이 양육했다.

바실리가 태어난 후 나댜는 근무 태만으로 당에서 출당되었으나 레닌 집무실에서 일했기 때문에 곧 당원 자격을 회복했다.[31] 나댜는 자녀를 돌볼 사람을 고용했고 스탈린과는 관계없는 정치적·전문적 활동을 하려고 노력했다. 1929년에 나댜는 모스크바의 '산업 아카데미' 섬유 생산 학부에 입학했다.

나댜가 육체적·정신적으로 몇 가지 건강상 문제가 있었다고 주장된다. 나댜가 특히 1920년대 말에 시작된 폭력적인 '위로부터의 혁명'을 두고 스탈린과 정치적으로 견해를 달리했다고 많은 사람이 이야기한다. 하지만

으나 이듬해인 1907년 발진티푸스로 사망했다. 예카테리나 세묘노브나 스바니제, 케테반 스바니제라고도 부른다.

그와 같은 추측을 뒷받침할 증거는 없다. 스탈린이 이러한 의견 차이 때문에 그녀를 살해했다는 이른바 음모론은 무시해도 무방할 것이다.

스탈린의 결혼 생활에 관한 확실한 증거는 드물고, 회고록 문헌은 시간적 전후 관계에 불과한 현상들을 마치 서로 인과관계가 있는 것처럼 추론함으로써 나댜의 자살을 야기한 원인을 지나치게 단순하게 판단했다. 스탈린이 소치의 다차에서 휴기를 보내고 나댜가 모스크바에서 공부하는 동안, 1920년대 말과 1930년 초부터 오고 간 지금 남아 있는 서신은 결혼 생활이 항상 순탄한 것은 아니었지만 행복했음을 드러낸다.[32]

결혼 생활의 파탄은 갑자기 찾아왔다기보다는 점진적으로 진행된 것처럼 보이며, 젠더 불평등이 일정 역할을 한 것 같다. 급진적 사회주의자로서 볼셰비키는 여성 해방에 열성적이었고 공산주의 프로젝트를 지지하는 쪽으로 소련 여성들을 동원하고자 했다. 그러나 소련 사회에 여성 활동가와 지도자는 많았지만 정치와 권력의 최고 수준에서는 찾아보기 힘들었다. 예외적인 한 사람은 몰로토프의 부인 폴리나 젬추지나[18]였다. 그녀는 나댜의 친한 친구로 1930년대에 어업을 관리하고 소련 화장품 산업도 감독했다.[33] 또 다른 이는 볼셰비키 페미니스트인 알렉산드라 콜론타이[19]였다. 콜론타이는 나중에 스웨덴 주재 대사로 발령 났는데, 이는 여성이 그

---

18) Polina Semyonovna Zhemchuzhina(1897~1970). 소련의 정치인. 소련 외무장관 뱌체슬라프 몰로토프의 부인. 1939년 어업 인민위원, 1939~1948년 경공업부의 섬유생산 분과 책임자를 지냈다. 1949년 반역죄로 체포되어 유형 생활을 했으나 1953년 스탈린 사망 후 석방되었다.

19) Alexandra Mikhailovna Kollontai(1872~1952). 소련의 여성운동가, 작가, 외교관. 취리히대학교를 졸업하고 귀국한 뒤 1915년 볼셰비키로 전향해 10월 혁명 후 복지 인민위원, 당 여성부장 등을 지내고, 1923년부터 세계 최초의 여성 대사로서 노르웨이, 멕시코, 스웨덴 등지에 주재했다. 성적 욕망이나 사랑의 만족은 물 한 잔을 마시는 것과 같다고 주장한 '물 한 잔 이론'을 제창했다.

런 급의 소련 외교관이 된 유일한 경우였다. 콜론타이가 초기에 쓴 일기는 스탈린이 소장한 도서 컬렉션에 있었다. 스탈린 장서에서 눈에 띄는 몇 안 되는 여성 작가 중에는 레닌의 부인 크룹스카야, 독일의 공산주의자 클라라 체트킨,[20] 폴란드의 마르크스주의자 로자 룩셈부르크가 있었다. 스탈린은 혁명적 전술로서 총파업에 관한 룩셈부르크의 책에다 매우 많은 표시를 남겼다. 스탈린은 룩셈부르크가 러시아, 특히 자신이 적극적으로 활동했던 캅카스의 파업 경험을 어떻게 다루는지 유별난 관심을 보였다.[34]

스탈린의 결혼 생활 초기는 젠더 문제에서 볼셰비키 정책과 실천이 가장 해방주의적이고 평등주의적이었던 단계와 시기적으로 일치했다. 하지만 1930년대 초부터 '여성 문제'에 대한 더욱 보수적인 접근과 더욱 전통적인 젠더 관계로 회귀했다.[35]

소련의 정치문화는 처음부터 과도하게 남성 지배적이었고, 스탈린을 비롯한 볼셰비키 지도자들은 억세고 거친 마초 스타일이었다. 1933년 1월에 스탈린은 소련 총리 뱌체슬라프 몰로토프에게 다음과 같이 편지를 써서 그의 연설에 만족의 뜻을 나타냈다. "오늘 나는 국제 문제를 다루는 부분을 읽었습니다. 잘됐어요. 강'대'국들에 대한 자신 있고 경멸적인 어조, 우리의 힘에 대한 믿음, 거들먹거리는 '강대국들'의 냄비에 섬세하지만 분명한 침 뱉기, 매우 좋습니다. 그들이 그것을 먹게 합시다."[36] 나댜와 같은 젊고 패기만만한 여성 활동가에게, 심지어 스탈린의 부인이라는 사실에서 비롯하는 특권을 가진 여성 활동가에게도 이는 견디기 힘든 분위기

---

20) Clara Zetkin(1857~1933). 사회주의 독일 정치가, 여성운동 활동가. 독일공산당 지도자로 1920~1933년에 바이마르공화국 의회 의원을 지냈다.

였다. 볼셰비키 혁명 15주년을 축하하기 위해 크렘린에서 열린 비공식 파티에서 문제가 불거졌다. 나댜는 술에 취해 스탈린과 언쟁을 벌인 후 방을 나가 오빠가 베를린에서 귀국하면서 기념품으로 갖다준 리볼버 권총으로 자살했다.

나댜의 자살은 이렇게 불분명했으나 『프라우다』에 발표된 그녀의 죽음은 그렇지 않았다. "11월 9일 밤에 활동적이고 헌신적인 당원 나데즈다 세르게예브나 알릴루예바가 사망했다." 소련 최고 지도자들과 그 부인들이 이어진 추모사에 서명했다.

> 우리는 아름다운 영혼을 지닌 소중하고 사랑하는 동지를 잃었습니다. 용기로 가득 차 있고 당과 혁명에 무한히 헌신했던 젊은 볼셰비키는 이제 여기에 없습니다.… 헌신적인 볼셰비키, 스탈린 동지의 가까운 벗이자 충직한 조력자였던 나데즈다 세르게예브나에 대한 기억은 우리에게 영원히 소중하게 남을 것입니다.[37]

11월 12일 그녀가 노보데비치 묘지에 묻혔을 때 헌사가 추가로 바쳐졌고, 며칠 뒤 스탈린은 그가 받은 모든 애도의 메시지에 공개적으로 응답했다. "저의 가까운 벗이자 동지인 나데즈다 세르게예브나 알릴루예바―스탈리나의 죽음에 즈음하여 조의를 표한 모든 조직, 동지, 개인에게 진심 어린 감사를 드립니다."[38]

쉴라 피츠패트릭Sheila Fitzpatrick이 썼듯이, "[나댜의 자살에 대한] 스탈린의 반응은 다양하게 보고되었으나 슬픔, 죄책감, 배신감이 매우 분명하게 존재했다."[39] 스탈린은 아내가 죽은 후 1920년대에 누렸던 가족생활로부터 점점 물러났다. 그는 집무실 바로 아래에 위치한 크렘린 내의 다른 아파트로 이사했다. 스탈린은 자신의 책이 주발로보에 많이 남아 있었지만 더는 그곳에 가지 않았다.

스탈린의 지도들

1933~1934년에 스탈린을 위해 웅장한 새 모스크바 다차를 건설했다.[40] 쿤체보 저택은 관용 차량용 고속도로를 이용하면 크렘린에서 차로 10여 분밖에 걸리지 않았다. 그래서 다차의 속칭은 '블리즈냐야Blizhnyaya'(부근)였다. 나댜가 세상을 떠난 후 스탈린의 일상생활은 새로운 패턴을 갖게 되었다. 스탈린은 크렘린의 아파트에서 숙박하는 일이 거의 없어지면서 늦게까지 집무실에서 일하다가 차를 타고 블리즈냐야로 퇴근했다. 그는 이른 새벽이 되어서야 잠자리에 들었다.

쿤체보의 본채에는 스탈린의 서재와 집무 공간, 스베틀라나의 침실, 당구장, 목욕탕, 수많은 가정부의 숙소, 대규모 연회와 행사를 위한 화려한 홀과 작은 식당이 있었다. 하지만 다차의 중심은 30제곱미터 크기의 서재였다. 여기에는 책을 두 줄로 꽂을 수 있을 만큼 선반이 깊은 대형 책장 4개가 서 있었다. 그러나 크렘린 아파트에서 가져온 책을 비롯해 스탈린 컬렉선은 대부분 인근 건물에 별도로 보관했다.

다차의 현관에는 다채로운 색깔의 대형 지도 석 장이 걸려 있었다. 세계 지도, 유럽 지도, 유럽 러시아 지도가 그것이었다. 몰로토프가 회상했듯이 "스탈린은 지도… 온갖 지도를 좋아했다."[41] 유고슬라비아 공산주의자 밀로반 질라스[21]는 1944년 6월 다차를 방문했을 때 스탈린이 세계 지도 앞에 서서 붉은색으로 칠해진 소련을 가리키며 다음과 같이 소리쳤다고 전했다. 자본주의자들은 "붉은색이 큰 공간을 차지해야 한다는 생각을 절대 받아들이지 않을" 것입니다. "절대로, 절대로 말입니다!" 질라스는 스탈린이 세계 지도에 스탈린그라드 주위를 푸른색으로 에워쌌다고 잘못 기억했다. 실상은 스탈린이 유럽 러시아의 지도에 독일군이 소련 안으로 얼마나 깊숙이 침투했는지를 보여주는 선을 그었을 때 스탈린그라드에다 표시한 것이었다.[42]

흐루쇼프는 제20차 당 대회에서 스탈린의 전적戰績을 공격하며 스탈린이 지구본을 이용해 군사 작전을 계획했다고 비난했다. 스탈린은 크렘린 집무실이나 그 근처에 큰 지구본이 있었으나 전쟁 시기에 가까이서 함께 일했던 소련 상급 사령부의 구성원들은 흐루쇼프의 비방을 부인했다. 게다가 스탈린의 리츠니 폰트에는 군사 작전을 계획하고 구상하는 데 사용한 많은 대축척 지도를 비롯해 스탈린의 포멧키가 있는 거의 200장에 이르

---

21) Milovan Djilas(1911~1995). 유고슬라비아의 정치가, 문필가. 1932년 공산당에 입당했으며, 1938년 당 중앙위원, 1940년 당 정치국원이 되었고, 독일과의 빨치산 전쟁에서는 중장 자격으로 티토의 사령부에서 지휘했다. 1953년에 부총리, 이어 국회의장이 되었으나, 그해 당 고위 관료들의 부패를 고발하여 티토의 신임을 잃고 1954년 1월 모든 지위를 박탈당했다. 1956년 실형 3년의 판결을 받았으나 『새로운 계급』을 국외에서 발표해 형량이 7년 가산되었다. 1961년 가석방되었지만 『스탈린과의 대화』를 미국에서 출판해 1962년에 또 7년형을 선고받았다. 1966년 석방된 뒤에도 자택에서 '자유공개대학'을 열어 사회주의 체제를 비판했다.

는 지도가 있다. 또한 소련과 그 지역들의 정치, 경제, 행정, 도로, 자연 지리를 보여주는 다량의 지도뿐 아니라 세계의 많은 국가와 일부 지역을 나타내는 지도도 많다.[43]

다차의 지도들은 세계를 서로 다른 색의 민족, 국가, 제국으로 나눈 전통적인 정치 지도(메르카토르 도법)였다. 스탈린의 뇌리를 사로잡은 것은 바로 이 정치적 지도 제작법이었다.

토착 그루지야인으로서 스탈린은 알프레드 J. 리버의 기억할 만한 구절을 빌리면, "변경지역의 인간"이었다.[44] 소비에트 시스템의 창조와 보호에 대한 스탈린의 접근법을 형성한 것은 그의 그루지야 출신과 배경, 그리고 러시아 제국의 다인종 변경지역에서 일찍이 정치 활동을 벌이며 쌓은 경험이었다. 볼셰비키는 1917년 권력을 장악했을 때 혁명의 영속성이 다른 나라로 혁명이 확산하는지에 달려 있다고 확고히 생각했다. 스탈린은 이 시각을 공유했지만 러시아와 그 변경지역의 정치적·경제적 상호의존도 그에 못지않게 중요하다고 느꼈다.

구멍이 숭숭 뚫린 다인종 주변부의 변경지역이 제기한 위험은 스탈린이 강력한 중앙집권적 소비에트 국가를 창설하는 데 왜 몰두했는지를 설명해준다. 스탈린은 구 러시아 제국의 주변부를 선진적인 프롤레타리아 러시아 핵심에 종속시킨 중앙집권론자였다. 소수 민족과 인종에게는 지역적·문화적 자율성이 허용되었으나 자치 정부의 가능성은 부인되었다. 이러한 실천은 스탈린이 『마르크스주의와 민족 문제』(1913)와 여타 저술에서 피력한 견해와 일치했다. 즉 볼셰비키는 이론적으로는 민족 자결을 지지했으나 민족주의 운동이 노동계급의 이익을 위협하거나 사회주의 혁명을 위태롭게 하면 그것을 억압할 권리를 갖는다는 것이었다.

리버가 역시 보여주었듯이, 스탈린의 변경지역 정책은 그의 대외정책뿐 아니라 국내 정책에도 가장 중요한 요소였다. 농업 집단화의 강제와 산업화의 가속화는 후진적인 저개발 변경지역을 지키려는 고투의 일환이었다. 1930년대의 대테러는 상당 부분 변경지역의 민족주의 분자라고 여겨진 인종을 숙청한 것이었다.[45]

전쟁 직후 스탈린이 받은 소련의 새 국경 지도를 둘러싼 일화는 스탈린의 관심 범위가 어느 정도였는지를 잘 보여준다.

지도는 학교 교과서에 실린 지도처럼 작았지요. 스탈린은 핀으로 지도를 벽에 꽂았습니다. "우리가 지도에서 무엇을 갖고 있는지 봅시다.… 북쪽으로는 만사 좋습니다. 핀란드가 우리에게 아주 나쁜 짓을 해서 우리는 국경을 레닌그라드에서 옮겼습니다. 발트 국가들, 이건 아주 오래전부터 우리 땅인데요, 다시 우리 것이 되었습니다. 이제 모든 벨로루시야인이 함께 살고, 우크라이나인도 몰다비아인도 마찬가지입니다. 서쪽도 오케이군요." 그리고 스탈린은 동쪽 국경지역으로 눈을 돌렸습니다. "이곳에서 우리에게는 무엇이 있나요? 쿠릴열도는 이제 우리 것이고 사할린도 완전히 우리 것입니다. 아시겠지요, 좋습니다! 그리고 뤼순항도 우리 것이고 다롄도 우리 것입니다." 스탈린은 담뱃대를 중국 맞은편으로 옮겼지요. "동청철도가 우리 것입니다. 중국, 몽골, 모든 것이 제대로 되어 있군요. 그러나 바로 여기는 우리 국경이 마음에

들지 않습니다!" 스탈린은 이렇게 말하며 캅카스 남쪽을 가리켰습니다.[46]

스탈린은 특히 소련 국경 지역의 인종적·정치적 안정이라는 전략적 목표 때문에 이 모든 영토를 무슨 일이 있더라도 가지려 했다.

캅카스 남쪽에서 스탈린이 품은 야심은 튀르키예가 카르스주와 아르다한주를 소련에 반환해야 한다는 주장에 집중했다. 아르메니아와 그루지야 주민들이 사는 이 동부 튀르키예 지역은 1878년부터 소비에트-튀르키예 조약으로 두 지역이 튀르키예로 양도된 1921년까지 차르 제국의 일부였다. 이 영토들을 그루지야와 아르메니아로 돌려달라는, 공산주의자들이 고취한 민족주의 선동이 벌어지는 사이, 스탈린의 주요 목표는 튀르키예를 압박해 흑해 해협들에 대한 통제권을 소련과 공유하는 것이었다.

스탈린은 또 이란에서 아제르바이잔인들의 분리주의 운동도 후원했다. 이 운동은 소연방의 아제르바이잔과 연결됨으로써 이란을 분열할 우려가 있었다. 이 경우 스탈린의 동기는 대체로 경제적이었다. 즉 북부 이란에서 소련의 석유 채굴권을 확보하는 것이었다.

스탈린은 소련과 국경을 맞댄 나라와 영토에 치중했으나 그의 지정학적 시각은 지구적이었다. 볼셰비키 국제주의자로서 스탈린은 세계 전역의 혁명 투쟁에 주의를 기울였다. 오늘날 남아 있는 스탈린의 장서 중에는 영국, 프랑스, 독일, 중국, 미국에 관한 책이 많고 제국주의, 식민주의, 노예제, 석유 및 세계 정치에 관한 서적뿐 아니라 아일랜드, 인도, 인도차이나, 인도네시아, 이탈리아, 일본, 멕시코(존 리드[22]의 멕시코 혁명에 관한 책 번

---

22) John Silas 'Jack' Reed(1887~1920). 미국의 언론인, 시인, 사회주의 운동가. 볼셰비키 혁명을 직접 보고

역본을 비롯해)에 관한 텍스트도 상당수 보인다.

소련은 기본적으로 대륙 세력이었으나 1930년대에 스탈린은 강력한 원양 해군을 구축하는 구상을 수용했다. 스탈린의 컬렉션에는 줄리언 스태퍼드 코벳[23]이 쓴 『해양 전략의 몇 가지 원리Some Principles of Maritime Strategy』의 1932년 러시아어 번역본이 있었다. 코벳은 전시에 대규모 함대 작전이 아니라 해양에 대한 통제의 중요성을 강조한 영국의 해군력 이론가였다. 스탈린은 전쟁 동안 처칠과 여러 차례 대화를 나누면서 미국은 파나마 운하를, 영국은 수에즈 운하를 통제하는데, 소련은 흑해 해협들에 대한 통제권이 없다고 탄식했다.[47]

다차에서의 삶과 죽음

블리즈냐야는 스탈린에게 여러모로 도움이 되었다. 그것은 크렘린 집무실이 연장된 공간이었고 자녀들의 놀이터였으며 내방한 외국 공산주의자들을 영접하는 곳이었다. 또 정치적 친구들과 파티를 하고 자신이 모은 많은 레코드판을 듣는 장소이기도 했다(스탈린은 동지들이 춤추는 모습을 지켜보기를 좋아한 것 같다).[48] 그곳은 스탈린이 쉬고 정원을 가꿀 수 있는 안전하고 한적한 장소였다. 그러나 무엇보다도 다차에서 보낸 시간은 국정에서

기록한 수기 『세계를 뒤흔든 열흘』이 대표작이다. 1919년 미국 공산당의 전신인 미국 공산주의 노동당의 창당에 참여했고, 1920년 러시아에서 티푸스로 사망했다.

23) Sir Julian Stafford Corbett(1854~1922). 영국의 저명한 해군사가이자 지정학자. 『해양 전략의 몇 가지 원리』 등 그의 저술은 19세기 말~20세기 초 영국 '왕립 해군'의 형성에 기여했다.

잠깐 물러나 자신의 책을 살펴볼 기회를 의미했다.

스탈린이 크렘린에서 하루 12~15시간을 일했던 전쟁 시기보다 휴식 시간이 더 필요한 때는 없었다. 아이작 도이처는 1948년 전기에서 이렇게 썼다. "전쟁 때 크렘린을 들른 많은 동맹국 방문객은 스탈린이 얼마나 많은 크고 작은 군사적·정치적·외교적 문제를 최종 결정하는지를 보고 깜짝 놀랐다. 스탈린은 사실상 그 자신의 총사령관, 그 자신의 국방장관, 그 자신의 병참 장교, 그 자신의 외무장관, 심지어 그 자신의 의전 담당 책임자였다.… 그리하여 스탈린은 끊임없는 경계 속에 경이로운 인내와 끈기를 발휘하며 거의 어디서나 존재하고 거의 모든 것을 아는 천재로서 4년 동안 매일 전쟁을 치렀다."[49] 러시아 기록보관소에서 연구한 결과는 스탈린을 항상 분주한 군사 지도자로 선명하게 그린 이러한 도이처의 묘사를 충분히 증명하고도 남았다.[50]

제2차 세계대전이 끝났을 때 스탈린은 예순여섯 살이었다. 4년 동안 최고사령관으로서 치열하게 일하며 몸을 혹사한 스탈린은 흑해 인근으로 장기 휴가를 떠나곤 했다. 이 휴가 말고 그의 업무 패턴은 이전과 거의 동일했다. 하지만 스탈린은 휴가 중이거나 블리즈냐야에 있을 때 여가와 독서에 좀 더 많은 시간을 보내는 등 일상적인 국정 운영에서 한 발짝 물러났다. 스베틀라나는 오래전에 집을 떠났고, 1951년에 그녀의 침실을 더해 다차의 서재를 확장했다.

스탈린이 블리즈냐야에서 많은 시간을 보낸 사실을 감안하면 그가 블리즈냐야에서 죽을 확률이 상당했고 실제로 1953년 3월 스탈린은 그곳에서 이승을 떠났다. 나이 일흔셋이었다. 스탈린의 죽음을 둘러싸고 이런저런 음모론이 있으나 진실은 그가 3월 1일 뇌졸중을 일으켰고 나흘 뒤 사망했다는 것이다.[51] 그가 죽은 날 소련 지도자들은 "현재의 모든 자료뿐 아니라 스탈린 동지의 문서, 서류 등 그의 기록물을 정리할" 책무를 지닌 하위 그룹을 구성했다.[52] 이 그룹은 정부 수반인 게오르기 말렌코프,[24] 보안 책임자 라브렌티 베리야, 당 부대표 니키타 흐루쇼프로 이루어졌다. 이틀 뒤 베리야의 보안 직원들이 스탈린의 개인 물품과 가구를 다차에서 전부 치웠다.

스탈린이 쓰러지자 프랑스어 수업을 받고 있던 스베틀라나를 블리즈냐야로 불러들였다. 그녀는 다음과 같이 회상했다. "아버지가 돌아가신 뒤 쿤체보에서 이상한 일이 벌어졌다."

바로 다음 날… 베리야는 모든 집안 식구, 가정부, 경호원을 불러 모아 아버지의 개인 물품을 즉각 치우라고 말했다.… 베리야 자신이 '실각'한 1955년에 다차를 복구하기 시작했다. 아버지의 물건이 돌아왔다. 前 가정부와 관리인들을 다시 불러들였고, 그들은 물건들을 원래 있던 자리에 두고 집을 이전처럼 보이도록 도왔다. 그들은 고르키 레닌스키예의 레닌 저택에 있는 박물관처럼 박물관을 열 준비를 했다.[53]

---

24) Georgy Maksimilianovich Malenkov(1902~1988). 소련의 정치가. 1939년 당 중앙위원에 선출되어 서기, 조직국원, 인사부장이 되었다. 1946년 정치국원으로 승진하여 당 중앙위원회 서기와 소련 각료회의 부의장(부총리)을 겸임했다. 1953년 3월 5일 스탈린 사망 뒤 총리가 되었으나 1955년 2월 스탈린 비판에 임하여 사임했다. 그 후 1957년 6월에 흐루쇼프 당 제1서기의 추방을 획책하려다 실패해 반당 분자로 비판받고 실각했다.

1953년 9월에 소련 지도부는 블리즈냐야에 스탈린 박물관을 설립하는 결정을 내렸으나 흐루쇼프의 비밀 연설 이후 그 계획은 취소되었다.[54] 그후 다차는 중앙위원회의 처분에 맡겨졌고, 휴가 중인 당 기관원과 내방한 외국 공산주의자들을 수용하는 곳으로 활용했다. 스탈린 박물관 프로젝트의 흥미로운 결말은 2014년에 '사랑하는 지도자의 신화'라는 전시회가 붉은광장에 인접한 모스크바 박물관에서 개최된 사실이었다. 표면적으로는 레닌에 관한 전시회였지만 스탈린과 관련된 내용이 주였고 실패한 스탈린 박물관을 위해 모았던 개인 물품이 많이 전시되었다.

스탈린은 그루지야에서는 여전히 인기가 있었고, 1957년에 그를 기리는 박물관이 고향인 고리에 문을 열었다. 전시물 중에는 스탈린의 어린 시절 집을 복원한 건물과 그가 포츠담 회담[25]에 참석할 때 타고 간 객차가 있었다. 박물관의 본관은 웅장했으나 소련 붕괴 이후에는 관리가 부실했다 (2015년 12월에 방문했을 때 전기가 끊겨져 매우 추웠다). 전시물 중에는 크렘린 집무실에서 가져온 스탈린의 책상, 아들 바실리가 만든 상자, 존경의 뜻으로 어둡게 처리된 공간에 놓인 독재자의 데스마스크가 눈에 띄었다. 데스마스크는 스탈린이 사망한 후 석고로 얼굴(과 두 손) 모형을 10개 만들어 여러 박물관과 기록보관소에 나눠줬는데, 그중 한 개였다.[55]

그루지야가 독립한 후 박물관의 존치를 놓고 이따금 정치적 논쟁이 벌어졌으나, 지금까지 관광객을 유치하고 그 지역이 낳은 가장 유명한 인물을 기념하고자 하는 주민들의 바람이 모든 정치적 고려를 능가했다.

---

25) Potsdam Conference. 1945년 7월 17일부터 8월 2일까지 독일 포츠담의 체칠리엔호프궁에서 개최된 회담. 이오시프 스탈린, 클레멘트 애틀리, 해리 트루먼이 소련, 영국, 미국의 대표로 참석했다. 회담에서는 제2차 세계대전에서 항복한 나치 독일의 처리, 전후 질서, 평화 조약 등을 논의했다.

스베틀라나는 어쩌면 블리즈냐야에 대해 가졌을 수도 있었던 모든 권리를 포기하고 말았지만, 이것을 스탈린의 또 다른 다차에서 일부 시간과 공간을 이용할 수 있는 권리와 맞바꾸려 애쓴 사실을 자신의 회고록에서 언급하지 않았다.[56] 스베틀라나는 또 아버지의 장서도 눈여겨보았고, 1955년 3월에 당 지도부에 다음과 같이 편지를 썼다.

> 저는 서재 일부를 소유할 가능성을 고려해주실 것을 정부에 요청합니다. 장서는 방대하고 저한테는 흥미가 없는 책들이 많으나, 일부 책을 가져갈 수 있도록 해주신다면 매우 감사하겠습니다. 저는 역사서와 러시아 문학, 번역된 외국 문학에 관심이 있습니다. 옛날에 장서의 이 부분을 많이 이용했기 때문에 그것을 아주 잘 압니다.[57]

스베틀라나는 남편 세 명, 아버지가 다른 자식 두 명, 1966년에 사망한 인도 공산주의자 연인 브라제시 싱[26]을 비롯해 매우 파란만장한 삶을 살았다. 스베틀라나는 싱의 유해를 인도에 다시 가져갈 수 있도록 허락을 받았고, 델리에서 미국으로 망명해 세상을 깜짝 놀라게 했다. 이듬해 스베틀라나는 『친구에게 보내는 스무 편의 편지20 Letters to a Friend』라는, 스탈린의 딸로서 자신의 삶을 되돌아본 회고록을 발간했다. 이 회고록은 항상 믿을 만한 것은 아니지만 그녀의 아버지에 대한 정보와 통찰을 제공하는 독특한 자료로 남아 있다.

스베틀라나는 스탈린 장서의 책들을 잃어버린 것을 못내 마음 아파했

---

26) Brajesh Singh(Kunwar Brijesh Singh 또는 Brajesh Singh Lal, ?~1966). 인도 공산당 소속의 인도 정치인.

고 2년 후 두 번째 회고록을 발간했을 때 다음과 같이 격렬하게 불만을 털어놓았다. 소련 정부는 "아버지 [장서]를 몰수하면서 마음대로 처리하기로 결정했다.… 소련에서는 국가가 사유재산을 지배하는 법률을 비롯해 어떤 식이든 자신이 원하는 방법으로 법을 왜곡한다."[58]

스탈린 장서 찾기

단명했던 스탈린 박물관 프로젝트를 위한 준비의 일환으로 당시 마르크스–엥겔스–레닌–스탈린 연구소(이전의 마르크스엥겔스레닌 연구소IMEL, 이후의 마르크스–레닌주의 연구소IM–L)의 직원들은 스탈린의 장서 도서들을 살펴볼 수 있게 허락을 받았다. 그중에는 서지학자 예브게니야 졸로투히나Yevgeniya Zolotukhina가 있었는데, 그녀는 이렇게 회상했다. "다차의 분위기는 뻣뻣하고 딱딱했다. 유일하게 기분 좋은 방은 아늑한 느낌이 있는 서재였다.… 책은 인근 건물에 보관되어 있었고 스탈린이 요구하면 가져다주었다."

졸로투히나는 스탈린의 크렘린 아파트를 서재로 이어지는 나선형 계단이 있고 "천장이 아치형인 일련의 방"으로 묘사했다.

[아파트의] 서재에는 구식 책장이 많았는데 매우 다양한 주제에 관한 책들로 가득 차 있었다.… 확실히 스탈린은 교육받은 사람이었다. 그는 문법상의 오

류와 잘못된 철자를 마주칠 때마다 심하게 짜증을 냈으며, 붉은색 연필로 신중하게 수정하곤 했다. 그러므로 이 책들, 즉 스탈린이 표시한 책들 전부 중앙당 기록보관소로 이관되었다.

졸로투히나는 "푸시킨에 관한 여러 종류의 서적, 소비에트 시기에 출간된 모든 책뿐 아니라 개별적인 구 판본들—많은 책에 중고 책방의 쪽지가 들어 있었다—"도 마주쳤다.[59] 스탈린은 또 "표트르 대제와 이반 뇌제에 관한 책에도 관심"이 있었고, "로만 굴[27]이 보로실로프 및 여타 인물에 대해 쓴 유명한 전기들을 비롯해… 러시아어로 발간된 망명 문학을 모두 읽었다.[60] 전후 시기에 스탈린은 건축에 관한 서적과 잡지에도 관심을 두게 되었는데, 이는 모스크바에 고층 건물을 건설하는 문제와 관련된 것이 틀림없다. 이 책들은 스탈린의 침대 머리맡 탁자에 놓여 있었을 것이다."[61]

1957년에 IM-L 도서관 관장 유리 샤라포프Yury Sharapov가 스탈린의 아파트와 다차를 찾았다.[62] 샤라포프의 임무는 스탈린의 책들을 연구소로 이관할 목적으로 자세히 살펴보는 것이었는데, 완수까지는 몇 달 걸릴 일이었다. 크렘린에서 샤라포프는 "분리 가능한 책시렁들이 있는 높은 스웨덴 책장"을 발견했다. "책장은 책과 소책자로 꽉 차 있었고, 그중 많은 도서에 서표가 꽂혀 있었다. 스탈린은—나는 이 점에 대해서는 공정하게 말해야 한다—망명자와 백위군이 쓴 문헌과 반대파—스탈린이 이념적 상대나 그냥 적으로 간주한 사람들—가 쓴 저술을 매우 주의 깊게 전부 읽었다."

---

27) Roman Borisovich Gul(1896~1986). 러시아의 망명 작가. 정치적 입장은 자유주의 좌파였으며, 차르의 '백군 운동'에 비판적이었다.

블리즈냐야에서 샤라포프는 스탈린의 책 대부분이 큰 지하실이 있는 목조 가옥에 별도로 보관되어 있음을 알았다. 샤라포프는 먼저 군사 문제에 관한 책을 살펴보면서 스탈린이 전략과 전술보다 역사에 더 관심이 있었다는 데 주목했다. "아시리아인, 고대 그리스인과 로마인들이 벌인 전쟁에 관한 옛날 책들의 지면은 스탈린의 메모로 뒤덮여 있었다."

서재에는 픽션을 위한 특별한 섹션이 있었고, 샤라포프는 스탈린이 1931년에 막심 고리키의 『죽음과 소녀』 책에다 다음과 같이 썼다고 회상하며 못마땅해했다. "이 작품은 괴테[28]의 『파우스트』보다 강하다(사랑은 죽음을 이긴다)."[63] 좀 더 만족스럽게, 샤라포프는 스탈린이 19세기 러시아의 위대한 풍자작가 미하일 살티코프-셰드린[29]을 얼마간 깊이 연구했다고 언급했다.

스탈린의 장서에 남아 있는 유일한 셰드린 책은 이전에 발표되지 않았던 글들을 모아놓은 1931년 판본인데, 스탈린은 이 책을 읽고 얼마간 상세하게 표시했다.[64] 1936년에 스탈린은 새 소련 헌법이 실질적 내용이 없는 겉치레, 예카테리나 여제가 러시아 농촌을 여행할 때 여제를 감명시키기 위해 지어놓은 가짜 '포툠킨 마을'[30] 같은 엉터리에 불과하다는 외국 비평가들의 주장을 조롱하는 데 셰드린에 대한 지식을 잘 활용했다.

---

28) Johann Wolfgang von Goethe(1749~1832). 독일의 고전주의 작가, 철학자. 대표작으로 『젊은 베르테르의 슬픔』, 『빌헬름 마이스터의 수업시대』, 『파우스트』 등이 있다.

29) Mikhail Yevgrafovich Saltykov-Shchedrin(1826~1889). 러시아의 작가. 셰드린은 필명이며 본명은 살티코프다. 대표작으로 러시아 귀족 가정의 퇴폐와 전제 정치의 부패상을 통렬히 풍자, 비판한 『골로블료프가의 사람들』, 『어떤 마을의 역사』 등이 있다.

30) Potemkin village. 1787년 러시아의 예카테리나 여제가 크림 지역을 여행할 때 크림의 총독인 그리고리 포툠킨 공이 연인이었던 여제를 감동시키려고 만든 가짜 마을을 일컫는다.

위대한 러시아 작가 셰드린은 그의 소설에서 황소고집인 한 관리를 그리고 있습니다. 그는 속이 좁아터지고 둔하나, 자신감이 넘치고 극단적으로 열성적입니다. 이 관료는 "자기가 담당하는" 지역의 "질서와 안녕"을 확립하는 과정에서 주민 수천 명을 몰살하고 도시 수십 곳을 불태운 뒤, 주위를 돌아보고 저 멀리 지평선에서 미국을 발견했습니다. 물론 이 나라는 사람들을 흥분시키는 데 도움을 주는 이런저런 유의 자유들이 있는 것 같으며, 국가는 다른 식으로 관리되는 거의 알려지지 않은 나라입니다. 이 관료는 미국을 보고서는 화가 났습니다.

이게 무슨 나라이고, 어떻게 만들어졌으며, 무슨 권리로 존재하지요?(웃음과 갈채) 물론 그 나라는 몇 세기 전에 우연히 발견되었는데, 다시 문을 걸어 잠가서 그 흔적이 눈곱만큼도 남지 않게 할 수 없나요?(일동 웃음) 그러자 바로 관료는 명령을 내렸습니다. "미국을 다시 걸어 잠가라!"(일동 웃음)[65]

스탈린 장서의 처리 문제는 1963년 1월에야 최종 결정되었다. 1961년 제22차 소련공산당 대회에서 IM-L의 이사회는 다음과 같이 결의했다. 이는 아마도 반스탈린 운동이 재개된 데 자극받았을 것이다. (1) 스탈린의 포멧키가 있는 모든 텍스트를 연구소의 기록보관소에 보존할 것. (2) 스탈린에게 증정된 도서와 그의 장서 인장이 찍힌 도서를 별개의 컬렉션으로 IM-L의 도서관에 보관할 것. (3) 표시가 없고 인장이 없는 나머지 도서(여하튼 상태가 좋은 책들)는 연구소 자체 도서관과 다른 학술 도서관 및 전문 도서관에 분산 이관할 것. 또 스탈린의 도서에서 발견된 저자와 출판사의 편지

나 메모는 전부 특별 파일 안에 넣기로 결정했다.[66]

책들의 목록을 작성하는 작업이 시작되었으나 도서관들로 분산 이관된 도서의 목록을 만드는 일은 이 작업에 포함하지 않은 것 같다. 그런 기록부가 없어서 스탈린이 사망했을 때 어떤 책이 스탈린의 장서에 있었는지, 또 장서에 책이 몇 권 있었는지 정확히 아는 것은 불가능하다. 그러나 관련된 책의 숫자는 수년 동안 IM-L에서 작업했던 역사가 레오니트 스피린 Leonid Spirin이 1993년 신문에 게재한 글에서 대충 엿볼 수 있다.[67]

스피린에 따르면, 스탈린 장서는 대부분 푸시킨, 고골, 톨스토이, 체호프, 고리키, 마야콥스키,[31] 위고, 셰익스피어, 프랑스[32] 같은 러시아 문학, 소련 문학, 세계 문학의 고전들로 이루어졌다. 전부 합쳐 1만 1,000권에 이르는 이 책들과 여타 인장이 없는 책들은 1960년대에 레닌 도서관으로 이관되었다. 인장이 찍히지 않은 또 다른 논픽션 책 3,000권—대부분 사회주의적인 저술들—이 IM-L이나 다른 도서관에 주어졌고, 논픽션 5,500권이 남았다. 그리하여 스피린의 수치에 따르면, 스탈린의 개인 장서에는 약 1만 9,500권이 있었다.

논픽션 서적이 5,500권이라는 스피린의 숫자는 IM-L 도서관이 작성한, 인장이 찍힌 스탈린 책의 목록과 관련 있다. 1991년 소련 붕괴 후 이 도서

---

31) Vladimir Vladimirovich Mayakovsky(1893~1930). 소련의 시인, 극작가, 배우. 러시아 혁명을 열렬히 환영하여 혁명 시인으로 명성을 떨쳤다. 그러나 레닌 사후 점점 교조주의화, 관료화가 진행되는 소련 사회를 부정적으로 바라보며 당국과 불화를 겪는 등 입지가 좁아져 갔으며, 1930년 결국 권총 자살로 생을 마감했다.

32) Anatole France(1844~1924). 프랑스의 소설가, 비평가. 본명은 자크-아나톨-프랑수아-티보(Jacques-Anatole-François Thibault)이다. 소설 『실베스트르 보나르의 죄』, 『타이스』, 『붉은 백합』 등으로 명성을 떨쳤다. 드레퓌스 사건 당시 에밀 졸라 등과 함께 드레퓌스의 무죄를 주장하며 반유대주의와 반드레퓌스파에 맞서 싸웠다.

관은 연구소에서 떨어져 나와 '국립 사회-정치 도서관SSPL'이 되었다. 모스크바의 빌겔름 피크가에 위치한 이 도서관은 유일하게 현존하는 스탈린 장서 목록과 함께 그 책들을 찾아볼 수 있는 곳이다.

손으로 쓴 SSPL의 카드 색인은 스탈린의 책을 7개 범주로 나눈다.

1. I. V. 스탈린의 장서 인장이 찍힌 책(3,747)

2. 저자의 서명이 있는 책(인장이 있는 책도 있고 없는 책도 있음)(587)

3. 스탈린에게 증정된 책(인장이 있는 책도 있고 없는 책도 있음)(189)

4. 식별 가능한 주제 분류가 있는 책(인장이나 서명이 없음)(102)

5. 식별 가능한 주제 분류가 없는 책(347)

6. 스탈린의 가족 책(34)

7. 다른 도서관의 인장이 찍힌 책(49)

소수의 책을 제외하고 이 목록에 있는 모든 책이 1930년대 초 이전에 출판되었는데, 이는 이 책들이 장서에 남아 있는 논픽션의 전부라기보다는 그 일부이며 아마도 스탈린의 아파트나 스탈린이 처음으로 마련한 주발로 보 다차 같은 특정의 장소에서 회수된 것임을 강력히 시사한다. 스피린이 제시한 5,500권이라는 수치는 스탈린이 그 후에 획득한 많은 책을 고려하면, 상당히 상향 수정될 필요가 있다. 스피린이 픽션 등을 위해 제시한 1만 1,000권이라는 수치는 대체로 맞지만, 논픽션 서적이 SSPL의 논픽션 책을 더해 전부 3,000권이라는 그의 추산은 지나치게 적다. 스탈린은 1930년대와 1940년대에도 최소한 1920년대에 획득했던 것만큼이나 많은, 아마도 훨씬 더 많은 논픽션 책을 획득했음이 틀림없다. 그러므로 책, 팸플릿, 정기간행물로 이루어진 스탈린 장서는 그 수량이 약 2만 5,000권이라고 보는 것이 더 나은 추산일 것이다.[68]

IM-L 기록보관소 자체가 수행한 한 가지 목록 작성 업무는 스탈린의 포멧키가 있는 모든 텍스트의 일람표를 만드는 것이었다. 1963년 7월에 완결된 포멧키 일람표에는 그런 서적이 300종 있었다.[69] 하지만 날짜 미상의 손으로 쓴 수정본에는 이 수치가 397종으로 바뀌었고, 1990년대에 연구자들이 이용할 수 있었던 '오피시opis'(목록)에는 그런 책이 391종 열거되어 있다.[70] 스탈린의 리치니 폰트의 다른 섹션들에 있는 100권 이상의 책을 이 총계에 더해야 한다. 이 도서들 중 많은 책에도 스탈린의 표시와 주해가 적혀 있다.

스탈린의 책들

SSPL의 목록은 그 한계에도 불구하고 스탈린 장서의 내용과 성격을 살펴볼 때 참조할 수 있는 가장 좋은 길잡이다.[71] 이 목록이 보여주는 것은 장서가 압도적으로 소련 서적, 즉 소비에트 러시아에서 발간된 1917년 이후 텍스트들의 컬렉션이라는 사실이다. 텍스트 대부분은 책이지만 얇은 팸플릿 형태의 출판물도 상당수 있다. 거의 모든 텍스트가 러시아어로 되어 있고 대다수는 볼셰비키나 여러 다른 마르크스주의자와 사회주의자들이 썼다. 스탈린의 장서 인장이 찍힌 책을 열거하는 목록의 제1부에서 가장 중요하게 등장하는 저자는 레닌(243권 출판물)이며, 레닌과 레닌주의에 관한 저술도 많다. 레닌 다음으로 선호한 저자는 스탈린(95권), 지노비예프(55권), 부하린(50권), 마르크스(50권), 카메네프(37권), 몰로토프(33권), 트로츠키(28권), 카우츠기(28권), 엥겔스(25권), 리코프(24권), 플레하노프(23권), 로좁스키[33](22권), 로자 룩셈부르크(14권), 라데크(14권)다. 이 저자들 중 다섯 명(지노비예프, 부하린, 카메네프, 리코프, 로좁스키)은 스탈린에게 숙청·처형되었고, 라데크는 굴라그[34]에서 죽었으며 트로츠키는 1940년 멕시코에서 소련 요원에게 암살당했다. 그러나 그들의 책은 스탈린 컬렉션의 일부로 남았다. 목록은 또 코민테른과 소련 노동조합 같은 단체들뿐 아니라 공산당 대회와 협의회의 보고서 수백 건도 열거한다.

마르크스, 엥겔스, 카우츠기, 룩셈부르크의 저작들을 제외하면 스탈린 컬렉션 중 외서 번역물은 거의 보이지 않는다. 눈에 띄는 예외는 다음과 같은 러시아어 번역본이다. 제1차 세계대전에 관한 윈스턴 처칠의 『세계 위기』, 독일 수정주의 사회민주주의자 에두아르트 베른슈타인[35]의 책 3권,

---

33) Solomon Abramovich Lozovsky(1878~1952). 볼셰비키 혁명가이자 정치인. 1921~1937년 적색 노동조합 인터내셔널 총서기를 지냈다.

34) Gulag. 러시아어 Glavnoye upravleniye ispravitelno-trudovykh lagerey i kolonii(교정 노동수용소 및 집단 거주지 총국)의 머리글자에서 비롯된, 일반적으로 소련의 노동수용소를 가리키는 고유명사다. 러시아 혁명 직후인 1918년에 처음 설치된 뒤 1930년대 이후 스탈린 치하에서 크게 확대되어 1940년대 말~1950년대 초에 그 규모가 최고조에 달했으며, 1953년 스탈린의 죽음과 함께 해체되기 시작했다.

35) Eduard Bernstein(1850~1932). 독일 사회민주당 당원으로 수정주의적 마르크스주의를 발전시킨 사회민주주의의 이론적 창시자. 1902~1918년 독일의 제국의회 의원, 1920~1928년 바이마르공화국 의회 의원을 역임했다.

『평화의 경제적 결과』를 비롯한 케인스[36]의 책 2권, 장 조레스[37]의『프랑스 대혁명의 역사』, 토마시 마사리크[38]의『세계 혁명』, 독일의 경제학자 카를 빌헬름 뷔허[39]의『노동과 리듬』, 중국의 "각성"에 관한 카를 비트포겔[40]의 초기 저작, 존 홉슨[41]의『제국주의』, 근대 자본주의에 관한 베르너 좀바르트[42]의 책, 근대 튀르키예 창건자인 케말 아타튀르크[43]의 몇몇 저작, 이탈리아 마르크스주의자 안토니오 라블리올라[44]의 역사 유물론에 관한 저술, 존 리드의『반란을 일으킨 멕시코』, 미국 작가 업턴 싱클레어[45]의 몇몇 작

---

36) John Maynard Keynes(1883~1946). 영국의 경제학자. 거시경제학을 창시하고 정립했다고 평가받는다. "완전 고용을 실현·유지하려면 정부의 개입 없이 시장에만 경제를 맡기는 자유방임주의가 아닌 정부의 개입과 보완책이 필요하다"라는 케인스주의를 주창했다.

37) Auguste Marie Joseph Jean Léon Jaurès(1859~1914). 프랑스의 사회주의자이자 프랑스 사회당 활동가. 1904년 진보적 일간지인『뤼마니테』를 창간해 그 주필을 맡았다.

38) Tomáš Garrigue Masaryk(1850~1937). 체코슬로바키아공화국의 초대 대통령(재임 1918~1935)이자 철학자, 교육학자, 언론인. 프라하대학교 교수를 지냈으며, 체코슬로바키아의 독립운동에 앞장서 '체코슬로바키아 건국의 아버지', '철인 왕'으로 불린다.

39) Karl Wilhelm Bücher(1847~1930). 독일의 신역사학파 경제학자. 비시장 경제학의 창시자 중 한 사람으로 평가되며 유럽 경제의 발전 단계설을 주창했다.

40) Karl August Wittfogel(1896~1988). 독일계 미국인 중국학자, 역사학자, 사회학자, 경제학자, 극작가. 독일공산당의 일원이었으며, 제2차 세계대전 이후에는 반공주의자로 전향했다. 프랑크푸르트학파의 일원이기도 하다. 1947~1966년 미국 워싱턴대학교에서 중국사 교수로 재직했다.

41) John Atkinson Hobson(1858~1940). 영국의 경제학자, 언론인. 1902년에 출간한『제국주의』에서 자본수출, 금융업자의 이해관계와 그 정치적 음모에 주목해 레닌의 제국주의론에 영향을 주었다.

42) Werner Sombart(1863~1941). 독일의 경제학자, 사회학자. 1903년부터 막스 베버 등과 함께『사회과학과 사회정책 잡지』편집인을 맡았다. 주요 저서로『사치와 자본주의』,『사회주의와 사회운동』,『근대 자본주의』,『세 종류의 경제학』등이 있다.

43) Mustafa Kemal Atatürk(1881~1938). 오스만 제국의 육군 장교, 혁명가. 튀르키예공화국을 건국하고 초대 대통령(재임 1923~1938)을 지냈다.

44) Antonio Labriola(1843~1904). 이탈리아의 마르크스주의 이론가, 철학자. 그의 사상은 이탈리아 자유당의 창설자인 베네데토 크로체, 이탈리아 공산당 지도자 안토니오 그람시와 아마데오 보르디가 등 20세기 초 이탈리아의 많은 정치 이론가에게 영향을 미쳤다.

45) Upton Sinclair(1878~1968). 미국의 소설가. 뉴욕시립대학교를 졸업하고, 컬럼비아대학교에서 법학을

품, 처형당한 미국의 아나키스트 사코와 반제티[46]의 편지들. 컬렉션 중 경제학에 관한 많은 저작 가운데 애덤 스미스[47]의 『국부론』 번역본이 있다. 스탈린은 마르크스의 『자본론』에 관한 다비트 로젠베르크[48]의 3권짜리 해설서에 매우 많은 표시를 하면서 무역과 애덤 스미스에 관한 섹션에 특히 관심을 보였다.[72]

목록에는 픽션이 거의 열기되어 있지 않으나, 고대 세계의 역사에 관한 스탈린의 관심이 제1차 포에니 전쟁[49] 당시 카르타고를 배경으로 플로베르[50]가 쓴 소설 『살람보』 번역본의 존재에 반영되어 있다.

컬렉션에서 눈에 띄는 약간 색다른 저자는 레프 보이톨롭스키,[51] 모이세이 오스트로고르스키,[52] 빅토르 비노그라도프[53]다. 보이톨롭스키는 군

공부하며 창작을 시작. 대학 재학 중에 소설을 6편 썼다. 시카고 식육 공장의 실정을 폭로한 『정글』, 퓰리처상을 받은 『용의 이빨』, 장편 소설 『세계의 종말』 등 많은 작품을 썼다.

46) Nicola Sacco(1891~1927), Bartolomeo Vanzetti(1888~1927). 이탈리아계 미국인 아나키스트들. 1920년 미국 매사추세츠주의 제화 공장을 강탈해 두 사람을 죽인 혐의로 기소되어 1927년 사형당했다. 사건 발생 당시 사코는 보스턴에, 반제티는 플리머스에 있었음을 증언한 많은 증인이 나타났으나 법정에서 무시되었다.

47) Adam Smith(1723~1790). 스코틀랜드 출신 영국의 경제학자이자 윤리 철학자. 후대의 여러 분야에 큰 영향을 미친 『국부론』의 저자로 일반적으로 경제학의 아버지로 여겨진다.

48) David Iokhelevich Rozenberg(1879~1950). 소련의 경제학자. 1900년대 초에 '유대인 노동자 분트'에 가담했으나 1917년 혁명 후 러시아 공산당에 가입해 마르크스-레닌주의 경제학을 가르쳤다.

49) First Punic War(기원전 264~기원전 241). 카르타고와 로마 사이에 벌어진 세 차례의 포에니 전쟁 가운데 첫 번째 전쟁. 전쟁의 결과 승리한 로마는 카르타고와 불평등 조약을 체결하고 막대한 전후 배상금을 부과했다. 제1차 포에니 전쟁 이후 로마는 팽창을 거듭하여 지중해 대부분을 장악했다.

50) Gustave Flaubert(1821~1880). 프랑스의 소설가. 『보바리 부인』, 『살람보』, 『감정 교육』 등의 작품이 있다.

51) Lev Naumovich Voitolovsky(1875~1941). 러시아의 의사, 언론인, 사회평론가, 문학 비평가.

52) Moisey Yakovlevich Ostrogorsky(1854~1921). 러시아의 정치인, 정치학자, 역사가, 사회학자. 막스 베버, 로베르트 미헬스와 함께 정치 심리학 창설자 중 한 사람으로 여겨진다.

53) Viktor Vladimirovich Vinogradov(1895~1969). 소련의 언어학자, 문헌학자. 1951년 소련 학술원 회원으로 임명되었고 스탈린상을 수상했다. 1950~1954년 '소련 학술원 언어연구소' 소장을 지냈다.

중 행동의 사회심리학에 관한 소련의 초기 이론가이며, 오스트로고르스키는 서구 정치 사회학의 기초를 놓은 텍스트 중 하나인 『민주주의와 정당의 조직』의 저자다. 비노그라도프는 소련 문학 이론가로 러시아 문학에서 자연주의 전개 과정에 관한 책을 썼다.

스탈린의 철학 서적 중에는 모리스 레이테이젠[54]의 『니체와 금융자본』(1928)이 있었다.[73] 니체[55]는 볼셰비키가 공립 도서관에서 그들의 저술을 금지한 '소부르주아' '관념주의' 철학자 중 한 명이었다. 니체는 파시즘과 나치즘 사상가들이 그를 이용했기 때문에 히틀러가 집권한 뒤 공식 소련 문화에서 완전히 거부되었고, 스탈린이 그를 읽었다는 증거는 없다.

레이테이젠은 그의 책 제목이 보여주듯이 니체에게 매우 비판적이었으나, 볼셰비즘과 이 허무주의 독일 철학자 사이에 존재하는 얼마간의 친화성을 추적했다. 교육 인민위원 아나톨리 루나차르스키는 책의 서문을 쓰면서 이 점을 인정했다. 레이테이젠은 이러한 발상과 감정을 다음과 같이 피력했는데, 스탈린은 아마도 이 대목을 높이 평가했을 것이다.

니체는 우리에게 가장 먼 사상가이나 그와 동시에 가깝기도 하다. 그의 책을 읽으면서 우리는 순수하고 상쾌한 산 공기를 마신다. 사고가 분명하고 명료하며 아름다운 문장 뒤에 아무것도 숨어 있지 않다. 있는 그대로 명확히 드러난 바로 그 계급 관계, 모든 환상과 공상에 맞선 바로 그 투쟁, 잡다한 신들

---

54) Moris Gavriilovich Leyteiyzen(1897~1939). 소련의 설계사, 외교관. 1938년 간첩행위 혐의로 체포되어 1939년 처형당했다.

55) Friedrich Wilhelm Nietzsche(1844~1900). 독일의 철학자, 문헌학자, 시인, 음악가. 카를 마르크스, 지그문트 프로이트, 루트비히 비트겐슈타인, 마르틴 하이데거와 더불어 현대 인문학 전반에 가장 큰 영향을 미친 철학자로 평가된다.

과 무엇보다도 그중에서 가장 거만하고 기만적인 신인 민주주의에 맞선 니체의 투쟁이 있다.… 우리를 묶어주는 것은 개인주의와 자본주의 사회의 무정부성에 맞선 니체의 투쟁, 세계 통일에 대한 니체의 열정적인 꿈, 민족주의에 맞선 니체의 투쟁이다.…[74]

SSPL 목록에 열거된 인장 없는 책의 수는 인장이 찍힌 책 수만큼 많지만, 대부분 프랑스어, 독일어, 영어로 된 외국 서적을 150권 정도 포함한다. 이 중에 존 리드의 『세계를 뒤흔든 열흘』(1919), 알프레트 쿠렐라[56]의 『있는 그대로의 무솔리니』(1931), 스페인 내전[57]에 관한 책인 『스페인의 가리발디 지지자들』(1937), 시드니 웹과 비어트리스 웹[58]이 서명한 『소비에트 공산주의: 새로운 문명』의 1935년 판본 그리고 레닌, 스탈린, 트로츠키, 부하린, 라데크 저술들의 다양한 번역본이 눈에 띈다. 우리는 다른 자료로부터 스탈린이 그 외에도 외국어로 된 많은 책을 받았다는 사실을 알고 있으며, 이 책들은 그 후 스탈린의 컬렉션에서 사라져버렸다. 그러나 스탈린이

---

56) Alfred Kurella(1895~1975). 독일의 작가. 1934년부터 모스크바에서 거주했으며, 1954년 동독으로 귀국한 후 독일 사회주의 통일당 관리를 지냈다.

57) Spanish Civil War(1936~1939). 마누엘 아사냐가 이끄는 스페인 제2공화국의 좌파 인민전선 정부와 프란시스코 프랑코를 중심으로 한 우파 반란군 사이에 벌어진 전쟁이다. 인민전선 정부를 소련이 지원하고, 프랑코파를 나치 독일, 이탈리아가 지원해 제2차 세계대전의 전초전 양상을 띠었다. 스페인의 가톨릭교회는 프랑코파를 지원했다. 전쟁은 1936년 7월 17일 모로코에서 프랑코 장군이 이끈 쿠데타로 시작되어 1939년 4월 1일 공화파 정부가 마드리드에서 항복, 프랑코 측의 승리로 끝났다. 공화파 정부군은 소련 외에 멕시코의 지원을 받았고, 의용병인 '국제여단'의 도움도 받았다. 당시 살라자르가 집권하고 있던 포르투갈은 프랑코파 진영을 지원했다. 영국과 프랑스는 군수 물자를 보내긴 했으나 국제연맹의 불간섭 조약을 이유로 공화파 정부 지원에 미온적이었다. 미국은 공식적으로 중립을 표방했다.

58) 영국의 부부 사회학자, 경제학자, 페이비언주의의 이론적 지도자. 남편 시드니(Sidney Webb, 1859~1943)는 하원의원 노동당 각료로, 아내 비어트리스(Beatrice Webb, 1858~1943)는 구빈법 폐지 운동가로 영국의 사회개혁에 크게 공헌했다.

이 책들을 하나라도 읽은 흔적은 없다.

IM-L의 기록보관소가 보유한 표시가 있는 책, 정기간행물, 팸플릿 391권 중 대다수를 차지하는 것은 마르크스주의 저술과 볼셰비키 저술, 특히 마르크스, 엥겔스, 레닌 그리고 스탈린 자신의 저작들이다. 에릭 판 레이Erik van Ree는 이 도서들의 약 4분의 3이 공산주의 이념 및 전술과 관련된 것이라고 평가했다.[75] 다른 주요 범주는 역사(36권), 경제학(27권), 군사 문제(23권)다.

SSPL의 컬렉션과 달리, 표시가 있는 당 기록보관소의 컬렉션은 고전시대 역사가 로베르트 비페르[59]와 차르 시대의 군사 전략가 겐리흐 레르[60]의 몇몇 저작을 비롯해 1917년 이전에 출판된 많은 책을 포함한다.

여기에 혁명사와 군사사를 더한다면, 역사 저작은 마르크스주의 고전들을 제외할 경우 표시된 컬렉션 중에서 단연코 가장 큰 도서 범주다.

스탈린의 다양한 관심사가 결합되어 표시된 책 하나는 니콜라이 루킨[61]이 쓴 혁명 군대의 역사에 관한 1923년 텍스트다. 이 책은 루킨이 붉은군대의 합동참모대학교에서 강의한 내용을 바탕으로 집필한 것이다. 비페르의 제자였던 루킨은 1905년부터 혁명 운동에 적극적으로 참여했다. 루킨은 니콜라이 부하린과 개인적인 관계가 있었고, 1917년 혁명 이후 부하린의 좌익 공산주의 그룹에 가담했다. 루킨은 소련 역사가로서 매우 뛰어

---

59) Robert Yuryevich Vipper(1859~1954). 러시아와 소련의 고전고대, 중세, 근대 시기 전문 역사가, 소련 학술원 회원. 1944년 노동적기 훈장을 받았다.

60) Genrikh Antonovich Leer(1829~1904). 러시아의 군사 이론가이자 역사가. 1889~1898년 러시아 합동참모대학교 총장을 지냈다.

61) Nikolay Mikhailovich Lukin(1885~1940). 소련의 역사가, 사회평론가. 1930년대에 소련 역사가들의 지도자였다. 1929년 소련 학술원 회원에 임명되었다가 1938년 축출되었으며, 사후인 1957년에 복권되었다.

난 경력을 쌓았으나 논란이 없지는 않았으며, 1938년 체포되어 10년간의 중노동형에 처해졌다. 그는 구금 상태에서 사망했다.

루킨의 책은 프랑스 혁명과 파리 코뮌[62]을 다루지만, 스탈린의 흥미를 가장 크게 끈 부분은 올리버 크롬웰[63]과 그의 신형군에 관한 장이었다. 스탈린은 영국 혁명의 특색은 정권의 군대 일부가 반란자들의 편에 가담한 사실이라는 루킨의 지적에 주목했다. 크롬웰의 과업은 혁명을 지지할 용기가 있는 병사와 장교들에 기반을 둔 새로운 군대를 창설하는 것이었다. 크롬웰은 대표 군사평의회의 지지를 받는 통일된 사령부를 수립함으로써 이를 달성했다. 크롬웰의 가장 열렬한 지지자 중에 신형군의 군목들이 있었다. 그들은 군대의 종교적 열정을 동원해 군주정에 맞서 청교도 반란을 일으켰다. 스탈린은 이 구절 옆에 '정치부politotdel'라고 썼고 나중에 일반 병사들의 대표를 지칭하려고 인민위원commissar이라는 용어의 사용을 언급했다.[76]

스탈린은 1934년 7월에 H. G. 웰스와 인터뷰하면서 영국사 지식을 충분히 활용했다. "17세기 영국의 역사를 상기해봅시다. 많은 이가 옛 사회 시스템이 부패했다고 말하지 않았나요? 그러나 그럼에도 이 시스템을 무력으로 분쇄하는 데 크롬웰이 필요하지 않았나요?" 웰스가 크롬웰은 합헌적으로 행동했다고 이의를 제기하자 스탈린은 이렇게 대꾸했다. "헌법의 이름으로 그는 폭력에 의지했고 왕의 목을 쳤습니다. 또 의회를 해산하면서

---

62) Paris Commune, 1871년 3~5월 프랑스의 파리 시민들이 수립한 사회주의 자치 정부를 일컫는다. 노동자 계급이 세운 세계 최초의 민주적이고 혁명적인 자치 정부라고 평가된다.

63) Oliver Cromwell(1599~1658). 잉글랜드의 군사 지도자, 정치인. 신형군(New Model Army)을 조직해 왕당파를 패배시키고 1649년 찰스 1세를 처형한 후 호국경이 되어 잉글랜드, 스코틀랜드, 아일랜드를 다스렸다.

일부 의원은 체포하고 일부 의원은 목을 벴습니다!" 같은 인터뷰에서 스탈린은 19세기 영국사와 그 시대의 민주주의적 정치 개혁에서 급진적인 차티스트 운동[64]이 수행한 역할에 대해 웰스에게 설교했다.[77]

어떤 다른 역사가보다 스탈린의 장서를 많이 연구한 학자 보리스 일리자로프Boris Ilizarov는 스탈린이 1917년 이전에는 역사에 그리 관심이 있는 편이 아니었고, 1930년대에 소련 학교들에서 사용할 새 교과서의 제작을 둘러싼 논의에 참여하기 전까지는 역사책을 읽는 데 별 흥미가 없었다고 믿는다.[78]

젊은 스탈린이 마르크스주의 정치와 철학에 더 직접적으로 골몰했다는 일리자로프의 말이 맞을 수도 있다. 하지만 역사 공부는 스탈린의 학교와 신학교 교육에서 두드러진 특징이었고, 역사는 마르크스주의 기초 지식의 한 분야였다. 왜냐하면 마르크스주의는 사회변동에 대한 설명을 인류가 고대 노예제에서 공산주의로 나아간다는 목적론적 시각과 결합한 인간사에 대한 이론이기 때문이다. 스탈린 세대의 모든 혁명적 사회주의자는 프랑스 혁명 같은 엄청난 사건과 그들 자신의 시대를 위해 교훈을 끌어낼 수 있는 과거의 민중 투쟁에 관심이 많았다. 스탈린의 첫 번째 중요한 저술인 『아나키즘인가 사회주의인가?』(1907)는 파리 코뮌에 관한 역사서인 아르튀르 아르놀드[65]의 저서와 올리비에 리사가라이[66]의 저서 둘 다를 인

---

64) Chartist Movement. 1838년부터 1840년대 후반까지 보통선거를 바탕으로 한 의회 민주주의의 실시를 요구하며 영국에서 벌어졌던 최초의 노동자 운동. 차티즘, 차티스트라는 명칭은 1838년 노동자들이 제기한 인민헌장(People's Charter)에서 유래했다. 이 문서는 보통선거와 비밀선거, 선거구의 균등화, 의회의 매년 소집, 하원의원 세비 지급, 재산에 따른 피선거권 자격 제한 철폐의 6개 항으로 이루어져 있다.

65) Arthur Arnould(1833~1895). 프랑스의 문필가, 언론인.

66) Hippolyte-Prosper-Olivier 'Lissa' Lissagaray(1838~1901). 프랑스의 혁명적 사회주의자. 직접 참여한 경

용했다.[79] 스탈린의 소책자 『마르크스주의와 민족문제』(1913)는 역사적 내용이 풍부하고, 1920년대에 스탈린은 역사를 빈번하게 언급했다. 스탈린은 1926년의 한 연설에서 이반 뇌제나 표트르 대제는 경제 성장과 민족 독립에 필수적인 중공업을 발전시키지 않았기 때문에 진정한 산업가가 아니라고 말했다. 1928년에 스탈린은 러시아를 근대화하려는 표트르의 노력과 볼셰비키의 노력이 비슷하다고 넌지시 언급했다. 비록 1931년에 스탈린은 에밀 루트비히와 토론하면서 이 비교를 부인했지만 말이다. 루트비히와 대화하며 스탈린은 표트르가 러시아 국가의 상층 계급적 성격을 강화하려고 애썼다면 자신은 노동자들을 위해 일한다고 지적했다.[80] 러시아 역사에 관한 스탈린의 가장 극적인 선언은 근대화와 산업화 드라이브의 긴급성을 강조한 1931년 2월의 연설이었다.

옛 러시아의 역사는 무엇보다도 특히 러시아가 후진성 때문에 패배해왔다는 데에 있습니다. 러시아는 몽골의 칸들에게 패배했습니다. 러시아는 투르크의 귀족들에게 패배했습니다. 러시아는 스웨덴의 봉건 통치자들에게 패배했습니다. 러시아는 폴란드-리투아니아 영주들에게 패배했습니다. 러시아는 일본의 봉신들에게 패배했습니다. 러시아가 후진적이었기 때문에 모든 세력이 러시아를 두들겼습니다. 군사가 후진적이고, 문화가 후진적이고, 국가가 후진적이고, 공업이 후진적이고, 농업이 후진적이기 때문이었습니다. 그들이 러시아를 두드려 팬 것은 그렇게 하는 것이 이익이고, 그렇게 하더라도 무사했기 때문입니다. … 바로 그런 것이 착취자들의 법입니다. 말하자면 후

험을 바탕으로 쓴 『1871년 파리 코뮌의 역사』로 유명하다.

진적인 놈을 두드려 패라는 것입니다. 당신은 약하고, 그래서 당신은 잘못했고, 따라서 당신을 두들겨 패고 노예로 삼을 수 있습니다.… 우리는 선진국들에 50년에서 100년 뒤처져 있습니다. 10년 안에 이 격차를 좁혀야 합니다. 그렇게 하지 못하면 우리는 괴멸될 것입니다.[81]

회고록과 일기는 스탈린의 관심을 끈 또 다른 범주의 책들이었다. 스탈린이 읽고 주석을 단 책 중에는 영국 정보 요원 R. H. 브루스 록하트,[67] 제1차 세계대전 당시 독일 장군 에리히 루덴도르프,[68] 1948년 모스크바의 미국 대사관에서 소련으로 망명해 라디오 모스크바의 영어 방송 스타가 된 애나벨 부카Annabelle Bucar의 회고록이 있다.

아마도 스탈린의 장서에서 가장 기이한 저자는 저서 『일본의 위협』이 1934년에 러시아어로 출간된 '테이드 오콘로이Taid O'Conroy 교수(1883~1935)' 일 것이다.[82] 1883년에 아일랜드의 코크주 발린컬릭에서 티모시 콘로이 Timothy Conroy로 태어난 그는 열다섯 살 때 바다로 달아나 영국 해군에 입대했다. 남아프리카, 소말릴란드, 페르시아만에서 복무한 그는 코펜하겐에 있는 벌리츠 학교에서 1년 동안 영어를 가르쳤고, 그 후 1909년에 러시아로 이주해 상트페테르부르크의 황실 궁정에서 교사 노릇을 했다. 제1차 세계대전 후 오콘로이는 마침내 일본으로 건너갔고 그곳에서 그의 책 출

---

67) Sir Robert Hamilton Bruce Lockhart(1887~1970). 영국의 외교관, 언론인, 비밀 정보 요원. 1912~1915년 모스크바 주재 영국 부영사, 1915~1917년 총영사, 1917~1918년 볼셰비키 정부 주재 비공식 대사를 지냈다.

68) Erich Friedrich Wilhelm Ludendorff(1865~1937). 독일 제국의 군인. 제1차 세계대전 당시 리에주 요새 공방전과 타넨베르크 전투에서 승리를 거둔 것으로 유명하다. 특히 세계대전 중반부 이후 독일 제국군의 실질적인 총지휘관이자 사실상의 최고 지도자였다.

판사의 묘사에 따르면 유서 깊은 일본 귀족 가문의 후손인 한 웨이트리스와 결혼했다. 오콘로이와 그의 부인은 1932년에 일본을 떠났다. 런던에서 오콘로이는 외무부와 접촉해 일본에 관한 브리핑 문서를 제출했고, 이 문서는 궁극적으로 그의 책이 되었다. 오콘로이는 1935년 간부전으로 사망했다.[83]

오콘로이의 주요 메시지는 그의 책 제목이 보여주듯이 일본이 (1931년에) 만주를 침공해서 점령했기 때문에 일본 군사주의의 위험과 관련 있었다. 스탈린은 이 점에서 오콘로이의 조언이 필요 없었다. 스탈린의 장서에는 소련 사람이 일본 사회의 군사주의화와 일본군의 증강을 상세히 묘사해 1933년에 발행한 책 두 권이 있었다. 스탈린은 이 두 책을 읽었고 표시를 많이 했다.[84] 스탈린은 또 타스 도쿄 지국의 수많은 뉴스 보도를 마음대로 이용할 수 있었다. 여러 나라에서 오는 타스 뉴스 속보는 스탈린이 국제 정보를 얻는 매우 중요한 출처 중 하나였고, 1930년대 초에 스탈린은 일본에서 오는 그리고 일본에 관한 보고에 특히 주의를 기울였다.[85] 제2차 세계대전 동안 스탈린의 참모들은 그를 위해 정보지를 제작했다. 그들은 번역해서 요약한 외국 언론의 자료들, 특히 소련에 관한 보도를 이 정보지에 실었다.[86]

스탈린을 다시 상상하기

샤라포프의 1988년 회고록은 스탈린이 엄청난 개인 장서를 소유했음을 처음 공개적으로 암시했다. 회고록은 「스탈린의 개인 장서」라는 표제로 『모스크바 뉴스』에 영어로 게재되었다.

트로츠키가 스탈린을 평범한 보통 사람으로 희화戱畵하긴 했지만, 그럼에도 스탈린이 많은 책을 읽고 수집한 지식인 비스름했다는 아이디어는 드문 생각이 아니었다. 어쨌든 스탈린은 책을 출간한 작가였고, 그가 마르크스주의 이론가를 자처한 사실은 아주 잘 알려졌다. 스탈린 개인 숭배에서는 그를 천재라고 선언했고, 스탈린에게 현혹된 일련의 서방 지식인, 외교관, 정치인들은 그의 박학다식을 공개적으로 찬양했다. 숭배 이미지는 종종 스탈린을 글을 읽고 쓰고 항상 곁에 두는 사람으로 묘사하곤 했다. 그러나 스탈린의 개인 장서를 발견함으로써 스탈린의 페르소나와 정체성의 지적 측면에 이목이 쏠렸다. 결정적으로 스탈린의 전기 작가들은 이제 그가 권력을 어떻게 행사하는지를 연구하는 일과 함께 그의 정신이 어떻게 작동하는지를 탐구하는 데 이용할 자료를 갖게 되었다.

드미트리 볼코고노프는 1989년에 출간한 전기의 '스탈린의 정신'이라는 제목이 붙은 장에서 스탈린을 "특출한 지적 능력을 지닌 사람"으로 평가하고 남을 헐뜯기를 좋아하는 트로츠키와 대비했다. 볼코고노프는 처음으로 스탈린의 1925년 장서 분류 체계를 공개하고 장서 표시의 존재를 밝혔으며 책들에서 스탈린의 쓰기 습관에 주목했다. 예를 들어 레닌의 『전집』에는 여백에 밑줄, 체크 표시, 느낌표가 가득했다. 스탈린은 경쟁자들과 싸우기 위해 그들의 글을 포함해 가능한 곳 어디에서나 필요한 정보를 찾으려 했다. 스탈린은 망명자들의 적대적인 문헌을 특별히 모아놓은 컬렉션이 있었고 백군 망명 출판물을 지속적으로 구입해 읽었다.[87]

스탈린이 히틀러의『나의 투쟁』에서 중요한 구절을 읽고 밑줄을 쳤다는 볼코고노프의 주장은 남아 있는 스탈린의 컬렉션에 그 책이 없기 때문에 확인할 수 없으나 사실인 것 같다.[88] 히틀러가 '생활권'[69)]과 독일의 러시아 팽창에 대해 뭐라고 했는지를 알려고『나의 투쟁』을 읽을 필요가 있었던 것은 아니었다. 왜냐하면 총통의 이 말은 소련 언론에서 널리 인용되었기 때문이다. 스탈린은 또 나치 독일의 내부 사정도 아주 잘 알았다. 예를 들어 1936년에 스탈린은 그해에 있었던 뉘른베르크 전당대회[70)]를 상세히 설명하는 문서를 받았다.[89] 전 세계에서 발송되는 기밀 타스 뉴스 속보를 탐독했던 스탈린은 히틀러가 그의 베를린 방문을 요청했다는 1939년 10월의 튀르키예 뉴스에 대한 기사에 '하하'라고 휘갈겨 썼다. 기사에 따르면, 스탈린은 이 요청을 거절했으나 히틀러가 스탈린을 만나러 모스크바를 방문했을 가능성은 여전히 존재했다.[90]

그 후 출간된 스탈린 전기들도 볼코고노프의 주제와 유사한 주제를 주

---

69) Lebensraum. 1890년대부터 1940년대까지 독일에서 유행했던 식민 이주 정책의 개념과 정책을 일컫는다. 특히 나치 독일에서 동유럽으로 독일의 팽창을 주장하는 국가 사회주의 이념의 주요 구성 요소가 되었다.

70) Nuremberg Rally. 나치 독일의 가장 큰 행사였다. 1923년에 뮌헨에서 나치당의 제1차 전당대회, 1926년에는 바이마르에서 제2차 전당대회가 열렸다. 그 후 1927년부터 1938년까지 매년 뉘른베르크에서 전당대회가 개최되었다. 특히 1933년 히틀러가 총리 자리에 오른 이후로는 한층 규모가 커져서 나치즘의 거대한 선전의 장으로 탈바꿈했다.

요하게 다루었다. 로버트 서비스Robert Service는 '보시티[71]와 지식인'이라는 장에서 스탈린을 열심히 공부한 생각 깊은 인물로 간주했다. "그러나 스탈린의 배움은 그의 사상에 몇 가지 기본적인 변화만 일으켰을 뿐이었다. 스탈린은 정신적으로 지식을 축적하고 그대로 되뇌는 사람이었다. 스탈린은 독창적인 사상가도 아니었고, 심지어 뛰어난 문필가도 아니었다. 그러나 스탈린은 생애가 끝날 때까지 지식인이었다."[91] 『스탈린과 그의 사형집행인들Stalin and His Hangmen』의 저자 도널드 레이필드Donald Rayfield에 따르면, "스탈린의 반대자들이 저지른 가장 흔한 실수는 스탈린이 얼마나 지독할 정도로 책을 열심히 읽는 사람인지를 과소평가한 사실이었다."[92] 러시아의 역사가 올레크 흘레브뉴크Oleg Khlevniuk는 소련 붕괴 이후 출간한 전기의 '독서와 사색의 세계'라는 섹션에서 스탈린의 포멧키를 탐구하며 다음과 같이 언급했다. "그는 책을 좋아했다. 독서는 그의 사상을 형성하는 데 주요한 역할을 했다.… 스탈린은 역사를 좋아했고 자신의 논설과 연설, 대화에서 역사적 사례와 비유를 끊임없이 활용했다." 그러나 스탈린은 역사를 좋아했지만, "특별히 학문적 논의나 실제 역사적 증거에 관심이 있는 것이 아니었고, 대신 자신이 선호하는 서사에 사실을 끼워 맞추기를 원했다.… 결국 스탈린의 독학, 정치적 경험, 성격은 많은 점에서 혐오스럽지만 권력을 계속 유지하는 데 이상적으로 들어맞는 정신을 형성했다."[93] 세 권으로 된 스티븐 코트킨의 독재자 전기는 젊은 스탈린이 "책을 집어삼킬 듯이 열심히 읽었고, 마르크스주의자로서 세계를 변화시키기 위해 그렇게 했다"라는 언급을 비롯해 스탈린을 지식인이자 독서가로 지칭하는 내용으로 가

---

71) vozhd. 지도자, 통솔자, 수령, 우두머리라는 뜻의 러시아어.

득 차 있다.**⁹⁴**

IM-L의 선임 연구원인 니콜라이 시모노프Nikolay Simonov는 스탈린의 일부 포멧키를 처음으로 깊이 탐구한 학자였다. 1990년 12월 시모노프의 논문 「마르크스주의 문헌의 여백에 있는 스탈린의 표시에 관한 고찰」이 당 이론지인 『코무니스트Kommunist』에 게재되었다.**⁹⁵** 고르바초프 시대의 끝자락에 발표된 시모노프의 분석은 스탈린이 레닌주의자가 아니라는 소련 말기의 정설을 되풀이했다. 시모노프의 초점은 사회주의 아래의 국가 이론에 관한 스탈린의 견해였고, 그의 장서 책 여백에 쓴 글을 이용해 독재자가 이 문제에 관해 마르크스, 엥겔스, 레닌과 의견을 달리했음을 보여주었다.

고전적 마르크스주의 교리에 따르면, 자본주의 국가(정부, 공무원 조직, 사법부, 경찰, 군대)는 적대 계급이 제거되면 사회주의 아래에서 사멸하고 말 부르주아 계급 억압 도구였다. 스탈린의 견해는 사회주의가 프롤레타리아 계급이 권력을 계속 유지하도록 보장하려면 강력한 국가가 필요하다는 것이었다.

시모노프는 트로츠키의 『테러리즘과 공산주의』(1920)에 대한 스탈린의 상세한 주해를 인용해 스탈린이 그의 미래 경쟁자가 내전 동안 혁명적 폭력을 확고히 옹호하는 것을 달가워했으나 아주 만족해지지는 않았음을 보여주었다. 트로츠키에 따르면, 프롤레타리아 독재는 공산당에서 수행했다. 스탈린은 트로츠키의 추론이 "부정확"하다고 여겼으며, 당이 국가와 노동조합 같은 다른 공공 조직을 지배하는 정치 기구라는 생각을 더 좋아했다. 시모노프에 따르면, 고전적 마르크스주의는 국가를 자본주의 계급 권력의 일시적이고 인위적인 도구라고 "기계론적으로" 바라봤지만, 스탈린의 "유기체론적" 국가관은 국가를 장기적인 강제력으로 간주하면서 바로 이 강제력의 지속적 존재야말로 소비에트 사회주의 시스템을 보호하는 데 필수적이라고 여겼다. 고전적 마르크스주의는 민주화 과정과 시민에 대한 국가 권력의 감소를 가리킨 반면, 스탈린의 국가 이론은 사회주의를 그 적들로부터 보호한다는 미명 아래 그의 억압적 통치를 합리화했다.

스탈린이 전통적인 마르크스주의 사회주의 국가론에서 벗어난 것은 비밀이 아니었다. 스탈린은 1939년 3월 제18차 당 대회에서 마르크스, 엥겔스, 레닌의 견해에 대한 그의 수정을 공개적으로 맹렬하게 옹호했다. 스탈린은 대의원들에게 이 세 위대한 스승이 예상하지 못한 것은 사회주의가 단 한 국가에서 승리하고 그런 후 강력한 자본주의 국가들과 공존해야 할 거라는 사실이었다고 말했다. 소련은 자본주의에 포위된 상황에서 외부 위협과 내부 불온 세력에 맞서 스스로를 방어할 강력한 국가 기구가 필요했다. 자본주의가 전 지구적으로 청산될 때 비로소 국가는 마르크스주의 이론에 따라 사멸할 것이었다.[96]

1994년 12월 또 한 명의 전前 IM-L 직원으로 언론인이자 정치인인 보리스 슬라빈Boris Slavin은 스탈린이 자신의 장서 책에 쓴 일부 논평을 검토한 논설을 『프라우다』에 발표했다. 슬라빈은 특히 스탈린이 레닌의 『유물론과 경험비판론』을 읽은 사실에 관심을 가졌고, 스탈린이 자유를 필연성의 인식으로 보는 고전적 마르크스주의의 정의를 고수하는 사실에 주목했다. 슬라빈은 또 "학식이 많다고 이해를 잘하는 것은 아니다"(헤라클레이토스[72]), "마르크스주의는 도그마가 아니라 행동 지침이다"(레닌), "자유는 물질적 필요의 영역 너머에 있다"(마르크스) 같은 스탈린이 가장 좋아한 철학적 잠언에도 주목했다.[97]

스탈린의 정치사상에 관심을 가진 네덜란드 역사가 에릭 판 레이는 스탈린의 장서 도서들을 처음으로 폭넓게 연구한 서방 학자였다. 에릭 판 레이는 1994년 모스크바로 출발하기 전에 스탈린의 사고 진화를 이해하는 열쇠는 러시아의 정치 전통이 그의 마르크스주의에 미친 영향이라고 추정했다. 이 믿음은 판 레이가 압도적으로 마르크스주의적이고 비마르크스주의 영향의 징후를 거의 드러내지 않은 스탈린의 개인 장서 내용과 마주치자 "흔들렸다." 스탈린의 주해를 일일이 연구한 후 판 레이가 내린 결론은 스탈린이 기본적으로 계몽주의와 함께 시작된 합리주의적·유토피아적 서유럽 혁명 전통의 피조물이라는 것이었다. 독재자는 예를 들어 전제정과 강력한 국가 같은 몇몇 러시아 전통을 흡수했지만, 그것을 마르크스주의 틀에 끼워 맞췄다. 스탈린은 이반 뇌제, 표트르 대제, 예카테리나 여제 등 일부 차르를 찬미했으나, 마르크스주의 이론으로 무장한 자신이 스스로를 보호하는 강력한 소비에트 국가를 더 잘 창건할 수 있다고 생각했다. 스탈린 사고의 최종 결과는 판 레이가 '혁명적 애국주의'라고 명명한 것, 즉 사회주의 조국의 방어를 최우선시하는 것이었다. 외국에서 혁명이 일어나는 것은 여전히 중요한 목표지만, 그것을 추구하는 일은 소련이 경

---

72) Heraclitus of Ephesus(기원전 535~기원전 475). 고대 그리스의 소크라테스 이전 철학자. 특히 "같은 강물에 두 번 들어갈 수 없다"라는 말로 유명하다. 그 어떤 것도 안정되거나 머물러 있지 않다고 생각했으며, '생성, 변화'를 중요시했다.

쟁하는 국민 국가들로 이루어진 적대적인 자본주의 세계와 공존하는 현실에 맞게 조정되었다.[98]

스탈린의 장서 도서들을 처음 탐구한 러시아 학자 중 보리스 일리자로프와 예브게니 그로모프Yevgeny Gromov가 있다. 일리자로프는 스탈린의 파이프 담배에서 떨어진 재가 그 책들에 여전히 묻어 있다고 상상한 1990년대 말에 장서를 연구하기 시작했다![99] 당연히 고무된 일리자로프는 스탈린의 독서 생활과 가장 중요하게는 장서의 역사에 관해 획기적인 일련의 논문과 저서를 출간하기 시작했다.[100]

2003년에 그로모프는 스탈린의 리츠니 폰트의 자료를 폭넓게 이용해 스탈린과 소련 문필가 및 예술가들과의 관계를 살펴본 광범한 연구를 발표했다. 그로모프가 참조한 기록 중에 스탈린이 20세기 초 러시아의 혁명적 공장 노동자들을 선전적으로 묘사한 고리키의 소설 『어머니』에 남긴 표시가 있었다. 소설을 관통하는 것은 혁명을 촉진하는 데 급진적 서적과 불온 문헌들이 한 역할이다. 스탈린의 관심을 끈 장은 혁명적 대의에 이끌린 나이 지긋한 농민 출신 공장 노동자 미하일 리빈Mikhail Rybin이 어떻게 동지의 집에 가서 사람들에게 배포할 요량으로 불법 서적 몇 권을 얻게 되었는지를 이야기한다. 스탈린은 이 장의 몇 페이지에 요주의 표시를 했으나 그를 진정으로 흥분시킨 것은 리빈의 열변이었다.

도와주시오! 책을 몇 권 주시오. 읽으면 가만히 있을 수가 없는 그런 책 말이오. 가시로 뒤덮인 고슴도치 한 마리를 책을 읽는 사람의 머릿속에 집어넣

으시오. 당신을 위해 글을 쓰는 도시 사람들에게 농촌 사람들을 위해서도 쓰라고 하시오. 그들에게 마을이 그 열기 때문에 뜨겁게 달아오르고, 심지어 사람들이 죽음을 향해 돌진까지 하는 그런 뜨거운 진실을 쓰게 하시오.[101]

스탈린의 장서에 큰 관심을 가진 또 한 명의 러시아 역사가는 로이 메드베데프였다. 메드베데프는 서지학자인 졸로투히나를 인터뷰해 장서에 대한 그녀의 지식을 알아보았고, 이를 바탕으로 2005년에 『스탈린은 무엇을 읽었는가?Chto Chital Stalin?』라는 제목의 책을 출간했다.

메드베데프와 그의 쌍둥이 형제 조레스는 소련 시대의 유명한 반체제 인사였다. 로이는 1969년 소련공산당에서 출당되었고, 식물 생물학자인 조레스는 1970년대에 서방으로 추방되었다. 두 사람 모두 소비에트 시스템을 믿은 '충직한 반대파'였으나 시스템을 개혁하고 민주화하기를 원했다. 메드베데프 형제에게 결정적으로 중요한 것은 제20차 당 대회에서 흐루쇼프가 시작한 '탈스탈린화' 과정, 특히 1930년대 스탈린의 대규모 억압에 관해 온전한 진실을 말할 필요였다. 이런 목적으로 로이는 스탈린의 억압에 관한 두꺼운 책, 『역사가 심판하게 하라Let History Judge』를 썼다. 로이는 소련에서 이 책을 발간할 수가 없었으나 책은 1970년대 초에 서방에서 번역·출간되었다. 독재자에 대한 메드베데프의 평결은 흐루쇼프의 1956년 스탈린 비난에 큰 영향을 받아 매우 비판적이었다. "상스럽고 거만하며 병적으로 독단적이고 냉담하다. 불신에 가득 차고 은밀하게 행동하며 동지들의 비판을 수용할 능력이 없고 영향력과 권력을 갈망한다."[102] 스탈린의 이론적 유산에 대한 메드베데프의 평가는 형편없다는 것이었다. 스탈린의 저술에서 흥미로운 것은 독창성이 없고, 독창적인 것은 틀렸다. "스탈린은 구체적인 현실에서 이론적 주장을 끌어내지 않았다. 그는 이론을 자신의 희망에 억지로 꿰맞추었고 일시적인 상황에 부수시켰는데, 한마디로 그는 이론을 정치화했다."[103]

반체제 인사였던 메드베데프는 소련의 기록보관소에 접근할 수가 없다. 그 대신 메드베데프는 수많은 미공개 회고록 자료와 함께 공공 영역에서 나온 문서 자료를 활용했다. 메드베데프가 인용한 회고록 하나는 예브게니 P. 프롤로프Yevgeny P. Frolov가 그의 친구 얀 스텐[73]을 두고 했던 이야기였다. 얀 스텐은 1920년대에 스탈린에게 발탁되어 헤겔 변증법을 그에게 가르쳤던 당 철학자였다. 프롤로프는 스텐이 "이 수업에 대해, 학생이 자료를 습득할 능력이 없기 때문에 교사로서 겪고 있는 어려움을 내게 몰래 말하곤 했다"라고 회상했다.[104]

레닌 사후 후계자 투쟁이 벌어지는 동안 스텐은 트로츠키-지노비예프 연합 반대파[74]에 맞서 스탈린을 지지했다. 스텐이 쓴 팸플릿 『자본주의 안정화 문제』(1926)가 스탈린의 장서에 보존되어 있다. 스탈린은 이 텍스트를 주의 깊게 읽었고 스텐의 연합 반대파 비판에 명백히 동의했다. 스텐은 트로츠키, 지노비예프와 달리 자본주의가 제1차 세계대전 직후에 겪었던 극심한 위기 이후 경제적·정치적으로 안정되는 데 성공했다고 주장했다. 그

---

73) Jan Ernestovich Sten(1899~1937). 소련공산당 관리, 마르크스주의 철학 전문가. 1936년 8월 모스크바 연출재판 당시 스탈린에 반대하는 음모를 꾸민 혐의로 체포되어 1937년 6월 처형되었다.

74) Trotsky-Zinoviev United Opposition. 1926년 스탈린이 이끈 중도파에 맞서기 위해 트로츠키가 주도한 좌익 반대파가 지노비예프, 카메네프가 이끈 신반대파와 연합해 형성한 소련공산당 내의 정파를 일컫는다. 당내 표현의 자유, 신경제정책의 폐지, 중공업 발전의 확대, 관료제 축소 등을 요구했다.

런 안정화는 계속되지는 않겠지만 한동안 지속될 수 있는데, 연합 반대파는 바로 이 점을 파악하지 못했다고 스텐은 말했다.[105]

트로츠키와 지노비예프에 대한 스텐의 비판은 전 '좌익 공산주의자' 니콜라이 부하린의 견해를 되풀이한 것이었다. 부하린은 자본주의 위기가 계속되고 있다고 믿었기 때문에 좀 더 급진적인 국내외 정책을 선호한 연합 반대파의 노선보다 좀 더 온건한 노선을 지지하게 되었다. 스탈린은 1920년대 중반에 부하린과 동맹을 맺었으나, 도시에 대한 식량 공급을 줄일 위험이 있는 도시-농촌 교역 관계의 위기에 대응해 1920년대 말에 마음을 바꿨다. 스탈린은 또 1920년대 말과 1930년대 초의 세계 경제 불황이 혁명적 물결의 재개를 시사한다고 믿었다. 그러므로 스탈린은 신경제정책을 버리고 좀 더 공격적인 정책을 받아들였다. 이러한 정책의 선회는 스탈린이 부하린과 스텐을 비롯한 그의 지지자들과 결별했음을 의미했다. 스텐은 매우 많은 스탈린의 반대자와 비판가들처럼 1930년대에 당에서 쫓겨났고 반혁명 활동 혐의로 체포되어 총살당했다. 스텐은 1988년에 무죄로 밝혀져 사후에 복당되었다.

프롤로프의 이야기는 이반 뇌제가 철학자 막심 트리볼리스[75]의 가르침을 받았다는 전설을 연상시키지만, 이야기 자체는 믿기 어려운 것은 아니다. 헤겔의 철학은 악명 높을 정도로 이해하기 힘들어 스탈린은 습관적으로 전문가들의 조언을 구했다. 이 일화는 스탈린의 지적 허세에 구멍을 내는 것이므로 보통 그에게 불리하게 말해지는 것이다. 하지만 적어도 겉으

---

75) Maksim Trivolis(Maximus the Greek, 1475~1556). 그리스에서 출생한 러시아의 동방 정교회 수사, 문필가, 인문주의자, 정치가.

로나마 철학 과외를 기꺼이 받겠다는 스탈린의 태도는 중년의 그가 얼마나 진지하게 지적으로 발전하는 문제를 고민했는지 보여준다.

되살아난 스탈린

로이 메드베데프는 소련이 붕괴한 후에도 스탈린과 스탈린주의를 계속 연구했으나 독재자에 대한 그의 견해는 뚜렷하게 바뀌었다. 메드베데프의 글에는 스탈린 테러에 대한 비판이 여전히 존재하지만 스탈린의 정치 리더십과 지적 노력의 좀 더 긍정적인 측면을 더욱 높이 평가함으로써 이 비판에 균형을 맞췄다.

스탈린은 통치자, 독재자, 폭군이었다. 그러나 전제군주의 '개인 숭배'라는 외피 아래에는 진정한 사람도 존재했다. 스탈린은 확실히 잔인하고 복수심에 불탔지만 다른 자질도 갖고 있었다. 스탈린은 생각이 깊고 계산적이며 철의 의지와 상당한 지적 능력을 지닌, 열심히 일하는 사람이었다. 의심할 바 없이 그는 고래 이래로 형성되어온 러시아 국가의 위상을 떠받치는 데 관심이 있는 애국자였다.[106]

메드베데프의 견해 변화는 소련 붕괴 후 러시아에서 스탈린의 역사적 명성이 회복된 사실을 반영했다. 21세기 초에 대다수 러시아인은 스탈린이 나라에 해를 끼치긴 했으나 좋은 일을 더 많이 했다고 믿었다. 특히 히틀러를 물리친 것은 스탈린의 엄청난 업적이었다. 2008년에 러시아의 주요 텔레비전 채널이 러시아 역사상 가장 위대한 인물을 뽑는 대회를 열어 시청자들의 여론조사를 실시했을 때 스탈린은 알렉산드르 넵스키[76] (524,575표)와 표트르 스톨리핀[77](523,766표)에 이어 3위(519,071표)에 올랐지만, 스탈린이 1위에 오르는 것을 막으려고 투표가 조직되었다는 소문이 파다했다. 2018년 3월에 실시된 여론조사에 따르면, 스탈린은 러시아인들에게 그때까지 통치했던 지도자 중 가장 위대한 지도자로 뽑혔다. 응답자 1,600명 중 38퍼센트가 스탈린에게 1위 자리를 주었는데, 이는 스탈린이 투표 중 12퍼센트만 받았던 1989년과 비교해 놀라울 정도로 증가한 수치였다.[107]

발터 벤야민[78]의 말을 바꿔 표현한다면, 개인의 도서 컬렉션은 종종 사거나 빌리는 등 책을 무계획적으로 획득한 사실에서 비롯하는 무질서에 종종 시달리곤 한다. 목록 작성은 혼란을 감출 수 있으나 근본적인 무질서는 여전히 남아 있다. 1920년대에 인장을 찍고 번호를 매기고 분류 작업

---

76) Aleksander Yaroslavich Nevsky(1220~1263). 몽골(킵차크한국) 지배 시대의 러시아 대공. 1240년 노브고로드 영토에 쳐들어온 스웨덴의 대군을 적은 병력으로 네바강변에서 섬멸했다. 넵스키라는 이름은 이 싸움에서 얻었다. 1242년에는 독일 기사단장이 거느린 대군과 결전하여 페이푸스호수의 '빙상(氷上) 전투'에서 대승함으로써 러시아를 가톨릭화하려는 로마 교황의 야망을 봉쇄했다.

77) Pytor Arkadyevich Stolypin(1862~1911). 러시아 제국의 보수주의 위정자. 내무대신을 거쳐 1906년부터 1911년 암살될 때까지 차르 니콜라이 2세 치하에서 대신회의 의장(총리)을 지냈다. 러시아의 정치와 경제를 안정시키기 위해 전통적인 농촌 공동체를 해체하는 농업 개혁과 더불어 지방자치의 근대화, 사법·중앙행정 기구에 걸친 광범한 개혁을 단행했다. 또 사회주의자들을 비롯한 혁명 세력에 대한 무자비한 억압 정책을 실시한 것으로도 유명하다.

78) Walter Bendix Schönflies Benjamin(1892~1940). 유대계 독일인으로 마르크스주의 문학평론가이며 철학자다.

을 하는 것으로 스탈린의 장서에 얼마간의 질서를 부여했다. 블리즈냐야에 스탈린의 컬렉션 일부를 보관한 서재가 있었고, 다른 책들은 여러 다른 집과 집무 공간의 책꽂이와 책장에 놓여 있었다. 이 책들은 선반에 아무렇게나 꽂혀 있지는 않았으나 스탈린의 장서는 결국 우리가 소장한 도서들이 대체로 그렇듯이 혼란스러운 상태가 되었다. 스탈린이 사망한 후 소련의 기록 보관인들은 이 장서를 중앙집중화하고 목록을 작성해 있는 그대로 보존하려 했지만, 1956년 이후의 정치적 상황은 장서의 해체를 촉진했다. 그러나 발터 벤야민이 또 말했듯이 책을 모음으로써 살아나는 것은 책이 아니라 책을 수집한 사람이다.[108] 스탈린은 잔존한 장서 사이에, 살아남은 책들의 페이지에 여전히 살아 있었다.

5장

흥, 망할 놈의 크리스마스!
스탈린의 포멧키

스탈린은 다양한 방법으로 책을 읽었다. 선택적으로 읽기도 하고 폭넓게 읽기도 하고 대충 읽기도 하고 주의를 집중해 읽기도 했다. 어떤 책들은 처음부터 끝까지 읽었고, 어떤 책들은 급히 훑어보았다. 때로는 처음 몇 페이지를 읽다가 곧 흥미를 잃어버리고 서문에서 결론으로 건너뛰곤 했다. 일부 책은 앉은 자리에서 단번에 읽었고, 일부 책은 들락날락하며 읽었다.

남아 있는 컬렉션을 살펴보면 스탈린은 대다수 책에 서명이나 장서 인장 말고는 어떤 표시도 남기지 않았다. 그러므로 스탈린이 실제로 그 책들을 얼마나 읽었는지를 확실히 아는 것은 불가능하다. 에릭 판 레이는 스탈린이 읽은 책에 습관적으로 표시를 했다고 시사한다.[1] 그러나 가장 상습적으로 주해를 다는 사람도 모든 책에 뭔가를 쓰지는 않는다. 페이지가 "가공되지 않고" 온전하게 남아 있는 책이나 책의 분책만, 스탈린이 같은 텍스트의 다른 책을 읽지 않았다고 가정할 경우, 그의 독서 생활로부터 확실하게 제외될 수 있다.

독자들(교육자가 아니라면)이 픽션 책에 표시하는 경우는 거의 없으며 스탈린도 예외가 아니었다. 스탈린이 표시를 남긴 텍스트는 거의 전부 논픽션이었다. 그와 같은 표시들을 뜻하는 러시아 단어인 포멧키pometki는 페이지에 등장하는 언어적 표시와 비언어적 표시 모두를 포괄한다. 가장 가까운 영어 단어는 본문의 옆에 다는 주석을 뜻하는 방주旁註/傍註, marginalia이나 스탈린의 표시는 책의 여백은 물론이고 행간이나 앞표지, 속표지, 뒤표지에서도 발견된다. 방주는 또 주해—단어들의 사용—도 의미하지만 남아 있는 스탈린의 포멧키 가운데 80퍼센트는 H. J. 잭슨H. J. Jackson이 "주의注意 표시"라고 부른 것으로 이루어져 있다.[2]

스탈린은 밑줄을 긋거나 옆 여백에 수직선을 긋는 것으로 흥미 있는 페이지, 단락, 구의 텍스트에 표시를 했다. 강조를 덧붙이고 싶으면 구절에 두 줄을 긋거나 둥근 괄호 안에 구절을 집어넣었다. 그는 어떤 체계를 제공하려고 관심 있는 항목에 번호를 매겼는데, 이 번호는 높은 두 자리 숫자에 이르고 단일 텍스트의 수백 페이지에 표기될 수도 있었다. 이들 주의 표시에 대한 대체나 보충으로 스탈린은 여백에다 소제목이나 제명을 달았다. 실제로 스탈린의 방주 중 많은 것은 텍스트 자체의 단어와 구를 되풀이하는 것이었다.

스탈린의 포멧키 스타일은 책에 표시하는 누구든지 증언할 수 있듯이, 통상적이고 관례적이다. 잭슨이 지적하는 대로 독자가 책에 표시하는 일은 인쇄 시대의 여명기까지 거슬러 올라가는 유서 깊은 전통이다. 에라스뮈스[1]에게 그것은 인문주의 교육의 본질적인 학습 기술이었다.

---

1) Desiderius Erasmus(1466~1536). 네덜란드 태생의 로마 가톨릭 성직자. 당대 유럽 인문주의자들을 대표하

작가들의 글을 읽을 때는 인상적인 단어가 있는지, 어법이 낡았는지 새로운지, 어떤 주장이 훌륭한 창의성을 보여주는지 다른 것을 교묘하게 각색했는지, 문체에 뛰어난 점이 있는지, 기억할 만한 금언이나 유사한 역사적 사례, 격언이 있는지를 신중하게 관찰한다. 일부 적절한 표시로 그와 같은 구절을 보여주어야 한다. 다양한 표시를 해야 할 뿐 아니라 그것도 얼마간 적절하게 표시해야 하는데, 그래야 그 표시가 즉각 그 목적을 나타낼 것이기 때문이다.[3]

버지니아 울프[2]만 책에 표시하는 일은 혐오스러운 짓이며, 어떤 독자의 해석을 다른 독자에게 강요하는 행위라고 불평한 것이 아니었다. 모티머 애들러[3]는 이러한 비난에 대한 그의 고전적인 반론에서 "책에 표시를 하는 것은 훼손의 행위가 아니라 사랑의 행위다"라고 역설했다. 적극적인 독서 과정으로서 표시하는 일은 "당신의 표시와 주석이 책의 필요불가결한 일부가 되어 그곳에 영원히 머무르는 것을 의미한다." 그러나 애들러는 독자는 자기 책에만 표시해야지 타인의 책이나 공립 도서관에서 빌린 책에 표시해서는 안 된다는 점을 분명히 했다.[4] 스탈린은 그와 같은 구분을 인지하지 못했고, 레닌 도서관 등 국가 기관에서 빌린 책을 포함해 수중에 들어온 책에 마음대로 표시를 했다.

레닌은 개인 장서 중 거의 900권에 이르는 텍스트에 표시를 했을 뿐만 아니라 자신이 읽은 책의 인용, 요약, 논평으로 공책을 가득 채웠다. 스탈

는 지식인으로 특히 종교개혁에 큰 영향을 주었다.

2) Adeline Virginia Woolf(1882~1941). 20세기 전반기에 활약한 잉글랜드의 모더니즘 작가. 의식의 흐름 기법을 고안한 선구자로 평가된다.

3) Mortimer Jerome Adler(1902~2001). 미국의 철학자, 교육사상가, 저술가. 아리스토텔레스와 토마스 아퀴나스의 전통을 이어받은 학자로 컬럼비아대학교와 시카고대학교에서 재직했다.

린의 연구 메모는 텍스트 자체에만 표시되었을 뿐이다. 스탈린은 가장 중요하거나 유용한 자료를 추출하는 작업을 도울 목적으로 관련 페이지들 사이에 얇은 종이쪽지를 끼워놓곤 했다. 이제 누렇게 변해가고 조각조각 부서지고 있는 이 서표들 중 일부를 스탈린의 장서 도서들을 모아놓은 러시아 기록보관소에서 지금도 찾아볼 수 있다.[5]

잭슨 역시 지적하듯이, 비언어적 표시에서 한 걸음 더 나아간 다음 단계는 간단한 단어나 구의 형태로 텍스트와 일방적인 대화를 시작하는 것이다. 스탈린이 그렇게 행동하게 되면 표현이 매우 풍부해질 터였다.

찰스 디킨스[4]는 아마 스탈린이 읽은 작가 중 한 명이었을 것이다. 소련 학교에서는 디킨스를 공부했고 그의 글을 이용해 영어를 가르쳤다. 볼셰비키는 그의 모든 소설을 좋아하지 않았으나(예를 들어 반혁명적인 『두 도시 이야기』), 19세기 산업 자본주의에 대한 그의 암울한 묘사를 마음에 들어 했다. 스탈린처럼 금욕주의적인 볼셰비키에게 디킨스에서 매력적으로 다가온 부분은 육체적 성행위를 전혀 언급하지 않는다는 사실이었을 것이다.[6] 우리가 알기로 스탈린은 그의 책 여백 어디에도 스크루지[5]의 유명한 감탄사, "흥, 망할 놈의 크리스마스bah humbug"는 쓰지 않았으나, 그에 상응하는 러시아어를 많이 사용했다. 스탈린이 신중하게 고른 경멸의 표현에는 '하

---

4) Charles John Huffam Dickens(1812~1870). 영국의 작가, 사회 비평가. 빅토리아 시대를 대표하는 소설 가이다. 작품으로 『데이비드 코퍼필드』, 『위대한 유산』, 『올리버 트위스트』, 『크리스마스 캐럴』, 『두 도시 이야기』 등이 있다.

5) Ebenezer Scrooge. 찰스 디킨스의 소설 『크리스마스 캐럴』의 주인공. 돈 욕심이 아주 많은 고리대금업자 로 남에게 늘 인색하게 굴었으나 어느 날 밤, 죽은 친구의 유령과 함께 자신의 과거, 현재, 미래를 한꺼 번에 본 뒤 깨달음을 얻고 베푸는 삶을 살게 되는 인물이다. 구두쇠 캐릭터의 대명사로 흔히 '스크루지 영감'으로 불린다.

하', '횡설수설', '말도 안 되는 소리', '쓰레기', '바보', '쓰레기 같은 놈', '악당', '꺼져' 등이 있었다.

그러나 스탈린은 '그렇지-그렇지', '동의함', '좋아', '정확해', '옳아'처럼 감정을 분출하기도 했다. 또 깊은 생각에 잠기기도 했는데, 스탈린은 여백에 므−다m−da라고 써서 이 상태를 표시했다. 므−다는 번역하기 힘든 표현인데, 어리둥절해서 말하는 내용을 곱씹어보는 상황을 나타낸다. 의역한다면 공손하게 '정말입니까?'나 '확실합니까?' 정도일 것이다. 레닌과 마찬가지로 스탈린이 가장 빈번하게 단 주석은 NBnota bene(주의라는 뜻의 라틴어 문자)나 그에 상응한 러시아어 Vnvnimaniye(주의)이었다.

스탈린의 포멧키는 그의 기분과 목적에 따라 달라졌다. 포멧키는 대개 정보를 담고 매우 짜임새가 있으며 잘 통제됐다. 보통 스탈린은 색연필—푸른색, 녹색, 빨간색—을 사용해 표시를 했다. 가끔 알 수 없는 이유 때문에 두세 가지 색으로 책에 표시하곤 했다. 스탈린은 때때로 약어를 사용했으나 대체로 항상 읽기 쉬운 것은 아니지만 단어들을 전부 그대로 썼다. 스탈린의 주해 스타일은 나이가 들어가면서 좀 짧아진 것 말고는 세월이 흘러도 크게 바뀌지 않았다.

스탈린은 주로 새로운 것을 배우려고 읽었지만 자신의 저술 중 많은 글을 다시 읽기도 했다. 한 가지 사례는 1946년 2월에 모스크바의 볼쇼이 발레 극장에서 했던 선거 연설이다. 스탈린은 소련이 나치 독일을 상대로 대승을 거두고 얼마 지나지 않아 이 연설을 했으나 그의 논지는 예카테리나 여제와 달리 승리자들을 심판하고 비판해야 한다는 것이었다.[6]

6) 전하는 이야기에 따르면, 러시아의 예카테리나 여제는 사람들이 총사령관 표트르 루만체프 백작의 명

스탈린은 이 연설의 텍스트를 전재한 팸플릿에서 전쟁은 우연히 발발했거나 개인의 인성 때문에 일어난 것이 아니며 자본주의 시스템의 근본적인 위기가 낳은 필연적 결과였다고 말한 서두 단락에 표시를 했다. 스탈린은 또 전쟁은 소비에트 사회 시스템의 우수성과 시스템이 가진 다민족적 성격의 생존 능력을 입증했다고 언급한 단락에도 표시했다. 스탈린은 나아가 승리를 거두는 데 공산당이 했던 역할과 공산당이 전쟁 전에 나라를 산업화하는 데 얼마나 결정적이었는지를 말한 부분에 강조 표시를 했다. 스탈린이 표시한 마지막 단락은 연설의 끝자락 부분이었다. 이 단락에서 스탈린은 공산주의자들이 공산당원이 아닌 사람들과 연합하여 최고소비에트 선거를 치르고 있다고 지적했다.[7]

스탈린은 연설문 작성 비서관을 따로 두지 않았다. 스탈린은 직접 연설문을 작성했고 종종 동료의 연설문도 편집했다. 그러나 스탈린은 자기 연설의 요소들을 재활용하는 습관이 있었다. 1934년과 1939년에 있었던 제17차 당 대회와 제18차 당 대회에서 스탈린이 한 보고들은 매우 비슷하게 보이고 또 그렇게 느껴진다. 스탈린이 1934년 연설의 사본을 만들어 1939년 연설의 견본으로 이용했기 때문이다.[8] 스탈린은 1947~1948년에 이미 준비 중이던 차기 당 대회에서 아마도 일부분을 이용할 수 있다고 생각해 자신의 1946년 선거 연설을 다시 읽지 않았을까 한다.

스탈린이 안드레이 즈다노프[7]의 1947년 9월 연설 '국제 정세에 관해서'

령을 듣지 않고 알렉산드르 수보로프 장군이 1773년에 오스만투르크를 공격했다는 이유로 그를 재판에 회부해야 한다고 주장하자, "승리자는 심판받지 않는다"라고 하며 수보로프를 변호했다고 한다.

7) Andrey Aleksandrovich Zhdanov(1896~1948). 소련의 정치가. 1939~1940년 소련공산당 중앙위원회 선전선동부 부장, 1946~1947년 소련 최고소비에트 연방회의 의장을 역임했다. 1930년대부터 이념 및 문화 부문을 담당했고 당의 정통노선 확립을 도모했는데, 특히 제2차 세계대전 후의 이념 부문 억압정책

가 실린 팸플릿을 왜 읽고 표시를 했는지는 똑같은 이유로 설명이 가능할 것이다. 코민포름[8) 발족 회의에서 한 이 연설은 사실상 소련의 냉전을 선포한 것이었다. 즈다노프는 유럽의 공산당 대표들에게 전후 세계가 양극 진영, 즉 제국주의·반동·전쟁의 진영과 사회주의·민주주의·평화의 진영으로 나뉘었다고 말했다. 스탈린은 즈다노프가 내용에 대해 폭넓게 상의했기 때문에 이 연설을 매우 잘 알았다. 그러나 스탈린은 팸플릿에 표시를 꽤 많이 했다. 한 가지 주제는 소련을 파괴하거나 약화하려는 제국주의의 이전 노력과 지금의 노력이었다. 또 다른 주제는 전쟁의 결과 미국의 힘과 영향이 커져간 사실이었다. 가장 중요하게 표시된 단락은 미국이 소련과의 협력을 추구한 프랭클린 루스벨트 대통령의 정책을 포기한 후 군사적 모험주의 정책을 향해 나아가는 것이었다.[9]

결국 제19차 당 대회는 1952년 10월에야 열렸고, 스탈린은 주요 보고를 하지 않기로 했다. 그 대신 스탈린은 그의 대리인 게오르기 말렌코프가 한 연설을 매우 세세하게 편집했다.[10]

스탈린의 포멧키를 추적하면서 정치적·심리적으로 좀 더 깊은 의미와 중요한 연결 고리를 언제나 찾아보고 싶은 유혹에 빠질 것이다. 그러나 때

은 '즈다놉시나'(즈다노프 비판)로 유명하다. 1947년의 코민포름 창설과 그 활동에도 영향력을 발휘하면서 스탈린, 말렌코프 다음가는 지위에 있었다.

8) Cominform. Information bureau of the Communist Parties의 약칭으로 공산당 정보국으로 보통 번역한다. 1947년 9월, 바르샤바에서 소련공산당 주창 아래 유럽의 9개국 공산당이 참가하여 창설했다. 참가국은 소련을 중심으로 체코, 불가리아, 루마니아, 헝가리, 폴란드, 유고슬라비아, 프랑스, 이탈리아의 9개국이며, 미국을 중심으로 한 서유럽의 반공 체제와 투쟁할 것을 선언하고 행동의 통일, 경험과 정보의 교환, 활동의 조정을 위하여 설치할 것을 결의했다. 이들은 마셜 계획을 미국의 확장 정책의 일부라 비난하고, 1948년 6월에는 반소적이고 민족주의적이라고 비판하며 유고슬라비아 공산당을 제명했다. 1956년 4월에 해산될 때까지 세계 각국의 공산당에 대해서 지도적 역할을 수행함으로써 냉전 초기 단계에서 갖는 의의가 컸다.

때로 스탈린은 그냥 즐거움과 재미를 위해 책을 읽었고, 그의 표시는 텍스트에 관심을 가진 정도를 나타냈을 뿐이다.

사서이자 기록 보관인인 유리 샤라포프는 온전한 형태로 남아 있던 스탈린 도서 컬렉션의 대부분을 마지막으로 본 사람 중 한 명이다. 독재자의 장서가 존재하며 스탈린이 책에 표시하는 습관이 있음을 밝힌 것은 샤라포프의 1988년 회고록이었다. 샤라포프가 날카롭게 언급했듯이, "책이나 정기간행물을 비롯해 텍스트의 여백에 남겨진 메모는… 매우 위험한 장르를 이룬다. 그것들은 메모를 한 사람의 정서, 지적 능력, 성향, 습관 등 그 사람을 완전히 드러낸다."[11] 레닌의 포멧키에 관한 최고 해석자였던 샤라포프는 그가 무엇을 말하는지를 알았다.

그것은 또 스탈린의 심리와 동기에 대한 다양한 이론을 실증할 결정적 방주를 찾아 장서를 뒤질 학자들에게도 위험한 장르인 것으로 밝혀졌다. 한 가지 사례는 신의 존재와 의미에 관한 일련의 인문주의적 대화인 아나톨 프랑스의 『장미 아래에서』 러시아어판 두세 페이지에 남아 있는 선명한 주해다. 그러나 이 주해들은 스탈린이 아니라 스베틀라나가 쓴 것으로 드러났다.[12] 스베틀라나의 주해 스타일은 아버지의 스타일과 유사하나 좀 더 화려하고 무례했으며, 이해하기가 더 힘들었다. 이 표시들을 살펴보면서 갈피를 잡지 못한 예브게니 그로모프는 "스탈린이 무엇을 표현하고 싶어 했는지 이해하기 힘들다"라고 결론지었다.[13]

스탈린의 포멧키를 과도하게 해석할 위험의 또 다른 사례는 스탈린이 알렉세이 톨스토이의 1942년 희곡 『이반 뇌제Ivan Grozny』 뒤표지에 우치텔

uchitel'(교사)이라는 단어를 여러 번 갈겨 쓴 사실이다. 스탈린은 그냥 아무 생각 없이 낙서했을 수도 있는데, '교사'라는 단어는 뒤표지에 쓰인 관련 없고 거의 읽을 수 없는 몇몇 다른 단어와 구 사이에서 두드러져 보인다.[14] 그러나 혹자는 이것을 스탈린이 이반 뇌제를 자신의 교사이자 본보기로 여긴, 언뜻 보기에는 명백한 증거로 삼고자 했다.[15] 아래에서 보듯이 스탈린은 뇌제에게 시간을 많이 들이긴 했으나, 기본적으로 모든 차르를 얕잡아 보았는데, 심지어 표트르나 예카테리나 같은 대제도 마찬가지였다. 스탈린에게 단 한 명의 진정한 영웅이자 롤 모델은 레닌뿐이었다.

침소봉대하는 또 하나의 사례는 스탈린이 칭기즈칸[9]이 말했다는, 1916년 러시아 교과서의 다음 인용에 밑줄을 그은 사실이다. "패자의 죽음은 승자의 평안에 필수적이다."[16] 바로 이것이 스탈린이 모든 노장 볼셰비키를 죽인 이유인가라고 러시아 역사가 두 명이 물었다.[17] 스탈린이 교과서의 저자가 "타타르[10] 포그롬[11]"이라고 명명한 사태를 칭기즈칸이 왜 일으켰는지 그 동기에 그냥 관심을 가졌을 수도 있다는 추측은 이 역사가들의 마음속에 떠오르지 않았던 모양이다.

일부 사람들이 찾아낸 결정적 증거처럼 보이는 또 다른 사례는 스탈린이 아주 많이 표시한 1939년 판 레닌의 『유물론과 경험비판론』 뒷부분에 적힌 텍스트다.

---

9) Genghis Khan(1162~1227). 몽골 제국의 건국자이자 초대 칸.

10) tartar. 서유럽과 동유럽에서 몽골계와 튀르크계가 혼합된 중앙아시아의 유목민들을 통칭하는 용어.

11) pogrom. 종교적·인종적·민족적으로 소수인 사람들과 그들의 재산에 대해 군중이 당국의 묵인이나 허가를 받고 가하는 공격. 주로 19세기 말과 20세기 초 러시아에서 유대인을 겨냥해 일어난 조직적인 폭력행위를 가리킨다.

1) 약함, 2) 게으름, 3) 어리석음. 이것들은 유일하게 악덕이라고 불릴 수 있는 것들이다. 그 밖의 나머지는 앞서 언급한 것들이 없을 때는 의심할 바 없이 미덕이다. NB! 만일 어떤 사람이 1) 강하고(영적으로), 2) 적극적이고, 3) 영민하다(혹은 유능하다)면, 그는 다른 어떤 '악덕'과도 상관없이 좋은 사람이다![18]

도널드 레이필드Donald Rayfield에 따르면, 이것은 스탈린이 지금까지 했던 말 중에서 "가장 중요한 발언"이었다. "스탈린의 논평은 도스토옙스키식의 사악한 반영웅이라는 신조를 마키아벨리[12]식으로 얼버무리는 것이며, 그의 전 경력을 요약하는 비명碑銘이다."[19] 로버트 서비스는 책에 적힌 이 글을 "매우 흥미로운" 것으로 여겼고, 스탈린이 "자기 자신과 교감하고" "영靈, 죄악과 악덕이라는 종교적 언어"를 사용한다는 점에서, 그의 초기 학교 교육이 "지울 수 없는 자국을 남겼던" "트빌리시 영성신학교의 담론으로 되돌아가고" 있다고 생각한다.[20] 슬라보예 지젝Slavoj Žižek은 그것을 "변함없이 간결한 비도덕적 윤리의 명료한 진술"이라고 간주했다.[21]

정말 흥미로우나 유감스럽게도 이 글의 필적은 스탈린 것이 아니다. 누가 이 글을 썼고 어떤 경위로 스탈린 장서의 한 책에 적히게 되었는지는 글이 의도한 의미와 마찬가지로 여전히 수수께끼다.

사실 남아 있는 스탈린의 장서 어디에서도 결정적 증거는 발견되지 않을 것이다. 스탈린의 포멧키는 비밀이 아니라 그의 뇌리를 사로잡고 있던 생각과 그가 사상과 주장, 사실에 관여한 방식을 드러낼 뿐이다.

---

12) Niccolò di Bernardo dei Machiavelli(1469~1527). 르네상스 시대 이탈리아 피렌체의 외교관이자 정치철학자. 주저 『군주론』과 『로마사론』에서 정치 행동의 비윤리적 성격을 논했다.

분리 불가능한 사이: 스탈린, 레닌, 트로츠키

스탈린은 레닌을 숭배했다. 스탈린이 레닌을 처음 만난 것은 1905년 12월, 당시 차르 러시아의 자치주였던 핀란드의 탐페레에서 열린 당 협의회에서였다. 1924년 1월, 최근 세상을 떠난 소비에트 국가의 창건자를 추모하는 모임에서 스탈린은 레닌이 어떻게 그의 마음을 사로잡았는지를 회상하며, 그의 연설이 가진 "거역할 수 없는 논리의 힘"을 이야기했다. 스탈린에게 깊은 감명을 준 레닌의 정치적 실천의 다른 특성으로는 "패배에 징징거리지 않기", "승리에 자만하지 않기", "원칙에 충실하기", "대중을 믿기", "천재적인 통찰력, 당면 사건의 내적 의미를 신속히 파악하고 예지하는 능력"이 있었다.[22]

스탈린의 도서 컬렉션에는 레닌의 저술이 수백 권 있었고, 그중 수십 권에 표시와 주해를 했다. 레닌은 스탈린이 가장 많이 읽은 저자였다. 스탈린 자신의 전집에는 어떤 다른 사람보다도 레닌에 대한 언급이 훨씬 많다.[23] 스탈린은 레닌 인용의 대가로 유명했다. 스탈린은 레닌이 쓴 글의 원문을 자세히 읽었을 뿐 아니라 다른 저자들의 요약과 압축도 읽었는데, '프롤레타리아 계급의 독재'를 비롯해 당시의 중대한 현안들에 관한 레닌 저술의 발췌를 제공한 출판물을 특히 좋아했다.[24] 또 다른 유용한 인용은 레닌의 주요 연설을 위한 메모와 계획이 들어 있는 저작물들이었는데, 이것은 스탈린에게 레닌이 어떻게 논거를 세우고 제시하는지를 들여다볼 수 있는 통찰력을 부여했다.[25]

내전에서 볼셰비키가 승리를 거둔 이유를 논한 책에서 스탈린은 레닌에게서 나온 모든 인용문에 그냥 강조 표시를 했을 뿐이다. 말하자면, 볼셰비키는 노동계급이 국제적으로 연대한 덕분에, 적들은 분열되었는데 그들은 단합했기 때문에, 병사들이 소비에트 정부에 맞서 싸우기를 거부했기 때문에 이겼다는 것이다. 협상국이 1919년 9월에 페트로그라드를, 12월까지는 모스크바를 장악할 거라는 윈스턴 처칠의 틀린 예측에 관한 레닌의 언급에는 여백에 줄이 두 개 그어져 있었다.[26]

에릭 판 레이는 스탈린의 정치사상에 관한 광범한 연구에서 "레닌의 저술에 있는" 스탈린의 "메모에는 비판의 부재가 두드러진다. 가장 집중해서 읽은, 그의 선배가 쓴 책들에는 비판이 전혀 없다"라고 결론지었다. 마르크스에 대해서도 마찬가지였다. "나는 스탈린의 비판적 언급을 단 하나도 찾아내지 못했다." 스탈린은 엥겔스를 좀 더 비판적으로 읽었지만, 엥겔스의 책에 남긴 그의 표시는 언제나 주의 깊고 정중했다. 스탈린은 1934년 8월에 정치국에 이렇게 썼다. "오직 멍청이만이 엥겔스가 우리의 스승이었고 여전히 그렇다는 사실을 의심할 수 있습니다. 하지만 그렇다고 해서 반드시 우리가 엥겔스의 결점을 은폐해야 한다고 말할 수는 없습니다." 판 레이가 또 지적했듯이, 스탈린 장서의 표시된 책들은 스탈린이 생을 마감하기 바로 직전까지 마르크스, 엥겔스, 레닌을 계속 읽었음을 보여준다.[27]

1938년 5월 고등 교육 일꾼을 환영하는 연회에서 스탈린이 과학자들을 위해 한 건배사는 스탈린이 레닌에게 바쳤던 많은 과도한 찬사 중 하나다.

과학의 발달 과정에서 낡은 것을 깨부수고 새로운 것을 창조할 수 있었던 용감한 사람들이 적지 않게 알려졌습니다.… 갈릴레이,[13] 다윈[14] 같은 과학자들 말입니다. 나는 이들 저명한 과학인 중의 한 사람, 그와 동시에 근대의 가장 위대한 인물이었던 한 사람에 대해 자세히 이야기하고 싶습니다. 나는 우리의 스승, 우리의 교사인 레닌을 말하고 있습니다.(갈채) 1917년을 상기해보십시오. 레닌은 러시아의 사회 발전과 국제 정세를 과학적으로 분석함으로써 상황을 벗어날 수 있는 유일한 길은 러시아에서 사회주의가 승리하는 데 있다고 결론 내렸습니다. 이 결론은 많은 과학인에게 더할 나위 없이 놀라운 것으로 다가왔습니다.… 온갖 종류의 과학자는 레닌이 과학을 파괴하고 있다고 악을 썼습니다. 그러나 레닌은 조류에, 타성에 맞서기를 두려워하지 않았습니다. 그리고 레닌이 이겼습니다(갈채).[28]

1925년 5월에 스탈린이 자신의 장서 분류 체계를 짰을 때, 트로츠키는 이미 레닌 사후에 벌어진 권력 승계 투쟁에서 가장 맹렬한 경쟁자이자 주요한 상대로 등장한 상태였다. 그러나 스탈린은 일반적인 주제에 기반을 둔 분류 체계로부터 따로 떼내 관리할 책들을 적은 마르크스주의 저자들의 명부에서 트로츠키를 여섯 번째에 두었다. 마르크스, 엥겔스, 레닌을 제외하면, 카우츠키(독일 사회민주주의의 최고 이론가)와 플레하노프(러시아 마르크스주의의 창시자)만이 트로츠키 앞에 있었다. 트로츠키의 이름 뒤로는 당

---

13) Galileo Galilei(1564~1642). 이탈리아의 철학자, 과학자, 물리학자, 천문학자. 코페르니쿠스의 이론을 옹호하여 태양계의 중심이 지구가 아니라 태양임을 믿었다.

14) Charles Robert Darwin(1809~1882). 영국의 생물학자. 진화론의 발전에 가장 크게 기여했다고 알려져 있다.

시 스탈린의 긴밀한 동맹자였던 부하린, 카메네프, 지노비예프의 이름이 있었다.

　일부 아주 묵직한 서적을 비롯해 40여 권에 이르는 트로츠키의 책과 팸플릿을 남아 있는 스탈린의 장서 사이에서 찾아볼 수 있지만, 스탈린은 특히 이 경쟁자의 "정파적" 논쟁서인 『신노선』(1923)과 『10월의 교훈』(1924)에 관심이 있었다. 스탈린은 트로츠키와 트로츠키주의를 비판할 수단을 찾아 이 책들을 비롯해 그의 저술을 샅샅이 훑었다. 스탈린은 트로츠키의 견해를 괴멸적으로 공격함으로써 최고 수준의 논객으로 명성을 떨쳤고, 당 총서기로서 권위를 확고히 했다. 1926년 11월 제15차 당 협의회에서 스탈린은 『신노선』에서 트로츠키가 "혁명적 행동 시스템으로서 레닌주의는 성찰과 경험으로 훈련된 혁명적 본능을 상정하는데, 이 본능은 사회 영역에서는 육체노동의 근감각筋感覺에 상당한다"라고 언급한 부분을 신랄하게 비판했다. 스탈린은 다음과 같이 논평했다. "'육체노동의 근감각'으로서 레닌주의. 새롭고 독창적이고 매우 심오하군요. 그렇지 않습니까? 뭔 소린지 갈피가 잡히나요?(웃음)."**29**

　트로츠키는 마르크스주의 지식인이자 연설가로서 의심할 여지 없이 탁월했지만, 스탈린에게는 손쉬운 표적이었다. 트로츠키는 레닌과 볼셰비키를 비판한 전력이 있고 1917년 여름에야 이 그룹에 가담했을 뿐이었다. 트로츠키는 이러한 비판을 피해 보려 했으나 스탈린은 당에 그의 과거 잘못을 계속 상기시켰다.

　스탈린은 트로츠키가 1915년에 프롤레타리아 혁명과 사회주의가 일국에서, 심지어 문화적으로 후진적이고 경제적으로 충분히 발달하지 않은 농민 러시아에서도 가능하다는 레닌의 견해를 공격한 사실을 인용하는 것을 특히 좋아했다. 중요한 것은 소비에트 러시아에서 사회주의를 건설할 수 있다는 믿음이었다. 반면에 트로츠키의 견해는 러시아 혁명이 제국주의와 자본주의에 분쇄되지 않으려면 선진적인 나라들에서 혁명의 성공이 필요하다는 것이었다. 스탈린은 러시아에서의 사회주의 혁명은 세계 혁명이 있을 때까지 "최종적으로" 승리하지는 않을 것임을 인정했으나 또한 소비에트 사회주의가 혼자 힘으로 생존해서 번영할 거라고도 믿었다. 볼셰비키 당의 대다수는 스탈린에게 동의하여 트로츠키가 제1의 목표로 옹호하는 세계 혁명보다 스탈린의 일국 사회주의 교리를 더 좋아했다.

스탈린은 모든 주요 볼셰비키와 마찬가지로 자신의 주장에 들어맞게 하려고 레닌을 선별적으로 인용했다. 예를 들어 1915년에 레닌은 다른 나라들에서 발생한 혁명의 지원 없이 선진적인 나라가 사회주의를 채택할 가능성이 있는지를 숙고했다. 그러나 이 문제에 관한 레닌의 견해는 1917년 이후에, 볼셰비키를 권좌에 오르게 한 "후진적" 러시아에서의 혁명이라는 현실에 대응하여 서서히 전개되었다.[30] 스탈린과 당내 지지자들에게는 혁명의 성공이라는 사실이 가장 중요했고, 그들은 유럽 혁명이 없는 상태에서는 세계 혁명의 중심이 아시아로 이동할 수 있다는, 트로츠키가 『동방에서의 과업』(1924)에서 제시했던 의견을 좋아하지 않았다. 스탈린은 여백에 이렇게 썼다. "바보! 소련이 존재하는 상황에서는 중심이 동방일 수가 없다."[31]

스탈린이 매우 좋아한 또 다른 표적은 트로츠키가 1917년에 레닌과 카메네프-지노비예프 사이에 벌어진 충돌을 들췄던 『10월의 교훈』이었다. 트로츠키의 주장에 따르면, 1917년에 당이 분열되었고 바로 그 우익 노장 볼셰비키가 혁명 이후에도 당을 방해했다. 권력을 장악하기 위해 봉기를 일으키라는 레닌의 끊임없는 압박만이 가까스로 혁명을 성공시켰던 것이다.[32]

카메네프와 지노비예프는 스탈린의 오랜 친구이자 동지였으며, 트로츠키와의 투쟁에서 스탈린의 동맹자였다. 그러므로 스탈린은 『10월의 교훈』에서 개인적으로 표적이 아니었음에도 카메네프와 지노비예프를 변호하는 일에 나섰다. 스탈린은 '트로츠키주의인가, 레닌주의인가?'라는 제목의 1924년 연설에서 1917년에 당내에 의견 충돌이 있었음을 시인했으며, 레닌이 임시정부를 반대하고 그 후 전복하는 좀 더 급진적인 정책 쪽으로 볼셰비키를 올바르게 이끌었다고 인정했다. 그러나 스탈린은 당이 분열되었음을 부인하고, 중앙위원회가 레닌이 제안한 봉기를 승인했을 때 카메네프와 지노비예프가 제안된 이 정부 전복 기도에 반대표를 던졌음에도 그들을 포함하는 정치적 감독 그룹을 형성했음을 지적했다. 스탈린은 또 트로츠키가 1917년에 특별한 역할을 했다는, 그의 표현으로는 "전설"도 비난했다.

나는 봉기에서 트로츠키가 의심할 여지 없이 중요한 역할을 했음을 결코 부인하지 않습니다. 하지만 나는 트로츠키가 조금도 특별한 역할을 하지 않았다고 말해야 합니다.… 실제로 트로츠키는 10월에 잘 싸웠습니다. 그러나 트로츠키는 적이 고립되어 있고 봉기가 커져갈 때 잘 싸우기가 어렵지 않은… 유일한 사람이 아니었습니다. 바로 그런 순간에는 뒤처진 사람들조차 영웅이 됩니다.[33]

『10월의 교훈』은 트로츠키가 처음으로 러시아 혁명의 역사를 쓰려고 시도한 경우가 아니었다. 1918년의 브레스트-리토프스크 평화 조약 동안 트로츠키는 『10월 혁명Oktyabr'skaya Revolyutsiya』이라는 얇은 책을 집필하면서 시간을 보냈고, 이 책은 그해 말에 출간돼 그 뒤 여러 언어로 번역되었다. 영어로는 『브레스트-리토프스크까지의 러시아 혁명사History of the Russian Revolution to Brest-Litovsk』라는 제목으로 간행되었다.[34] 이 책은 트로츠키의 친볼셰비키 선전 노력이었고, 그래서 당내의 의견차를 깎아내렸다. 혁명을 이렇게 해석하는 것은 스탈린의 취향에 잘 들어맞았다. 스탈린은 내용에 명백히 만족해하면서 텍스트를 자세히 읽고 표시를 했다. 스탈린은 특히 볼셰비키가 너무 이르게 시도된 봉기로부터 후퇴했던 '7월 사태'를 트로츠키가 어떻게 다루는지에 관심이 있었다. 7월 사태는 때때로 꺾이지 않고 다시 싸우기 위해 정치적 후퇴가 필수적이라는 객관적 교훈으로 당의 역사적 기억 속에 깊이 박혀 있는 일화였다.[35] 그리고 우리가 이미 보았듯이 스탈린은 혁명 제1주년의 기념에 관해 1918년 11월에 『프라우다』에 게재한 논설에서 봉기를 조직하는 데 트로츠키가 한 역할을 과도하게 찬양했다.

M. 스몰렌스키M. Smolensky가 쓰고 베를린에서 발간된 트로츠키에 관한 1921년 팸플릿은 세계 노동자들에게 볼셰비키 사상을 설명하기로 계획된 시리즈의 일부였다. 저자에 따르면, "트로츠키는 아마도 볼셰비키 지도부에서 가장 뛰어나고 가장 기묘한 인물일 터였다." 스탈린은 이 특정한 논평에 표시하지 않았으나, 레닌이 마르크스주의의 성전聖典에 열중한 사회주의 "성서학자"였던 반면 트로츠키는 마르크스주의를 분석 방법으로 생각했다는 저자의 다음 언급에는 밑줄을 그었다. "레닌의 마르크스주의가 교의적으로 정통이라면 트로츠키의 마르크스주의는 방법론적이었다." 그런 뒤 여백에 스탈린이 표시한 일련의 희미한 체크 표시가 이어지는데, 이는 다양하게 인용된 트로츠키의 견해를 수용한다는 표현인 것 같았다. 스탈린은 또 현재 서로 경쟁하는 두 사회주의 이념, 즉 제2(사회주의)인터내셔널15)의 이념과 제3(공산주의)인터내셔널의 이념이 존재한다는 트로츠키 주장의 여백에도 줄을 그었다.**36**

트로츠키의 『테러리즘과 공산주의』(1920)는 카를 카우츠키가 쓴 동일한 제목의 출판물에 답변한 것이었다. 카우츠키는 볼셰비키가 특히 좀 더 온건하고 개혁주의적인 사회주의 운동을 좋아한 에두아르트 베른슈타인의 '수정주의'에 맞서 혁명적 마르크스주의를 확고하게 옹호한 입장으로 한때 크게 찬양받던 '배교자'였다. 카우츠키는 자신의 팸플릿에서 볼셰비키가 무엇보다도 진행 중인 러시아 내전 동안 권력을 획득하고 유지하려고

---

15) The Second International. 프랑스 혁명 100주년을 기념하여 1889년 창설되었다. 총평의회를 중심으로 하는 중앙집권적인 구조를 가졌던 제1인터내셔널과 달리, 각국의 노동조합과 사회주의 정당들의 느슨한 연합체에 가까웠다. 제1차 세계대전의 발발과 동시에 사실상 유명무실해졌다가 1916년 결국 해체되었다.

사용한 폭력과 독재적 방식을 비판했다. 트로츠키는 카우츠키에 대한 자신의 답변에서 볼셰비키의 폭력적인 권력 장악, 이어진 러시아 입헌 민주주의의 억압, 내전에서 행사한 '붉은 테러'를 설명하는 이론적 근거를 확실하게 제시했다. 스탈린은 트로츠키의 텍스트를 내밀 수 있게 되자 마키아벨리나 심지어 레닌의 현실정치에서 교훈을 얻을 필요가 전혀 없었다.

우리는 스탈린이 트로츠키의 책이 출판된 시점에서 아주 가까운 시기에 읽었다고 상당히 확신할 수 있다. 레닌을 비롯해 볼셰비키는 특히 카우츠키의 비판이 국제 사회주의 운동에서 그들의 위상을 약화했기 때문에 그 비판을 반박하고 싶어 안달이었다.

스탈린이 매우 많이 밑줄을 친 이 책에는 NB와 타크tak(이 맥락에서는 '맞아') 같은 동의의 표현이 여기저기 흩뿌려져 있었다.[37] 트로츠키는 이렇게 썼다. "문제는 내전을 단기간으로 만드는 것이다. 이것은 결연한 행동으로만 달성된다. 그러나 카우츠키의 책 전체는 바로 이 혁명적 결연함에 반대하는 것이다." 스탈린은 여백에 NB라고 썼다. 스탈린은 제2장 '프롤레타리아 계급의 독재' 서두에도 동일한 주석을 달았고, 첫 단락에서 "프롤레타리아 계급의 정치적 전제專制는 그들이 국가에 대한 통제를 실현할 수 있는 '유일한 형태'다"라고 트로츠키가 한 진술을 또박또박 자세하게 썼다. 스탈린은 같은 장에서 트로츠키의 다음과 같은 가시 돋친 말에 밑줄을 긋고 그 옆 여백에다 선을 두 개 그은 다음 NB라고 썼다. "원칙적으로 테러리즘을 거부하는, 즉 완강한 무장 반혁명에 대한 억압과 협박 조치를 거부하는 자는 노동계급의 정치적 지배권과 혁명적 독재라는 아이디어를 완전히 부인하는 것이 틀림없다. 프롤레타리아 계급의 독재를 거부하는 자는 사회주의 혁명을 거부하고 사회주의의 무덤을 판다."

트로츠키는 다음으로 민주적 절차는 부르주아 계급이 자신의 권력을 숨기는 외관에 불과하므로 사회주의 혁명의 이익이 민주적 절차를 능가한다는 주장을 장황하게 변호했다. 스탈린은 진심으로 이에 동의했고, 트로츠키가 의회 민주주의가 인민들의 자치라는 환상에 지나지 않는다는 폴라파르그의 견해를 인용한 부분을 특히 마음에 들어했다. "유럽과 미국의 프롤레타리아 계급은 국가를 장악하면 계급으로서의 부르주아 계급이 사라질 때까지 혁명 정부를 조직해 사회를 독재체제로서 통치해야 할 것이다"라는 스탈린이 밑줄을 그은 라파르그 인용문 중 하나다.

트로츠키는 1918년 1월에 볼셰비키의 제헌의회 해산을 정당화하면서, 볼셰비키는 제헌의회가 더 대표성이 강한 소비에트들을 지지해서 스스로 해산하는 쪽으로 표결하기를 기대하며 제헌의회 선거를 승인하는 법령에 서명했다고 말했다. 그러나 "제헌의회는 혁명 운동의 앞길을 방해하는 걸림돌이 되어 제거되었다"(스탈린의 밑줄).

스탈린은 저자들이 밝힌 생각에 번호를 매기기를 좋아했고, 트로츠키가 열거했던 폭력, 테러, 내전을 경험한 이전의 세 혁명—가톨릭교회를 분열시킨 16세기 종교개혁, 17세기 영국 혁명, 18세기 프랑스 혁명—에도 이렇게 했다. 트로츠키는 자신의 역사적 분석으로부터 "투쟁의 격렬성 정도는 일련의 국내외 상황에 달려 있다. 전복된 적대 계급의 저항이 격렬하고 위험하면 할수록, 억압 시스템이 테러 시스템의 형태를 더욱더 필연적으로

띠게 된다"라고 결론지었다. 마지막 종속절의 밑줄은 스탈린이 그었다.

스탈린은 밑줄 친 다음 단락 옆에 NB와 타크라는 두 가지 동의의 표현을 썼다.

붉은 테러는 그것의 직접적 연속을 나타내는 무장봉기와 구별할 수 없다. 혁명적 계급의 국가 테러는 하나의 원칙으로서 모든 형태의 폭력을, 따라서 모든 전쟁과 모든 반란을 (말로) 일절 거부하는 사람만 '도덕적으로' 비난할 수 있다. 왜냐하면 이 사람은 복잡하게 생각할 것 없이 틀림없이 위선적인 퀘이커교도일 것이기 때문이다.

트로츠키가 "카우츠키는 혁명이 실제로 무엇인지 전혀 알지 못한다. 그는 이론적으로 수용하는 것이 실제로 성취하는 것과 같다고 생각한다"라고 썼을 때, 스탈린은 이 두 문장에 밑줄을 긋고 여백에 그가 제일 좋아하는 또 다른 감탄사인 멧코metko(정확해)라고 썼다.

트로츠키에 따르면, 카우츠키는 러시아 노동계급이 너무 일찍 권력을 장악했다고 믿었다. 트로츠키는 이에 대해 다음과 같이 대꾸했다. "어떤 누구도 프롤레타리아 계급에 당장 권력을 장악할… 것인지 말 것인지, 아니면 그 시기를 연기할 것인지 말 것인지 선택할 기회를 주지 않는다. 일정 조건에서는 역사적 시기 내내 정치적 자멸의 위협을 받는 노동계급은 권력을 잡지 않을 수 없다." 스탈린은 이것도 밑줄을 쳤고 여백에 타크!라고 썼다.

스탈린은 볼셰비키 독재에 찬성하는 트로츠키의 결론적인 다음 주장에 밑줄을 치고 괄호를 했으며 그리고 그 주장이 틀렸다는 표시로 단락에 줄을 그었다.

우리는 소비에트들의 독재를 우리 당의 독재로 대체했다고 여러 번 비난을 받았다. 그러나 소비에트들의 독재는 당의 독재로만 가능해졌다고 완전히 정당하게 말할 수 있다. 그것은 소비에트들에 엉성한 노동의 의회들에서 노동의 지배 기관으로 바뀔 가능성을 부여한 당의 명료한 이론적 비전과 강력한 혁명 조직 덕분이다. 이렇게 노동계급의 권력을 당의 권력으로 '대체'하는 데 우연한 것은 없으며, 사실 대체는 전혀 없다. 공산주의자들은 노동계급의 근본적인 이익을 표현한다.

실제로 여기서 스탈린은 트로츠키의 주장에 설득되지 않았다. 스탈린은 여백에 "당의 독재—그렇지 않음"이라고 썼는데, 스탈린이 선호한 정식은 프롤레타리아 계급이 당을 통해 통치한다는 것이었다. 스탈린은 또 사회주의 아래에서 의무 노역은 생산수단이 사회화되면서 자연스럽게 뒤따르는 일이라는 트로츠키의 견해에도 의구심을 표명했다. 스탈린은 여백에 몇 번이나 므—다라고 씀으로써 회의적인 태도를 나타냈다.[38] 1921년 3월 제10차 당 대회가 열렸을 때 트로츠키의 주장에 대한 스탈린의 의문은 트로츠키가 노동의 군사주의화를 제안하자 이를 노골적으로 반대하는 지경으로까지 굳어졌다.

스탈린은 카우츠키의 원서 러시아어 번역본을 갖고 있었고, 이 번역서를 트로츠키의 답서만큼이나 주의 깊게 읽었다.[39] 카우츠키 책의 여백은 스볼로치svoloch(상놈)와 르제츠lzhets(거짓말쟁이) 같은 신랄한 욕설뿐 아니라 '하하', '히히'처럼 비웃는 말이 곳곳에 흩뿌려져 있었다. 카우츠키가 볼셰비키의 비타협적 태도는 자신들만이 진리를 알고 있다는 주장에 기반을 두었다고 단언하자 스탈린은 모든 지식은 일시적이고 한정되어 있다고 믿는 점에서 그가 두라크durak(바보)라고 응수했다. 스탈린이 읽은 다른 카우츠키의 책에서도 똑같은 종류의 욕을 찾을 수 있을 것이다. 스탈린은 1922년에 출간된 카우츠키의 『프롤레타리아 혁명과 그 강령』에 "오직 그만이 프롤레타리아 계급의 독재와 파벌의 독재를 뒤섞을 수 있다"라고 썼다.[40] 스탈린은 카우츠키가 19세기 오스트리아-헝가리에서 또 한 번의 혁명적 위기가 있었더라면 체코인들은 결국 독일화되었을 거라고 주장하자 '쓰레기', '말도 안 되는 소리'라고 썼다.[41] 스탈린은 카우츠키의 『테러리즘과 공산주의』의 많은 섹션을 읽기는 했으나 더는 논평을 달지 않고 표시만 했다. 여백에는 심지어 NB 몇 개와 므-다 한두 개마저 있었다. 많은 카우츠키의 저술에서 보이는, 중요한 세부 사항에 긍정적 관심을 나타내는 이러한 스탈린의 표시 행위는 스탈린이 다른 저작들을 읽고 흔적을 남긴 데서도 찾을 수 있을 것이다. 스탈린은 카우츠키가 마르크스주의 전문가라고 인정받는 분야인 경제 문제와 '농업 문제'를 다루는 저술들에서 특히 그랬다.[42] 언제나 유용한 정보와 주장이 있는지 세심히 살피던 스탈린은 심지어 가장 경멸하는 적수로부터도 기꺼이 배우고자 했던 것이다.

1926년 7월 중앙위원회 총회에서 스탈린은 지금까지 자신은 "트로츠키에게 공개적으로 적대적이지 않은 온건한 자세를 취했고", "온건한 정책을 고수해왔다"라고 주장했다.[43] 1920년대 중반에 트로츠키가 쓴 기술-경제 관련 저술들인 『사회주의를 향하는가, 자본주의를 향하는가?』(1925), 『8년: 결과와 전망』(1926), 『우리의 새로운 과업』(1926)을 스탈린이 자세히 읽은 사실은 이 주장이 거짓이 아닐 수도 있음을 시사한다. 이 저작들은 1925년 1월에 어쩔 수 없이 전쟁 인민위원직을 사임할 수밖에 없었던 트로츠키가 소련 산업을 관리하던 '국민경제 최고회의'의 일원이었던 시기에 집필되었다.

트로츠키는 사회주의를 위한 전략으로 신경제정책NEP에 회의적이었으나, 볼셰비키 당내 일부 강경 좌파에 비해서는 온건한 비판가였다. 트로츠키는 NEP로 농업에서 시장이 부활함으로써 이른바 쿨라크, 즉 부농의 힘이 너무 세졌다고 믿었다. 트로츠키는 또 경제 전반에서 자본주의가 복원될 위험이 있다고 보았고, 사회주의 산업화가 등한시되고 있다고 생각했다. 스탈린이 트로츠키 저술들의 많은 구절에 논평 없이 표시만 했다는 사실은 이러한 우려를 어느 정도 공유했음을 나타내나 그는 사회주의 산업화의 비용을 치르는 데 필요한 자원을 만드는 NEP의 능력에 대해서는 좀 더 낙관적이었다. 스탈린은 또 농민들이 훨씬 수가 많음에도 당과 프롤레타리아 계급이 그들을 계속 지배할 수 있다고 확신했다.[44] 하지만 1920년대 말에 농민들이 곡물을 창고에 쌓아둠으로써 도시에 식량을 공급하는 일이 위태롭게 되자 스탈린은 망설임 없이 NEP를 포기했고 많은 사람의 희생 속에 산업화와 강제적인 농업 집단화를 밀어붙였다. 많은 트로츠키 지지자가 스탈린의 '좌익 선회'에 환호했고, NEP 포기에 저항한 니콜라이 부하린 주도의 이른바 우익 반대파에 맞선 스탈린의 투쟁을 지지했다. 트로츠키 자신은 스탈린이 너무 빨리, 너무 멀리 나아갔다고 생각했다. 심지어 트로츠키는 NEP의 기본 모델인 '시장 사회주의'가 어쨌든 장점이 얼마간 있다고 생각하기까지 했다.[45]

스탈린과 트로츠키의 가장 큰 차이는 '일국 사회주의' 교리와 관련 있었다. 일국 사회주의 교리는 국내에서 사회주의를 건설하는 일이 해외로 혁명을 확산하는 일보다 우선해야 하는지 아닌지 논란을 불러일으켰다. 그러나 트로츠키는 스탈린만큼이나 소련에서 사회주의를 건설하는 일에 열성적이었고, 스탈린이 세계 혁명을 우선시하는 태도를 버렸던 반면 트로츠키는 세계 혁명을 포기하지 않았다. 이는 중요한 전략적 차이지만 메울 수 없는 이념적 간극은 아니었다. 그와 같은 의견 충돌을 볼셰비키 당의 영혼을 위한 실존적 투쟁으로 확대한 것은 정파적 대결과 작은 차이의 나르시시즘[16]이었다.

트로츠키는 1920년대 말에 당에서 축출되어 유형 길을 떠났다. 트로츠키는 어느 정도 불운을 자초했다.[46] 혁명 동안 누가 무엇을 했는지를 두고 '역사 전쟁'을 시작한 것은 트로츠키였다. 1923년 되풀이되는 뇌졸중으로 레닌이 고통받을 때 통제권을 장악한 정치국 집단 지도체제의 단합을 깨뜨린 것도 바로 트로츠키였다. '국가 산업위원회' 수장이었던 트로츠키는

---

16) narcissism of small differences. 관계가 긴밀한 공동체 내에서 구성원들이 작은 차이를 두고 끊임없이 대립, 반목, 경멸하는 현상을 일컫는다. 1917년에 오스트리아의 정신분석학자 지그문트 프로이트가 영국의 인류학자 어니스트 크롤리의 저작을 바탕으로 이 용어를 고안했다.

사회주의 산업화를 가속화하고, 농민 자본주의와 소규모 사적 생산에 기반을 둔 NEP의 점진적 경제성장 전략을 수정할 것을 제안했다. 트로츠키는 지도부 동료들을 더욱 압박하면서 스탈린, 지노비예프, 카메네프 3인방이 이끄는 정치국 다수파가 "정파 독재"를 수립했다고 비난하는 당내 운동을 조직했다. 바로 이 운동의 결과 1923년 12월 『프라우다』에 『신노선』이 게재되었다. 하지만 1924년 1월 제13차 당 협의회에서 3인방이 대대적으로 승리를 거두는 것으로 문제가 일단락되었다.[47]

트로츠키의 다음 움직임은 카메네프, 지노비예프와 기회주의적이고 경솔하게 동맹을 맺는 일이었다. 이제 1917년 때보다 훨씬 더 좌익적이었던 카메네프와 지노비예프는 NEP와 일국 사회주의를 둘러싸고 스탈린과 결별한 뒤 당이 좀 더 전투적인 접근법을 취하기를 원했다. 트로츠키의 1923년 좌익 반대파처럼 카메네프, 트로츠키, 지노비예프의 연합 반대파는 당내에서 지지를 끌어모으려 했다. 그러나 이들은 한때 좌익 공산주의자로서 오른쪽으로 이동해 사회주의를 위한 점진적 정치·경제 전략으로서 NEP의 지도적인 이론가로 등장한 부하린과 당시 긴밀하게 동맹을 맺은 스탈린의 권력과 인기에 압도당하고 말았다.[48]

1926년 10월 트로츠키는 카메네프와 지노비예프처럼 정치국에서, 그리고 1년 뒤에는 중앙위원회에서 축출되었다. 1927년 11월에 트로츠키와 지노비예프는 당에서 쫓겨났고, 이 참패는 1927년 12월 제15차 당 대회에서 완결되었다. 당 대회에서는 카메네프를 비롯해 반대파 75명을 출당했다. 이를 신호로 연합 반대파의 일반 대중 활동가들이 숙청되기 시작했다.

카메네프와 지노비예프는 많은 지지자와 함께 다수파 노선에 대한 반대를 철회했고, 곧 복당되었다. 트로츠키는 당이 1794년에 프랑스 혁명이 그랬듯이 반혁명적 "테르미도르 세력"에 장악되었다[17]고 선언하며 자신의 입장을 고수했다. 1928년 1월 트로츠키는 카자흐스탄의 알마아타로 유형당했다.

스탈린의 당내 다수파에 대한 볼셰비키 반대를 이갈 할핀Igal Halfin이 말하듯 "악마화"하는 근저에는 정치적 논리뿐 아니라 철학적 논리도 깔려 있었다.[49] 카우츠키가 옳았다. 볼셰비키는 그들의 운동이 그들에게—그들에게만—절대적 진리에 접근할 수 있게 해주는, 사회와 역사에 대한 과학적 이론으로 무장했다고 믿었다. 볼셰비키 당과 지도자들은 혁명과 내전의 혹독한 시련 속에서 능력이 있음을 행동으로 보여주었고, 이제 세계 최초로 사회주의 사회를 건설하고 있었다. 이러한 분투는 인류 전체를 계급과 억압이 없는 유토피아로 인도할 것이었다. 이러한 세계관 안에서는 당 다수파에 대한 반대가 적대 계급들의 간교한 영향을 나타내는 일탈이라고 생각될 수밖에 없었다.

트로츠키는 1924년 5월 제13차 당 대회에서 이렇게 말했다.

동지 여러분, 우리 중 어떤 누구도 당에 반대할 때 자신이 옳기를 바라지도 않고 옳을 수도 없습니다. 최종적으로 당은 노동계급의 수중에 있는 유일한

---

17) 여기서는 1789년 프랑스 대혁명 이후 1793년부터 권력을 잡은 로베스피에르가 무자비한 공포정치를 펼치다가 그 가혹함에 불만을 품은 반대파에게 1794년 7월 27일 숙청을 당하며 자코뱅파가 몰락한 이른바 '테르미도르 반동(Convention thermidorienne)'을 가리킨다. 이 사건으로 시민 혁명으로서 프랑스 혁명은 사실상 종말을 고했다고 평가된다. 테르미도르는 혁명 때 제정된 프랑스 혁명력 중 11번째 달을 일컫는다.

역사적 수단이기 때문에 항상 옳습니다.… 영국인들에게 다음과 같은 격언이 있습니다. "옳건 그르건 내 조국입니다." 우리는 훨씬 더 지당하게 이렇게 말할 수 있을 것입니다. "옳건 그르건 내 당입니다."[50]

당내 반대 의견의 악마화는 몇 년간에 걸쳐 진행된 점진적 과정이었다. 처음에 반대자들은 객관적으로이긴 히지만 부지불식간에 반혁명적으로 된 '프티 부르주아적 일탈'로 여겨졌다. 그 후 반대는 반당적이고 적극적으로 반혁명적인 것으로 특징지어졌다.

1920년대 중반에 가장 널리 배포된 트로츠키주의 비판서는 세묜 카나치코프[18]의 『어떤 일탈의 역사』였다. 이 책은 트로츠키를 당 규율을 거부하고, 자기 주위에 발작적으로 극심한 공포에 빠지는 경향이 있는 "외톨이들"을 끌어모은 고립적 개인주의자로 묘사했다. 우리는 스탈린이 이 책을 읽었는지 읽지 않았는지 알지 못하나 그의 장서에는 카나치코프의 다른 몇몇 출판물과 함께 확실히 그 책이 있었다.[51]

트로츠키는 1928년에 반혁명 활동에 종사한 죄로 알마아타로 유형당했지만 우편으로 정파 활동을 계속할 수 있었다. '반소' 활동에 가담한 이유로 고발당한 트로츠키는 1929년에 튀르키예로 유형당했고, 1932년에는 소련 시민권을 박탈당했다.

트로츠키는 소련에서 추방된 후 『러시아 혁명史』(1930), 『나의 생애』(1930), 『영구 혁명』(1931), 『배반당한 혁명』(1936), 『스탈린 날조 학파』(1937) 등

---

18) Semyon Ivanovich Kanatchikov(1879~1940). 러시아의 혁명가, 소련의 정치인, 언론인, 문학 비평가, 작가. 1936년에 체포되어 1940년 굴라그에서 사망한 것으로 알려져 있다.

다수의 주목할 만한 책을 출간했다. 1931년 파시즘에 관한 독일어 책을 제외하고, 추방 이후 트로츠키가 쓴 저작은 남아 있는 스탈린의 장서 사이에서 발견되지 않는다. 드미트리 볼코고노프는 "스탈린이 『배반당한 혁명』 번역본을 분노로 이글거리며 단 하룻밤 새 읽어치웠다"라고 주장하나, 늘 그렇듯이 어떤 출처도 인용하지 않는다.[52] 스티븐 코트킨은 "전능한 독재자는… '부근 다차'에 있는 서재의 특별 찬장에 트로츠키가 썼거나 트로츠키에 관해 쓴 모든 것을 따로 수집해놓았다"라고 보고하나 그 역시 어떤 증거도 내놓지 않는다.[53] 확실히 스탈린은 트로츠키가 해외에서 벌이는 활동과 소련에 남아 있는 반대자들과 접촉을 유지하려는 그의 노력을 잘 알고 있었다. 스탈린은 또 보안기관으로부터 이른바 '트로츠키주의자 그룹'을 어떻게 억압하는지에 관해서도 계속 보고를 받았다.[54]

스탈린의 테러

1930년대 초에 스탈린은 트로츠키와 트로츠키주의의 위협을 두고 겉보기에는 자신만만했다. 스탈린은 1930년 6월 제16차 당 대회에서 대의원들에게 다음과 같이 말했다. "트로츠키 진영의 신사분들은 소비에트 정권의 '타락'을, '테르미도르'를, 트로츠키주의의 '필연적 승리'를 떠들었습니다. 하지만 과연 무슨 일이 벌어졌습니까? 일어난 일은 트로츠키주의의 몰락, 종언이었습니다."[55] 스탈린이 1931년 『프롤레타리아 혁명Proletarskaya

Revolyutsiya』지에 보낸 편지에서 "사실, 트로츠키주의는 반혁명적 부르주아 계급의 선발대입니다"라고 했을 때, 그는 트로츠키주의의 위세가 아니라 트로츠키주의를 공산주의의 한 정파로 오인하는 것에 우려를 표명했다.[56] 스탈린은 1931년 12월에 에밀 루트비히에게 말하면서 소련 노동자들은 트로츠키를 대체로 잊었고, 만일 그를 기억한다면 "괴롭고 화가 나고 혐오스러울" 짓이라고 주장했다.[57] 스탈린은 이른바 '승리자들의 대회'인 1934년 1월의 제17차 당 대회에서 "트로츠키주의자들의 반反레닌주의 그룹은 분쇄되고 흩어졌습니다. 이 그룹을 조직한 사람들은 이제 외국의 부르주아 정당의 뒷마당에서 찾을 수 있을 겁니다"라고 말한 것 말고는 트로츠키에 대해 아무 말도 하지 않았다.[58]

스탈린은 1934년 12월 레닌그라드 당 서기 세르게이 키로프가 총격을 받고 사망하자 더는 현실에 안주할 수 없었다. 스탈린은 직접 범인인 레오니트 니콜라예프Leonid Nikolayev를 심문하려고 레닌그라드로 달려갔다. 도중에 스탈린은 테러리즘으로 고발된 자들의 권리를 폐기하고 기소, 유죄 판결, 처형을 간소화한 가혹한 법령을 기초했다. 이것은 이후 스탈린의 정치적 반대자들을 상대로 국가가 후원하는 테러 운동이 진행될 때 수많은 약식 총살을 자행할 수 있는 법적 근거가 되었다.[59]

니콜라예프는 사실 개인적 앙심 때문에 키로프의 집무실 바깥에서 그를 총을 쏘아 쓰러뜨린 단독 암살범이었다. 그러나 스탈린이 키로프 살해의 설계자라는 의심이 지금도 사라지지 않고 있다. 스탈린에 관한 음모론이 대부분 그렇듯이 그러한 주장을 뒷받침하는 구체적 증거는 없다.[60] 심지어 트로츠키조차 이 특정한 범죄가 반스탈린 반대파를 더욱 강력히 탄압하는 구실로 이용될까 봐 당연히 두려워하긴 했지만, 스탈린이 이 범죄를 저질렀다고 생각하지는 않았다.[61]

스탈린은 그 자신의 음모론이 있었다. 즉 키로프가 지노비예프파의 희생자였다는 것이다. 12월 16일에 카메네프와 지노비예프가 체포되었다. 12월 29일에는 니콜라예프와 공범자로 지목된 13명이 처형되었고, 카메네프와 지노비예프가 살인을 교사한 혐의로 투옥당했다. 1935년에 전前 지노비예프파 수백 명이 일제히 검거되었고, 조사 범위가 확대되어 전前 트로츠키파를 포함하게 되었다.

지노비예프는 자백을 강요받고 다음과 같이 말했다. "우리는 철저히 당에 복종하여 당과 완전하게 융합할 수 없었고, 대신 계속 뒤를 보면서 따로 떨어져 답답한 삶을 살았기 때문에, 이 모든 것 때문에 표리부동을 낳은 일종의 정치적 이중성을 가질 수밖에 없는 운명이었습니다."[62]

1935년 6월에 스탈린의 안보 책임 보좌관인 니콜라이 예조프[19]는 카메네프, 지노비예프, 트로츠키가 "키로프 동지의 살해와 크렘린 내에서 준비 중인 스탈린 동지의 암살 기도를 적극적으로 조직한 자들"이라고 주장하는 보고를 중앙위원회에 제출했다.[63]

후자의 혐의는 이른바 '크렘린 사건'을 말하는 것이었다. 이 사건은 미화원 세 명이 국가와 그 지도자들을 중상모략하는 소문을 퍼뜨리기로 했

---

19) Nikolay Ivanovich Yezhov(1895~1940). 스탈린 '대테러' 동안 내무 인민위원부(NKVD)의 총수였다. 그의 시대는 보통 예좁시나(Yezhovshchina. 예조프 시대, 예조프 체제라는 뜻)라고 불린다. 스탈린의 명령을 받고 대테러를 실질적으로 주도했으나 1938년 내무 인민위원부 총수에서 물러난 후 그 자신이 숙청 대상이 되어 1940년에 처형당했다.

다고 자백했을 때 시작되었다. 반소 활동에 연루된 사람 중 크렘린의 정부
도서관에서 근무하는 사서 세 명이 있었다. 체포된 크렘린 직원 110명 가
운데 108명이 투옥되거나 유형당했고 두 명이 총살되었다.[64]

스탈린은 냉혹하지 못한 서방 지식인들에게 현실정치를 가르치기를 좋
아했고, 1935년 6월에 유명한 프랑스 작가 로맹 롤랑[20]에게 독일, 폴란드,
핀란드에서 온 무장 첩자 100명이 키로프를 비롯한 소련 지도자들에게 테
러 공격을 가할 음모를 꾸민 죄로 총살당했다고 말했다.

바로 그런 것이 힘의 논리입니다. 이런 상황에서 힘은 강력하고 냉정하며
겁이 없어야 합니다. 그렇지 않으면 그것은 힘이 아니며, 그런 것으로 인정되
지도 않을 겁니다. 프랑스 코뮈나르들은 이 점을 이해하지 못했으며, 너무 물
러터지고 우유부단했습니다. 따라서 그들은 패배했고, 프랑스 부르주아 계급
은 무자비했습니다. 바로 그것이 우리가 배운 교훈이었습니다.… 사람을 죽
이는 것은 매우 불쾌한 일이죠. 더러운 일입니다. 정치에서 벗어나 손에 피를
묻히지 않는 편이 더 좋지만, 우리가 노예를 해방하기를 원한다면 정치 밖에
있을 권리도 없습니다. 여러분은 정치에 참여하는 데 동의하면 여러분 자신
이 아니라 오직 국가를 위해서 모든 것을 합니다. 국가는 우리가 인정사정없
기를 요구합니다.[65]

스탈린은 크렘린 사건에 대해서도 롤랑에게 말했다.

---

20) Romain Rolland(1866~1944). 프랑스의 문학가, 사상가. 주요 작품으로 『장 크리스토프』, 『매혹된 영혼』,
    『미켈란젤로의 인생』 등이 있다.

우리는 정부 도서관이 있습니다. 도서관에는 도서들을 깔끔히 정리하려고 크렘린의 책임 있는 동지들의 아파트에 들어갈 수 있는 여성 사서들이 있죠. 이 사서 중 일부가 테러리즘을 목적으로 우리 적들에게 고용된 것으로 밝혀졌습니다. 이 사서들은 패배한 구 지배 계급인 부르주아 계급과 귀족 계급의 잔당이라고 말해야 합니다. 우리는 이 여성들이 독극물을 갖고 있고 일부 우리 관리들을 독살하려 했다는 사실을 알아냈습니다.[66]

예조프의 부추김을 받은 스탈린은 카메네프, 지노비예프와 다른 14명을 공개재판에 부치기로 했다. 이들은 키로프를 살해하고 다른 소련 지도자들을 암살하려는 음모를 꾸민 네트워크를 조직한 '연합 트로츠키-지노비예프 센터'의 지도자로 고발당한 사람들이었다. 스탈린은 검찰총장인 안드레이 비신스키[21]와 함께 상세한 기소장을 작성했고, 1936년 8월 모스크바에서 재판이 열렸다. 범죄를 자백한 피고인 16명은 모두 유죄 판결을 받고 처형당했다. 트로츠키와 그의 아들 레프 세도프[22]는 궐석 상태에서 사형선고를 받았다.

웬디 골드먼Wendy Goldman이 그 시점까지의 사건들을 적절하게 요약했다. "1934년 12월에 국내에서 총잡이 한 명이 저지른 살인으로 시작한 이

---

21) Andrey Yanuarevich Vyshinsky(1883~1954). 소련의 법률가, 정치가. 1949~1953년 소련 외무장관을 지냈다. 1920년대에는 모스크바대학교 교수와 학장으로 근무했고, 1930년대에는 일련의 숙청 재판이 진행되는 동안 검찰총장으로 근무했다. 냉전 시대에 소련을 대변하는 외무장관과 UN 대표로서 미국과 자주 언쟁을 벌였다.

22) Lev Lvovich Sedov(1906~1938). 레프 트로츠키의 장남으로 소련과 우크라이나의 정치인이었다. 1925~1928년에 안드리 리비츠키 우크라이나 공산당 총서기의 행정비서관을 거쳐 1928년에 잠깐 그리고리 페트롭스키 우크라이나 국가수반의 행정보좌관을 지냈다. 1928년 6월 1일 아버지 트로츠키를 따라 국외로 망명했으나, 1938년 2월 16일 프랑스 파리에서 암살당했다.

사건은 이제 피고 16명, 여러 살인 음모, 외국 스파이, 파시스트 연락원, 테러 모의를 연루시켰다. 키로프의 암살범을 찾아 처벌하겠다는 처음 목표는 전前 좌익 반대파에 대한 전국적인 공격으로 확대되었다."[67]

지노비예프와 카메네프의 죄상 인부認否는 여러 차례 반복되어 확고하게 자리 잡은 소련 전통에 따른 것이었다. 이 전통은 부분적으로는 19세기 말 차르 러시아가 열었던 급진주의자들에 내한 정치 재판에서 영감을 받았다.[68] 최초의 재판에서는 1922년 사회주의자―혁명가당의 지도자들이 피고였다. 이들은 국가에 맞서 무장 투쟁과 전복 활동을 벌였다고 기소되었다. 같은 해에 교회 귀중품을 몰수하는 볼셰비키에 저항한 성직자와 평신도들이 법정에 섰다. 1928년에 북캅카스 샤흐티시의 많은 엔지니어와 관리자가 시의 탄광들을 파괴할 음모를 꾸민 혐의로 재판을 받았다. 1930년의 '산업당' 재판에서는 소련 과학자와 엔지니어들이 소련 경제를 망가뜨리려고 외세와 결탁한 혐의로 기소되었다. 1931년에 일단의 '멘셰비키' 경제학자들이 허위 정보를 이용해 1차 5개년 계획을 훼손한 혐의로 재판에 회부되었다. 1933년에는 전기 설비를 설치하기로 계약한 메트로―비커스사의 영국인 직원 여섯 명이 경제적 파괴와 간첩행위 혐의로 기소되었다.

그러나 1936년에 지노비예프와 카메네프를 기소한 일은 훨씬 심각했다. 왜냐하면 기소된 사람들이 한때 스탈린의 가장 가까운 전우인 노장 볼셰비키 지도자였기 때문이다. 그것은 조악한 정치극이었다. 감지하기 어렵지 않은 메시지는 심지어 최고 지도자도 반역자로 밝혀질 수 있고, 체제의 적은 아무도 국가 안보의 감시망을 피할 수 없다는 것이었다.

1937년 1월에 스탈린은 '반소 병행 트로츠키 센터' 구성원들에 대한 재판을 시작했다. 이 조직은 '트로츠키−지노비예프 센터'가 발각될 경우를 대비해 준비된 예비 네트워크라고 주장되었다. 주요 피고는 중공업 부인민위원 게오르기 퍄타코프,[23] 전 『이즈베스티야』 편집인 카를 라데크, 전 외무 부인민위원 그리고리 소콜니코프[24]였다. 이들과 다른 14명이 반역, 간첩행위, 파괴행위의 혐의로 기소되었다. 그들의 최종 목표는 소련이 독일과 일본에 군사적으로 패배하면 권력을 장악해 소련에 자본주의를 복구하는 것이었다. 대부분 전 트로츠키주의자였던 피의자 대다수는 자백에 근거한 재판 이후 사형선고를 받았다. 피고들은 이른바 우익 반대파의 지도자인 부하린과 전 인민위원회의 의장(총리) 알렉세이 리코프가 연루되었음을 시사했다. 이 두 사람은 1937년 3월에 당에서 축출된 뒤 곧 체포되었으며, 1년 뒤에는 세 번째이자 마지막으로 대규모 모스크바 연출재판인 '우파와 트로츠키파 블록' 재판이 개시되었다. 이 재판에서 부하린과 리코프는 외국 세력과 결탁해 소비에트 권력을 전복하려 했다고 예상대로 자

---

23) Georgy (Yury) Leonidovich Pyatakov(1890~1937). 볼셰비키 혁명 지도자. 1910년 러시아 사회민주노동당에 가입했고 1912년 볼셰비키 정파에 합류했다. 1912년에 체포되어 시베리아로 유형당했으나 곧 스위스로 탈출했다. 볼셰비키 혁명 후 우크라이나에서 좌익 반대파를 이끈 핵심 구성원이었다. 1927년 트로츠키-지노비예프파 일원으로 출당된 뒤 1928년에 복권되었으나, 1937년 1월 다시 체포되어 처형당했다.

24) Grigory Yakovlevich Sokolnikov(1888~1939). 러시아의 볼셰비키 혁명가, 경제학자, 소련 정치인. 1905년 러시아 사회민주노동당에 입당했다. 소르본대학교에서 경제학을 공부했고, 1917년 4월 귀국 후 볼셰비키 중앙 당 기관지의 편집진으로 활동했다. 10월 혁명 후인 1918년 소비에트 정권 대표로 브레스트-리토프스크 조약에 서명했고, 신경제정책(NEP)이 도입된 뒤 재무 인민위원으로 일했으며 1929~1932년에는 영국 주재 소련 대사를 지냈다. 대숙청 동안인 1937년에 체포되어 1939년 비밀경찰에 의해 감옥에서 살해당했다.

백했으며, 대다수 공동 피고인들과 함께 사형선고를 받고 처형당했다.[69] 이른바 우익 반대파의 세 번째 지도자인 전 소련 노동조합 수장 미하일 톰스키는 1936년 8월 총으로 자살함으로써 이 끔찍한 운명을 피했다.

스탈린이 전前 소련 정치 엘리트들을 겨냥한 이 터무니없는 혐의들을 실제로 신뢰했다거나, 혹은 기소가 의존한 말도 안 되는 자백들에 조금이라도 신빙성을 부여했다고 믿기는 힘들다. 그러나 도널드 J. 트럼프 대통령의 지지자들에 대한 격언을 빌려 다른 말로 표현한다면, 스탈린은 자백을 진지하게 여겼으나 글자 그대로 받아들이지는 않았다. 반소 음모의 존재에 대한 스탈린의 믿음은 확고했지만, 구체적 자백의 세세한 진실성 여부는 완전히 다른 문제였음이 거의 틀림없다 할 것이다.

J. 아치 게티J. Arch Getty와 올레크 나우모프Oleg Naumov는 대테러를 분석한 그들의 저술에서 예조프와 부하린을 이렇게 구분했다. 즉 예조프는 적들의 존재를 진심으로 믿어 스탈린을 위해 끝까지 그들을 추적한 반면, 부하린은 자신이 바로 그 적이라고 허위 자백함으로써 스탈린에 봉사하는 쪽을 택했다는 것이다. 1936년 9월 내무 인민위원부NKVD 수장으로 임명된 예조프는 공식 담론을 현실의 묘사로 받아들였다. 하지만 부하린에게는 공식 담론은 지어낸 이야기이고 소비에트 시스템을 보호하기 위해 미리 정해진 역할을 하기로 준비된 드라마였다.[70] 스탈린은 이 두 가지를 섞어 놓은 경우였던 것 같다. 스탈린에게 소비에트 권력에 반대하는 음모는 예조프에게만큼이나 현실적이었으나, 그는 진실이 연출재판을 위해 짜 맞춰진 이야기보다 더 복잡하고 모순적이라는 사실을 알았다.

소련 국가와 사회에 대한 전반적인 숙청 분위기를 조성해준 것은 당 중앙위원회의 1937년 2~3월 총회였다. 1937~1938년에만 150만 건의 정치적 체포와 수십만 명의 처형이 있었다. 스탈린은 외국 첩자들의 "파괴와 양동작전—간첩행위"가 트로츠키주의자들이 침투한 거의 모든 당과 국가기관에 영향을 미쳤다고 총회에서 말했다.

당은 "자본주의 포위"라는 상황에서 소비에트 국가가 직면한 위험, 특히 숱한 제국주의 파괴자, 스파이, 양동작전가, 살인 청부업자들의 소련 침투를 과소평가했다고 스탈린은 말했다. 충직한 공산주의자인 체하는 트로츠키주의자들은 "우리 국민을 정치적으로 기만하고 신뢰를 저버렸으며 은밀히 파괴활동에 종사하고 소련의 적들에게 우리 국가기밀을 누설했습니다."

스탈린은 당의 힘은 대중과의 연결에 있다고 언급했다. 그 예증으로 스탈린은 바다의 신 포세이돈과 땅의 여신 가이아 사이에서 태어난 아들 안타이오스에 관한 고대 그리스 신화를 인용했다. 안타이오스는 땅을 통해 어머니로부터 힘을 끌어내기 때문에 싸움을 하면 천하무적이었다. 그러나 어느 날 적이 나타나 안타이오스를 무찔러버렸다. 안타이오스를 높이 들어 올려 대지를 밟지 못하게 한 것은 헤라클레스였다.

나는 볼셰비키가 우리에게 그리스 신화의 영웅 안타이오스를 상기시킨다고 생각합니다. 그들은 안타이오스처럼 그들의 어머니, 그들을 낳아 젖을 먹이고 길러준 대중과 연결을 유지하기 때문에 강력합니다. 그리고 볼셰비키는

그들의 어머니인 인민들과 연결을 유지하는 한, 계속 천하무적일 가능성이 완전히 있습니다.[71]

1937년 5월에 미하일 투하쳅스키[25] 원수와 다른 소련 장군 7명이 체포되면서 군부 숙청이 시작되었다. 이들은 정부를 전복하려는 파시스트 음모를 꾸민 혐의로 기소되었다.

스탈린이 붉은군대의 충성을 의심하게 된 것은 부르주아 군사 전문가들의 충원을 둘러싼 내전기의 논쟁으로까지 거슬러 올라간다. 1920년대에 백계 망명자 그룹들은 투하쳅스키를 '붉은 나폴레옹'이라 하며 환상을 가졌고, 전 차르 장교들이 군대에 침투할 거라는 두려움이 존재했다. 고도로 정치화된 군대에는 트로츠키 지지자가 많았고, 1927년에 정치 경찰 수장은 스탈린에게 트로츠키 지지자들이 군사 쿠데타를 모의하고 있다고 경고했다. 강제적인 집단화 운동이 진행되는 동안 붉은군대의 병사들은 농민들의 토지와 농산물을 압수하라는 명령을 받고 동요했다.

그럼에도 투하쳅스키는 국방 부인민위원이 되었고 1935년에는 원수로 진급했다. 그러나 키로프 암살 이후 분위기가 과열되면서 투하쳅스키에 대한 스탈린의 태도는 급격히 변했다. 투하쳅스키의 체포를 촉발한 것은 1937년 5월 초에 외국 첩자들이 군대에 침투했고 파괴와 간첩행위가 만연한다는 보로실로프의 보고였을 것이다.[72] 투하쳅스키와 그의 동료들은

---

25) Mikhail Nikolayevich Tukhachevsky(1893~1937). 소련의 군인. 1914년 사관학교를 졸업하고 제1차 세계대전에 참가했다. 1918년 붉은군대에 입대해 1925년 참모총장, 레닌그라드 군관구 사령관을 거쳐 국방부인민위원, 소련공산당 중앙위원회 후보 및 원수가 되었다. 1937년 5월 볼가 군관구 사령관으로 좌천되고, 6월 반소련 음모 혐의로 비공개 재판에 회부되어 총살당했다. 1956년 흐루쇼프의 '스탈린 비판' 이후 명예가 회복되었다.

1938년 말까지 계속된 광범위한 숙청 과정에서 다른 장교 수천 명처럼 약식 재판을 받고 처형당했다. 죽은 사람 중에 원수 3명, 장군 16명, 제독 15명, 대령 264명, 소령 107명, 중·소위와 대위 71명이 있었다. 숙청이 마무리될 때까지, 나중에 1만 1,500명이 복직되긴 했지만, 장교 3만 4,000명이 해임되었다.

1937년 6월 2일에 스탈린은 소련 '군사평의회'에서 연설하며, 소비에트 권력에 대항하는 군사-정치 음모가 존재한다고 말했다. 이 음모의 정치 지도자는 트로츠키, 리코프, 부하린이고 군부 핵심은 투하쳅스키가 이끄는 상급 사령부 그룹이었다. 이 음모의 총책은 독일과 직접 협상한 트로츠키였고, 투하쳅스키 그룹은 그들을 "인형과 꼭두각시"처럼 부리는 독일 국방군의 첩자로 행동했다.

스탈린은 사람들을 정치적 배경이 의심스럽다는 이유만으로 박해하는 것에 주의하라고 했으나 소련 정보기관의 취약함을 한탄했다. 그것은 부르주아 국가의 정보기관에 비해 "어린애 같았다." 정보기관은 소비에트 국가의 눈과 귀였고, 20년 만에 처음으로 완전히 패배했다고 스탈린은 말했다.[73]

스탈린은 이른바 쿨라크들의 불온 활동에도 마음이 어지러웠다. 이들은 강제적인 집단화 운동에서 재산을 빼앗긴 부농이라고 간주된 사람들이었다. 1937년 7월 초에 정치국은 지역과 지방 당 지도자들에게 "가장 위험한 자들을 체포해 총살할 수 있도록" 시베리아의 유형지에서 집으로 돌아온 반소 "쿨라크와 범죄자들"의 명단을 작성하라고 지시했다.[74] 그달 말에 정치국은 7만 2,000건 이상의 약식 처형을 포함해 거의 30만 명에 이르는 쿨라크와 범죄자들을 억압하겠다는 NKVD의 제안을 승인했다. 이 '대규모 작전'의 공식 이유는 반소 분자들이 농촌에서뿐 아니라 도시 지역에서도 광범위한 범죄, 파괴, 전복 활동에 참여하고 있다는 것이었다. 작전이 끝났을 때 NKVD는 체포 목표는 150퍼센트, 처형은 400퍼센트 이상 초과 달성했다.[75]

1936년 7월 스페인 내전이 발발하자 스탈린은 외국 위협과 국내 위협이 서로 영향을 주고받을까 봐 더욱 두려워졌다. 스페인 좌파 정부에 맞서 프란시스코 프랑코[26] 장군이 일으킨 군사 반란은 파시스트 이탈리아와 나치 독일로부터 병력과 군수품을 지원받았다. 스탈린은 민주적으로 선출된 공화국 정부를 지지했고, 소련 군 인력 약 2,000명이 코민테른의 '국제여단'[27] 의용병 4만 명과 나란히 스페인에서 복무했다. 스탈린은 프랑코의 군사적 성공이 전선 뒤의 파괴와 전복 활동의 결과라고 확신했다.[76]

스페인 공산주의자들은 반파시즘 투쟁의 선봉에 섰으나 또한 강력한 아나키즘 운동과 소수지만 목소리가 큰 '마르크스주의 통일노동자당POUM'이라고 하는 반ғ트로츠키주의 정당도 있었다. 소련에서 전개되던 대테러의 맥락에서 스페인에서 공산주의자보다 더 급진적인 혁명을 모색하던 POUM 좌파는 나치와 파시스트 선동 공작원들로 분류되었다. 1937년 5월 바르셀로나에서 일어난 POUM의 반란은 소련 요원들이 그들의 지

---

26) Francisco Paulino Hermenegildo Teódulo Franco y Bahamonde(1892~1975). 스페인의 군인 출신 정치인이자 예비역 스페인 육군 대원수. 1937년 스페인의 인민전선 정부에 반란을 일으켜 1939년 승리했고, 그 후 사망 때까지 스페인을 철권 통치했다.

27) International Brigade. 스페인 내전 당시 제2공화국 정부를 지원한 의용군 부대. 53개국 출신의 약 3만~4만 명의 병력으로 구성되었다.

도자 안드레우 닌[28]을 납치해 처형하는 등 잔혹하게 진압되었다.

스탈린은 소련이 외국 열강의 공격을 받으면 '파괴자와 스파이들'이 해를 끼칠 수 있다는 생각에 사로잡혔고, 그 점에서 스페인을 구체적인 실례로 여겼다. 스탈린은 1937년 6월에 군사평의회에서 "그들은 소련을 또 하나의 스페인으로 만들기를 원합니다"라고 말했다.[77]

1937년 11월에 스탈린은 공산주의 인터내셔널의 수장 게오르기 디미트로프[29]를 크렘린 집무실로 불러들였다. 이 불가리아인은 1933년 히틀러가 집권했을 때 베를린에 있다가 제국의회 의사당 방화[30]를 공모한 혐의로 나치에 체포되었다. 1934년 2월 소련으로 추방된 디미트로프는 스탈린의 지지를 받아 코민테른을 반파시즘 통일 정치 쪽으로 이끌었다. 디미트로프는 1935년 8월 모스크바에서 열린 코민테른 제7차 세계 대회에서 주요 보고를 했고 총서기로 선출되었다. 그는 1943년 코민테른이 해산될 때까지 총서기직을 유지했다. 디미트로프는 스탈린과 긴밀한 업무 관계를 발전시켰으며, 그의 개인 일기에 적힌 둘 사이의 은밀한 대화에 관한 메모는

---

28) Andreu Nin Pérez(1892~1937). 스페인 공산주의 정치인. 1937년 프란시스코 프랑코의 국민파와 협력한 혐의로 모스크바의 지지를 받는 제2스페인 공화국 정부에 체포되어 소련 내무 인민위원부 요원들의 고문을 받고 사망했다.

29) Georgi Dimitrov Mihaylov(1882~1949). 불가리아의 공산주의 정치가. 1935~1943년 코민테른 총서기, 1943~1945년 소련공산당 국제 정책부 부장, 1946~1949년 불가리아 각료회의 의장, 1948~1949년 불가리아 공산당 총서기를 역임했다.

30) 1933년 2월 27일 베를린의 제국의회 의사당이 네덜란드 출신의 공산주의자 마리누스 판 데르 루베 (Marinus van der Lubbe)에 의해 불탄 사건이다. 당시 마리누스 판 데르 루베는 끝까지 단독범행을 주장했지만, 나치당은 이 사건을 공산주의자들의 조직적인 계획범죄로 몰아붙여서 결과적으로 수권법을 비롯한 나치당의 독재체제를 완성하는 기폭제가 된다. 그러나 이후 재판에서 공산당의 조직적인 개입은 입증되지 않았으며, 방화에 가담했다고 고발된 다른 공산당원들은 무죄로 풀려났고, 마리누스 판 데르 루베는 사형을 선고받았다.

매우 흥미롭다.

스탈린은 디미트로프에게 반트로츠키주의 투쟁에 관한 코민테른의 정책은 충분하지 않았다고 말했다. "트로츠키파는 끝까지 추적해서 총살하고 파괴해야 합니다. 이자들은 국제적인 선동 공작원들이고 가장 악랄한 파시즘 요원들입니다."[78]

NKVD는 몇 번의 기도 끝에 1940년 8월 멕시코에서 마침내 트로츠키를 암살할 수 있었다. 스탈린은 트로츠키의 죽음에 관한 『프라우다』의 논설을 직접 편집했다. 스탈린은 표제를 '트로츠키의 불명예 죽음'에서 '한 국제 스파이의 죽음'으로 변경하고 다음과 같은 문장을 무기명 논설 끝에 덧붙였다. "트로츠키는 그 자신의 음모, 배신, 반역의 희생자였다. 그리하여 이마에 '국제 스파이' 낙인이 찍힌 채 무덤으로 들어간 이 비열한 인간의 생애는 불명예스럽게 끝났다."[79]

스탈린이 조직한 대테러는 소비에트 시스템 내에서 그의 권력을 무시무시하게 과시한 경우였다. 마찬가지로 오직 스탈린만이 숙청을 끝낼 힘이 있었다. 1938년 여름에 정치국은 체포와 처형을 억제하고, NKVD의 활동을 축소하는 조치를 취했다. 1938년 11월 예조프는 무고한 사람들을 겨냥하는 음모를 꾸민 NKVD 내의 반역자들을 뿌리 뽑는 데 실패했다고 인정하며 인민위원직을 사임했다. 1939년 4월에 체포된 예조프는 1940년 2월 총살당했다. 보안 기관의 수장으로서 그의 후임은 그루지야 공산당 당수였던 라브렌티 베리야였다.[80]

1939년 3월 제18차 당 대회에서 스탈린은 인민의 적에 대한 승리와 대규모 숙청의 종결을 선언했다. 당은 트로츠키와 부하린 같은 최고위 수준의 외국 정보기관 요원들의 가면을 더 빨리 벗기지 못하는 "큰 실책을 저질렀다"라고 스탈린은 인정했다. 이는 자본주의 국가들의 소련 포위가 제기한 위험을 과소평가한 결과였다. 스탈린은 이 결함을 사회주의 아래에서는 국가가 사멸한다는 마르크스주의 이론과 연결했다. 이 교리는 역사적 경험에 비추어 갱신될 필요가 있었다. 국내외 적들로부터 사회주의 시스템을 보호하기 위해서는 강력한 소비에트 국가가 필수적이었다.[81]

스 파 이 광 풍

스탈린은 스파이, 심지어 자신을 위해 첩자 노릇을 한 스파이들도 경멸했다. 스탈린은 한번은 이렇게 말했다. 스파이는 "사악하고 뻔뻔하기가 이를 데 없을 것입니다. 그는 틀림없이 아무도 믿지 않을 것입니다." 대단히 의심이 많은 스탈린은 자기 스파이조차 적에 의해 "돌아설" 수 있다고 우려하며 신뢰하지 않았다. 잘 알려져 있듯이, 그리고 참사를 불러일으켰듯이 스탈린은 1941년 여름에 독일이 소련을 공격할 거라는 소련 스파이들의 수많은 경고를 무시했다. 그는 스파이보다 자신이 히틀러의 의도를 더 잘 파악하고 있다고 생각했다. 스탈린은 독일 공군에서 암약하던 고위 정보원이 보낸 한 보고를 두고 정보기구 책임자에게 그 정보원한테 "엿이나 먹으라고 하세요. 이자는 '정보원'이 아니고 허위 정보 유포자입니다"

라고 말했다. 스탈린은 여느 때와 달리 이 논평을 붉은색이나 푸른색이 아니라 녹색으로 썼다.[82]

스탈린은 스파이와 달리 정보 장교들을 위해서는 시간을 더 들였고, 부르주아 신문에서 오려낸 기사들을 편찬하는 일 같은 일상적인 정보 수집 활동을 가치 있게 생각했다. 1942년 8월 윈스턴 처칠을 위해 연 모스크바의 환영 연회에서 스탈린은 군 정보 장교들을 위해 건배를 제안했다. "그들은 조국의 눈과 귀가 되어… 고결하고 지칠 줄 모르게 국민들을 위해 복무했고… 사심 없이 국가에 봉사한 좋은 사람들이었습니다."[83]

제1차 세계대전 전에 러시아에서 부영사로 근무한 R.H. 브루스 록하트는 20세기 초에 가장 유명했던 영국 스파이였다. 록하트는 전쟁이 발발한 후 러시아로 돌아왔고 1917년 차르가 몰락하고 볼셰비키가 권력을 장악하기 직전까지 그곳에 머물렀다. 록하트는 1918년 1월에 표면적으로는 영국 총영사로 러시아로 다시 돌아왔으나 그의 진짜 임무는 스파이 네트워크를 조직하는 것이었다. 록하트는 볼셰비키 정부를 전복하는 음모에 관여했으나, 1918년 8월에 레닌 암살 기도가 실패한 후 체포되었다. 록하트는 볼셰비키 외교 대표로 런던에 있다가 영국에 체포된 막심 리트비노프[31]와 교환하는 조건으로 재판과 사형선고 가능성을 피할 수 있었다.

1932년에 발간된 브루스 록하트의 『한 영국 공작원의 회고록Memoirs of a British Agent』은 세계적으로 엄청나게 히트했다. 출판사는 백계 망명자 시장을 겨냥해 회고록을 러시아어로 번역했고 스탈린도 그 번역본을 갖게 되

---

31) Maxim Maximovich Litvinov(1876~1951). 소련의 정치가이자 외교관. 1930~1939년 외무 인민위원, 1941~1943년 미국 주재 소련 대사를 역임했다.

었다. 스탈린은 록하트의 대담한 행동 이야기에는 관심이 없었지만 "트로츠키는 위대한 조직가였고 엄청난 육체적 용기를 지닌 사람이었다. 하지만 도덕적으로 트로츠키는 벼룩이 코끼리에게 대항할 수 없듯이 레닌에게 맞설 수가 없었다"라는 록하트의 언급에는 밑줄을 그었다.[84]

1937년 9월에 예조프는 스탈린에게 찰스 로셀Charles Rossel 소령의 『첩보와 방첩Intelligence and Counter-Intelligence』 번역본을 보냈다. 예조프가 이 책을 보낸 까닭은 1937년 5월에 『프라우다』에 실린 장문의 논설에 스탈린이 큰 관심을 보였기 때문일 것이다. 이 논설은 외국 정보 요원들이 스파이를 모집하는 방법을 구체적으로 기술했다.[85] 스탈린은 직접 그 논설을 편집하면서 일본 정보기관이 일본 귀부인을 미끼로 삼아 일본 거주 소련 시민을 어떻게 끌어들이는지를 보여주는 이야기를 덧붙였다.[86]

스탈린이 갖고 있던 로셀의 책은 소련 정보 장교용으로 한정 발행한 750권 중 743번째 책이었다. 미국인인 로셀은 뉴욕에서 군인들을 상대로 했던 강연에 바탕을 두고 이 책을 썼다. 책의 소련 편집자는 니콜라이 루빈시테인Nikolay Rubinstein이었는데, 그는 서방 정보기관들의 작업 방식에 관한 정보를 수집하는 것이 업무인 NKVD 특별 부서를 이끌었다. 루빈시테인은 서문에서 러셀의 책은 소련 독자들에게 미국의 첩보와 방첩 시스템의 체계를 알려주고 나아가 그런 활동을 하는 법에 관해 많은 유용한 실용적 충고를 제공할 거라고 썼다.

강연은 제1차 세계대전 당시 군 정보기관이 쌓은 경험에 초점을 맞추었다. 로셀은 독일이 전쟁이 시작되기 오래전부터 다른 나라에 어떻게 스파이를 침투시켰는지에 주목했다. 로셀은 영속, 1회성, 우연한 스파이 등 세 부류의 스파이를 확인했다. 해외에서 활동하는 정보 장교에게 준 로셀의 최종 충고는 장교들이 여성을 가까이하지 않고 지역 신문을 읽으며 평범한 사람들과 이야기해야 한다는 것이었다.

소련은 외국의 첩보 활동을 항상 두려워했지만, 특히 두 차례의 정말 격렬한 '스파이 광풍'이 있었다. '예좁시나Yezhovshchina'(예조프 체제), 즉 1937~1938년의 대테러와 1940년대 중반에서 말 사이에 있었던 '즈다놉시나Zhdanovshchina'(즈다노프 체제)가 그것이다. 스탈린의 이념 책임자인 안드레이 즈다노프의 이름을 딴 즈다놉시나는 소련이 전시에 영국·미국과 연합했기 때문에 벌어졌던 서방 영향력의 소련 침투를 뒤엎으려는 문화 운동이었다. 이 운동은 냉전의 발발과 동시에 일어났고, 대테러 시대의 공포, 의심, 불안의 분위기로 복귀함을 알리는 것이었다. 레닌그라드에서 있었던 당 지도부의 숙청은 스파이 활동 혐의와 관련되었다. '소비에트 유대인 반파시즘 위원회'가 해산되면서 그 회원들이 시온주의자[32]와 유대인 민족주의자라고 체포되었다. 피체자 중 한 사람은 몰로토프의 유대인 부인인 폴리나 젬추지나였는데, 그녀는 당에서 축출되어 카자흐스탄으로 유형당했다. 몰로토프는 당 지도부의 일원으로 남았으나, 그가 맡고 있던 외무장관직은 부관 중 한 명으로 바로 전직 검사였던 안드레이 비신스키가 물려받았다. 별로 중요하지 않은 피해자는 좌파 언론인으로서 오랫동안 소련의 지지자였던 안나 루이스 스트롱[33]이었다. 그녀는 미국의 스파이라는

---

32) Zionist. 팔레스타인 지역에 유대인 국가를 건설하는 것이 목적인 민족주의 운동의 지지자를 일컫는다. 이 운동은 19세기 말에 시작되어 1948년 이스라엘을 건국하는 데 성공했다.

33) Anna Louise Strong(1885~1970). 미국의 언론인. 소련과 중화인민공화국 공산주의 운동의 지지자로 유

혐의를 근거로 소련에서 추방되었다.

문화 냉전은 동서 정치투쟁만큼이나 격렬했고, 1949년에 소련은 『미국 외교관들에 관한 진실』이라는 책을 발간했다. 명목상 저자는 모스크바의 미 대사관 정보국에 고용된 미국 시민 애나벨 부카였다. 그녀는 1948년 2월 오페라 스타로 일부 사람들이 소련의 프랭크 시내트라[34]라 할 만하다고 한 콘스탄틴 랍신Konstantin Lapshin과 사랑에 빠졌기 때문에 직장을 그만두었다. 당시 미국 대사였던 월터 베델 스미스[35]는 그녀가 조국을 버린 것은 소련 시민들에게 외국인과의 결혼이 허용되지 않았던 탓이라고 회고록에서 주장했다.[87]

소련 스파이들에 대한 서방의 선전을 반박할 준비가 된 국가 안전부 장관 빅토르 아바쿠모프[36]는 러시아어 번역본 견본을 스탈린에게 보내 대량 발간을 허락해달라고 요청했다.[88] 스탈린은 한두 군데 사소한 사실상의 오류를 바로잡고 책의 앞표지에 이렇게 썼다. "그리고 이것을 영어, 프랑스어, 스페인어로 발행할 건가요?"[89]

명했다.

34) Francis Albert 'Frank' Sinatra(1915~1998). 미국의 가수, 영화배우. 1940년대부터 부드러운 크루닝 창법을 내세운 스탠더드 팝 음악을 구현했고, 20세기 미국 대중음악을 대표하는 아티스트 중 한 명으로 꼽힌다.

35) Walter Bedell Smith(1895~1961). 미국 육군 고위 장교. 제2차 세계대전 당시 연합군 본부에서 아이젠하워의 참모장을 지냈다. 전후에는 1946~1948년 소련 주재 미국 대사, 1950~1953년 중앙정보국 국장, 1953~1954년 국무차관을 역임했다.

36) Viktor Semyonovich Abakumov(1894~1954). 소련의 고위 보안기관 관리. 1946년부터 1951년까지 국가 안전부(MGB) 장관을 지냈다. 죄수들을 직접 고문한 것으로 악명 높지만 그 역시 '의사들의 음모' 사건에서 태만죄로 체포되어 고문을 받았다. 1953년 3월 스탈린이 죽은 후 의사들의 음모는 날조된 것으로 해명되었지만 그는 여전히 풀려나지 않았으며, 결국 레닌그라드 사건으로 알려진 숙청을 주도한 죄로 재판을 받고 1954년 12월에 처형당했다.

이 책은 센세이션을 일으켰다.[90] 러시아어판 1쇄 1만 부는 재빨리 소진되었고 2쇄 10만 부도 마찬가지였다. 1949년 3월에 정치국은 20만 부를 더 인쇄하라고 명령했다. 책은 또 스탈린이 요구한 언어를 포함해 다른 많은 언어로도 출간되었다. 이 책에 기반을 둔 영화 〈프로샤이, 아메리카!Proshchai, Amerika!〉(《안녕, 아메리카!》)는 유명한 소련 영화제작자로 스탈린이 매우 좋아하던 알렉산드르 도브젠코[37]가 만들었다.[91]

부카의 책은 모스크바의 미국 대사관이 어떻게 스파이 소굴이 되었는지를 자세하게 설명했다. "미국 외교부는 정보 조직이다." 스탈린은 자신이 갖고 있던 부카의 책에서 이 문장에 밑줄을 그었다. 스탈린이 마치 정보장교들로부터 받은 브리핑 문서이기라도 한 것처럼 이 책을 읽고 또 표시한 것은 대사관의 하급 직원이었던 부카가 아니라 그들이 책의 정보와 분석의 주요 출처였기 때문에 불합리한 것도 아니었다. 스탈린이 가장 주의를 기울인 장은 '국무부 내 반소 도당의 지도부'라는 제목이 붙어 있었다.

스탈린이 당연하게 주목한 주요 당사자는 모스크바 대사관의 전 대리대사였던 조지 F. 케넌[38]이었다. 케넌은 「소련 행동의 근원」이라는 논설의 익명 저자 'X'로 밝혀지면서 최근에 명성을 얻었다. 1947년 7월 유력한 미국 잡지 『포린 어페어스Foreign Affairs』에 게재된 이 논설은 소련이 메시아적 팽창주의 국가이므로 이에 대항하는 힘을 기민하게 전개해 이를 억제해야

---

37) Alexander Petrovich Dovzhenko(1894~1956). 우크라이나계 소련의 영화제작자, 각본가, 감독. 세르게이 예이젠시테인, 지가 베르토프, 프세볼로트 푸돕킨과 함께 소련 초기의 매우 중요한 영화제작자 중 한 명이다.

38) George Frost Kennan(1904~2005). 미국의 외교관, 정치가, 역사가. '봉쇄의 아버지'라고 잘 알려져 있으며 미소 냉전의 핵심이 된 인물이다. 1952년 소련 주재, 1961~1963년 유고슬라비아 주재 미국 대사를 역임했다.

한다고 주장했다. 논설은 미국이 1940년대 말에 소련과 대결하는 쪽으로 선회하는 데 본질적으로 영향을 미친 글로 널리 여겨졌다.

부카는 케넌을 미국 내 공격적인 반소 집단의 대표자이자 소련과의 협력이라는 루스벨트 대통령의 정책을 뒤엎으려고 시도하는 핵심적 인물로 간주했다. 스탈린이 밑줄을 친 또 다른 문장은 "미국과 소련 사이의 전쟁은 불가피하며", 미국은 성공적인 사회주의 시스템이 계속 존재하는 것을 용납할 수 없다는 이른바 케넌의 언급이었다. 부카는 케넌이 자신이 지지한 공산주의 봉쇄 정책을 이용해 미국의 전 세계 지배를 정당화하고 있다고 썼다.[92]

러시아어를 유창하게 말하는 케넌은 적어도 두 번의 행사에서 스탈린을 만났고, 소련 독재자에 대한 다음과 같은 기억할 만한 묘사를 글로 남겼다.

> 그는 말수가 적었다. 말은 전반적으로 합리적이고 지각 있게 들렸다. 실제로 말이 종종 그랬다.⋯ 감정이나 의사를 숨기는 사람으로서 스탈린의 위대함은 정치인으로서 그의 위대함의 필수불가결한 일부였다. 단순하고 타당해 보이며 겉으로는 악의 없는 발언을 할 수 있는 그의 재능도 그랬다. 어떤 창조적 의미에서도 전혀 독창적이지 않은 스탈린은 항상 학생 중에서 가장 총명했다. 그는 믿을 수 없을 정도로 예리한 관찰력을 지녔다.⋯ 그를 방문했을 때 세계에서 가장 뛰어난 사람 중 한 명 앞에 있다는 사실이 의심할 여지 없이 드러났다. 스탈린은 무자비하고 냉소적이고 교활하고 끝없이 위험한, 말하자면

기본적으로 사악하기 짝이 없는 인물이지만, 이 모든 것에도 불구하고 우리 시대의 진정으로 위대한 사람 중 한 명이었다.[93]

케넌은 1952년 5월에 미국 대사가 되어 모스크바로 돌아왔으나 9월에 베를린에 잠시 머무르는 길에 모스크바에서 자신이 겪은 고립감에 대해 기자들에게 불만을 토로하면서, 이 고립을 1941년 12월 히틀러가 미국에 선전포고를 한 후 독일이 베를린에서 자신을 어떻게 대우했는지와 비교했다. 『프라우다』는 케넌의 "중상모략적인" 발언을 공격했고, 그는 외교관으로서 '환영받지 못하는 인물persona non grata'로 선언되면서 소련에서 추방된 유일한 미국 대사가 되었다. 그와 같은 극단적인 제재는 스탈린만이 부과할 수 있었을 것이다(스탈린이 반드시 제안한 것은 아니더라도). 그것은 케넌이 스탈린과 소련에 대한 강경한 견해를 이미 버린 상태였기 때문에 불행한 조처였다. 친러시아파로서 케넌은 이 추방에 깊이 상심했으나, 이 사실이 그가 1950년대와 1960년대에 소련과의 데탕트를 앞장서서 옹호한 서방측 인물이 되는 것을 방해하지는 않았다.[94]

마키아벨리가 아니라 비스마르크

스탈린이 레닌 도서관에서 빌렸다가 돌려주지 못한 책 중에서 오토 폰 비스마르크의 회고록 러시아어판이 있었다.[95] 스탈린이 러시아어로 재발간되거나 번역될 예정이라고 표시된 대외 정책에 관한 책의 목록을 받았을 때 그의 눈길을 사로잡은 도서는 3권짜리 비스마르크 회고록의 새로운 번역이었다. 회고록의 제1권은 이미 번역이 끝났고 책을 출간할 출판사도 준비되어 있었다. 스탈린은 여백에 이렇게 썼다. "제2권도 반드시 번역해서 1권과 함께 출판하시오."[96]

스탈린의 마음을 끈 것은 비스마르크의 정치적 현실주의, 실용주의, 전술적 유연성이었을 것이다. 두 사람이 공통으로 갖고 있던 또 다른 특성은 복잡한 정세에서 전략적 비전과 성공적인 단기적 책략을 결합하는 능력이었다. 그들의 정치는 완전히 반대였을 테지만, 스탈린처럼 '철혈재상'은 국가 권력을 중앙으로 집중하기를 원한 사람이었다. 마르크스주의 이념의 헌신적인 추종자로서 스탈린은 "정치적 판단은 저 멀리서 역사의 말이 내는 발굽 소리를 들을 수 있는 능력"이라는 비스마르크의 경구를 아마도 높이 평가했을 것이다.[97]

비스마르크 회고록 번역본 제1권의 서문은 역사가 아르카디 예루살림스키Arkady Samsonovich Yerusalimsky(1901~1965)가 썼다. 독일 대외 정책 전문가였던 예루살림스키는 스탈린의 크렘린 집무실로 소환돼 자신의 번역서를 논의하는 자리에 참석했다. 스탈린은 '외교관으로서 비스마르크'라는 제목이 붙은 예루살림스키의 서문 글이 포함된 이 책의 출판 전 '견본'을 갖고 있었고, 거기에 여러 표시를 남겼다. 예루살림스키는 스탈린이 요구한 대로 내용을 바꾸려고 이 견본을 가져왔고, 견본은 결국 소련 역사가이자 반체제 인사인 미하일 겝테르Mikhail Yakovlevich Gefter(1918~1995)의 수중에 들어갔다. 겝테르에 따르면, 예루살림스키는 그에게 자신은 독일이 러시아와 전쟁에 돌입해서는 안 된다는 비스마르크의 경고를 강조했는데, 스탈린은 이를 마음에 들어 하지 않았다고 말했다. "왜 그들을 무서워합니까?"라고 스탈린이 물었다. "독일이 한번 해보라지요."[98]

동료 반체제 인사인 로이 메드베데프는 겝테르가 1960년대에 스탈린이 갖고 있던 1940년 판 비스마르크 '전집' 제1권을 자신에게 보여주었다고 한다. 메드베데프는 스탈린이 이 책에서 비스마르크가 독일이 러시아 및 서방 열강과 두 개의 전선에서 동시에 진행되는 전쟁을 하는 일이 없도록 항상 경고했다는 편집자의 논평에 표시를 했다고 회상했다. 스탈린은 여백에 "히틀러를 두려워하지 말라"라고 썼다. 문제의 책은 바로 이 비스마르크 회고록 제1권이었던 것 같다.[99]

1940년 9월 23일에 있었던 예루살림스키와 스탈린의 만남은 35분 동안 계속되었고 스탈린의 업무 일지에 기록되었다. 이튿날 외무 부인민위원 솔로몬 로좁스키는 예루살림스키의 서문에 요구된 변경이 그날 안에 완료될 거라고 스탈린에게 썼다. 하지만 설명 주들을 책의 끝에서 각 장의 끝으로 옮기자는 제안은 이미 인쇄한 5만 부를 어쩔 수 없이 폐기하게 만들 터였다. 그 대신 로좁스키는 이미 인쇄된 책들을 그대로 발행하고 다음 인쇄분부터 주들을 옮기자고 제안했고, 스탈린은 이에 동의했다.

1940~1941년에 세 권이 전부 발간되었다.[100] 스탈린이 사망한 뒤 제1권과 제2권은 IMEL에 의해 스탈린 개인 장서에서 표시가 있는 도서로 명부에 기입되었다.[101] 그러나 스탈린이 레닌 도서관에서 빌린 비스마르크

책처럼 그 도서들은 더는 이 기록보관소가 보유한 자료의 일부로 명부에 올라 있지는 않다. 스탈린의 도서 컬렉션 중 결국 개인의 수중에 떨어진 책들에 관한 여러 보고가 있고, 이 비스마르크 책들의 운명도 다르지 않았을 듯하다.

1985년부터 1991년까지 소련 각료회의 의장(총리)을 지낸 니콜라이 리시코프[39]는 1992년에 발간된 자신의 회고록에서 스탈린이 보유했던 마키아벨리의 『군주론』 1869년 러시아어판을 손에 넣게 되었다고 썼다. 리시코프는 이렇게 말했다. 스탈린이 표시를 많이 남긴 이 책은 "독재자의 교과서"였다. "때때로 나는 스탈린이 친 모든 밑줄을 한꺼번에 모아서 가지런히 정리한 다음 스탈린이 요약한 마키아벨리로 발간하면 어떨지 생각하곤 한다. 그렇게 하면 메드베데프, 볼코고노프, 코헨[40]··· 등 스탈린에 관한 다른 전기와 해석이 전혀 필요 없을 것이다."[102]

스탈린과 마키아벨리에 관한 또 다른 이야기는 스탈린이 시베리아에서 마지막 유형을 치르는 동안 당시 좋은 친구이자 동료였던 레프 카메네프가 이 이탈리아 철학자의 저술들을 연구할 때 스탈린이 지역 도서관에서 『군주론』을 발견하고 카메네프에게 마키아벨리 시대의 역사와 정치에 대해 질문을 퍼부었다는 것이다.

이 이야기의 출처는 1920년대 초 볼셰비키에 의해 해외로 추방당한 멘셰비키 역사가이자 활동가인 보리스 니콜라옙스키[41]였다.[103]

---

39) Nikolay Ivanovich Ryzhkov(1929~). 소련 및 러시아의 고위 관리. 1982~1985년 소련공산당 중앙위원회 경제부 부장, 1985~1991년 소련 각료회의 의장, 1995년 이후 러시아 국가두마 의원을 역임했다.

40) Stephen Frand Cohen(1938~2020). 미국의 저명한 러시아 현대사 연구자.

41) Boris Ivanovich Nikolayevsky(1887~1966). 러시아의 마르크스주의 활동가, 역사가. 러시아 혁명 후 마르

1930년대에 카메네프는 『군주론』 러시아어 번역본에 서언을 기고했다. 1936년 8월 카메네프의 연출재판에서 검사 안드레이 비신스키는 카메네프가 마키아벨리를 "정치적 금언의 대가이자 탁월한 변증가"라고 찬양한 사실을 인용했다. 비신스키는 마키아벨리가 "카메네프와 지노비예프에 비하면 애송이이고 시골뜨기"이지만 그들의 "정신적 선배"라고 말했다. 우리는 스탈린이 마키아벨리에 관해 카메네프가 쓴 이 글을 읽었는지는 알지 못하나, 스탈린은 카메네프가 1933년에 집필한 19세기 혁명가 니콜라이 체르니셉스키[42]의 전기를 읽고 다음과 같은 문장에 표시를 했다. "정치가는 언제나 권력을 다룬다. 즉 권력에 도전하거나 권력을 행사하거나 권력을 실행한다."[104]

또 다른 스탈린과 마키아벨리 이야기는 1950년대에 소련학술원에서 일하던 표도르 부를라츠키[43]가 들려주었다. 그의 출처는 스탈린의 개인 비서인 알렉산드르 포스크료비셰프[44]였다. 포스크료비셰프는 부를라츠키에게 스탈린이 중앙위원회 도서관에서 『군주론』을 정기적으로 빌린 다음 며칠 뒤에 돌려주었다고 말했다.[105]

크스-엥겔스 연구소 소장, 러시아 사회민주노동당(멘셰비키) 중앙위원을 지냈다. 1921년 소비에트 비밀경찰에 체포되어 1922년 해외로 추방되었다.

42) Nikolay Gavrilovich Chernyshevsky(1828~1889). 러시아 사회 사상가, 문학가. 페테르부르크대학교 문학부를 졸업하고 1853년부터 잡지 『현대인』을 통해 농민대중의 입장에 선 아래로부터의 변혁을 주장하면서 활발한 문필활동을 했다. 저서로 『현실에 대한 예술의 미학적 관계』, 『자본과 노동』, 『철학의 인간학적 원리』, 『무엇을 할 것인가』 등이 있다.

43) Fyodor Mikhailovich Burlatsky(1927~2014). 소련과 러시아의 정치학자, 언론인. 흐루쇼프의 연설문 작성 비서관이었으며 소련 말기에는 고르바초프의 자문관을 지냈다.

44) Alexander Nikolayevich Poskryobyshev(1891~1965). 소련의 정치가, 당 관리. 1930~1952년 소련공산당 중앙위원회 특수부 부장(스탈린의 개인 비서)을 지냈다.

이들 주장 중 어떤 것도 검증되지 않았지만, 스탈린은 마키아벨리를 읽었을 가능성이 있다. 아니 읽었음 직하다. 그러나 권력 행사에 대한 스탈린의 지식과 이해에 영향을 미친 것은 철학이나 정치 이론이 아니라 역사였다.

스탈린의 주의를 끈 '철혈재상'에 관한 또 하나의 책은 볼프강 빈델반트 Wolfgang Windelband(1886~1945)의 『비스마르크와 유럽 강대국들, 1879~1885』였다. 1940년 12월 베를린발 타스 뉴스 속보에 독일어판 발간에 대한 정보가 실렸다. 스탈린은 그 뉴스 속보에다 책을 러시아어로 번역해야 한다고 썼다.[106] 그리고 책은 번역되었다. 1941년 2월에 베리야는 스탈린에게 빈델반트 책의 3권짜리 번역본을 보냈다.[107] 이것은 스탈린이 개인적으로 이용하기 위한 것이나 또다시 러시아 기록보관소에 이 번역본의 존재를 확인할 수 있는 흔적은 없다.

스탈린은 비스마르크의 대외 정책뿐 아니라 국내 정책에도 관심이 있었다. 스탈린이 갖고 있던 1929년 발간 『소련대백과사전Bol'shaya Sovetskaya Entsiklopediya』의 초판 제16권에는 밑줄이 많이 쳐진 비스마르크 시대의 시기 구분에 관한 섹션이 있다. 백과사전의 편집자들은 비스마르크 시대를 독일 통일을 위한 투쟁(1871~1896), 사회 개혁 및 사회주의자들과 보수주의자들 사이의 갈등(1878~1886), 비스마르크의 '철혈재상 시기'(1887~1890)로 나눴다.[108]

스탈린이 외교에 관심을 둔 지는 오래됐다. 외교는 스탈린이 1925년에 자신의 장서를 위해 고안한 분류 체계 주제 중 하나였다. 소비에트 시스템에서 대외 정책 입안은 정치국의 기능이었고, 총서기로서 스탈린은 크고 작은 대외 정책 결정에 관여했다. 예를 들어 1935년 9월에 스탈린은 한 달 뒤인 무솔리니의 아비시니아 공격으로 최고조에 달한 이탈리아—아비시니아 위기의 심화 때문에 소련의 대이탈리아 수출을 금지해야 한다는 외무 인민위원부의 제안에 강력하게 반발했다. 스탈린은 이렇게 말했다.

> 이것은 이탈리아와 아비시니아 사이의 충돌일 뿐 아니라, 한편으로는 이탈리아와 프랑스, 다른 한편으로는 영국 사이의 충돌이기도 합니다. 옛 협상[45]은 더는 없습니다. 그 대신 두 가지 협상이 등장했습니다. 한편으로는 이탈리아와 프랑스의 협상이고 다른 한편으로는 영국과 독일의 협상입니다. 이 두 협상 사이에 드잡이가 격렬하면 할수록 소련에는 더욱더 좋습니다. 우리는 양측이 싸울 수 있도록 그들 둘 다에 빵을 팔 수 있습니다. 그들 중 한쪽이 다른 한쪽을 지금 당장 패배시킨다면 우리는 이득이 없습니다. 우리는 어느 한쪽이 신속한 승리를 거두는 일 없이 싸움이 더욱 길어진다면 이익을 봅니다.[109]

스탈린의 장서에서 국제 관계에 관한 책 중에는 1920년대에 베를린 대사관에서 근무한 영국 외교관 다버논 자작[46]의 일기를 러시아어로 번역해 1931년에 발간한 책이 있었다. 스탈린은 일기 자체를 읽은 것 같지는 않으나, 소련의 일류 외교관이자 역사가인 보리스 시테인[47]이 쓴 책의 서문에

---

45) entente. 제1차 세계대전 전인 1907년에 이루어진 영국·프랑스·러시아 간 '3국 협상'을 가리킨다.

46) Edgar Vincent, 1st Viscount D'Abernon(1857~1941). 영국의 정치인, 외교관, 문필가. 1920~1925년 베를린 주재 영국 대사를 지냈다.

47) Boris Yefimovich Shteyn(1892~1961). 소련의 외교관. 1920년대와 1930년대에 많은 소련 대표단의 일원

는 면밀한 주의를 기울였다. 스탈린은 시테인이 독일을 러시아와 동맹을 맺도록 몰아가지 않고 독일에 반대해 프랑스를 기만적으로 지지하는 영국의 정책을 분석한 부분을 눈여겨봤다.[110] 1940년 12월에 스탈린은 해럴드 니콜슨[48]의 고전인 『외교Diplomacy』의 러시아어판 '견본'을 받았다. 출판사는 5만 부 인쇄를 허락해달라는 메모도 함께 보냈다.[111] 출간된 책에서 스탈린의 눈길을 사로잡은 것은 '소련 고등외교원'에서 가르친 전직 대사 A. A. 트로야놉스키[49]의 서언이었다. 스탈린은 트로야놉스키가 당시의 영국 외교정책에 대해 말할 수밖에 없던 것, 즉 영국 외교정책은 기본적으로 반소련적이라는 언급을 아무래도 좋아하지 않았던 것 같다. 이는 스탈린이 1941년 6월에 독일이 소련을 침공한 후 영국의 윈스턴 처칠과 반히틀러 연합이 이루어졌을 때 책을 읽었음을 시사한다. 스탈린은 책의 20~25페이지에 틀렸다는 표시로 줄을 그었는데, 이는 아마도 정치적으로 좀 더 편의적인 서언을 담아 책을 다시 발행하기 위해서였을 것이다.[112]

외교사의 측면에서 스탈린이 폭넓게 공개적인 언급을 한 유일한 경우는 그가 당 잡지인 『볼셰비크Bol'shevik』 특별호에 엥겔스의 「러시아 차르 국가의 대외정책」(1890)을 포함하자는 제안에 자극받아 1934년에 이 논설에 비판을 가했을 때였다. 스탈린은 이 글을 다시 출판하면 제1차 세계대전의 기원에 관해 사람들이 혼란에 빠질 거라고 생각했기 때문에 특별호에

이었으며 1940년대에는 유엔에서 외교관으로 활약했다.

48) Sir Harold George Nicolson(1886~1968). 영국의 정치가, 외교관, 역사가, 언론인. 1935~1945년 영국 하원의원을 지냈다.

49) Alexander Antonovich Troyanovsky(1882~1955). 러시아의 혁명가, 소련의 외교관. 1927~1933년 일본 주재, 1933~1938년 미국 주재 소련 대사를 지냈다.

게재하는 것을 반대했다. 그러나 스탈린은 이 논설이 앞으로 같은 잡지의 다른 호에 실리는 것은 반대하지 않았다.

엥겔스는 약탈적 대외 정책이 차르 러시아 외교의 기능이라고 생각한 반면, 스탈린은 계급 이익과 국내 압력에 의해 추동된다고 믿었다. 엥겔스는 콘스탄티노플과 흑해 해협들을 통제하려는 러시아의 노력을 과장했고, 제1차 세계대전을 촉발하는 데 영국과 독일의 경쟁이 한 역할을 간과했다. 정치적으로 스탈린은 엥겔스의 논설이 반동적 차르 체제와의 전쟁이 제국주의 전쟁이 아니라 해방전쟁이며 러시아 야만과의 투쟁이라는 주장에 신빙성을 부여하게 될까 봐 우려했다. 스탈린이 보기에 차르 러시아는 어떤 다른 자본주의 강대국과도 전혀 다를 바 없었다.[113] 흥미롭게도 스탈린의 논설은 1941년 5월에『볼셰비크』에 의해 재출판되었다.

제2차 세계대전의 막이 오르면서 스탈린은 외교 활동에 직접 깊숙이 참여하게 되었다. 소련 외교사를 집필하는 일에 대한 스탈린의 관심은 그가 외교 문제에 점점 더 관여하게 된 한 가지 신호였다. 이 프로젝트를 책임진 이는 1920년대와 1930년대에 저명한 소련 외교관이었던 블라디미르 포툠킨[50]이었다. 포툠킨은 1940년 5월, 정치국이 외교사의 저술을 지시하는 결의안을 통과시킨 바로 같은 날에 스탈린을 1시간 동안 만났다.[114] 포툠킨은 10월에 스탈린에게 이 프로젝트에 동원된 역사가들의 이름과 주제를 열거한 경과 보고서를 보냈다. 포툠킨은 독창적 연구에 기반을 두고 광범위한 대중 독자들을 겨냥한 두 권짜리 마르크스주의적 외교사가 집필될

---

50) Vladimir Petrovich Potyomkin(1874~1946). 소련의 정치가, 교육자, 외교관. 1934년 이탈리아 주재 소련 대사, 1934~1937년 프랑스 주재 소련 대사, 1940~1946년 교육 인민위원을 역임했다.

것이라고 썼다. 책에는 지도와 다른 삽화도 들어갈 터였다.[115]

1941년 초에 『외교사Istoriya Diplomatii』 제1권이 50만 부 발간되자, 스탈린은 포툠킨에게 직접 전화를 걸어 그와 그의 팀을 축하했다.[116] 제2권의 간행은 1941년 6월에 전쟁이 발발하면서 중단되었고, 1945년 출간이 재개되었을 때 전부 3권짜리로 확대되었다. 포툠킨은 1945년 12월에 스탈린에게 제3권을 보냈으나, 3부작 중 '새로운 시대의 외교(1872~1919)'라는 부제가 달린 제2권만이 지금 스탈린의 장서에서 유일하게 찾을 수 있는 책이다.[117] 스탈린이 이 책에 남긴 표시는 주로 정보 제공에 그치는데, 이는 그가 책을 많은 부분 읽긴 했지만 1885년부터 1890년까지 비스마르크의 대외 정책에 관한 섹션에는 그다지 주의를 기울이지 않았음을 시사한다. 아마도 이때쯤에는 현실정치의 대가가 전성기가 지났기 때문일 것이다. 아니면 스탈린은 어쩌면 비스마르크에 대해 이미 충분히 알고 있다고 생각했을 수도 있다.[118]

1913년에 스탈린은 다음과 같이 언명했다. "외교관의 말은 그의 행동과 모순될 수밖에 없다. 그렇지 않다면 그는 도대체 어떤 부류의 외교관이란 말인가? 말은 말이고 행동은 완전히 다른 것이다. 좋은 말은 떳떳하지 못한 행동을 가리는 가면이다. 진정한 외교관은 마른 물이나 나무로 된 철 같은 것이다."[119] 30년 뒤 스탈린은 태도를 바꿨다. 스탈린은 1941년 4월에 막 중립 협정을 체결한 일본 외무장관을 만나 방문자의 명료한 발언을 높이 평가한다고 말했다. "나폴레옹의 탈레랑[51]이 외교관들에게 말하는 능

---

51) Charles-Maurice de Talleyrand-Périgord(1754~1838). 프랑스의 정치인, 외교관, 로마 가톨릭교회 성직자. 보통 탈레랑으로 불린다. 나폴레옹을 정계에 등장시키고 외무장관과 영국 주재 프랑스 대사를 지냈다.

력이 주어진 것은 그들의 생각을 숨길 수 있게 하기 위해서라고 말한 사실
이 잘 알려져 있습니다. 우리 러시아 볼셰비키는 의견이 다르며, 외교 무
대에서는 진실하고 솔직해야 한다고 생각합니다."[120] 스탈린은 1941년 12
월에 비슷한 식으로 영국 외무장관 앤서니 이든[52]에게 자신은 "선언"보다
"협정"을 좋아하는데, "선언은 대수학"인 반면에 "협정은 간단한 실제적
산수"이기 때문이라고 말했다. 이든이 웃자 스탈린은 순수 과학이라고 여
기는 대수학을 무시할 의도가 아니었다고 서둘러 이든을 안심시켰다.[121]

1942년 5월에 스탈린은 영국-소련 전시 동맹 조약의 체결에 관해 이든
과 했던 논의의 후속 조치로 몰로토프를 런던에 보내 영국 총리 윈스턴 처
칠을 만나게 했다. 스탈린은 영국에 1941년 6월의 독일 공격 당시 소련의
국경을 인정하게 하는 조항을 포함하기를 원했다. 영국은 이 영토의 많은
부분이 나치-소비에트 협정[53]의 결과로 획득된 것이므로 그와 같은 제안
에 난색을 보였다. 몰로토프는 조약 초안을 "공허한 선언"이라며 거부할
것을 조언했다. 스탈린은 동의하지 않았다. "우리는 그것을 공허한 선언
이라고 생각하지 않습니다.… 그것은 국경의 안전 문제를 결여하나 우리
에게 자유롭게 행동할 수 있게 해주므로 아마도 그리 나쁘지 않을 것입니
다. 국경 문제는… 힘으로 결정될 것입니다."[122]

스탈린은 "교황, 그자는 사단을 몇 개나 갖고 있습니까?"라고 물었다.

---

52) Robert Anthony Eden(1897~1977). 영국의 정치가. 1923년 하원의원으로 당선되어 의회에 진출했다.
1935년 이후 세 번 외무장관을 역임했으며 처칠의 뒤를 이어 보수당을 이끌고 총리를 지냈다. 1957년
이집트 침공의 실책으로 사임했다.

53) 1939년 8월 23일 나치 독일과 소련이 상호불가침을 목적으로 조인한 독일-소련 불가침 조약을 일컫는
다. 조약에 서명한 인물의 이름을 따서 몰로토프-리벤트로프 조약이라고도 한다. 그러나 2년 뒤인 1941
년 6월에 독일이 소련을 전격 침공하면서 조약은 파기되었다.

이 인용은 출처가 불분명하나 스탈린은 1935년 5월에 방문한 피에르 라발[54]이 바티칸과 협정을 체결해서 가톨릭교회와 어떤 외교적 다리를 놓을 것을 제안했을 때 얼굴에 미소를 머금고 이 프랑스 외무장관에게 비슷한 말을 했다고 전해진다. "협정이요? 교황과 협정을 말입니까? 아뇨, 어림도 없습니다! 우리는 군대가 있는 사람들과만 협정을 체결하는데 내가 아는 한 로마 교황은 군대가 없습니다."[123]

카이사르들과 차르들

스탈린은 스베틀라나가 대학에서 문학을 공부하고 싶다고 말했을 때 소스라치게 놀랐다.

그래서 너는 문학하는 사람이 되고 싶다고! 저 자유분방한 보헤미안이 되고 싶다고! 그들은 전부 교육받지 못한 무지한 사람들인데 너는 그들처럼 되고 싶구나. 안 돼, 너는 교육을 제대로 받는 게 나아. 역사를 해야지. 작가들도 사회사가 필요하단다. 역사를 공부해라. 그러면 네가 원하는 바를 할 수 있다.

스베틀라나는 아버지의 충고를 받아들였고 그것을 후회하지는 않았지만, 훗날 문학 연구로 돌아섰다.[124]

---

54) Pierre Jean Marie Laval(1883~1945). 프랑스의 정치인. 프랑스 제3공화국 때인 1931~1932년, 1935~1936년, 비시 정권하인 1940년, 1942~1944년 총리를 역임했다. 1934~1935년에는 외무장관으로 활동했다. 프랑스 해방 이후 반역죄로 체포돼 총살당했다.

1945년 10월 전쟁에 진이 빠진 스탈린은 흑해 연안의 소치 부근 다차로 물러났다. 이는 스탈린이 전후에 가졌던 일련의 장기 휴가 중 첫 번째 휴가 였다. 스탈린이 처음 했던 일 중 하나는 그루지야 역사가인 니콜라이 베르제니시빌리[55]와 시몬 자나시아[56]가 쓴 그루지야 역사 교과서에 대해 토론 하려고 그들을 가그라의 다차로 초청하는 것이었다.[125] 그들이 도착했을 때 스탈린은 준비를 마치고 자기 앞에 그들의 책을 놓고 기다리고 있었다. 믿을 수 없게도 대화는 나흘이나 계속되었고, 그루지야의 기원과 고대 동방 종족들과의 관계, 그루지야 역사의 봉건 시대, 차르 국가와의 투쟁과 그루 지야 사회의 형성, 스탈린이 근대화 추진자이자 국가 건설자라고 생각하는 헤라클리우스 2세[57]의 18세기 군주정 등 주제는 매우 다양하고 폭넓었다.

베르제니시빌리는 천재라고 생각한 사람을 만나고 나서 거의 동시에 그 만남에 관해 글을 썼다.[126] 그는 스탈린의 박학다식에 강렬한 인상을 받 았고 스탈린이 어떻게 고대 동방에 관해 그토록 많은 글을 읽을 시간이 있 었는지 궁금해했다. 베르제니시빌리는 그루지야 애국자이자 소비에트 애 국자로서 스탈린에 대해 열정적으로 말했고, 역사가들에 관해서 스탈린 이 선호하는 사람들을 충실하게 언급했다. "그는 투라예프[58]와 파블로프[59]

55) Nikoloz (Niko) Aleksandres dze Berdzenishvili(1895~1965). 그루지야의 역사가. 1946~1956년 트빌리시 국립대학교 역사학과 학과장, 1951~1957년 그루지야 학술원 부원장을 지냈다.

56) Simon Nikolayevich Dzhanashia(1900~1947). 그루지야의 역사가. 그루지야 학술원 회원. 1930~1947년 트빌리시 국립대학교 교수를 지냈다.

57) Heraclius II(1720~1798). 바그라티온 왕조의 그루지야 군주(재위 1744~1798).

58) Boris Alexandrovich Turayev(1868~1920). 고대 근동을 연구한 러시아의 학자. 1918년 러시아 학술원 회원이 되었다.

59) Nikolay Pavlov-Silvansky(1869~1908). 러시아의 역사가이자 정치인.

를 좋아하고 스트루베[60]와 오르벨리[61]를 싫어한다."[127]

스탈린은 책에 대해 많은 질문을 했으나 토론은 내내 정중하게 진행되었다. 실제로 두 저자는 1947년에 '스탈린 역사상'을 수상했다.

베르제니시빌리에 따르면, 스탈린은 그루지야 역사는 애국적인 역사여야 하지만, 그루지야인들이 러시아 인민들과 관계를 맺으려는 노력을 특별히 포함해야 하며 러시아의 진보적인 역사적 역할을 인정해야 한다고 말했다. 그루지야는 러시아의 일부가 되었을 때 비로소 유럽적 발전의 길로 복귀한 유럽 국가였다.

이러한 스탈린의 논평은 1930년대 중반에 고안되었으나 전쟁 동안 강력히 발전한 '민족들의 우애'라는 소비에트 개념을 예증하는 것이었다. 이 개념은 심지어 차르 시대에도 러시아 국가와 그 핵심 주민인 러시아인들은 비러시아 민족들이 해방, 진보, 근대성을 위해 투쟁할 때 그들의 확고한 동맹자였다는 아이디어였다.[128]

스탈린의 좀 더 일반적인 언급 중에는 역사 연구가 과거에 대한 진실을 찾는 것이고 증거에 기반을 둔 과학이라는 평도 있었다. 스탈린은 변증법적 유물론과 거시적인 문제에 대해 계속 지껄여대기를 좋아하나 증거 문서에 따른 뒷받침은 언급하지 않는 공산주의자들을 개탄했다. 스탈린은 복도에서 신문을 읽고 있는 베르제니시빌리를 우연히 마주쳤을 때 그에게 나라의 사정을 물었다. 베르제니시빌리는 "평온합니다"라고 답변했다. 스

---

60) Vasily Vasilevich Struve(1889~1965). 소련의 동방학자. 1937~1940년 소련학술원 민속학 연구소 소장, 1941~1950년 소련학술원 동방학 연구소 소장을 지냈다.

61) Joseph Orbeli(1887~1961). 소련과 아르메니아의 동방학자. 1943~1947년 아르메니아 국립학술원 초대 원장을 지냈다.

탈린은 "전 믿지 않아요. 증거가 어디 있습니까?"라고 말한 뒤 미소를 머금고 가던 길을 갔다.[129]

토론은 그루지야 역사에 국한되지 않았다. 스탈린은 볼셰비키 지하 활동 시절을 추억했고 전쟁도 이야기했다. 민족을 정형화하는 경향이 있었던 스탈린은 회동에 참석한 사람들에게 러시아인은 튼튼하고 영국인은 영양상태가 좋고 미국인은 거칠고 이탈리아인은 키가 작고 독일인은 너무 많은 대용 식품을 먹어 허약하다고 말했다. 전쟁 당시 유대계 소련인들에 대해서는 이렇게 말했다.

> 그들 중에는 '소련 영웅'('빅토리아 십자훈장'이나 '의회 명예훈장'에 해당—제프리 로버츠)이 비교적 적습니다. 그들은 경제 단체에 더 끌려서 그 주위에 모이고 군사 문제는 다른 이들에게 맡겨버립니다. 아무도 그들보다 먼저 따뜻하고 안전한 장소를 차지하지 못할 겁니다. 그들 중에 두려움을 모르는 전사들이 있으나 많지는 않다고 말해야 합니다.[130]

스탈린의 발언은 "유대인들은 타시켄트에서 전쟁을 치르고 있다"라는 사람들의 전시 편견을 되풀이했다. 실제로 유대계 소련인들은 다른 소련 국민만큼이나 용감하고 헌신적이었다.[131]

스베틀라나는 스탈린이 자신의 첫 번째 남편인 그리고리 모로조프[62]를 유대인이라는 이유로 좋아하지 않았다고 확신했으며, 또 그녀의 큰오빠

---

62) Grigory Iosifovich Morozov(1921~2001). 소련과 러시아의 법률가. 1944~1947년 스탈린의 딸 스베틀라나 알릴루예바의 첫 번째 남편이었다.

야코프의 부인 율리야도 유대인이었기 때문에 스탈린의 마음이 좋지 않았다고 주장했다.[132]

스탈린이 어느 정도 반유대적인지는 여전히 논란거리다. 조레스 메드베데프는 스탈린이 개인적으로 반유대인적이라기보다는 정치적으로 유대 민족주의에 적대적이었다고 판단했다. 스탈린은 유대 민족주의가 소비에트 시스템을 위협한다고 보았다. 그래서 전쟁이 끝난 후 소비에트 유대인 반파시즘 위원회를 숙청했다.[133] 공식적으로 소비에트 국가는 반유대주의를 포함해 모든 형태의 인종주의에 반대했고, 스탈린은 그런 취지로 공개적으로 발언을 많이 했다. 1947년에 소련은 팔레스타인을 유대 국가와 아랍 국가로 분할하는 데 찬성 투표했고, 1948년에 새로 건국한 이스라엘과 외교 관계를 수립했다. 그루지야에서 반유대주의는 차르 러시아의 다른 지역만큼 널리 확산되지 않았다. 스탈린은 유대인 관리나 부인이 유대인인 관리들로 둘러싸여 있었고, 일리야 예렌부르크 같은 유대인 작가와 예술가들을 계속 환대했다. 스탈린의 운송 인민위원이자 그의 측근 중 최고위급 유대인인 라자리 카가노비치는 스탈린이 반유대적이라고 생각하지 않았으며, 스탈린이 1939년 9월에 나치 외무장관 요아힘 폰 리벤트로프를 위한 환영회에서 자신에게 건배를 제안한 사실을 상기했다.[134] 다른 한편 스탈린이 1940년대 말과 1950년대 초의 반코즈모폴리턴 운동을 촉진하려고 반유대주의를 이용하거나 묵인한 사실은 거의 의심할 여지가 없다.[135] 스탈린의 다른 편견 중에는 반동성애가 있었고, 1934년에 남성 간의 섹스가 법으로 금지되었다.

스탈린이 그루지야 역사가들과 벌인 토론을 목격한 사람은 그루지야 공산당 제1서기인 칸디트 차르크비아니[63]였다. 스탈린에게 교과서를 보낸 사람도 바로 그였다. 오랜 세월이 지난 후 차르크비아니는 한 인터뷰에서 스탈린이 토론에 했던 기여가 "절대적"이었느냐는 질문을 받았다. 그는 "아뇨, 그것은 토론하는 자리지 논쟁하는 자리가 아니었습니다"라고 대답했다. 스탈린은 자신의 견해가 가장 타당한 것 같다고 여겼지만 최종 결정권을 고집하지는 않았다.

차르크비아니는 그들이 그루지야 역사뿐 아니라 로마 역사, 특히 술라[64] 장군에 대해서도 이야기를 나누었다고 회상했다. 기원전 1세기에 권력을 잡은 술라 장군은 그의 억압 정책만큼이나 개혁 정책으로도 유명했다. 스탈린은 사실 술라가 그의 별장에서 로마를 통치했다고 빈정댔다.[136]

로마 제국에 대한 스탈린의 관심은 일시적인 변덕이 아니었다. 스탈린은 고전적인 그리스와 로마 역사서를 상당수 보유했다. 우리가 알듯이 스탈린이 레닌 도서관에서 빌렸다가 반환하지 않은 책 중 두 권짜리 헤로도토스의 『역사』가 있었다.[137] 스탈린이 갖고 있던 알렉산드르 스베친[65]의 군사 전략 역사서에서 가장 많이 표시된 부분은 로마 섹션이다.[138] 스탈린은 다버논 자작의 일기 번역본을 읽으면서 책의 서문에서 로마인들은 부대가

---

63) Kandid Charkviani(1907~1994). 그루지야 당과 정부 관리. 1938~1952년 그루지야 공산당 제1서기를 지냈다.

64) Lucius Cornelius Sulla Felix(기원전 138~기원전 78). 로마 제국의 정치가, 장군. 뛰어난 술수와 군사적 재능으로 군대를 이끌고 로마로 두 번이나 진격했고 독재관이 되어 무자비한 숙청으로 공포정치를 실시했다.

65) Alexander Andreyevich Svechin(1878~1938). 러시아와 소련의 군사 지도자, 군사 이론가. 군사 고전 『전략』을 저술했다. 1937년 군 숙청 때 반혁명 조직에 가담한 혐의로 체포되어 1938년 처형당했다.

적군보다 자신들의 장교를 더 두려워해야 한다고 믿었다는 에드워드 기번[66]의 경구를 뽑아냈다.[139] 1934년 1월 제17차 당 대회에서 스탈린은 로마 역사를 이용해 나치의 인종주의를 조롱했다.

> 고대 로마가 '우수 인종'의 대표들이 지금 슬라브 부족을 쳐다보는 바로 그런 식으로 오늘날의 독일인과 프랑스인의 선조들을 쳐다본 것은 잘 알려져 있습니다. 고대 로마가 그들을 '우수 인종'에 영원히 종속되어 살 운명에 처한 '열등 인종', '야만인'으로 대한 것은 잘 알려져 있습니다.… 고대 로마가 이렇게 한 이유가 얼마간 있는데, 이 이유는 오늘날 '우수 인종'의 대표들에 대해서는 말해질 수 없는 것입니다.… 요지는 비로마인들이… 공동의 적에 맞서 단결했고 로마에 덤벼들었으며 로마를 우지끈 눌러버렸다는 것입니다.… 학자 연하는 베를린의 파시스트 정치인들이 로마의 노련한 늙은 정복자들보다 운이 더 좋을 거라는 보장이 어디 있습니까?[140]

스탈린의 고대 역사서 중에는 로베르트 비페르[67]의 『고대 유럽과 동방Drevnyaya Yevropa i Vostok』(1923), 『고전 시대의 그리스 역사Istoriya Gretsii v Klassicheskuyu Epokhu』(1908), 『로마 제국사 개요Ocherki Istorii Rimskoy Imperii』(1908)가 있었다.

스탈린은 고대 유럽에 관한 비페르의 책을 너무 좋아해서 석기시대에 관한 1장 제목을 '선사시대'라고 다시 짓기를 원했으며 학교 교과서에서

---

66) Edward Gibbon(1737~1794). 영국의 역사가. 『로마 제국 쇠망사』의 저자로 잘 알려져 있다.

67) Robert Yuryevich Vipper(1859~1954). 러시아의 역사가. 모스크바대학교, 라트비아대학교에서 교수로 재직했다. 소련 학술원 회원이 되었고, 1944년 노동적기 훈장, 1945년 레닌 훈장을 받았다.

고대사 부분을 늘렸다.[141] 비페르의 책에서 스탈린의 주의를 끈 그리스에 관한 장은 스파르타와 아테네를 다룬 장이었다. 스탈린은 스파르타, 특히 스파르타의 신화적·역사적 기원, 스파르타의 전략적 위치와 군사력, 시민들의 "스파르타적" 삶, 도시 국가의 권위주의적 정치 구조, 다양한 전쟁을 치르면서 스파르타가 구사한 외교적 책략 등을 관심 있게 보았다.[142]

로마 제국에 관한 비페르의 책은 우리가 아는 한 스탈린의 컬렉션 전체에서 표시가 가장 많은 텍스트였다. 389페이지에 이르는 책의 거의 모든 페이지에 밑줄이나 옆줄이 그어진 단어와 단락이 있었다. 유감스럽게도 이 포맷키는 스탈린의 것이 아닌 듯하다. 그 표시들은 스탈린의 표시와 유사하지만 완전히 동일하지는 않다. 만일 이 상세한 표시들이 스탈린의 표시라면, 예상되는 괄호, 번호 매김, 여백의 주석이 빠져 있다. 여백에 이리저리 흩어져 있는 약간의 단어들은 그의 필체가 아닌 것처럼 보인다.[143] 이 도서가 원래 학생이나 교사, 심지어 중요한 2차 자료에다 표시를 남긴 역사가가 소유했던 책이라는 것이 가장 그럴듯한 추측이다. 이는 스탈린이 책을 읽지 않았음을 의미하지는 않는다. 스탈린이 분명히 비페르의 연구를 중요시하고 또 이 주제에 관심이 있던 사실을 감안하면 십중팔구 책을 읽었을 뿐 아니라 표시를 일부 직접 추가했을 것 같기도 하다.

과연 스탈린의 두 눈은 어떤 행에 오래 머물렀을까? 익명의 독자가 남긴 표시는 군사사와 정치사에 초점을 맞추었다. 제2차 포에니 전쟁[68]에서

---

68) The Second Punic War. 기원전 218~기원전 202년에 로마 공화정과 카르타고 사이에 벌어진 일련의 전쟁을 말한다. 카르타고의 장군 한니발과 로마의 대결이라는 점에서 한니발 전쟁으로도 부른다. 이 전쟁에서 로마 공화정은 초기에는 한니발에게 밀려 이탈리아 본토까지 침략당했으나 끝내 역전에 성공해 카르타고를 꺾고 지중해 서부의 패권을 차지한다.

로마가 거의 패배할 뻔한 사실, 그리스 외교와 로마 외교의 차이, 로마의 정치력과 군사력의 구조, 로마 공화정 체제의 몰락, 술라와 율리우스 카이사르[69]의 권력 장악, 제국의 해외 팽창, "자유로운 인민보다 카이사르의 권력이 낫다"라는 제국의 모토가 그것이다.[144]

로마 역사는 여러 시대에 걸쳐 통치자들에게 교훈의 보고였으나, 마르크스주의자로서 스탈린은 또한 좀 더 깊은 이야기를 들려주려는 비페르의 노력을 높이 평가했을 것이다. 1899년 비페르가 모스크바대학교에서 했던 강연에 기반을 둔 이 책의 목표는 로마의 정치 체제와 사회를 기술하고 제국의 팽창을 추동한 계급 세력과 공화정의 몰락을 가져온 정치적 위기를 설명하는 것이었다. 책에서는 경제적·재정적 문제도 로마 통치자들의 실력 행사와 정치적 책략에 못지않게 제기된다. 주제와 연대기, 사건과 과정, 일반과 특수를 결합하는 것은 정치와 이념의 물질적 기반을 탐구하는 것처럼 비페르 역사 저술의 특징이었다.[145]

1934년 3월 정치국 회의에서, 소련 학교들에서 역사 수업이 형편없이 진행되는 문제를 논의하다 스탈린이 중차대하게 격정을 분출하게 된 이면에는 바로 이 비페르식 역사 서술이 있었을 것이다. 스탈린이 무슨 말을 했는지는 어떤 공식 기록도 남아 있지 않지만, 그의 감정은 며칠 뒤 당의 교육·선전 부서 수장 알렉세이 스테츠키가 했던 연설에서 전달되었다. 스탈린은 학교 교과서에서 역사는 사회학으로, 계급투쟁은 시대 구분으로, 분류는 경제 시스템으로 대체되었다고 불만을 토로했다. 또한 스탈린은

---

69) Gaius Julius Caesar(기원전 100~기원전 44). 로마 공화국의 정치가, 장군, 작가. 로마 공화국이 로마 제국으로 변모하는 데 중요한 역할을 했다.

러시아의 역사가 혁명 운동의 역사로 축소된 사실도 받아들일 수 없었다.

우리는 그런 역사를 쓸 수 없습니다! 표트르는 표트르고 예카테리나는 예카테리나였습니다. 그들은 일정한 계급에 의존했고 자신들의 기분과 이해관계를 표출했지만 그들은 행동했으며 역사적 인물이었습니다. 그들은 우리 사람이 아니었지만, 역사적 시대가 언제인지, 무슨 일이 일어났는지, 누가 통치했는지, 어떤 종류의 정부가 있었는지, 실행된 정책이 무엇인지 그리고 사건들이 어떻게 발생했는지를 묘사해야 합니다.[146]

몇 주 후 몇몇 역사가가 참석한 정치국 특별 회기에서 교육 인민위원 안드레이 부브노프[70]는 새로운 교과서들의 준비에 관해 보고했다. 뒤이은 논의의 속기록은 없으나 스탈린이 무슨 말을 했는지를 보여주는 믿을 만한 목격자의 증언이 존재한다.

스탈린은 종종 그랬듯이, 파이프 담배를 피우면서 회의실을 왔다 갔다 하다 어느 순간 봉건제의 역사에 관한 교과서를 집어 들고 이렇게 말했다. "나는 아들한테서 이 책에 무슨 내용이 쓰여 있는지를 설명해달라는 요청을 받았습니다. 교과서를 들여다봤지만, 나도 이해할 수가 없었습니다." 스탈린은 소련의 학교 역사 교과서가 목적에 부합하지 않는다고 말했다.

교과서에서는 '봉건제 시대', '산업 자본주의 시대', '구성체들의 시대'에 대

---

70) Andrey Sergeyevich Bubnov(1883~1938). 소련의 볼셰비키 지도자, 정치인, 군사 지도자, 좌익 반대파의 일원. 10월 혁명 후 정치국원, 서기국원, 조직국원을 지냈으며, 1929~1937년 교육 인민위원이었다.

해 말합니다. 시대만 있고, 사실도 사건도 사람도 구체적인 정보도 이름도 제목도 내용도 없습니다.… 우리는 사실, 사건, 이름이 있는 교과서가 필요합니다. 역사는 역사여야 합니다. 우리는 고대 세계, 중세 시대, 근대, 소련의 역사, 이주당하고 노예화된 사람들의 역사에 관한 교과서가 필요합니다.

스탈린은 또 1920년대에 소련 역사가들의 원로였던 고 미하일 포크롭스키[71]도 공격했다. 포크롭스키는 폭넓은 주제의 사회학적 역사를 지지했고 사건의 경과를 형성하는 데 개인의 역할을 중요하게 여기지 않았다. 포크롭스키는 비러시아인들에 대한 러시아인의 억압을 비난했고, 라틴어와 그리스어를 "실용적 쓸모가 전혀 없는 죽은 언어"라고 조롱하면서 비페르의 연구를 비판했다. 1927년에 그는 "차르, 대신, 개혁가 등등에 대해서… 다시는 가르치지 않을 것"이라고 예견했다.[147] 포크롭스키는 이반 4세를 "병적으로 흥분한 전제군주", 표트르 대제를 "잔인하고 자기중심적이고 매독에 걸린 폭군"이라고 비방했다.[148]

스탈린은 보잘것없는 소련의 역사연구 상태를 역사에 대한 포크롭스키의 "비마르크스주의적" 접근 탓으로 돌렸다. 스탈린은 이에 대한 해결책으로 막스 베버[72]와 프리드리히 슐로서[73]의 고대 세계에 관한 저술 같은

---

71) Mikhail Nikolayevich Pokrovsky(1868~1932). 소련의 역사가. 1920년대 소련에서 가장 영향력 있는 역사가로 간주되며, 소련 마르크스주의 역사학계의 수장으로 알려졌다.

72) Maximilian 'Max' Carl Emil Weber(1864~1920). 독일의 법률가, 정치가, 정치학자, 경제학자, 사회학자. 사회학 성립에 막대한 영향을 미친 인물이며, 주요 저술로 『프로테스탄트 윤리와 자본주의 정신』, 『경제와 사회』, 『직업으로서의 정치』, 『직업으로서의 학문』 등이 있다.

73) Friedrich Christoph Schlosser(1776~1861). 독일의 역사가. 프로이센의 하이델베르크대학교 역사학 교수, 추밀원 고문관을 지냈다.

프랑스와 독일 텍스트들을 번역하고 개작할 것을 제안했다. 스탈린은 또 참석한 역사가들이 비페르의 교과서를 활용할 것도 제의했다.[149] 스탈린이 비페르의 많은 교과서 중 어떤 책을 염두에 두었는지는 밝히지 않았으나 1902년에 출간된 고대사에 관한 교과서를 아마 포함했을 것이다. 이 교과서는 스탈린이 레닌 도서관에서 빌렸으나 돌려주지 못한 또 다른 책이었다.[150]

3월 말에 정치국은 새로운 교과서들을 개발할 역사가 그룹을 구성하기로 결의했다.[151] 이러한 진행에 대해 스탈린이 원한 결론은 1934년 5월에 국가 법령인 '소련 학교들에서 시민의 역사를 가르치는 문제에 관해'를 공포한 사실에서 드러났다.

> 가장 중요한 사건과 사실들을 연대순으로 설명하고 역사적 인물을 스케치하면서 생생하고 마음을 끄는 방식으로 시민의 역사를 가르치는 대신에, 추상적인 사회학적 도식으로 일관된 해설을 대체하는, 사회경제적 구성체에 관한 추상적 정의들이 학생들에게 주어지고 있다.
>
> 역사의 경로를 지속적으로 이해하기 위한 결정적 조건은 학생들이 중요한 사건, 이름, 날짜를 암기할 것을 적절하게 강조하면서 역사적 사건들을 상세히 해설하는 데 연대순을 유지하는 것이다. 바로 그와 같은 역사의 경로만이 학생들에게 접근 가능한 명확하고 구체적인 역사적 자료를 제공할 수 있으며, 학생들은 이 자료로 역사적 사건들을 올바르게 분석·요약할 수 있고, 역사를 마르크스주의적으로 파악하게 될 것이다.[152]

소련의 역사는 제안된 교과서의 많은 부분이 혁명 전 차르 러시아 역사를 다룰 것이기 때문에 그 제목이 다소 부적절하긴 했지만, 스탈린에게 가장 흥미로웠다. 프로젝트의 진척이 너무 느리고 불만족스러워서 1936년 1월에 당 지도부는 일반 경쟁을 조직해 먼저 근대사와 소련사에 관한 다양한 교과서를 제출해줄 것을 요청했다. 경쟁과 관련해 참가자들을 안내하기 위해서 『프라우다』에 스탈린과 고 키로프 그리고 당 이념 책임자 안드레이 즈다노프가 공동으로 쓴 메모 두 편이 다시 실렸다. 그것들은 그 전에 제출된, 제안된 교과서의 개요에 관해 세 사람의 견해를 밝힌 글이었다. 제출된 소련사에 관한 한 책의 개요에 대한 주된 비판은 다음과 같았다. 첫째, 책은 소련과 소련을 구성하는 모든 민족의 역사가 아니라 "대러시아"와 러시아인들의 역사다. 둘째, 책은 차르 체제는 대내적으로는 "민족들의 감옥"이고 대외적으로는 반동적인 "국제 헌병"이라는 사실을 충분히 강조하지 않았다. 셋째, 필자들은 "러시아 혁명가들이 스스로를 서구의 부르주아―혁명 및 마르크스주의 사상의 저명한 지도자들을 따르는 제자이자 추종자라고 여긴다는 점을 망각했다."[153]

소련사에 관해 제출된 많은 원고는 최종 후보 7편으로 줄이기까지 1년이 걸렸지만, 그중 어느 원고도 충분히 대중적이거나 다가가기 쉬운 것으로 판단되지 않았다. 최종적으로 모스크바에서 활동하는 농업사가 안드레이 셰스타코프[74])가 이끄는 12인 그룹이 2등상(상금 7만 5,000루블)을 받았다. 1937년 8월에 10월 혁명 20주년에 맞춰 경쟁 결과가 발표되었다.[154] 그

---

74) Andrey Vasilevich Shestakov(1877~1941). 소련의 역사가. 러시아 농업사 전문가였으며, 1939년 소련 학술원 통신회원이 되었다.

것은 셰스타코프의 책이 러시아와 소련 역사에 관한 중등학교 교재로 지정될 것임을 의미했다.[155]

223페이지짜리 『단기강좌 소련사Kratky Kurs Istorii SSSR』는 수백만 부 인쇄되었다. 책을 처음 받아본 사람 중에 스탈린의 열한 살 딸이 있었는데, 그녀에게는 "I. 스탈린이 스탈린의 스베틀라나에게 1937년 8월 30일"이라고 적힌 책이 주어졌다. 스베틀라나는 소련 지도를 이용해 아버지가 차리친 방어에서 한 역할을 포함하여 러시아 내전의 사건들을 추적하는 등 특히 책에 실린 많은 컬러 지도에 주목하며 책을 신중하게 읽은 듯이 보인다.[156]

셰스타코프의 책은 3학년과 4학년 학생들을 겨냥했다. 그 뒤 고학년 학생과 대학생용으로 비슷한 접근법과 주제를 가진 교과서들이 발행되었다.[157]

스탈린이 셰스타코프 책의 준비에 너무 깊이 관여하자 러시아 역사가 알렉산드르 두브롭스키Alexander Mikhailovich Dubrovsky는 스탈린을 단순히 편집자가 아니라 사실상의 저자 중 한 명으로 여겼다.[158]

스탈린은 책의 견본maket을 편집할 때 혁명 러시아와 소련 시기에 관한 섹션들에 많은 주의를 기울였다.[159] 스탈린은 으레 그랬듯이, 자신과 자신의 생애에 관한 부분과 지나친 찬양을 누그러뜨리고 축소했다. 책에 있는 중요한 역사적 사건들의 연표에서 자신의 생일을 발견한 스탈린은 선을 그어 그것을 지우고는 옆에다가 이렇게 썼다. "개자식들!"[160] 스탈린이 그대로 놔둔 것은 다음과 같은 항목이었다. "1870~1924 프롤레타리아 계급의 천재 지도자 블라디미르 일리치 레닌의 생애." 이 연표는 1934년 12월의 키로프 암살과 1936년 새 소련 헌법의 채택에 관한 항목으로 끝났다.

스탈린이 바꾼 것 중에서 가장 중요한 것은 이반 4세(뇌제, 1530~1584)를 다룬 부분이었다. 스탈린은 이반이 군대로 카잔을 포위한 후 카잔에 살던 모든 사람을 처형하라고 명령했다는 서술을 삭제했다. 하지만 "카잔은 약탈당하고 불태워졌다"라는 문장은 존속이 허용되었다. 또한 스탈린은 이반이 서유럽의 **교육받은** 민족들과 접촉하기 위해 러시아를 발트해 쪽으로 확대하기를 원했다는 저자들 주장의 함의도 마음에 들어 하지 않아서 "교육받은"이라는 단어 역시 삭제했다. 스탈린은 이반이 대귀족boyar들을 말살함으로써 차르 체제의 자율적 권력을 수립했다는 그들의 견해를 승인했지만, 그렇게 하면서 이반은 흩어져 있는 공국들을 하나의 강력한 국가로 통합했고 이는 이반 1세[75]가 14세기에 시작한 과업을 완수하는 것이었다고 덧붙였다.[161] 이반 4세에 관한 이 장의 결론적 평결은 그의 통치 아래에서 러시아의 영토가 기하급수적으로 확대되었고, 그의 "왕국은 세계에서 강력한 국가 중 하나가 되었다"라는 것이었다.[162]

교과서 견본은 많은 삽화도 포함했는데, 스탈린은 그중 일부를 마음에 들어 하지 않았다. 한 가지 눈에 띄게 삭제된 삽화는 가족 간에 말다툼을 벌어진 뒤 아들이 아버지에게 살해당했다는 주장을 암시하는 일리야 레핀[76]의 유명한 이반 뇌제와 죽어가는 아들 그림이었다. 그 대신 책에는 빅

---

75) Ivan Ⅰ(1288~1340). 류리크 왕조 출신 모스크바 대공국의 대공(재위 1325~1340). 러시아 역사에서 약소국이었던 모스크바 대공국을 부강하게 만들어 러시아 차르국으로 성장하는 기틀을 마련한 군주로 평가된다.

76) Ilya Yefimovich Repin(1844~1930). 19세기 러시아 사실주의 미술을 대표하는 화가이자 인물화의 거장. 작품으로 〈볼가강의 배 끄는 인부들〉, 〈이반 뇌제와 그의 아들〉 등이 있다.

토르 바스네초프[77]가 1897년에 발표한 이반 그림을 찍은 사진이 실렸다. 바스네초프는 이 작품에서 이반을 근엄하고 위풍당당한 차르로 묘사했다.[163]

교과서가 출간된 후 셰스타코프는 책이 공산당 중앙위원회가 직접 참여한 가운데 준비되었음을 애써 지적했다.[164] 당 지도부가 한 여러 기여 중에 책의 필자들이 "소비에트 애국주의 요소와 사회주의 모국에 대한 사랑을 철저히 강화하기" 위해 원고를 수정할 필요가 있다는 즈다노프의 지시가 있었다.[165] 최종 결과, 러시아와 그 후계국인 소련이 외부 침략으로부터 국민을 방어하기 위해 강력한 국가를 건설하려고 천 년 동안 고투를 벌였다는 장쾌한 이야기가 만들어졌다.

러시아와 소련의 역사가 이어져 있다는 이 새로운 서사를 유포하는 일은 소련에 공산주의 정체성뿐 아니라 애국적 정체성도 불어넣으려고 스탈린이 기울인 노력의 일환이었다. 데이비드 브랜든버그David Brandenberg는 스탈린의 이 전환을 "민족 볼셰비즘"이라고 한 반면, 에릭 판 레이에게 그것은 "혁명적 애국주의"의 한 형태였다. 스탈린은 "소비에트 애국주의"라는 구상을 선호했다. 그것은 시민들이 그들의 복지를 살피는 사회주의 시스템과 그들을 보호하는 국가에 이중으로 충성하는 것이었다.

스탈린의 애국주의는 단순히 국민을 동원하고 소비에트 시스템에 대한 지지를 강화하려는 정치적 장치만은 결코 아니었다. 그것은 차르들과 러시아 역사에 대한 스탈린의 변화하는 견해에 절대 필요한 것이었다.

---

77) Viktor Mikhailovich Vasnetsov(1848~1926). 러시아의 화가. 러시아의 낭만주의, 민족주의 회화의 공동 창시자이자 러시아 복고주의 운동의 핵심 인물로 여겨진다.

단연코 부정적이었던 것은 『레닌주의의 기초』에 관한 스탈린의 1924년 강의에서 상세히 설명된 차르 체제에 대한 관점이었다. 스탈린은 이 강의에서 차르 국가를 "가장 비인간적이고 야만적인 형태로 자본주의적 억압, 식민지 억압, 군사주의적 억압 등 모든 종류의 억압이 자행되는 본거지"라고 특징지었다. 차르 체제는 동유럽에서 "제국주의의 경비견"이고 러시아 본국에서는 "서방 제국주의의 앞잡이"였다. 러시아 민족주의는 공격적이고 억압적이며, 차르 러시아는 "투르크, 페르시아, 중국 등을 분할할 때 서방 제국주의의 가장 충실한 동맹이었다."[166]

스탈린은 차르들에 대한 비판을 결코 멈추지 않았지만, 그들이 창건한 국가에 대한 스탈린의 관점은 1930년대에 급격히 변했다. 스탈린은 볼셰비키 집권 20주년 기념식에서 축배를 제안하며 이렇게 말했다.

러시아 차르들은 나쁜 짓을 정말 많이 했습니다. 차르들은 인민들을 약탈하고 노예로 삼았습니다. 차르들은 지주들의 이익을 위해 전쟁을 벌이고 영토를 장악했습니다. 그러나 그들은 한 가지 좋은 일을 했습니다. 차르들은 캄차카까지 죽 이어지는 거대한 국가를 만들었습니다. 우리는 그런 국가를 물려받았습니다. 그리고 처음으로 우리 볼셰비키는 그 국가를 지주와 자본가들이 아니라 노동자들, 그 국가를 구성하는 모든 민족을 위한, 통합되고 나눌 수 없는 하나의 국가로 확고히 정립하고 더욱 강화했습니다. 우리는 만일 어떤 한 부분이라도 공동의 사회주의 국가로부터 분리된다면, 그것은 그 국가에 해를 가할 뿐 아니라 독자적으로 존재할 수 없고 필연적으로 외국의 지배를

받게 되는 방식으로 국가를 결속했습니다.[167]

혁명 20주년이 되던 바로 그해에 러시아의 과거에 대한 소련의 담론이
폭넓게 바뀌었다. 혁명을 근본적인 역사적 단절로 축하하고 혁명의 영웅
들을 명사로 추켜세웠으나, 알렉산드르 푸시킨[78]도 마찬가지였다. 이해는
시인이 죽은 지 100년이 되는 해였고, 소비에트 프로젝트를 위해 그와 그
의 작품을 이용할 기회가 되었다. 푸시킨은 미학적으로도 정치적으로도
혁명적 작가로 여겨졌고, 모두가 쉽게 이해할 수 있는 시를 쓰는 인민의
사람이었다. 『현대 문학Literaturny Sovremennik』은 사설에서 다음과 같이 썼다.
"오직 우리의 시대에만 푸시킨과 푸시킨의 유산을 완전하고 철저하게 받
아들인다. 지금에야 비로소 푸시킨은 진정으로 수많은 사람의 마음에 다
가서게 되었다. 문화의 정상을 밟은 새로운 대중들에게 푸시킨은 '영원한
동반자'다." 전 교육 인민위원 아나톨리 루나차르스키가 1931년에 쓴 글이
다시 게재되었다. "다른 누구보다도 프롤레타리아와 농민들의 내면세계
를 건설하는 데 그들의 교사가 되어야 하는 사람은 푸시킨이다.… 푸시킨
의 보물창고에 있는 낟알 하나하나가 모든 시민의 삶에서 사회주의 장미
나 사회주의 포도송이를 낳을 것이다."[168] 또 알렉세이 톨스토이의 1934년
소설에 바탕을 둔 전기 영화에서 표트르 대제의 영웅적 명성도 부활했다.
표트르는 "전쟁으로 영토를 획득하고 외교로 영토를 수호한 강력한 국민
적 인물"로 칭송되었고, "러시아를 유럽 무대에서 강대국의 지위로 끌어

---

78) Alexander Sergeyevich Pushkin(1799~1837). 러시아의 시인으로 러시아 국민문학의 창시자다. 작품으
로 시 〈루슬란과 류드밀라〉, 〈예브게니 오네긴〉, 〈보리스 고두노프〉와 소설 『스페이드의 여왕』, 『대위의
딸』 등이 있다.

올린 업적"을 남겼다고 찬양되었다.[169]

이반 뇌제의 복권

로베르트 비페르는 기본적으로 고대 세계와 초기 기독교를 전문적으로 연구한 역사가였지만, 가장 영향력이 컸던 그의 저술은 러시아사를 다룬 『이반 뇌제Ivan Grozny』였다. 1922년에 처음 출간된 비페르의 저서는 이반 4세가 피에 굶주린 폭군이라는, 러시아 등지에서 널리 받아들여지던 견해에 이의를 제기했다. 비페르의 이반은 러시아 국가의 국내외 적들에게 두렵고 위협적이었다. 군주정을 강화한 것은 러시아 국가에 힘을 부여하는 데 필수적이었고, 외부의 위협과 압박은 그의 국내 체제가 가혹해진 원인이었다. 이반이 러시아의 귀족들에 맞서 벌인 권력투쟁은 정당했고, 많은 비난을 받은 이반의 보안 기구 오프리치니나[79]는 효율적인 만큼이나 영예로웠다. 이반은 또 러시아를 세계에서 가장 위대한 국가의 하나로 만든 위대한 군사 지도자이자 외교관이기도 했다.[170]

비페르만이 이반의 평판을 회복한 것은 아니었다. S.F. 플라토노프[80]도 1923년에 출간한 이반 뇌제에 관한 책에서 비슷하게 그를 변호했다.[171] 우리는 스탈린이 이 두 책 중 어느 한 책이라도 읽었는지 확실하게 모른다.

---

79) Oprichnina. 1565년 러시아의 이반 4세가 귀족을 억압하려고 만든 군주 직할 영지 또는 이를 토대로 성립된 가혹한 군사·정치 체제를 가리킨다. 이 공포 체제를 실행한 이반 4세의 친위대 세력을 오프리치니키(Oprichniki)라고 한다.

80) Sergey Fyodorovich Platonov(1860~1933). 러시아 혁명 전후의 역사학계에서 상트페테르부르크 학파를 이끈 러시아의 역사가. 1909년 러시아 학술원 회원이 되었다.

왜냐하면 남아 있는 스탈린의 개인 장서에 러시아의 북부와 그 연안 지방의 식민지화에 관한 플라토노프의 1924년 역사서는 있지만, 언급한 두 책은 찾아볼 수 없기 때문이다.[172] 스탈린이 비페르의 책을 읽었고, 그것이 스탈린이 러시아 역사에서 이반 뇌제가 한 역할에 대해 긍정적 견해를 갖는 쪽으로 돌아서도록 영향을 미쳤다고 추정하는 것은 무리가 아니다. 처음으로 이것이 스탈린의 정책 방향임을 보여준 실마리는 1934년에 그가 『소련 내전의 역사Istoriya Grazhdanskoy Voyny v SSSR』 제1권을 편집했을 때 드러났다. 스탈린은 이반 4세를 땅을 탈취하는 공격적인 차르의 정복 정책을 개시한 군주라고 언급한 부분을 삭제했다. 차르들은 그룹으로는 억압적으로 남아 있었으나, 이반은 그 점에서 특별할 것이 없었다.[173]

이 내전의 역사는 스탈린과 가까운 관계를 유지하던 작가 막심 고리키의 프로젝트였다. 1934년 8월에 열린 제1차 전연방 소련 작가대회에서 고리키는 다음과 같이 얼마간 모호한 생각을 밝혔는데, 그것은 문제의 민간전승에 따라 반反비페르로도 해석될 수 있었고 반反포크롭스키로도 해석될 수 있었다.

> 옛날부터 민간전승은 끊임없이 진기한 방식으로 역사에 봉사해왔습니다. 민간전승은 루이 11세[81]와 이반 뇌제의 행동에 관해 자신의 의견이 있고, 이 의견은 군주와 봉건 영주들 사이의 싸움이 일하는 사람들의 삶에 무슨 의미가 있는가 하는 문제에 그다지 관심이 없는 전문가들이 쓴 역사의 평가와 크게

---

81) Louis XI(1423~1483). 프랑스의 국왕. 별명은 신중왕(le Prudent)이며, 1461년부터 사망할 때까지 재위했고 아들인 샤를 8세가 그 뒤를 이었다.

다릅니다.[174]

　비페르는 마르크스주의자, 심지어 볼셰비키 동조자도 아니었으며, 비페르 자신도 이반 뇌제에 관한 그의 견해도 포크롭스키가 이끄는 소련 주류 역사학계로부터 환영받지 못했다. 포크롭스키의 제자 M. V. 네치키나[82]는 1933년 『소련 대백과사전』의 이반 4세에 관한 항목에서 비페르의 책을 반혁명적 지식인이 생산한 저술이자 볼셰비즘에 맞서 싸우자고 은근히 호소하는 저작이라고 공격했다.[175] 그러나 흐름은 이미 비페르에게 유리하게 돌아가고 있었다. 스탈린이 역사 수업 문제를 토론하는 동안 그를 호의적으로 언급하고 또 셰스타코프의 책이 출간된 후 비페르의 교과서인 『중세사』가 다시 인쇄되어 선전가들을 위한 당 상급 학교의 교수요목에 올랐다. A. V. 미슐린[83]은 1938년에 고대 세계에 관한 소련 역사 서술을 다룬 한 논문에서 다음과 같이 평했다. 비페르는 "의심할 여지 없이 고대사 분야에서 부르주아 학문의 정점을 나타냈다. 우리가 세계사 수업의 재편을 진행하면서 그가 고대사에 이바지한 바를 고려하지 못한다면 완전히 부당할 것이다."[176] 1939년에 발행되었고 오프리치니나를 다룬 『소련 대백과사전』 시리즈의 한 책에서 비페르와 플라토노프 둘 다 호의적으로 거론되었다.[177] 같은 해에 대학생들을 위한 소련사 교과서가 출간되었다. 16세기에

---

82) Militsa Vasilevna Nechkina(1901~1985). 소련의 역사가. 1825년 데카브리스트 반란을 폭넓게 연구했으며, 모스크바국립대학교에서 가르쳤다.

83) Aleksandr Vasilevich Mishulin(1901~1948). 소련의 역사가. 1934년 모스크바국립대학교 교수로 임명되었다. 1938년 소련 학술원 역사 연구소 고대사 분과 책임자가 되었으며, 1943~1945년에는 물질 문화사 연구소 부소장을 역임했다.

관한 섹션은 S. V. 바흐루신[84]이 집필했다.

> 누구도 이반 4세의 위대하고 강력한 지적 능력을 부인하지 않는다.… 이반 4세는 당시 교육을 잘 받은 사람이었고… 문예적 재능을 지녔다.… 그는 걸출한 전략가이자 군사행동의 유능한 지도자였다. 이반 뇌제는 국내외 정책에 필요한 것들을 올바르게 이해했다.… 많은 경우 그의 잔인한 행동은 그의 노력에 대한 봉건 대영주들의 완강한 저항과 그들의 노골적인 반역으로 촉발되었다.… 이반 뇌제는 강력한 국가를 창건할 필요가 있음을 인식했고 가혹한 조치를 취하는 데 주저하지 않았다.[178]

1940년대 말에 당은 "귀족적·부르주아적 역사연구로 왜곡되어 온, 러시아 역사에서 이반 4세가 갖는 진정한 이미지를 복원하는" 운동을 개시했다.[179] 케빈 플랫Kevin Platt이 지적하듯이 1941년 6월에 전쟁이 발발하면서 "이반을 복권하는 운동은 공공연히 동원적 성격을 띠었다."[180]

유명한 영화예술가인 세르게이 예이젠시테인[85]에게 이반 4세에 관한 영화의 감독을, 알렉세이 톨스토이에게 각본을 의뢰했다.

〈전함 포튬킨〉(1925)과 〈10월: 세계를 뒤흔든 열흘〉(1928)의 감독인 예이젠시테인이 가장 근래에 만든 영화는 〈알렉산드르 넵스키〉(1938)였다. 이것은 페이푸스호의 빙상 전투에서 튜턴 기사단을 무찌른 13세기 러시아

---

84) Sergey Vladimirovich Bakhrushin(1882~1950). 소련의 역사가. 1909년부터 모스크바국립대학교에서 근무했으며, 1939년에 소련 학술원 통신회원이 되었다.

85) Sergey Mikhailovich Eisenstein(1898~1948). 소련의 영화감독, 영화이론가. 작품으로 〈파업〉, 〈전함 포튬킨〉, 〈10월〉, 〈베진 초원〉, 〈이반 뇌제 1부〉 등이 있다.

대공에 관한 애국적 전기 영화였다. 귀족 가문 출신인 톨스토이는 이반 투르게네프, 레프 톨스토이와도 먼 친척 사이였다. 무엇보다도 과학소설 작가이자 역사 소설가였던 알렉세이 톨스토이는 소설 표트르 대제로 1941년에 스탈린상을 수상했다.[181]

바로 이것이 1920년대 초에 라트비아로 이주했던 비페르가 1941년 5월에 모스크바로 돌아오기에 유리했던 배경이다. 비페르는 모스크바에 도착하자마자 스탈린에게 전보를 쳐서 자신과 가족이 즐겁게 사회주의 나라로 돌아오는 것을 도와준 데 대해 지나칠 정도로 감사를 표하고 조국의 "위대한 지도자"에게 영원한 충성을 맹세했다.[182] 비페르는 모스크바의 '철학·문학·역사 연구소'에 직책이 주어졌으나, 그 후 타시켄트로 소개되어 그곳에서 바흐루신 및 다른 역사가들과 합류했다. 1942년에 비페르는 자신의 『이반 뇌제』 재판을 찍었다. 소련의 기준에서 보면 아마도 전시의 종이 부족 때문에 인쇄 부수가 매우 적은 축이었지만(1만 5,000부), 책은 호평을 받았다. 1944년에 제3판(5,000부)이 발간되었고, 1947년에는 영어판이 나왔다.[183]

레닌과 스탈린을 의무적으로 인용한 것을 제외하면, 전시에 발행된 판본들에 주요하게 추가된 부분은 '반역에 맞선 투쟁'이라는 새로운 장이었다. 이 장에서 비페르는 이반이 처형한 반역자들은 상상 속 국가의 적이 아니라 진짜 적이라는 점을 분명히 했다.[184]

1944년에 바흐루신은 자신이 집필한 교과서의 한 장을 책으로 발전시켰고, I.I. 스미르노프[86]는 이반 뇌제에 대한 간략한 "학문적-대중적" 연구

---

86) Ivan Ivanovich Smirnov(1909~1965). 소련의 역사가. 1936~1941년, 1947~1956년 레닌그라드 국립대학

를 발표했다.[185] 1947년에 바흐루신은 이렇게 썼다. "새로운 연구에 비추어 볼 때 이반 뇌제는 위엄 있고 강인한 인물, 러시아 역사에서 매우 위대한 정치가 중 한 명으로 보인다."[186]

스탈린의 기록보관소에 이 책들의 흔적은 전혀 없지만, 스탈린은 확실히 이 책들을 받았을 것이다. 또 스탈린은 비페르가 1943년 9월에 모스크바의 '기둥들의 전당Kolonny Zal'에서 청중에게 했던 강연 소식을 전하는 『프라우다』의 기사를 분명히 읽었을 것이다.

타스는 러시아 역사에서 아주 중요한 인물 중 한 명에 관한 비페르의 강연이 큰 성공을 거두었다고 보도했다. 타스는 이반 4세가 러시아 땅들을 모으고, 서유럽과 긴밀한 문화적·정치적·경제적 연결을 발전시키는 데 결정적 역할을 한 강력한 모스크바 공국을 창건했다는 데 주목했다. 하지만 이반에게 가장 중요했던 문제는 리보니아 전쟁[87]이었다. 비페르에 따르면 이 전쟁은 고대 러시아의 권리를 회복하려는 전쟁이었다. 비페르는 또 이반이 잔인한 폭군이라는 일반적인 불만도 다루었다. 이 가혹한 행동을 이해하려면 사람들이 중앙집권적 국가를 창건하려는 그의 노력에 대한 국내의 반대가 얼마나 극심했는지를 인정할 필요가 있었다. 게다가 이 반대자들은 외국의 적들과 동맹을 맺었다.

스탈린 시대와의 비교는 자명했고, 비페르는 그 비교를 상세히 설명할 필요도 없었다. 하지만 비페르는 16세기와 20세기 사이에 한 가지 명확한 유사점이 있음을 지적하는 것으로 강연을 마무리 지었다. 지금처럼 당시

교에서 가르쳤다.

87) Livonian War. 1558~1583년에 스웨덴, 폴란드-리투아니아 연방, 러시아 차르국, 덴마크-노르웨이가 리보니아를 놓고 벌인 전쟁이다.

에도 러시아인들이 스스로를 지킬 능력이 없다고 생각하고 러시아 인민들의 깊은 애국주의를 과소평가한 독일인들이 있었다는 사실이다.[187]

2주 후 비페르는 소련 학술원 회원으로 선출되었고, 학술원의 '역사 연구소' 직책에 임명되었다. 1944년에 그는 노동 적기 훈장을, 1945년에는 레닌 훈장을 받았다.

이반 뇌제의 미학적 복권은 역사적 복권보다 더욱 문제가 복잡한 것으로 드러났다. 톨스토이가 계획한 각본에는 3개 부가 있었다. 1부는 이반의 성격 형성을, 2부는 국정을, 3부는 "불명예스러운 종결"을 다루었다.[188] 톨스토이는 1941년 가을에 작업을 시작해 이듬해 봄에 1부를 끝냈다. 1부 대본을 인쇄해 배포하기 시작했고, 그중 한 부가 스탈린의 책상에 결국 올라왔다. 대본은 매우 짧았고, 스탈린은 별 중요하지 않은 표시를 몇 군데 해서 대본을 읽었음을 보여주었다.[189] 톨스토이가 두 번째 스탈린상을 받을 거라는 이야기가 있었지만 당 지도부는 이반에 대한 묘사를 마음에 들어하지 않았다. 1942년 4월 말에 모스크바 당 당수로서 소련 정보국 책임자이기도 했던 알렉산드르 셰르바코프[88]는 스탈린에게 편지를 써서 지금 형태의 각본을 금지할 것을 권고했다.[190] 셰르바코프는 또 톨스토이의 작품을 상세히 비판하는 좀 더 긴 글도 작성했다. 이 비판에 스탈린이 직접 의견을 보탰는지는 여전히 모르지만, 그것이 실제로 스탈린의 견해도 반영했다고 믿어도 좋을 것이다.

셰르바코프는 다음과 같이 썼다. "이반 4세는 16세기 러시아의 걸출한

---

88) Alexander Sergeyevich Shcherbakov(1901~1945). 소련의 정치가. 1938~1945년 소련공산당 지역위원회 제1서기를 지냈고, 소련 정보국 국장, 붉은군대 정치부 부장도 겸임했다.

정치적 인물이었다. 그는 봉건 질서 대표자들의 저항을 성공적으로 분쇄하면서… 중앙집권적 러시아 국가의 수립을 완수했다." 톨스토이의 "혼란스러운 각본"은 역사적으로 부정확한 것이 매우 많고 "이반 4세의 이미지를 복권하는" 데 실패했다. 가장 큰 결함은 이반을 재능 있는 주요 정치 행위자, 러시아 국가의 땅 수집자, 루시의 봉건적 분열과 반동적 대귀족들에 완강히 맞서 싸우는 사람으로 보여주지 못했다는 사실이다.[191]

이러한 비판에도 좌절하지 않은 톨스토이는 무엇보다도 비페르의 책을 활용해 1부를 다시 썼고 2부 작업을 계속했다. 톨스토이는 검토를 받으려고 1부와 2부를 스탈린에게 보냈으나 어떤 응답도 받지 못한 것 같다. 1부와 2부는 『10월Oktyabr』지 1943년 11~12월 호에 실렸다.[192] 1부는 1944년 10월에 모스크바의 '소극장Maly Teatr'에서 초연되었으나 상연이 성공했다고 여겨지지 않았다. 하지만 1945년 5월에 다시 무대에 올렸을 때는 큰 찬사를 받았다.[193] 2부는 1946년 6월에 '모스크바 예술극장'에서 공연되었다. 3부작 중 이반의 말기에 관한 마지막 제3부는 집필되지 않은 것 같다.

1944년 11월에 1부가 다시 출간되었다. 스탈린은 좀 더 적극적으로 관심을 가졌고, 이반의 긴 대사 몇 구절에 표시했는데, 가장 흥미로운 것은 다음과 같다.

그들은 마치 타타르의 멍에[89] 아래에 있던 때처럼 각자 자신의 군대를 거느리고 영지에 앉아서 옛날 방식으로 살기를 원하지.… 그들은 러시아 땅에 대한 생각이나 책임감이 없구나.… 우리 국가의 적은 지금의 그들이며, 우리가

---

89) Tatar's yoke. 1240년부터 1480년까지 루시인들이 킵차크한국의 지배를 받은 시기를 일컫는다.

옛날 방식으로 사는 데 동의한다면 리투아니아, 폴란드, 독일인, 크림 타타르인, 술탄이 국경을 돌파해 우리의 육신과 영혼을 갈가리 찢을 것이다. 바로 그것이 공과 대귀족들이 원하는 것, 즉 러시아 왕국을 파괴하는 것이로다.[194]

1945년 2월에 사망한 톨스토이는 생전에 그의 각본 제2부가 공연되는 것을 보지 못했고, 1946년에 사후 수여된 두 번째 스탈린상을 직접 받지도 못했다.

제2차 세계대전 당시 소련 주재 미국 대사였던 애브렐 해리먼[90]은 톨스토이가 한 번은 자신에게 스탈린의 크렘린을 이해하려면 이반 통치시기를 이해해야 한다고 했다고 말했다. 해리먼은 톨스토이가 스탈린이 이반 뇌제 같은 사람이라는 것을 의미했다기보다는 스탈린의 러시아를 제대로 인식하려면 러시아의 과거에 대해 뭔가를 알 필요가 있음을 의미했다는 점을 분명히 했다. 전쟁 동안 스탈린과 많은 시간을 보낸 해리먼은 이반 4세의 궁정 같은 흔적은 전혀 보지 못했다. 해리먼이 보기에 스탈린은 인기 있는 전쟁 지도자였다. 그는 나라를 단결시킨 지도자였다. "그러므로 나는 비상 상황에서 국가 지도자였던 스탈린을 칭송해 마지않는다는 점을 강조하고 싶다. 이 비상한 기간은 한 사람이 그렇게 많은 변화를 가져왔던 역사적인 시기 중 하나였다. 이것이 결코 그의 잔혹함에 대한 나의 역겨움을 축소하지 않는다. 그러나 나는 다른 면뿐 아니라 건설적인 면도 보여주어야 한다."[195]

---

90) William Averell Harriman(1891~1986). 미국의 민주당 정치가, 사업가, 외교관. 1943~1946년 소련 주재 미국 대사, 1946년 영국 주재 미국 대사, 1946~1948년 상무장관, 1955~1958년 뉴욕 주지사를 역임했다.

세르게이 예이젠시테인의 영상 위원회 역시 정치적 분란에 휩싸였다. 처음에는 모든 것이 순조로웠다. 스탈린은 예이젠시테인의 영화 각본을 승인하면서 다음과 같이 평했다. "각본이 나쁘지 않습니다. 예이젠시테인 동지는 맡은 바 임무를 해냈습니다. 당대의 진보적 힘으로서 이반 뇌제와 그의 논리적 도구로서 오프리치니나가 나쁘게 나오지 않았습니다. 가능한 한 빨리 이 영화 각본을 바탕으로 제작에 들어가야 합니다."[196] 예이젠시테인의 〈이반 뇌제〉 1편이 1945년 1월에 개봉되었고, 1946년에 예이젠시테인도 스탈린상을 받았다.[197]

유감스럽게도 스탈린은 예이젠시테인의 영화 제2편을 마음에 들어 하지 않았고, 1946년 3월에 역사적으로도 예술적으로도 결함이 있다는 이유로 2편은 상영이 금지되었다.[198] 스탈린은 영화를 "형편없는 것"으로 여겼는데, 1946년 8월 중앙위원회의 조직국 회의에서 그 이유를 설명했다.

이 사람은 역사로부터 완전히 벗어나 버렸습니다. 그는 오프리치니키를 부패한 악당, 타락자, 미국의 쿠 클럭스 클랜[91] 같은 것으로 묘사했습니다. 예이젠시테인은 오프리치니나가 진보적인 부대라는 사실을 인식하지 못했습니다. 이반 뇌제는 국가를 세분화하고 약화하기를 원하는 봉건 제후에 맞서, 단일한 중앙집권적 국가로 러시아를 모으려고 그들에게 의존했습니다. 예이젠시테인은 오프리치니나에 대해 구태의연한 태도를 지녔습니다. 오프리치니나에 대한 옛 역사가들의 태도는 노골적으로 부정적이었습니다. 그들이 이반

---

91) Ku Klux Klan(KKK). 백인 우월주의, 반유대주의, 인종차별, 기독교 근본주의, 동성애 반대 등을 표방하는 미국의 폭력적 비밀결사 단체. 미국의 남북 전쟁이 끝난 후인 1865년 미국 테네시주 펄래스키에서 은퇴한 남부군 장교 여섯 명이 설립했다.

뇌제의 억압을 니콜라이 2세의 억압과 동일시했기 때문입니다.… 우리 시대에는 다른 시각이 있습니다.… 예이젠시테인은 이런 취지의 문헌이 있기 때문에 이를 모를 리가 없지만, 그들을 모종의 타락자로 그렸습니다. 이반 뇌제는 의지와 인격이 있는 사람이었으나 예이젠시테인의 영화에서 그는 의지가 박약한 햄릿[92]입니다.[199]

일류 예술가, 작가, 과학자들이 공격을 받았을 때 흔히 그랬듯이, 예이젠시테인은 자신의 처지를 변호하기 위해 만남을 원한다고 탄원했다. 스탈린이 흑해 인근에서 장기 휴가 중이었기 때문에 1947년 2월에야 예이젠시테인과의 만남이 성사되었다. 스탈린의 크렘린 집무실에는 몰로토프와 즈다노프 그리고 영화의 주연 배우인 N. K. 체르카소프[93]도 있었다.[200] 회동이 끝난 뒤 예이젠시테인과 체르카소프는 작가 보리스 아가포프[94]에게 대화 내용을 전해주었고, 그의 보고는 스탈린과 그들의 대화에 대해 유일하게 알려진 기록이다.

스탈린이 모두冒頭에 한 말은 예이젠시테인에게 역사를 공부했냐고 묻는 것이었다. 대충 했습니다가 대답이었다. "대충이요? 나도 역사를 조금 압니다"라고 스탈린은 말했다. "당신은 오프리치니나를 잘못 표현했습니다. 오프리치니나는 왕의 군대,… 정규군, 진보적인 군대였습니다. 당신은 오프리치니키를 쿠 클럭스 클랜으로 묘사했습니다. 당신의 차르는 햄

---

92) Hamlet. 윌리엄 셰익스피어의 희곡 〈덴마크 왕자 햄릿의 비극〉(흔히 줄여서 〈햄릿〉이라고 한다)에 나오는 주인공. 우유부단한 성격이 특징인 인물이다.

93) Nikolay Konstantinovich Cherkasov(1903~1966). 소련의 배우. 1947년 인민예술가로 지명되었다.

94) Boris Nikolayevich Agapov(1899~1973). 소련의 시인, 언론인, 시나리오 작가.

릿처럼 우유부단한 인상을 줍니다. 모든 사람이 그에게 뭘 해야 하는지를 말하는데, 그는 스스로 어떤 결정도 내리지 못합니다." 스탈린은 이어 말했다.

위대하고 현명한 통치자였습니다.… 그의 지혜는 민족적 시각을 취하고 외국인들이 나라에 들어오지 못하게 하면서 외국의 영향력으로부터 나라를 보호하는 것이었습니다.… 표트르 1세는 위대한 통치자였으나 외국인들에 너무 관대했고 외국의 영향력에 대문을 열었으며, 러시아의 독일화를 허용했습니다. 예카테리나는 그것을 훨씬 더 많이 용인했습니다.… 알렉산드르 1세[95]의 궁정은 러시아 궁정이었나요? 니콜라이 1세[96]의 궁정은 러시아 궁정이었나요? 그것들은 독일 궁정이었습니다.

스탈린은 대화를 나누다가 다시 이 점을 지적했다. "이반 뇌제는 좀 더 민족주의적인 차르였고, 더 멀리 내다보는 차르였습니다. 그는 외국의 영향력이 나라 안으로 들어오는 것을 허용하지 않았습니다. 유럽에 대문을 열고 너무 많은 외국인이 들어오게 허용한 표트르와 달랐습니다."

이반의 잔혹행위에 대해서 스탈린은 이렇게 말했다.

이반 뇌제는 매우 잔인했습니다. 누구나 이 잔인함을 보여줄 수 있으나, 왜

---

95) Alexander Ⅰ(1777~1825). 러시아 제국의 황제(재위 1801~1825). 본명은 알렉산드르 파블로비치 로마노프이며, 로마노프 왕조의 10번째 군주다.

96) Nikolay Ⅰ(1796~1855). 러시아 제국의 황제 겸 폴란드 국왕(재위 1825~1855). 로마노프 왕조의 11번째 군주다.

그가 그렇게 잔인해야 했는지도 보여줄 필요가 있습니다. 그의 잘못 중 한 가지는 5대 봉건 대가문을 끝장내지 못한 것이었습니다. 이반 뇌제가 이 다섯 대 귀족 가문을 파괴했더라면 동란시대[97]는 있지도 않았을 겁니다.… 그러나 이반 뇌제는 누군가를 처형하면 미안함을 느끼고 오랫동안 기도했습니다. 신은 이 문제에서 그를 방해했습니다.… 단호할 필요가 있었습니다.

이때 몰로토프가 러시아의 기독교 개종을 비웃은 데미얀 베드니[98]의 희가극 〈보가티르들〉(1936)의 부정적 사례를 이용해 올바른 견지에서 역사적 사건들을 보여줄 필요가 있다고 끼어들었다. 스탈린은 이에 동의했다. "물론 우리는 그다지 선량한 기독교도는 아니지만, 일정한 단계에서 기독교가 진보적 역할을 했다는 사실을 부인할 수 없습니다. 이 사건은 러시아 국가가 동방을 지향하는 대신 서구와 긴밀하게 단합하는 쪽으로 돌아섰음을 의미했기 때문에 중요한 의의를 지녔습니다.… 우리는 역사를 그냥 내던져버릴 수가 없습니다."[201]

예이젠시테인과 체르카소프는 자신들이 영화를 어떻게 뜯어고쳐야 하는지 가능한 한 많은 지침을 얻어가기를 간절히 바랐다. 그들에게 몇 가지 충고가 주어졌으나 기본적으로 스탈린은 그들이 할 수 있는 한 역사적으로 정확해야 한다고 역설할 뿐, 이 문제를 기꺼이 예술가들의 손에 맡겨두었다. 예이젠시테인이 영화 제작을 서두르지 않는 것이 나을 거라고 제

---

97) Time of Troubles. 러시아 역사에서 루시 차르국 시대에 류리크 왕조의 대가 끊긴 1598년부터 로마노프 왕조가 세워진 1613년 사이의 공위시대를 일컫는다. 1601년부터 1603년 사이에 러시아는 인구의 3분의 1가량인 200만 명이 굶어 죽는 대기근을 겪었다. 또 1605년부터 1618년 사이에는 가짜 드미트리 전쟁으로 폴란드-리투아니아에 일시적으로 점령당하면서 민중들이 고통을 겪었다.

98) Demyan Bedny(1883~1945). 소련의 시인, 풍자작가. 본명은 예핌 알렉세예비치 프리드보로프다.

안하자 전반적인 합의가 이루어졌다.[202] 결국 얼마 전부터 아팠던 예이젠 시테인은 1948년 2월에 심장마비로 사망했다. 영화는 수정되지 않은 채로 남았고 스탈린이 죽고 5년 뒤에야 공개되었다.

로버트 터커Robert Tucker가 주장했듯이, 스탈린이 예이젠시테인과 체르 카소프에게 했던 발언들이 그가 자신을 현대판 차르로 여기고 이반의 테 러를 본떠 그도 테러를 자행했다는 사실을 드러냈는가? 거의 그렇지 않 다. 스탈린은 숙청을 단행하는 데 수많은 자신만의 이유가 있었다. 더욱 그럴듯한 것은 모린 페리Maureen Perrie의 주장이다. 이반 뇌제 정권의 역사 적 유사성은 대테러를 추동하기보다는 1930년대의 야만적 억압에 대한 회 고적 정당화를 제공했다는 것이다.[203] 스탈린에게 역사는 구속복이 아니 라 안내자였다. 자주 현재가 과거에 대한 스탈린의 관점을 틀 지었고, 역 사의 사용가치를 결정했다.

과학과 사회

이반 뇌제에 대한 스탈린의 태도와 관련된 직접적인 맥락은 즈다놉시 나였다. 즈다놉시나는 서방 자본주의의 문화적 영향력에 반대하는 운동 으로 1946년 여름에 개시되었다. 대체로 국내 운동이었던 즈다놉시나를 촉발한 원인에는 스탈린이 전후 서방과의 외교 관계가 악화한 것에 불안 감을 느낀 사정도 있었고, 또 스탈린이 나치 독일을 상대로 소련이 큰 희생을 치르고 거둔 승리의 정당한 보상을 확보하려는 자신의 노력을 서방이 방해한다고 생각하며 실망감이 커져간 사정도 있었다. 스탈린은 유럽에서 소련과 공산주의의 영향력을 확대하기로 결심했다. 그의 목표는 중부 유럽과 동유럽에 공산주의가 통제하거나 영향을 미치는 정부들로 이루어진 신뢰할 만한 성채를 구축해 앞으로 있을지도 모를 독일의 소련 침공을 막는 방벽으로 기능하게 하는 것이었다. 스탈린은 영국, 미국과 협력을 지속하면서 이 목표를 달성할 수 있다고 생각했다. 서방 정치 지도자들은 다른 구상이 있었다. 1946년 3월에 처칠은 발트해에서 아드리아해에 이르는 유럽에 "철의 장막"이 드리워졌다고 선언했다. 이 장막 뒤에서 중부 유럽과 동유럽의 모든 "고대 국가"가 공산주의 전체주의 통제에 굴복 중이었다. 1년 뒤 미국 대통령 해리 트루먼[99]은 미국이 전 지구적으로 "자유세계"를 방어할 것을 요청하고 "무장한 소수집단이나 외부 압박의 예속 기도에 저항하는 자유 인민들을 지지하려고" 의회에 자금을 신청했다.

당 이념 책임자 즈다노프는 반서방 문화 운동을 이끌었으나, 스탈린은 이 문제에 관한 자신의 주요 발언을 전부 정정하고 편집했는데, 1946년 8월 연설의 다음 버전도 그중 하나였다.

우리 문인 중 일부가 스스로를 교사가 아니라 학생으로 여기게 되었고, … 속물적인 외국 문학에 굴종하고 아첨하는 분위기로 **빠져들었습니다**. 어떤 부

---

99) Harry S. Truman(1884~1972). 미국의 33대 대통령(재임 1945~1953). 루스벨트 대통령의 갑작스러운 죽음으로 부통령이 된 지 82일 만에 대통령직을 승계했다. 제2차 세계대전과 태평양 전쟁에서 독일과 일본의 항복을 받았으며, 한국전쟁 당시 미국의 대통령이었다. 1947년 3월 12일, 미국 상하 양원 합동 회의에서 '트루먼 독트린'을 선언함으로써 전후 냉전 시대를 연 인물로 일반적으로 평가된다.

르주아 시스템보다 100배 더 고상하고 더 나은 소비에트 시스템을 건설 중인 우리 소련 애국자들에게 그런 굴종이 어울립니까? 옹졸하고 속물적인 부르주아 서방 문학 앞에 굽실거리는 것이… 우리의 전위 소비에트 문학에 어울리나요?[204]

1947년 5월 소련 작가동맹의 관리들은 몇 가지 실제 문제를 논의하려고 스탈린을 보러 갔을 때, 그가 지식인들의 부적절한 애국적 교육 문제에 몰두하고 있음을 알았다. "과학 지식인, 교수, 의사 등 우리의 중간 지식인들을 살펴보면, 그들은 소련 애국주의 감정을 제대로 발전시키지 못했습니다. 그들은 외국 문화를 가당찮게 칭송하는 데 여념이 없습니다.… 이 후진적 전통은 표트르와 함께 시작되었고,… 외국인들, 개떡 같은 놈들에게 비굴하게 구는 일이 많았습니다."[205]

예술가들만 서방에 굽실거린다고 공격을 받은 것은 아니었다. 1947년에 당 선전부 책임자였던 게오르기 알렉산드로프[100]의 서양철학사에 관한 책을 공개적으로 토의하는 일이 있었다. 이 직책은 비판으로부터 알렉산드로프를 구해주지 못했고, 1946년에 그의 책이 스탈린상을 수여한 사실도 마찬가지였다. 알렉산드로프는 러시아가 철학에 기여한 바를 과소평가하고 마르크스주의가 서방 전통과 이념적으로 단절했음을 강조하지 못했다고 비난받았다. 스탈린은 공공 토론에는 관여하지 않았지만 비공식적 자리에서 자신의 견해를 밝혔고, 즈다노프는 '지도자vozhd' 자신이 책의

---

100) Georgy Fyodorovich Aleksandrov(1908~1961). 소련의 철학자, 정치인. 1940~1947년 공산당 중앙위원회 선전선동부 부장, 1947~1954년 학술원 철학연구소 소장, 1954~1955년 문화부 장관 등을 역임했다.

결점에 주의를 기울였다는 점을 분명히 했다. 이 논쟁의 결과 알렉산드로프는 '철학연구소' 소장이라는 좀 덜 중요할 뿐인 새 직책이 주어지긴 했지만, 당직을 잃었다.[206]

마르크스주의의 철학적 선구자들을 다룬 알렉산드로프의 1940년 책은 스탈린의 장서에 주요 도서로 포함되어 있으나 책 안의 표시는 스탈린이 한 것이 아니다.[207] 스탈린이 읽은 알렉산드로프의 저술은, 같은 주제를 두고 공동 집필해 1939년에 발간한 변증법적·역사적 유물론에 관한 논문집에 실은 글이었다. 스탈린은 "철학자들은 지금까지 다양한 방식으로 세계를 해석해왔을 뿐이며, 중요한 것은 세계를 변화시키는 것이다"라는 마르크스의 유명한 테제의 인용을 비롯해 포이어바흐[101]에 관한 섹션에 표시를 했다.[208]

자연과학 분야에서 유해한 서방의 영향력에 반대하는 운동은 이른바 '명예법정'의 형태를 띠었다. 첫 번째 희생자는 생물학자 그리고리 로스킨[102]과 미생물학자 니나 클류예바[103]였다. 이들은 단세포 미생물인 크루스파동편모충[104]을 이용한 새로운 암 치료 방법을 개발했다. 그들이 범한 죄는 치료 방법에 관한 그들의 책 원고 한 부를 미국의 의학계 동료들에게 전달한 것이었다. 스탈린의 주도로 정부는 그런 행동이 반애국적인지

---

101) Ludwig Andreas von Feuerbach(1804~1872). 독일의 철학자, 인류학자. 저서로 『아벨라르와 엘로이즈』, 『기독교의 본질』 등이 있다.

102) Grigory Iosifovich Roskin(1892~1964). 소련의 세포학자, 조직학자.

103) Nina Georgiyevna Klyuyeva(1899~1971). 소련의 미생물학자.

104) Trypanosoma cruzi. 유글레나강에 속하는 기생성 종. 원생동물 기생충 중에서도 파동편모충(Trypanosoma) 기생충은 다른 생명체의 조직을 뚫고 들어가 주로 혈액과 림프에서 살아가는 특징이 있다. 그 때문에 크루스파동편모충은 숙주마다 서로 다른 질병을 일으킨다.

를 평가하는 명예법정의 구성 문제에 관해 결의안을 통과시켰다. 두 과학자에게는 어떤 형사 제재도 가해지지 않았으나 1947년 6월에 열린 그들의 '재판'에는 방청객 수백 명뿐 아니라 소련 의학계의 일류 인사들이 참석했다. 1년 뒤 중앙위원회는 당원들에게 사건을 상세히 설명하고 "외국적인 것에 비굴함과 굴종을 보이는 것"을 비판하는 비밀 회람을 보내 "서방의 부르주아 문화에 굽신거리고 노예근성을 드러내는 작태"를 경고했다.[209]

이른바 리센코 사건에서도 애국적 원칙은 분명했다. 식물학을 전공한 소련 생물학자 트로핌 리센코[105]는 획득 형질이 유전될 수 있고 그러므로 환경적 변화에 영향을 받는다고 믿었다. 이는 유전은 엄격히 유전자의 기능이고 환경의 영향이나 과학적 자연 조작과는 아무 상관이 없다는 소련 유전학자들의 주장과 완전히 반대되는 견해였다. 두 파벌 사이에 오랫동안 진행되어 온 토론은 안드레이 즈다노프의 아들로 중앙위원회 과학분과를 책임지고 있던 유리 즈다노프[106]가 리센코 견해를 비판하는 강연을 한 1948년 4월에 새로운 전기를 맞았다. 리센코는 스탈린에게 불만을 토로했고, 그 결과 유리 즈다노프는 공개적으로 사과하지 않으면 안 되었다. 또 리센코는 『프라우다』에 자신의 견해를 자세히 설명하고 유전학자들의 비

---

105) Trofim Denisovich Lysenko(1898~1976). 소련의 생물학자로 1930년대에 리센코주의로 알려진 농업 학설에 입각해 농업 정책을 폈다. 리센코는 후천적으로 얻은 형질이 유전된다고 주장했는데, 이 학설은 생물의 유전성은 전적으로 유전자에 달려 있다는 당대의 유전학설을 부정하는 것이었다. 스탈린 치하에서 리센코는 '맨발의 과학자'로 영웅시되었고 대부분 조작으로 얻어진 그의 연구 성과는 대대적으로 선전되었다. 스탈린의 지지를 등에 업은 리센코는 자신의 학설에 반대하는 과학자들의 숙청에 앞장섰다. 리센코주의 농업 정책은 1960년대 중반까지 계속되었으나 스탈린이 죽은 이후 학설의 비과학성이 비난받으면서 1965년 마침내 리센코는 실각하고 리센코주의 농업 정책도 끝이 났다.

106) Yury Andreyevich Zhdanov(1919~2016). 러시아의 화학자. 로스토프대학교 총장을 지냈다. 소련 정치인 안드레이 즈다노프의 아들로 스탈린의 딸 스베틀라나 알릴루예바의 전 남편이었다.

판을 철저히 반박하는 1948년 7~8월 학술회의의 프로시딩을 게재함으로써 자기주장을 공식적으로 승인받았다.

정치적으로 노회했던 리센코는 "소련" 과학 대 "서방" 과학, "유물론적·진보적·애국적" 생물학 대 "반동적·현학적 외국" 생물학이라는 말로 자기주장을 일부러 나타냈다. 무엇보다도 스탈린에게 호소력이 있었던 것은 바로 리센코의 애국주의였다.[210]

스탈린이 또 리센코의 견해를 지지한 까닭은 그것이 특히 인간의 적극적인 개입으로 자연계를 근본적으로 탈바꿈할 수 있는 그 자신의 주의주의적 마르크스주의 철학과도 부합했기 때문이다. 이 근대주의적 시각에 맞춰 소련 언론은 1948년 10월에 '자연을 탈바꿈하는 위대한 스탈린주의 계획'을 발표했다. 이 계획은 나무를 대량으로 심고, 목초지를 대규모로 조성하며, 4만 4,000개에 이르는 연못과 저수지를 파는 프로젝트였다. 『프라우다』는 "자본주의는 자연을 계획적으로 탈바꿈할 수 없을 뿐만 아니라 자연의 자원을 약탈적으로 사용하는 것을 막을 수도 없다"라고 사설에서 주장했다.[211]

스탈린의 전후 애국 운동에는 강력한 러시아 중심주의 요소가 있었다. 이 경향은 전쟁 때 나타나기 시작했다. 소련 지도부는 새 국가(공산주의 '인터내셔널'가를 대체)를 채택하기로 결정하면서 일반 경쟁을 조직했다. 스탈린의 주의를 끌 만했던 한 국가는 가사가 다음과 같이 힘차면서도 간결했다.

차르 뇌제 이래 우리 국가는 영광스러웠네

우리 국가는 표트르의 강력한 힘을 품고 있네

수보로프의 영광이 우리 뒤에 빛나네

쿠투조프의 영광의 바람이 부네

우리의 선조들이 러시아 땅을 사랑했듯이

우리도 소비에트 땅을 사랑한다네[212]

이 제출물은 본선에 오르지 못했으나 경쟁에서 우승한 국가는 아래와
같이 중요한 가사를 포함했다.

자유로운 공화국들의 깨부술 수 없는 연합에

대러시아가 영원히 함께했다네

인민들의 의지로 창건한

통일되고 강력한 소연방이여 만세

1945년 5월 크렘린에서 열린 군軍 환영 연회에서 스탈린은 소련 국민의
건강, "무엇보다도 러시아인들"을 위해 축배를 들자고 제안했다.

나는 무엇보다도 러시아인들의 건강을 위해 마십니다. 그들은 소련을 구
성하는 민족 중에서 가장 뛰어난 민족이기 때문입니다.… 나는 러시아인들이
다른 민족들을 이끌 뿐 아니라 상식, 사회적·정치적 상식, 인내력이 있기 때
문에 러시아인들의 건강을 위해 마십니다. 우리 정부는 적지 않은 잘못을 저

질렀고, 1941~1942년에 절망적인 상황에 처했습니다.… 또 다른 민족은 이렇게 말했을 겁니다. 지옥으로 꺼져, 당신들은 우리 희망을 저버렸고, 우리는 또 다른 정부를 구성할 거야.… 그러나 러시아인은 그렇게 하지 않았습니다.… 그들은 우리 정부에 대한 무조건적 신뢰를 보여주었습니다.… 우리는 러시아인들이 보여준 우리 정부에 대한 신뢰에 큰 감사를 드립니다.**213**

푸시킨 서거 110주년이 10년 전의 100주년만큼이나 화려한 팡파르와 함께 기념되었다.**214** 1947년 9월 스탈린은 모스크바 건립 800주년**107)** 기념일에 다음과 같이 모스크바에 경의를 표했다.

모스크바의 공헌은 우리나라의 역사에서 우리나라를 외국의 억압으로부터 ─몽골의 멍에**108)**로부터, 폴란드─리투아니아 침략**109)**으로부터, 프랑스의 침공**110)**으로부터─세 번씩이나 해방시킨 데 있는 것만은 아니다. 모스크바의 공헌은 기본적으로 모스크바가 분열된 러시아를 하나의 정부와 하나의 통일된 지도부를 갖춘 단일한 국가로 통합하는 기반이 되었다는 사실에 있다.**215**

스탈린의 러시아 중심주의는 과장되어서는 안 된다. 조너선 브룬스테

---

107) 모스크바라는 도시 이름은 1147년에 유리 돌고루키가 대귀족을 모스크바로 초대해 연회를 열었다는 내용의 연대기에서 처음으로 언급되었다. 이에 따라 러시아에서는 1147년을 모스크바가 건립된 해로 기념한다.

108) 1240~1480년에 러시아가 킵차크한국에 지배받던 기간을 말한다. 타타르의 멍에라고도 한다.

109) 1605~1618년 러시아가 동란시대라고 불리는 무정부 상태에 빠져 내전으로 치닫던 시기에 폴란드-리투아니아 연방이 러시아로 동진하여 내전에 개입하면서 발생한 전쟁을 가리킨다.

110) 1812~1813년 나폴레옹 군대가 러시아를 침공하면서 일어난 전쟁을 말한다.

트Jonathan Brunstedt가 지적했듯이, 스탈린은 1946년 2월의 선거 연설에서 전시에 러시아인들이 했던 역할을 특별히 언급하지 않았다. 그 대신 스탈린은 전쟁이 소비에트 다민족주의가 가진 힘과 소련을 구성하는 여러 민족의 단합을 보여주었다고 강조했다. 1947년에 스탈린은 새로 제안된 당 강령 초안에서 러시아인들의 지도적 역할을 언급하기를 거부했다. 스탈린이 모스크바에 경의를 표하며 했던 말에서, 모스크바가 러시아 국가의 성립에 역사적으로 이바지했다는 스탈린의 언급은 소비에트 사회주의 건설에서 모스크바가 한 역할을 찬양하는 말로 상쇄되었다. 스탈린이 가장 찬미한 러시아인들은 혁명 이후 세대였다. 1946년 8월에 즈다노프가 말했듯이, "우리는 1917년 이전의 러시아인들이 더는 아닙니다. 우리의 러시아 Rus'는 더는 똑같지 않습니다.… 우리는 변했고, 우리나라 모습을 근본적으로 바꾼 거대한 변모와 함께 성장했습니다."[216]

전쟁이 끝난 후 스탈린의 머릿속에 아주 깊이 박혀 있던 문제 중 하나는 러시아 과학의 국제적 지위에 관한 것이었다. 스탈린은 세계 과학의 발전에서 러시아 과학자들이 한 역할에 관한 1946년의 한 책에서 전자 통신, 원자 물리학, 지진학, 자기학磁氣學 같은 분야에 그들이 이바지한 바를 설명하는 대목에 표시를 했다.[217] 1948년의 잡지 논문에서는 러시아인들이 의학에 기여했음을 주장하는 부분에 강조 표시를 했다.[218]

『프라우다』의 한 칼럼니스트는 러시아 과학의 역사를 다룬 소련 학술원의 한 회의에 부응해 1948년 1월에 "대러시아인들은 그들의 역사 내내 뛰어난 발견과 발명으로 국가 기술과 세계 기술의 질을 드높였다"라고 주장했다. 『콤소몰스카야 프라우다Komsomol'skaya Pravda』는 바로 그달에 "비행기는 러시아의 발명품이다"라고 선언했다. 이 논설의 저자는 이렇게 말한다.

러시아인들이 새로운 길을 개척하지 않은 분야를 단 하나라도 발견하기는 불가능하다. A.S. 포포프[111]는 라디오를 발명했고, A.N. 로디긴[112]은 백열등을 만들었으며, I.I. 폴주노프[113]는 세계 최초로 증기기관을 제작했다. 체레파노프 부자[114]가 발명한 최초의 기관차가 러시아 땅에서 움직였다. 농노인 표도르 블리노프[115]는 라이트 형제보다 21년 전에 천재 알렉산드르 표도로비치 모자이스키[116]가 제작한, 공기보다 무거운 비행기를 타고 러시아 상공을 날았다.[219]

1949년 9월 이반 파블로프[117] 탄생 100주년을 축하할 당시 『프라우다』1면 사설의 표제는 '러시아인의 위대한 아들'이었다.[220] 파블로프 반응이라

---

111) Alexander Stepanovich Popov(1859~1906). 러시아의 물리학자. 1890년대에 라디오 수신기를 최초로 발명한 사람 중 한 명으로 알려져 있다.

112) Alexander Nikolayevich Lodygin(1847~1923). 러시아의 전기 기사이자 발명가. 1890년대에 백열전구를 발명한 사람 중 한 명으로 알려져 있다.

113) Ivan Ivanovich Polzunov(1728~1766). 러시아의 발명가. 1763년 세계에서는 처음으로 쌍실린더 증기기관을 제작한 것으로 알려져 있다.

114) Yefim Alekseyevich Cherepanov(1774~1842)와 그의 아들 Miron Yefimovich Cherepanov(1803~1849). 러시아의 발명가이자 산업 기사들. 1833~1834년에 최초의 러시아 증기기관차를 제작했다.

115) Fyodor Abramovich Blinov(1827~1902). 러시아의 발명가. 1881년에 최초의 증기 무한궤도 트랙터를 제작한 것으로 알려져 있다.

116) Alexander Fyodorovich Mozhaysky(1825~1890). 러시아 해군 제독, 항공 기사. 1870년대부터 공기보다 무거운 항공기(중항공기)를 구상하고 설계하기 시작해 1884년에 증기기관을 장착한 단엽 비행기를 제작하는 데 성공했다.

117) Ivan Petrovich Pavlov(1849~1936). 러시아의 생리학자. 1890~1924년에 상트페테르부르크의 제국의학원에서 생리학 교수로 재직했다. 대표적 연구로 조건반사를 입증하는 '파블로프의 개'가 있으며, 1904년에 노벨 생리학·의학상을 수상했다.

는 개념을 낳은 조건반사에 관한 연구로 불멸의 인물이 된 생리학자 겸 심리학자 이반 파블로프는 그의 시대에 소련에서 가장 유명한 과학자였다. 그는 1904년에 노벨 의학상을 수상했고, 다른 많은 차르 시대의 저명한 과학자들과 달리 1917년 혁명 이후 나라를 떠나지 않는 쪽을 선택했다. 볼셰비키는 아니었지만, 파블로프의 유물론적 과학 연구 방법은 마르크스주의와 양립할 수 있는 것으로 여겨졌고 프로이트주의의 자기 성찰과 주관주의보다 훨씬 나은 것으로 생각되었다. 파블로프의 접근법은 소련 생리학자들 사이에 지배적이었고 그가 사망한 뒤에도 여전히 그랬지만, 파블로프의 좀 더 기계론적이고 환원주의적인 연구에 다소 의문을 품는 회의론자들도 있었다.

스탈린이 파블로프나 그의 작업을 얼마나 알았는지는 분명하지 않다. 스탈린의 장서에는 파블로프의 저서 『동물의 고등신경계 활성에 관한 20년간의 객관적 연구 경험』 러시아어판이 한 권 있으나, 표시가 되어 있지 않다.[221] 우리가 알고 있는 것은 스탈린이 1949년 9월에 유리 즈다노프가 그에게 보낸, 소련 생리학자와 심리학자들 사이의 "반反파블로프 수정주의"를 비판한 긴 메모에 진심으로 동의했다는 사실이다. 리센코를 비판했다가 혼이 났던 즈다노프는 얼마 전인 그해 봄에 스탈린의 딸과 결혼했다 (결혼생활은 그다지 오래 지속되지는 못했다). 유리 즈다노프는 수정주의자들의 "가면을 벗기고", 연구와 교육 기관들을 재편해 애국적인 정통 과학자들이 반드시 그 기관들을 맡을 수 있게 하고 싶어 했다. 이를 위해 즈다노프는 서방의 영향을 받은 반파블로프 요소를 들춰낼 과학 토론회를 열자고

제안했다. 스탈린은 이 전략에 동의했고, 친절하게 약간의 전술적 충고를
했다.

무엇보다도 먼저 파블로프의 지지자들을 조용히 모으고 그들을 조직해 역
할을 분담한 다음 생리학자들의 학술회의를 소집하는 것이 필요하네. … 거기
서 자네는 반대파와 전면적으로 싸워야 할 거야. 이렇게 하지 않으면 목표를
달성하지 못할 거네. 기억하게, 완벽히 성공하려면 자네는 적을 확실하게 무
찔러야 한다네.[222]

1950년 6월에 학술원과 의학원이 공동 주최한 '학술원 회원 I.P. 파블로
프의 생리학 교육에 관한 과학 회의'가 정식으로 열렸다. 1,000명 이상이
참석한 가운데 파블로프를 주도적으로 의심하는 사람들이 비판을 받고 그
후 강등당했으며, 파블로프를 진정으로 신봉하는 사람들이 새로운 '파블
로프 생리학 연구소'를 맡게 되었다. 이는 스탈린이 사망하고 나서 2년 뒤
에 이전 상태로 되돌아갔기 때문에 일시적인 승리에 그쳤다. 즈다노프의
중앙위원회 '과학 평의회'가 폐지되었고, 엄밀한 과학적 문제에 대한 당의
개입을 못마땅하게 생각했다. 파블로프주의는 여전히 지배적이었으나 파
블로프주의에 비판적인 사람들이 학술원과 의학원에서 차지하고 있던 자
리와 지위를 회복했다.

스탈린은 스스로를 변증법적 유물론의 대가라고 믿었다. 변증법적 유
물론은 자연계를 포함해 인간 존재의 모든 측면을 이해하는 마르크스주의

방법론이었다. 하지만 스탈린은 자신의 한계를 알았고, 일반적으로 역사, 정치, 경제학, 철학 같은 주제를 고수했다. 그러나 1950년에 스탈린은 언어학을 둘러싼 논쟁에 개입했다. 영어–조지아(그루지야)어 역사가이자 이론가인 니콜라이 마르Nikolay Marr(1865~1934)의 견해가 논쟁의 초점이었다.

마르는 캅카스 언어들을 전문적으로 연구했으나 세계의 모든 언어는 서로 연관되어 있고, 네 개의 기본 음절인 SAL, BER, ROSH, YON에 공통의 뿌리가 있다고 믿었다. 혁명 후 마르는 자신의 이론을 마르크스주의 범주에 맞춰 조정했다. 그는 모든 언어는 계급에 토대를 두며 사회의 경제적 토대가 바뀌면 그에 따라 언어도 변한다고 주장했다. 마르크스주의의 토대–상부구조 비유에 맞춰, 언어는 계급에 토대를 둔 사회–경제적 생산양식에 의존하는, 사회의 문화–이념적 상부구조의 한 면으로 분류되었다. 언어를 포함한 상부구조의 모든 면은 계급 관계와 경제적 토대의 역동성에 따라 형성되고 결정되었다. 다른 계급은 다른 언어를 말했고, 다른 나라들에 거주하지만 계급이 같은 사람들의 언어는 다른 계급에 속한 같은 나라 사람들보다 서로 공통점이 더 많았다. 마르는 언어는 민족이나 인종의 문제가 아니라 계급의 문제라고 역설했다.

1920년대에 마르는 키릴 알파벳의 라틴어 표기에 관한 논의에 본격적으로 참여했고, 이 문제를 스탈린의 참모들과 상의했다.[223] 라틴어 표기는 볼셰비키의 근대화 신념의 한 부분으로서 교육 인민위원 아나톨리 루나차르스키가 적극적으로 추진한 프로젝트였다. 키릴 알파벳은 후진적이고 부르주아적이고 쇼비니즘적이라고 여겨진 반면, 라틴 알파벳은 근대적이며 미래 세계어의 핵심이라고 간주되었다. 비非키릴 소련 언어인 여러 소수 언어가 1920년대에 라틴어로 표기되기 시작했으나, 스탈린과 정치국은 러시아어에 관한 한 라틴어화를 망설였고 1930년 1월에 통과된 결의안에서 이 발상을 거부했다. 그와 같은 정책은 엄청나게 파괴적이었을 것이고, 러시아 역사와 문화를 소비에트 애국주의의 토대로 부흥시키는 최신의 추세와도 맞지 않았다.[224]

마르는 1930년 6월 제16차 당 대회에서 소련 과학자들의 대표로 선발되어 대의원들에게 자신의 "혁명적 창조력"을 이용해 "프롤레타리아 과학이론의 명백한 총노선을 위한 과학 전선의 전사가 되는" 데 온몸을 바치겠다고 말했다. 마르는 대회 직후 당에 가입했고 1년 뒤 전연방 소비에트 대회 중앙집행위원회 위원이 되었다.[225] 마르는 1932년 스탈린을 접견하려했을 때 정중하게 거절당했으나, 스탈린은 앞으로 언젠가 40~50분을 빼놓을 수 있을 거라고 말했다.[226] 이 만남은 1933년 10월 마르가 뇌졸중을 겪고 심신이 약해져 1934년 12월에 사망하는 바람에 성사되지 못했다.[227]

마르주의자들은 소련의 주류 언어학계에 단단히 자리 잡고 있었으나 빅토르 비노그라도프[118]나 아르놀트 치코바바[119] 같은 학자들로부터 비판을 받았다. 비노그라도프는 러시아 문학과 문법을 연구하는 학자였다. 그는 언어는 인도-유럽어 같은 어족의 일원으로 가장 잘 연구할 수 있다고 믿었는데, 이는 마르의 지지자들이 경멸한 전통적 접근법이었다. 그루지야 언어학자이자 문헌학자인 치코바바 역시 상이한 언어들의 민족-문화

---

118) Viktor Vladimirovich Vinogradov(1895~1969). 소련의 언어학자, 문헌학자.

119) Arnold Chikobava(1898~1985). 그루지야(조지아) 출신의 소련 언어학자, 문헌학자.

적 성격에 가치를 두었다. 러시아 문학 자연주의의 전개에 관한 비노그라도프의 연구는 스탈린의 도서 컬렉션 중 일부였고, 남캅카스의 카르트벨리어에 나타나는 고대 명사 어간에 관한 치코바바의 그루지야 텍스트도 그랬다.[228]

스탈린의 장서에 있는 마르의 저서 중에는 편집한『트리스탄과 이졸데: 봉건 유럽의 영웅적 사랑에서 모계 중심적 아프로유라시아의 여신까지』(1932)와 그의 스반[20]어–러시아어 사전(1922) 그리고 압하지야의 언어와 역사에 관한 논문집(1938)이 있었다.[229]

파블로프주의자들처럼 마르주의자들도 리센코 사건을 이용해 애국적 소련 언어학의 전형으로서 그들과 그들의 이론을 널리 선전하려 했다. 회의를 열고 논문들을 발표했으며 마르를 비판하는 사람들을 조직적으로 공격했다. 스탈린은 1949년 12월에 그루지야 공산주의 지도자 칸디트 차르크비아니의 편지를 받고 서둘러 개입했다.[230] 치코바바가 부추기고 아마도 그 자신이 초고를 작성했을 이 편지는 마르의 견해에 대한 상세한 비판을 담았고, 스탈린은 이를 꼼꼼히 읽었다. 차르크비아니는 마르가 변증법적 유물론자가 아니라 저속한 유물론자라고 썼다. 그의 이론은 언어와 언어들의 기원, 관계, 역할에 관한 적절한 마르크스–레닌주의 분석을 위한 기반이 아니며 기반이어서도 안 된다. 마르는 모든 언어가 처음부터 계급에 기반을 두었고 비非계급 언어 같은 것은 없다고 잘못 믿었다. 라틴어 표기와 관련해 논쟁이 벌어졌을 때 마르는 지역 언어를 무시하는 "코즈모폴리턴적" 주장을 채택했다. 그는 소련 언어학의 주요 목표는 단일한 세계

---

120) Svan. 조지아(그루지야)의 소수민족.

언어를 창출하는 쪽으로 나아가는 것이라고 생각한 반면, 스탈린은 세계 사회주의로 이행하는 동안 민족 언어는 존속할 거라고 언급한 바 있었다.

차르크비아니의 편지에 동봉된 것은 마르의 견해를 추가로 비판하는 치코바바의 글이었다. 또 스탈린이 소장한 도서에는 다양한 언어 이론을 살펴보는 치코바바의 긴 논문도 있었다. 이 논문은 마르가 관념론적 서방 언어 이론가들(예를 들어 페르디낭 드 소쉬르[121])과 싸울 때는 적극적인 역할을 했으나 언어 연구와 관련된 근본적 문제들에 대한 마르크스-레닌주의적 해결책은 내놓지 못했다고 결론지었다. 역설적이게도 이 1941년 논문은 그루지야 학술원의 'N. Ya. 마르 언어·역사·물질문화 연구소'의 잡지에 (러시아어로) 실렸다.

차르크비아니와 치코바바는 1950년 4월에 모스크바로 가서 스탈린의 다차에서 그를 만나 마르에 관해 오랫동안 대화를 나누었다. 스탈린은 치코바바에게 『프라우다』에 소련 언어학에 관한 논설을 발표하라고 요청했다. 5월 9일에 게재된 그의 논설 「소련 언어학의 몇몇 문제」는 스탈린이 크게 편집한 것이었다. 스탈린은 늘 그랬듯이 글을 더욱 선명하게 다듬는 편집 작업을 했고, 자신의 문장을 몇 개 끼워 넣었다. 언어의 기원에 관한 섹션에서 스탈린은 마르가 언어가 "사람들의 소통 수단으로, 즉 소통의 지속적 필요에서 발생한 도구로 생겨났다"라는 생각을 거부했다고 덧붙였다.

학술원 회원 마르는 아주 오래전에 사람들이 무리로, 개별적이 아니라 집

---

121) Ferdinand de Saussure(1857~1913). 스위스의 언어학자. 근대 구조주의 언어학의 창시자로 불린다. 주요 저서로 그의 사후에 출판된 『일반언어학 강의』가 있다.

단으로 살면서 생활하고 삶을 영위했다는 점을 잊어버렸다. 학술원 회원 마르는 사람들이 소통의 필요, 언어와 같은 공통의 소통 수단을 가질 필요를 초래한 것은 바로 이러한 환경이라는 사실을 고려하지 않았다.

스탈린은 또 마르가 세계 언어의 형성을 촉진하는 인위적 방식을 옹호한 것을 비판하는 섹션에 다음과 같은 문장을 삽입했다.

마르크스주의자들은 이 문제를 다르게 이해한다. 그들은 민족 언어의 사멸 과정과 단일한 공동 세계 언어의 형성이 점진적으로, 이 과정을 '가속화'하려고 어떤 '인위적 수단'도 쓰는 일 없이 이루어질 거라고 주장한다. 그와 같은 '인위적 수단'의 적용은 민족을 상대로 강압을 사용하는 것을 의미할 테고, 마르크스주의는 이런 짓을 용납할 수 없다.

스탈린은 논설의 말미에 다음 단락을 덧붙였다. "일반적인 언어학에 관한 마르의 이론적 정리는 심각한 오류를 내포한다. 이 오류를 극복하지 않으면 유물론적 언어학의 발전과 강화는 불가능하다. 여하간 비판과 자아비판이 필요하다면 바로 이 분야에서다."[231]

스탈린이 가필한 문구는 명확한 사고와 상식이라는 면에서 일류로 판명된 언어학 논쟁에서 그가 이바지할 부분을 미리 알려주었다.

1950년 5~6월에 『프라우다』가 기획한 언어학에 관한 난해한 논쟁은 소련 기준에서 보더라도 믿기 힘들 만큼 대단한 광경이었다. 7,000단어에 이르는 치코바바의 논설은 중앙 양면에 게재되었고 그것도 모자라 또 다른 면으로 넘어갈 정도였다. 논설은 익숙한 이념적 수사로 넘쳐났으나, 또한 매우 전문적이고 학술적이었으며 각주로 뒷받침되었다. 마르의 변호자들도 똑같이 대응했고, 비노그라도프와 같은 다른 비판자들도 마찬가지였다. 『프라우다』는 스탈린이 개입하기 전에 토론과 관련해 기고문을 12편 실었다.[232]

스탈린은 논쟁에 충분히 관여하기 전에 언어학에 관해 많은 책을 읽었다고 전해진다. "스탈린은 책을 매우 빨리 읽었고, 그의 쿤체보 서재에는 거의 매일 언어학에 관한 새로운 책이 수북이 쌓였다."[233] 스탈린이 참조한 자료 중에는 『소련대백과사전』 제65권(1931)에 있는 '언어Yazyk', '언어학Yazykovedenie', '야페트Yafet', '야페트설Yafeticheskaya Teoriya'에 관한 항목들이 있었다. 노아의 아들[122] 중 한 명의 이름을 딴 마르의 야페트설은 캅카스 언어들과 중동의 셈족 언어들이 공통의 기원이 있다고 상정했다. 모든 언어가 공통의 뿌리가 있다는 것은 마르 주장의 초석이었다. 스탈린은 이들 항목 섹션에 매우 광범위한 표시를 남겼는데, 여백에다 "언어는 정신의 문제다Yazyk-materiya dukha"라고 쓴 아주 흥미로운 논평도 있다.[234]

스탈린은 자신이 매우 좋아하는 방식 중 하나를 활용해 논쟁에 개입했다. 그것은 『프라우다』가 제기한 질문에 답변하는 형식이었다.[235] 스탈린은 언어가 상부구조의 한 부분이라는 마르의 가정—마르의 비판자들도 공유한 가정—을 훼손하는 것으로 시작했다. 스탈린은 언어가 사회 전체와 그 역사의 산물이라고 주장했다. 언어는 사회에 의해 창조되고 수백 세

---

122) 구약성서 창세기에 따르면 노아는 셈(Shem), 함(Ham), 야벳(Japhet)이라 부르는 세 아들을 두었다.

대에 걸쳐 발전했다. "언어는 사람들 간의 교류 수단으로서 바로 사회 전체에 봉사하기 위해 존재하고 또 창조되었으며, … 계급적 신분과는 상관없이 사회 구성원들에게 동등하게 봉사한다."

다음으로 스탈린은 언어가 계급에 기반을 두었다는 발상을 공격했다. 언어는 계급이 아니라 부족과 민족에 기반을 두었다. "역사는 민족 언어가 계급 언어가 아니라 각 민족 구성원들에게 공통되고 그 민족의 유일한 언어가 되는 공통 언어임을 보여준다. … 문화는 부르주아적이거나 사회주의적일 테지만, 교류의 수단으로서 언어는 언제나 모든 사람에게 공통된 언어이며 부르주아 문화와 사회주의 문화 둘 다에 봉사할 수 있다." 스탈린은 일부 사람들이 범한 잘못은 계급투쟁이 사회의 붕괴를 초래한다고 상정하는 것이라고 말했다. 그렇게 되면 그것은 자멸적일 터였다. "계급투쟁이 아무리 격렬하더라도 사회의 해체를 초래할 수는 없다." 스탈린은 언어의 특징적 모습은 언어가 그 쓸모와 힘을, 공유된 어휘뿐 아니라 문법에서 끌어내는 것이라고 지적했다. "문법은 오랜 기간 인간의 정신이 수행한 추상화 과정의 결과다. 그것은 사고의 엄청난 성취를 나타내는 것이다."

마르는 "천박하고 뽐내고 거만한 논조를 언어학에 도입"하고 언어의 비교─역사 연구를 "관념론적"이라고 매도한, "마르크스주의를 단순화하고 저속화하는 사람"이었다. 그러나 슬라브인 같은 민족들은 마르의 "조상" 언어 이론과 전혀 관계없는 언어적 친연성을 지녔음이 분명했다.

뒤이은 『프라우다』와의 인터뷰에서 스탈린은 또 사고는 언어와 분리될 수 있다는 마르의 견해도 비판했다. "사람의 마음속에 드는 생각은 그 무엇이든, 오직 언어 자료를 기반으로 해서만, 언어 용어와 구절을 기반으로 해서만 발생하고 존재할 수 있습니다.”

스탈린은 『프라우다』에 이 문제에 관해 기고문을 다섯 편 실었다. 마지막 발표에서 스탈린은 결국 모든 언어가 하나의 공통된 세계 언어로 통합될 거라는 자신의 견해를 되풀이했다. 그러나 그 과정은 사회주의가 지구적으로 승리한 뒤에야 비로소 진행될 것이다. 그사이에 수백 개 언어가 계속 공존할 테고, 그 언어들을 금지한다거나 어떤 한 언어의 우월을 주장하는 일은 있을 수 없었다.

보리스 피오트롭스키[123]는 언어학 토론이 벌어지는 동안 현명하게 머리를 숙인 많은 마르의 제자 가운데 한 명이었다. 의심할 여지 없이 이런 처신으로 그는 예르미타시 박물관의 부관장직을 유지할 수 있었다. 그러나 스탈린의 조롱을 피할 수는 없었다. 스탈린은 피오트롭스키가 고대문화의 역사에 관해 1951년 책에 실은 글을 비웃으면서 피오트롭스키가 처음으로 아르메니아의 우라르투 문명이 어떻게 발생하고 멸망했는지를 과학적으로 설명했다는 편집자의 주장 옆에 ‘하하’라고 썼다.[236]

마르크스주의와 언어학에 관한 스탈린의 논설들은 모든 소련 신문에 다시 게재되었다. 라디오 방송에서 낭독했으며, 팸플릿으로 수백만 부를 찍어냈다. 언어학 프로그램들을 수정해 ‘언어에 관한 스탈린의 가르침’을 다루는 새로운 강좌를 포함시켰다. 반反마르주의 토론의 물결이 나라를 휩쓸었다. 비판적인 책과 논문들이 크게 늘어났다. 이 반혁명의 수혜자인

---

123) Boris Borisovich Piotrovsky(1908~1990). 소련의 역사가, 동방학자, 고고학자. 1964년부터 사망할 때까지 상트페테르부르크의 예르미타시 박물관 관장을 지냈다.

비노그라도프는 새 '언어학 연구소' 소장으로 임명되었다.

이러한 사태 전개를 다채로운 은유로 설명한 예브게니 도브렌코Evgeny Dobrenko의 다음 요약은 인용할 만하다.

스탈린의 텍스트는 학문/과학 부문 전체를 빨아들이는 광범위한 블랙홀이다. 학문/과학 부문들은 점점 더 빠른 속도로 해체되고 점점 더 많은 텍스트 조각을 낳는다. 달리 말해 스탈린의 텍스트에서 비롯하여 점점 확대하는 이 담론을 끊임없이 새로운 장기와 조직으로 전이하는 진행성 종양에 비유할 수 있다. 텍스트를 낳고 담론을 산출하는 성물聖物로서 이 짧은 텍스트는 진정으로 문헌의 대양大洋을 발생시킨다.[237]

표절자 스탈린?

스탈린의 저술 중 어느 것이 다른 필자의 생각이나 글을 표절했는지를 두고 의견이 분분하다. 스탈린이 아니라 레닌이 『마르크스주의와 민족문제』의 저자라는 트로츠키의 주장은 이미 다루었다. 스티븐 코트킨은 스탈린이 그의 첫 번째 주요 저작인 『아나키즘인가 사회주의인가?』를 기오르기 텔리야[124]라는 사망한 그루지야 철도 노동자 지식인으로부터 "통째로 표절했다"라고 썼다.[238] 이 주장을 뒷받침하려고 유일하게 인용한 증거는 스탈린이 그의 전집에 다시 실린, 텔리야의 죽음을 알리는 1907년의 부고

---

124) Georgy Petrovich Teliya(1880~1907). 그루지야 출신의 러시아 혁명가.

에서 죽은 그의 동료가 '아나키즘과 사회민주주의'라는 글을 썼다고 언급한 사실이다.[239] 코트킨 자신이 인정했듯이, "우리는 스탈린이 텔리야의 저술을 얼마나 많이 차용했는지, 얼마나 세련되게 갈고닦았는지는 절대 모를 것이다."[240] 아니면 사실, 만일 스탈린이 그 저술을 적어도 활용했다면 아마도 그 자신의 논설 시리즈를 위한 하나의 아이디어로만 이용했던 것 같다.

코트킨은 또 스탈린의 정전에서 주요 텍스트 가운데 하나인『레닌주의의 기초』에 관한 스탈린의 1924년 강의가 F. A. 크세노폰토프[125]의『레닌의 혁명 교리』에 관한 원고에 폭넓게 기반을 두었다는 로이 메드베데프의 주장을 되풀이했다.[241] 다시 한번 이것은 스탈린이 1926년에 크세노폰토프에게 보낸 개인적 편지를 그의 전집 제9권에 실리도록 허용함으로써 스탈린이 스스로 논의를 촉발한 경우였다.[242] 스탈린의 목적은 자신이 레닌주의를 "제국주의와 프롤레타리아 혁명 시대의 마르크스주의"라고 정의한 원저자임을 확실히 하는 것이었다. 메드베데프는 스탈린이 그 정의를 크세노폰토프에게서 끌어냈다고 단언했는데, 이것이 옳을 수도 있다. 그러나『레닌주의의 기초』에서 스탈린이 상세하게 펼친 정의는 크세노폰토프의 정의와 뚜렷하게 다르다. 그것은 크세노폰토프가 좋아한 폐쇄적인 텍스트 분석과 신중한 정식화가 아니라 스탈린이 관심 있는 레닌의 리더십 아래에서 볼셰비즘의 이론과 실천이 어떠했는지를 살펴본 폭넓은 고찰이다.

---

125) Filipp Alekseyevich Ksenofontov(1903~1938). 소련의 공산당 활동가, 역사가, 사회학자. 스탈린 대숙청 때 체포되어 옥중에서 사망했다.

스탈린의 도서 컬렉션에 남아 있는 크세노폰토프의 몇몇 저작 중 그가 표시한 유일한 텍스트는『볼셰비즘의 이념적·전술적 기초에 관해』(1928)였다.[243] 스탈린은 저자가 레닌주의의 성격에 대한 자신의 분석을 되풀이한 책의 첫 섹션을 띄엄띄엄 읽은 것 같고, 크세노폰토프의 볼셰비키 전략과 전술의 역사에도 전혀 흥미를 보여주지 않았다. 그 대신 스탈린은 크세노폰토프가 신경제정책 및 신경제정책과 사회주의 건설의 관계에 관한 레닌의 생각을 상세히 재구성한 부분에 관심을 쏟았다. 그것은 NEP가 위기에 빠져 스탈린이 이 정책과 단절하기 직전이었던 1920년대 말에 그의 신경이 온통 쏠려 있던 주제였다. 흔히 그랬듯이 스탈린의 독서는 직접적이고 긴박한 정치적 관심사를 반영했다.

일반적으로 인정하듯이, 복잡함, 깊이, 세밀함은 스탈린의 강점이 아니었고, 그는 독창적인 사상가도 아니었다. 스탈린이 평생 한 일은 다른 사람의 아이디어, 정식, 정보를 활용하는 것이었고, 바로 그것이 스탈린이 그토록 많이 읽은 이유였다. 스탈린의 지적 특징은 문제를 단순화하고 명확화하고 대중화하는 능력이 탁월했다는 사실이다. 도브렌코가 언급했듯이, "스탈린은 그의 사고에서 새로운 것을 구하려고 결코 노력하지 않았으며, 그렇기는커녕 정치적 편의를 꾀했다. 모든 경우에서 스탈린 사고의 강한 힘은 독창성이 아니라 효능에 있다."[244]

1930년대 중반부터 1940년대 중반까지 코민테른을 위해 일하며 모스크바에서 망명 생활을 하던 오스트리아 공산주의 예술사가 에른스트 피셔[126]는 스탈린에게 매료당한 많은 지식인 중 한 명이었다. 피셔는 이렇게

---

126) Ernst Fischer(1899~1972). 보헤미아 출신의 오스트리아 언론인, 작가, 정치인.

회고했다. 스탈린은 "단순화된 주장의 대가였고", 지식인들은 "사상가의 비판적 이성과 인간 행동의 비약élan, 즉 전부 아니면 전무식의 양자택일"을 조화할 수 있는 그의 능력 때문에 이 지나친 단순화simplisme에 "압도당했다."[245]

전쟁의 대가들

양차 세계대전 사이의 붉은군대에는 미하일 프룬제,[127] 보리스 샤포시니코프,[128] 알렉산드르 스베친, 블라디미르 트리안다필로프,[129] 미하일 투하쳅스키 같은 재능 있고 혁신적인 군사 전략가 그룹이 포진했다.[246] 그들은 함께, 변화하는 근대 전쟁의 성격, 선진적인 군사 기술의 사용, 작전술의 개발에 관한 세련된 담론을 발전시켰다. 특히 중요한 것은 제병협동부대(보병, 기갑, 공수 부대)가 연속적·지속적 제파 공격을 가해 적군 방어망 속으로 매우 깊숙이 침투한 다음 후방으로부터 적군을 포위하는 '종심 전투' 교리와 '종심 작전' 교리였다. 이 교리들은 당대 독일군의 전격전Blitzkrieg 개념과 비슷했으나 소련군은 돌파 작전을 감행할 때 덜 탱크 중심적이었고 보병과 포병을 더 많이 사용하는 경향이 있었다. 1936년부터 이 사상

---

127) Mikhail Vasilevich Frunze(1885~1925). 소련의 군인이자 혁명가. 러시아 내전에서 총사령관으로 활약하고 1924~1925년 붉은군대 참모총장, 1925년 혁명군사평의회 의장 등을 역임했다.

128) Boris Mikhailovich Shaposhnikov(1882~1945). 소련의 군사령관. 1928~1931년, 1937~1940년, 1941~1942년 소련군 참모총장을 지냈다. 1940년 원수로 승진했다.

129) Vladimir Kiriakovich Triandafillov(1894~1931). 소련의 군사령관, 군사 이론가. '소련 작전술의 아버지'로 일반적으로 여겨진다.

은 군사력의 조직 및 전개와 전투 작전의 수행 지침을 제공하는, 계속 개정된 붉은군대의 '야전근무규정'에 포함되었다. 제2차 세계대전 당시 스탈린은 이 매뉴얼들을 부지런히 읽었고, 초안들의 텍스트를 무수히 교정했다.[247]

군사軍事의 세부사항에 대한 스탈린의 관심은 오래전부터 계속되었다. 그의 장서에는 1866년에 발행된 리시아 포병 잡지, 리시아 군대와 함대의 역사를 다룬 1911년 책, 마드센 20밀리미터 기관총을 묘사한 사진이 있었다.[248] 스탈린은 포병대에 관한 1925년 저술에 많은 표시를 남겼는데, 이는 프랑스의 장군 프레데릭-조르주 에[130]가 쓴 책의 번역본이었다. 스탈린은 근대 군대에서 포병대의 규모와 조직, 대포의 종류와 구경, 대포의 잠재적 사거리(에에 따르면 최대 200킬로미터)에 관심을 보였다. 그는 독일이 군비를 계속 확충하고 있고, 화학 무기에 관한 한 선두에 섰다는 에의 논평에 주목했다. 스탈린은 또 기술교육의 중요성과 제1차 세계대전 후 영국이 내린, 많은 군사 훈련 전문학교를 설립하는 결정에도 주의를 기울였다.[249] 애브렐 해리먼 대사는 다음과 같이 회고했다.

스탈린은 세부 사항을 흡수하는 엄청난 능력이 있었다.… 우리는 [미국의 전시 군사 물자 공급에 관해] 협상하면서 스탈린이 정보에 극도로 밝은 사실을 늘 발견하곤 했다. 스탈린은 자신에게 중요한 장비의 종류에 대해 해박한 지식을 갖추고 있었다. 그는 자신이 원하는 총포의 구경, 자신의 도로와 다리가 감당

---

130) Frédéric-Georges Herr(1855~1932). 프랑스의 장군. 1895~1902년에 마다가스카르를 식민지로 만드는 데 적극적으로 참여했으며, 1916년 베르됭 전투에서 중요한 역할을 했다.

할 탱크의 무게, 항공기를 건설하는 데 필요한 금속의 종류에 대한 세부 사항을 알았다.[250]

스탈린은 새로운 기술이 전쟁에 미친 영향을 말하고, 최고사령관들에게 러시아 내전에서 얻은 경험에 집착하기를 그만두라고 호통치는 버릇이 있었다. 그러나 그의 장서에 있는 책들로 판단해보면 가장 좋아한 전략가는 겐리흐 레르[131]라는 19세기 차르 참모본부 장교였다.

레르는 프로이센의 위대한 전략 이론가인 카를 폰 클라우제비츠[132]에 가장 상당한 러시아 장군이었다. 레르는 1858년부터 1898년까지 차르 군사참모대학교에서 가르쳤고, 이 기간의 마지막 10년 동안은 대학교 총장을 지냈다. 레르는 전략, 전술, 군사사에 관해 다수의 책을 출간했다. 레르는 역사적 경험에 바탕을 둔 과학이자 경험적 데이터로부터 전쟁 수행에 관한 지속적 규칙과 지침을 끌어낼 수 있는 과학으로서 군사 전략을 가르쳐야 한다고 믿었다.[251]

스탈린은 레르의 저작 중 4권을 보유했다. 『전쟁 수행술의 법칙에 관한 비판적-역사적 연구의 경험』(1869), 『전략(제1부: 주요 작전들)』(1885), 『연합작전들』(1892), 『군사학의 방법』(1894)이 그것이다.[252]

이 모든 책에는 국방인민위원부 도서관 도서라는 인장이 찍혔는데, 스탈린이 아주 초기에 획득한 도서는 1930년대 중반까지 거슬러 올라간다.

---

131) Genrikh Antonovich Leer(1829~1904). 러시아의 군사 이론가, 역사가. 1896년 보병 장군이 되었고 상트페테르부르크 학술원 통신회원을 지냈다.

132) Carl von Clausewitz(1780~1831). 프로이센 왕국의 군인, 군사 사상가. 군사 이론서의 고전인 『전쟁론』의 저자로 잘 알려져 있다.

이때는 스탈린이 프로이센 참모총장이었던 헬무트 폰 몰트케[133)와 제1차 세계대전 당시 사실상의 독일군 최고사령관이었던 에리히 루덴도르프[134) 장군의 회고록을 비롯해 군사 관련 책을 많이 읽던 시기였다. 몰트케의 회고록에서 스탈린은 전쟁 준비에 관한 장에 이끌렸고, 루덴도르프의 회고록에서는 전쟁 동안 국민의 지지를 받는 것이 중요하다는 서술에 방점을 찍었다.[253]

20세기에 무명의 인물이었던 레르는 19세기 러시아에서는 매우 잘 알려져 있었다. 그의 이름은 1920년대에 소련의 군사 이론 논쟁에서 종종 클라우제비츠의 이름과 함께 등장했다. 스탈린은 스베친의 저술에서 레르라는 인물의 존재를 알아차렸을 것이다. 스탈린은 스베친의 두 권짜리 군사술의 역사(역시 국방인민위원부 도서관 책이다)를 읽고 표시했으며, 또한 전략에 관한 그의 책도 갖고 있었다. 스베친은 레르의 과학적 접근에 동의하지 않았으나 역사 연구의 중요성에 대해서는 그와 의견을 같이했다. 그리고 스탈린에게 가장 흥미로웠던 것은 바로 이 군사사였다.[254]

전략 문제를 역사적으로보다는 개념적으로 접근한 스베친의 전략서를 제외하면 레르의 저술에 대한 대안은 클라우제비츠의 『전쟁론』이었을 것이다. 스탈린은 이 고전적 텍스트의 1932년 러시아어 번역본도 국방인민

133) Helmuth Johann Ludwig von Moltke(1848~1916). 독일 제국의 군인. 1905~1914년 알프레트 폰 슐리펜의 뒤를 이어 독일군 참모총장을 지냈다. 제1차 세계대전 초의 제1차 마른강 전투에서 패배해 직위 해임되었다. '소몰트케'라고도 하는데, 이는 그의 삼촌인 '대몰트케'와 구분하려고 붙인 별명이다.

134) Erich Friedrich Wilhelm Ludendorff(1865~1937). 독일 제국의 육군 장교. 제1차 세계대전 중에 리에주 요새 공방전과 파울 폰 힌덴부르크와 함께한 타넨베르크 전투에서 승리를 거둔 것으로 유명하다. 1916년 8월부터 제1장군부관감이 되어 힌덴부르크와 함께 1918년 10월에 사임할 때까지 독일군을 사실상 이끌었다.

위원부에서 '빌렸지만', 클라우제비츠를 훌륭한 역사학도이자 변증법적 전쟁 연구의 대가로 상찬한 출판사의 서언을 읽은 것을 빼고는 책에 주의를 많이 기울이지는 않은 듯이 보인다. 스탈린은 또 레르와 스베친을 함께 묶어 논리학자이자 형이상학자라고 칭하면서 그와 같은 "부르주아" 방법으로부터 전쟁 이론을 해방시킨 클라우제비츠와 비교한 논평에도 표시를 했다.[255]

레르의 책 네 권에는 표시가 심하게 되어 있고 그중 세 권은 같은 사람이 했지만, 표시를 한 손은 스탈린의 손이 아니다. 네 번째 책인 『전략 Strategiya』은 여러 독자가 표시했는데, 그중 한 사람이 스탈린이었을 것이다. 레르에 따르면, 군사술의 주요 과제는 두 가지, 즉 전쟁 수단을 준비하고 그런 뒤 그 수단을 합리적으로 배치하는 것이었다. 그러려면 전역戰域의 엄밀하게 군사적인 측면뿐 아니라 경제적·정치적·지리적 성격에도 긴밀하게 주의를 기울이는 것이 필요했다. 전쟁 수행에서 전략적 방향의 선택은 지극히 중요했고, 작전 실행을 위해 할당된 병력과 물자를 보호하는 것도 마찬가지였다.

스탈린의 마음에 뚜렷이 남았을, 밑줄이 쳐진 레르의 구절은 쿠투조프가 1812년 보르디노 전투에서 나폴레옹에게 패배한 후 자신의 군대를 구할지 아니면 모스크바를 구할지 선택의 기로에 직면한 상황이었다.[256] 쿠투조프는 군대를 구하기로 했고 그런 다음 나폴레옹 군대가 모스크바에서 후퇴했을 때 그들을 쉴 새 없이 공격하며 괴롭혔다. 1941년 10월에 히틀러의 군대가 모스크바에 다가섰을 때 스탈린도 비슷한 딜레마에 봉착했다.

스탈린은 결국 군대를 구하기 위해 모스크바를 구해야 했고, 그래서 수도에 남아 방어를 조직하기로 결정했다. 1941년 11월 7일에 스탈린은 전선으로 가던 도중 붉은광장을 행진하던 부대에 이렇게 연설했다.

우리가 10월 혁명을 처음으로 기념하던 1918년을 상기해보십시오. 우리나라의 4분의 3이… 외국 간섭주의자들의 손아귀에 있었습니다. 우크라이나, 캅카스, 중앙아시아, 우랄지방, 시베리아, 극동이 일시적으로 우리의 수중에서 빠져나갔습니다. 우리는 동맹도 없었고 붉은군대도 없었습니다.… 식량도 무기도 부족했습니다.… 14개 국가가 우리나라를 압박하고 있었습니다. 그러나 우리는 실의에 빠지지 않았고, 낙담하지 않았습니다. 전쟁의 불길 속에서 우리는 붉은군대를 조직했으며 우리나라를 군영으로 개조했습니다. 위대한 레닌의 정신이 우리에게 생기를 불어넣었습니다.… 그리고 무슨 일이 벌어졌습니까? 우리는 간섭주의자들을 격파했고 잃어버린 영토를 되찾았으며 승리를 거두었습니다.

스탈린은 마무리 부분에서 애국적 주제로 돌아왔다.

위대한 해방 임무는 여러분이 감당해야 할 운명입니다. 이 임무를 받을 만한 사람들이 되십시오.… 우리 위대한 선조들—[스웨덴을 격퇴한] 알렉산드르 넵스키, [타타르족을 물리친] 드미트리 돈스코이,[135] [폴란드인들을 모스크바에서 쫓아

---

135) Dmitry Ivanovich Donskoy(1350~1389). 모스크바 대공국의 대공(재위 1359~1389). 1368년부터 1372년까지 모스크바 대공국을 침공한 리투아니아 대공국을 상대로 전쟁을 벌였다. 그 후 1380년 9월 8일에는 돈강 상류에서 벌어진 쿨리코보 전투에서 모스크바 대공국의 지배국이었던 킵차크한국 군대를 물리

낸] 쿠지마 미닌[136]과 드미트리 포자르스키,[137] [나폴레옹 전쟁의 영웅적인 러시아 장군들인] 알렉산드르 수보로프와 미하일 쿠투조프—의 남자다운 모습에 감화되어 이 전쟁에서 더욱 힘을 내십시오. 위대한 레닌의 승리 깃발이 여러분의 북극성이 되기를 빕니다.[257]

소련의 전략 이론가 중에서 스탈린이 가장 좋아한 인물은 1918년에 붉은군대에 합류한 전직 차르 장교 보리스 샤포시니코프였다. 내전 동안 샤포시니코프는 붉은군대의 작전을 입안하는 것을 도왔고, 그 후 붉은군대 참모장, 프룬제 군사대학교 총장, 참모총장(1937~1940, 1941~1943) 등 다양한 직책을 맡아 활약했다. 그는 스탈린과 개인적으로 잘 지냈고, 독재자가 말을 걸 때 좀 더 정중한 2인칭 복수 비vy가 아니라 익숙한 2인칭 단수 티ty를 사용한[프랑스어의 '부vous'와 '튀tu'처럼] 유일한 소련 장군이었다고 한다.[258]

스탈린처럼 샤포시니코프도 실천적 활동가였을 뿐 아니라 지식인이기도 했다. 샤포시니코프는 제1차 세계대전 전에 차르 군사참모대학교에 다녔다. 명민한 역사학도였던 그는 프랑스어, 독일어, 폴란드어 등 여러 외국어에 능통했다. 샤포시니코프의 『군대의 두뇌Mozg Armii』는 제1차 세계대전에서 얻은 전략적 교훈에 대한 연구로 참모본부의 역할에 초점을 맞추었다. 대전략과 결정적으로 중요한 조직적 세부사항을 결합하는 샤포

쳤다. 이를 계기로 드미트리 대공은 '돈강의 드미트리'라는 뜻의 드미트리 돈스코이라고 불리게 되었다.

136) Kuz'ma Minin(?~1616). 니즈니 노브고로드 출신의 러시아 상인. 드미트리 포자르스키와 함께 17세기 초 폴란드 침공에 맞서 나라를 지킨 국민적 영웅이다.

137) Dmitry Mikhailovich Pozharsky(1577~1642). 러시아의 군주. 1611~1612년의 폴란드-모스크바 공국 전쟁 당시 쿠지마 미닌과 함께 모스크바 전투에서 폴란드군을 격퇴하는 데 성공했다.

시니코프의 특징은 스탈린의 군사적·정치적 리더십의 특징이기도 했다. 『군대의 두뇌』에서 드러나는 체계적이고 감탄스러울 정도로 명료한 샤포시니코프의 설명은 서방과 러시아의 전략 이론가들뿐 아니라 마르크스, 엥겔스, 레닌의 저술도 많이 인용한 정치적 정통의 모범이기도 했다.[259]

샤포시니코프는 제1차 세계대전의 근본적인 군사적 교훈은 참모본부들이 단기적이고 격렬한 섬멸전을 준비했으나 장기적인 소모전을 벌이게 된 사실이라고 주장했다. 미래 전쟁에 주는 교훈은 질질 끄는 전쟁을 치르려면 장기적인 경제적·산업적 동원이 필수적이라는 것이었다. 제2차 세계대전을 위한 소련의 준비는 샤포시니코프가 1920년대 말에 『군대의 두뇌』의 출간을 완수하기도 전에 시작됐다. 1930년대에 국가 예산에서 국방비가 차지하는 몫은 10퍼센트에서 25퍼센트로 늘어났다. 붉은군대는 채 100만도 안 되는 병력에서 400만 명 이상으로 증가했다. 1939년까지 소련은 세계에서 가장 크고 가장 광범위하게 장비를 갖춘 군대를 육성했으며, 매년 비행기 1만 대, 탱크 3,000대, 대포 1만 7,000문, 기관총 11만 4,000문을 생산했다.

샤포시니코프는 『군대의 두뇌』에서 전쟁은 정치의 계속이므로 전쟁의 목표와 전반적인 방향은 정치 지도부의 특권이라는 클라우제비츠의 상투적인 말을 장황하게 반복했다. 한편으로 참모본부는 국내 상황과 대외 정세, 군사 업무의 상호관계를 이해할 필요가 있었고, 다른 한편으로 정치 지도자들은 군사 문제를 충분히 파악해야 했다. 샤포시니코프는 이렇게 썼다. "우리 시대에 전쟁에 대한 연구와 지식은 모든 국가 지도자에게 필수적이다."**260**

『군대의 두뇌』가 대중화하는 데 도움을 준 한 가지 아이디어는 "동원은 전쟁을 의미한다"라는 것이었다. 근대 군대가 기동할 수밖에 없는 방식 때문에 동원은 사실상 선전포고나 마찬가지였다. 1914년의 7월 위기[138] 동안 오스트리아-헝가리에 맞서 세르비아를 지지하려고 러시아의 군대가 동원되자, 그것은 또한 합스부르크 제국의 동맹국인 독일과의 전쟁을 의미했고, 독일 황제는 군대를 동원해 러시아뿐 아니라 그 동맹국인 프랑스도 공격해야 한다고 느꼈다.

1939년 9월에 독일이 폴란드를 공격하자 스탈린은 나치-소비에트 불가침 조약을 체결해 소련을 전쟁에서 떨어져 있게 했다. 실제로 협정은 동부 폴란드(즉 서부 벨로루시야와 서부 우크라이나)와 발트 국가들을 소련 세력권[139]에 두는 비밀 보충협약도 포함했다. 그에 대한 보상은 독일이 폴란드 동맹국인 영국, 프랑스와 싸우는 동안 소련의 중립을 보장받는 것이었다. 스탈린과 히틀러의 거래는 한동안 잘 작동했으나 1941년 6월에 히틀러가 곧 소련을 공격할 거라는 사실이 분명해졌다. 문제는 다음과 같았다. 붉은 군대는 이 공격을 예상하고 동원에 들어가야 하는가? 스탈린은 너무 이른 동원이 전쟁의 촉매제로 작용해 교전 개시를 앞당기지 않을까 우려했다.

---

138) July Crisis. 1914년 여름 유럽의 강대국들 사이에 발생해 결국 제1차 세계대전으로 이어진 외교적 위기 사태를 가리킨다. 세르비아의 민족주의자 가브릴로 프린치프가 오스트리아-헝가리 제국의 황태자 프란츠 페르디난트 폰 외스터라이히에스테 대공을 사라예보에서 암살한 것이 위기의 시작이었다. 이 사라예보 사건은 오스트리아-헝가리, 러시아, 독일, 프랑스가 연쇄적으로 전쟁을 선포하는 결과를 낳았다. 그 후 독일이 프랑스를 침공하는 과정에서 중립국 벨기에를 공격했고 이에 영국이 독일에 선전 포고하면서 동맹 노선에 따라 적대 관계가 확산되었으며, 마침내 유럽 전역이 전쟁에 휩싸이게 된다.

139) sphere of influence. 국제 관계에서 열강들의 이해관계에 맞춰 한 국가가 자신의 국경을 넘어 정치적·경제적·군사적·문화적 배타성을 발휘하는 지역을 일컫는다.

국방 인민위원 세묜 티모셴코[140]와 참모총장 게오르기 주코프가 예방 동원을 제안했을 때, 스탈린은 이렇게 대꾸했다고 전해진다. "그래서 당신들은 나라를 동원하고 우리 군대를 소집해 서부 국경으로 보내고 싶나요? 그건 전쟁을 의미합니다! 이걸 이해 못 하겠습니까?"[261]

스탈린은 장군들을 압도했고 독일군이 실제로 소련을 침공할 때까지 전면적 동원을 금지했다. 그는 소련의 국경 지역 방어가 붉은군대가 대응 동원을 완수할 만큼 충분히 오래 버틸 거라고 확신했다. 그것은 1941년 6월 22일 강력한 독일군이 소련의 국경 요새들로 곧장 돌격했을 때 파멸을 불러일으킨 계산 착오였던 것으로 드러났다. 1941년 말에 베어마흐트는 레닌그라드를 포위했고 모스크바 교외에 도달했으며 우크라이나와 남부 러시아를 깊이 파고들었다. 이 6개월 동안에만 붉은군대는 무려 400만 명의 사상자를 기록했다. 스탈린은 주코프를 최전선으로 다시 보냈고 샤포시니코프를 참모총장으로 불러들여 총력전의 도가니 속에서 『군대의 두뇌』에서 피력한 아이디어를 시험할 기회를 주었다.

흐루쇼프가 제20차 당 대회의 파멸적인 비밀 연설에서 언급한, 가장 잘 알려진 스탈린에 관한 전쟁 이야기 중 하나는 독일군이 침공했을 때 스탈린이 신경쇠약에 걸려 다차로 칩거했다는 것이다. 그것은 이반 뇌제가 군사적 실패에 직면했을 때 자신의 텐트에 몰래 숨었다는 경멸적인 헛소문을 생각나게 하는 이야기다.

자주 반복되는 이 신화의 한 가지 버전은 6월 22일에 독일군의 기습공

---

140) Semyon Konstantinovich Timoshenko(1895~1970). 소련의 군 사령관. 러시아 내전에 참전했고 겨울전쟁에서 핀란드군을 격파했으며, 1940~1941년에 국방 인민위원을 지냈다. 소련 영웅 칭호와 레닌 훈장을 받았다.

격이 가한 충격과 처음에 거둔 성공으로 스탈린이 극심한 정신적 고통을 겪었다는 것이다. 또 다른 버전은 스탈린을 당황하게 한 것은 붉은군대의 서부전선이 붕괴되고 6월 말에 벨로루시야의 수도 민스크가 함락된 사실이라고 주장한다. 어느 이야기든 그것을 뒷받침할 당시의 증거는 없다. 모든 문서 증거, 특히 스탈린의 업무일지는 스탈린이 그 자신과 상황을 여전히 통제하고 있었음을 보여준다.[262] 순차적으로 발생한 사건을 서로 인과 관계가 있다고 보는 목격자의 증언은 그렇지 않음을 주장하나, 흐루쇼프 지지자들의 적대적인 회고록은 다른 증언들과 모순된다. 스탈린이 7월 초에 36시간가량 블리즈냐야(아무런 까닭 없이 '부근'이라고 불리지는 않는다)로 사라진 것은 사실이지만, 그는 다시 나타나서 라디오 방송으로 명연설을 했다. 만일 스탈린이 심신이 파탄 났다면 잠깐 그랬던 것이고, 그는 기적적으로 회복했다.

스탈린이 크렘린을 잠깐 비운 사실에 대한 상식적 설명은 그가 사태를 심사숙고하고, 전쟁에 관한 자신의 첫 공개 발언이자 생전 처음 하는 라디오 방송을 위한 연설문을 작성하려고 다차에 갔다는 것이다.

스탈린은 의심할 여지 없이 발생한 사건에 동요했다. 이는 붉은군대의 엄청난 위력을 감안하면 전혀 예상치 못한 것이다. 스탈린은 장군들이 자신을 상대로 음모를 꾸미는 것은 아닌지 궁금해했던 것 같다. 1941년 7월 1일, 스탈린은 서부전선군 사령관 D. G. 파블로프[141]를 해임하고 그의 참모장 및 통신 책임 장교를 비롯한 팀의 고위 장교들과 함께 그를 체포했다.

---

141) Dmitry Grigoryevich Pavlov(1897~1941). 소련의 장군. 독소 전쟁 초기에 서부전선군 총사령관이었다. 독일군에 패배한 후 처형당했으나 스탈린 사후인 1956년에 복권되었다.

1937년에 투하쳅스키처럼, 파블로프는 반소련 음모에 가담했다고 부당하게 죄를 뒤집어썼다(두 사람 다 스탈린이 죽고 난 뒤 복권되었다). 그러나 파블로프가 사형선고를 받았을 때, 혐의는 반역죄가 아니라 비겁, 공포 조장, 태만에 따른 과실, 승인받지 않은 후퇴였다. 이는 스탈린이 반소련 음모 이론을 도외시하기로 했다는 것을 기소장의 변화로 알려주는 것이었다.

또 다른 가능성은 스탈린이 다차로 물러났을 때 그곳에 있으면서 습관적으로 했던 일, 즉 책을 읽었다는 것이다. 그것은 그냥 아무 책이 아니라 미하일 브라긴[142]의 『쿠투조프 사령관Polkovodets Kutuzov』이었다. 이 책은 5만 부 발행 예정(소련 기준에서 통상적이다)으로 1941년 6월 14일에 인쇄소로 보내졌다. 가격은 2.5루블이었고 양장본은 50코페이카가 더 비쌌다.[263] 저자는 프룬제 군사대학교에서 수학한 군 출신의 젊은 역사가(1906년생)였다. 레비츠키Levitsky 소장은 책의 서언을 히틀러가 공격하기 전에 썼으나, 서언에는 1941년 6월 22일 침공을 발표하는 몰로토프의 라디오 전국 연설을 인용한 부록이 포함되었다. "나폴레옹이 러시아를 침공했을 때, 우리 국민은 애국 전쟁으로 대응해 그를 물리쳤습니다. 지금 히틀러가 우리나라에 새로운 침략을 선포했습니다. 붉은군대와 전 국민은 다시 한번 모국과 명예와 자유를 위해 애국 전쟁을 수행할 것입니다."

레비츠키는 스탈린의 방송을 언급하지 않았다. 방송은 6월 마지막 주 무렵에 했기 때문이다.[143] 스탈린은 분명히 책 한 권을 즉시 받았을 테고, 책은 그의 주의를 사로잡았을 것이다. 스탈린도 방송에서 마찬가지로 히

---

142) Mikhail Grigoryevich Bragin(1906~1989). 소련의 작가.

143) 히틀러의 침공과 관련해 스탈린의 대국민 연설은 1941년 7월 3일 목요일에 있었다.

틀러와 나폴레옹을 비교했다. 나폴레옹의 군대는 천하무적이라고 여겨졌지만 분쇄되었고 히틀러의 군대도 그렇게 될 터였다.[264]

스탈린은 물론 쿠투조프의 일대기와 쿠투조프가 1812년에 나폴레옹의 대육군Grande Armée을 격파한 드라마를 잘 알고 있었다. 애국 전쟁의 영웅으로서 쿠투조프 지위의 부활은 1930년대 중반에 시작되었다. 1941년경에 당 고급 학교의 학생들은 1812년의 "인민의 전쟁"에서 쿠투조프가 한 역할을 극찬하는 내용을 배우고 있었다. 스탈린은 열렬한 관심을 갖고 이 강의의 텍스트를 읽었고, "쿠투조프에게 나폴레옹의 폐위는 중요하지 않았다. 중요한 것은 나폴레옹을 러시아에서 몰아내는 것이었다"라는 강사 E.N.부르잘로프[144]의 결론에 밑줄을 쳤다.

1942년에 붉은군대는 고위 장교들을 위해 쿠투조프 훈장과 수보로프 훈장을 새로 제정했다. 3년 후 스탈린은『군사 사상Voyennaya Mysl'』과『군사 통보Voyenny Vestnik』의 편집인들과 회의하면서 소련 장교단이 시야가 좁다고 불만을 토로하고 그들에게 표트르 대제, 쿠투조프, 수보로프 같은 러시아 군 사령관들의 위업을 연구할 것을 촉구했다. 스탈린은 또 군 위인들의 전당에서 쿠투조프를 수보로프의 아래에 두는 민간 역사가들도 비판했다. "쿠투조프는 수보로프보다 더 큰 군대를 지휘했고, 더 어려운 정치적·전략적 문제를 다루었으며, 더 강한 적들에 맞서 성공적으로 싸웠습니다."[265]

스탈린은 확실히 브라긴의 책을 읽었다. 밑줄과 옆줄 같은 스탈린의 표시들이 책의 270페이지 여기저기 흩어져 있다.[266] 표시는 여러 색연필로

---

144) Eduard Nikolayevich Burdzhalov(1906~1985). 소련의 역사가. 모스크바 국립교육대학교의 교수를 지냈으며, 러시아 2월 혁명에 관한 저서로 잘 알려져 있다.

되어 있는데, 이는 스탈린이 이 페이지들을 들락날락하며 읽었다는 것을 가리킨다. 브라긴의 책에서 특히 두 가지 주제가 스탈린의 관심을 끌었다. 첫째, 쿠투조프가 수보로프에게서 배웠던 것. 부대를 더욱 열심히 훈련하면 할수록 전투를 편하게 치른다는 원칙, 평범한 최전선 군인들이 거둔 성과의 중요성, 의미가 불분명한 공세를 피할 필요가 그것이다. 둘째, 1812년과 1941년의 유사성. 스탈린은 브라긴이 "나는 아이 50만 명이 러시아에서 매년 태어나는 상황에서 유럽에서 거둔 성공에 안주할 수가 없다"라는 나폴레옹의 말을 인용하자, 그 말에 밑줄을 쳤다. 스탈린은 또 나폴레옹이 1812년 6월에 침공했을 때 선전포고가 없었고 유럽 대부분을 마음대로 처분할 수 있었던 반면, 러시아는 혼자였다는 점에도 주목했다. 나아가 스탈린은 모든 사람이 나폴레옹이 초기 전투를 이길 거라고 어떻게 예상했는지를 언급한 섹션에도 표시를 했다. 스탈린은 쿠투조프가 프랑스 황제를 모스크바를 점령하도록 끌어들인 다음 나폴레옹 군대가 모스크바에서 철수한 뒤 그 군대를 어떻게 무찔렀는지, 나폴레옹 격퇴에 대한 쿠투조프 자신의 설명에는 여백에다 선을 이중으로 그었다.

브라긴은 러시아의 군사적 용맹을 역설하는 것으로 책을 마무리했다. 1812년 이후 승리한 러시아 군대는 유럽 깊숙이 진격했다. "러시아군은 독일에 진입해 베를린을 함락시켰고 프랑스에 진입해 파리를 탈취했으며 전 세계에 러시아군의 힘을 과시했다." 제2차 세계대전 말에 해리먼이 "대원수님, 귀하께서는 여기 베를린에 있게 돼 무척 만족스럽겠습니다"라고 스탈린에게 말하자, 그는 이렇게 대답했다. "차르 알렉산드르는 파리까지 갔지요."**267**

히틀러가 러시아를 침공한 바로 그때 발간된 또 한 권의 책은 'K. 오시포프K. Osipov'가 쓴 수보로프 전기였다. 오시포프는 소련 작가이자 문학 비평가인 이오시프 쿠페르만[45]의 필명이었다.**268** 스탈린이 갖고 있던 그의 책은 분실되었으나, 우리는 스탈린이 그 책을 읽었다고 추정할 수 있다. 왜냐하면 1942년 1월에 스탈린이 군사사가 니콜라이 포도로즈니Nikolay Yemelyanovich Podorozhny 대령의 서평 초고를 편집했기 때문이다.**269** 스탈린은 서평의 제목을 '타의 추종을 불허하는 전쟁 지도자'에서 '수보로프'로 바꿨으나 첫 단락의 구절은 그대로 두었다. 예상할 수 있듯이 스탈린은 당시에 진행되던 사태에 주의를 기울이며 이 글을 편집했다. 그는 만약 적을 겁먹게 만들고 극심한 공포에 빠뜨릴 수 있다면 그들을 보지도 않고 전투에서 이길 수 있다는 아이디어를 수보로프의 생각으로 돌리는 단락을 끼워 넣었다. 또 하나 추가한 것은 영토를 점령하는 것이 아니라 적군을 파괴함으로써 승리를 거둔다는 수보로프의 믿음을 인용한 대목이었다.

전쟁 초기 6개월 동안 붉은군대가 대패하고 엄청난 후퇴를 면치 못한 사실을 감안하면 스탈린이 수보로프를 "진격의 원수"라고 묘사한 단락을 삭제하고 싶어 한 것은 어쩌면 당연하다 할 것이다. 진격의 원수는 1789년의 제2차 러시아-투르크 전쟁[146]에서 수보로프의 구호, "오직 전진뿐! 한 걸음도 물러서지 마라. 그렇지 않으면 죽음이다. 전진!"을 가리키는 것이다. 스탈린은 또 마음을 뒤흔드는 포도로즈니의 다음 말도 삭제했다. "한

---

145) Iosif Mironovich Kuperman(1900~1955). 소련의 작가, 문학 비평가, 군사사가.

146) 여기서는 1787~1792년에 벌어졌던 러시아와 오스만 제국 간의 전쟁을 가리킨다. 러시아의 크림 칸국 합병에 대해 오스만 제국이 항의함으로써 시작되었고, 러시아가 크게 승리했다.

걸음도 물러서지 마라! 이는 소련 인민들이 붉은군대에 요구하는 것이다. 바로 그 자리에서 적을 무찌르고 짓밟고 그들의 군사력을 분쇄하고 '괴멸될 때까지 밤낮으로' 그들을 추적하라. 이 수보로프의 원칙은 150년 전만큼이나 지금도 유효하다." 그러나 이 말은 스탈린 마음에 뚜렷이 남았을 것이다. 왜냐하면 몇 달 뒤 독일군이 스탈린그라드를 향해 진격할 때 스탈린이 전시 법령 중 가장 유명한 법령, '한 걸음도 물러서지 마라!Ni shagu nazad!'를 선포했기 때문이다. "이것은 지금 우리의 주요 구호가 되어야 합니다. 모든 위치, 한 치의 소련 영토도 마지막 피 한 방울을 다 할 때까지 지켜내야 합니다."

모든 소련 사령관에게 이 책을 읽기를 권하는 대령의 추천을 포함해 스탈린은 서평 대부분을 건드리지 않고 그대로 두었다. 심지어 서평을 읽고 스탈린은 오시포프에게 '사령부 참모'용 버전의 집필을 요청하도록 고무되었던 것 같다. 1942년 8월, 오시포프는 스탈린에게 타자한 189페이지 원고를 제출했고, 스탈린은 원고를 편집했으나 수보로프에 대한 오시포프의 열광을 누그러뜨리는 정도에 그쳤다.[270]

스탈린은 이전에도 수보로프와 관련된 문제에 관여한 적이 있었다. 1940년 6월에 스탈린은 수보로프에 관한 영화 대본을 검토했다. 스탈린은 대본이 부적절하다고 썼다. 대본은 지루하고 내용이 없었으며, 수보로프를 가끔 "꼬끼오" 하고 울고 "러시안", "러시안"을 계속 되풀이하는 "상냥한 노인"으로 묘사했다. 영화가 해야 하는 것은 수보로프의 군사적 리더십에 대해 무엇이 특별한가를 보여주는 것이었다. 적의 약점을 확인해서 이용하는 것, 세심하게 계획된 공세, 노련하지만 용감한 사령관들을 선별하고 지휘하는 능력, 연공이 아니라 실력으로 진급시키려는 의지, 사병들 사이에 강철같은 기강 유지가 그런 것들이다.[271]

스탈린의 비판 때문에 영화 제작이 방해받지는 않았으며, 1941년 1월에 영화가 개봉됐다. 감독인 미하일 돌레르[147]와 프세볼로트 푸돕킨[148]에게 스탈린상이 수여되었고, 수보로프 역을 한 배우 니콜라이 체르카소프도 마찬가지로 스탈린상을 받았다.

1940년대에 스탈린은 전쟁에 관한 일반적 발언을 여러 차례 했는데, 그 발언들은 전략서와 군사 역사서를 읽고 그 정수를 뽑아내 최고사령부의 실제 경험과 종합한 것이었다. 1940년 4월, 최근에 종결된 핀란드와의 '겨울전쟁'[149]이 주는 교훈에 관한 학술회의에서 스탈린은 붉은군대에 왜 그렇게 많은 사상자가 났는지를 장군들에게 설명하는 긴 연설을 했다. 첫째, 붉은군대는 쉬운 전쟁을 예상해 핀란드와의 힘든 전투를 준비하지 않았다. 둘째, 전쟁은 붉은군대가 '현대적' 군대가 아님을 보여주었다. 현대전에서는 대포가 중심이며 다량의 비행기, 탱크, 박격포가 그 뒤를 따랐다. 현대 군대는 공격적인 기계화 군대였다. 현대 군대는 또 스스로 솔선할 수 있는 훈련되고 규율 잡힌 병사들뿐 아니라 교육받은 사령부 참모도 필요했다.[272]

---

147) Mikhail Ivanovich Doller(1889~1952). 소련의 영화감독, 각본가. 프세볼로트 푸돕킨과 공동 감독으로 작업했고 영화 〈미닌과 포자르스키〉(1939)와 〈수보로프〉(1940)로 1941년에 스탈린상을 수상했다.

148) Vsevolod Illarianovich Pudovkin(1893~1953). 소련의 영화감독, 각본가, 배우. 소련의 무성 영화 시대를 대표하는 감독 가운데 한 사람으로 몽타주 이론을 형성하는 데 크게 기여했다.

149) Winter War. 제2차 세계대전 중인 1939년 11월 30일 소련이 핀란드를 침공해 발발한 전쟁으로 소련-핀란드 전쟁이라고도 한다.

이 연설을 할 때 스탈린의 마음속 저 깊은 곳에는 최근에 읽은 러시아 군대에 관한 차르 시대 역사서가 있었을 것이다. 이 역사서에서 스탈린은 표트르 대제가 스웨덴을 상대로 대북방전쟁[150](1700~1721)을 치르는 동안 핀란드를 점령하려 했지만 실패했을 때 경험했던 문제들에 주목했다. 스탈린은 통계를 좋아했다. 표트르의 핀란드 전쟁은 21년 동안 계속되었고 170만 명에 이르는 병력이 동원되었는데, 그중 12만 명이 전사했으며 50만 명이 탈영했다.[273] 붉은군대가 1939~1940년에 핀란드에서 벌였던 전쟁도 파멸적이었다. 그러나 이 전쟁은 몇 달만 지속되었을 뿐이고, 소련군은 전사자 7만 명을 포함해 사상자가 25만 명 났으나 스탈린은 핀란드군을 격퇴하면서 레닌그라드의 안전에 필수적으로 여겨진 영토를 점령했다.

스탈린은 1941년 5월 5일에 참모 학교들의 졸업생 2,000명에게 연설하면서 현대 군대로서 붉은군대라는 주제로 다시 돌아왔다. 그러나 스탈린은 이번에는 붉은군대가 현대 군대로 이미 탈바꿈했다고 언급했다. 붉은군대는 포병대, 기갑부대, 공군력을 필요한 만큼 확보했으며, 기계화되고 장비도 잘 갖췄다. 스탈린은 또 1940년 여름에 독일이 프랑스에 승리한 이유도 살폈다. 그는 독일이 군대를 개편했고 두 전선에서 전쟁을 벌이는 것을 피했다고 주장했다. 독일은 1919년에 영국과 프랑스가 독일에 강요한 베르사유 평화 조약[151]의 족쇄로부터 자기 나라를 해방하려고 싸웠기에 승

---

150) Great Northern War. 러시아와 스웨덴이 북부, 중부, 동부 유럽의 주도권을 장악하려고 벌인 전쟁. 전쟁은 러시아 동맹군이 1700년에 스웨덴을 선제공격함으로써 시작했으며, 뉘스타드 조약, 스톡홀름 조약으로 1721년에 종결되었다. 전쟁은 스웨덴의 패배로 끝났고, 이후 러시아는 유럽에서 주요 강국으로 등장하게 되었다.

151) Versailles Peace Treaty. 제1차 세계대전이 끝난 후 1919년 6월 28일에 독일 제국과 연합국 사이에 맺은 평화 협정을 일컫는다. 파리 강화 회의 도중에 완료했으며, 가혹한 독일 제재에 관한 규정을 포함한다.

리를 거두었다. 이 성공은 만일 독일이 정복 전쟁으로 나아갔다면 흔들렸을 것이다. 나폴레옹은 해방전쟁을 그만두었을 때 바로 그런 쇠퇴를 겪었다. 스탈린은 많은 사람이 독일군이 천하무적이라고 믿는다고 말했다. 그렇지 않다. 그런 군대는 절대 없고, 있을 수도 없다.[274]

뒤이은 환영 연회에서 스탈린은 몇 차례 축배를 제안했는데, 그중 하나를 코민테른 지도자 게오르기 디미트로프가 다음과 같이 기록했다. "우리의 평화와 안보 정책은 동시에 전쟁 준비 정책이기도 합니다. 공격이 없으면 방어도 없습니다. 공격의 정신으로 군대를 훈련해야 합니다. 우리는 전쟁을 준비해야 합니다."[275]

스탈린은 1942년 2월에 내린 붉은군대 특수 명령에서, 독일군이 기습 공격으로 얻었던 이점이 사라진 상황에서 전쟁의 결과를 결정할 다섯 개의 "영속적 작동 요인"을 확인했다. (1) 후방의 안정, (2) 군대의 사기, (3) 사단의 수와 질, (4) 군비, (5) 군대 지도자들의 조직적 능력.[276]

스탈린은 1943년 11월에 스탈린그라드에서 붉은군대가 승리를 거둔 일과 쿠르스크에서 소련-독일의 기갑부대가 대규모로 충돌한 일의 상대적 중요성을 평가하면서 다음과 같이 반추했다. "스탈린그라드 전투가 독일-파시스트 군대의 쇠퇴가 시작되었음을 알렸다면, 쿠르스크 전투는 그들을 재앙에 직면하게 했습니다."[277]

소련사의 연대기에서 1944년은 "10차례의 위대한 승리"를 거둔 해로 알려졌다. 스탈린은 1944년 11월에 한 연설에서 군사사의 서사를 어떻게 구현할 수 있는지 그 기법을 훌륭하게 보여주었다. 그는 순차적으로 진행되

면서 독일군을 소련에서 몰아낸 전투와 작전의 주위에 그해의 사건들에 대한 해석을 구조화했다.[278]

스탈린은 1946년 2월에 모스크바의 유권자들에게 선거 연설을 하면서 객관적 요인의 역할이라는 주제를 다시 거론했다.

> 나라 전체가 적극적인 방어를 사전에 준비하지 않고 그와 같은 역사적 승리를 달성할 수 있었을 거라고 생각하면 잘못일 겁니다. 그와 같은 준비를 단기간에, 즉 겨우 3~4년 안에 할 수 있었을 거라고 상정하는 것도 못지않게 잘못일 겁니다. 우리의 승리가 전적으로 우리 군대의 용맹 덕분이라고 주장하는 것은 훨씬 더 잘못일 겁니다. 물론 용감하게 싸우지 않으면 승리는 불가능합니다. 그러나 거대한 군대를 보유하고 있는 적을 제압하는 데는 용감한 행동만으로는 불충분합니다.… 완전히 첨단적인 군비를 갖추는 것이 필수적이었습니다.[279]

그리고 1947년 4월 스탈린은 한 비공식 회동에서 "군사학"을 "군사술"과 구분했다.

> 군사학을 이해하는 것은 전쟁을 수행하는 법, 즉 군사술뿐 아니라 한 나라의 경제, 그 잠재력, 약점과 강점 그리고 경제가 어떻게 발전하고 있는지를 아는 것도 의미합니다. 당신들의 물적·인적 자원과 적의 물적·인적 자원 둘 다를 아는 것을 의미합니다. 군사학을… 알아야만 전쟁에서 승리의 달성을 기

대할 수 있습니다. … 파시스트 독일의 전前 지도자들은 군사학을 이해하지 못했고, 그들 나라의 경제를 관리할 수가 없었습니다.²⁸⁰

제2차 세계대전 전에 클라우제비츠는 주로 레닌이 그를 호의적으로 보았기 때문에 소련 군사 담론에서 매우 존경받는 인물이었다. 1923년에 『프라우다』는 레닌의 「클라우제비츠에 관한 비망록」을 게재했고, 이 글은 스탈린이 갖고 있던 1931년 판 레닌 저작집에 다시 실렸다.²⁸¹

그 후 1945년에 국방 인민위원부가 발행하던 잡지인 『군사 사상』은 G. 메셰랴코프G. Meshcheryakov 대령의 논문 「클라우제비츠와 독일 군사 이념」을 게재했다. 스탈린은 글을 읽고 세 가지 점에 주목했다. 첫째, 클라우제비츠의 "반동적 사상"은 1870~1871년의 프로이센-프랑스 전쟁¹⁵²⁾ 이후 독일에서 유행했다. 둘째, 클라우제비츠는 헤겔에서 변증법뿐 아니라 반동적 철학 체계도 빌려 왔다. 메셰랴코프는 클라우제비츠의 저술에서 헤겔의 절대정신의 개념은 절대 전쟁의 개념으로 변모했다고 썼다. 셋째, 클라우제비츠는 프로이센 같은 작은 나라가 당대의 총력전에서 승리할 수 있는 유일한 방법이었기 때문에 단기적인 결전을 선호했다.²⁸²

프룬제 군사대학교의 강사이자 작전술에 관한 네 권짜리 역사 교과서를 집필한 예브게니 라진¹⁵³⁾ 대령은 메셰랴코프의 논문에 이의를 제기하며 스탈린에게 편지를 썼다. 라진은 메셰랴코프가 레닌뿐 아니라 엥겔스

---

152) 프로이센-프랑스 전쟁. 통일 독일을 이룩하려는 프로이센과 이를 저지하려는 프랑스 제2제국 간에 벌어진 전쟁이다. 보불전쟁(普佛戰爭)이라고도 한다. 이 전쟁으로 프랑스에서는 제2제국이 무너지고 제3 공화국이 세워졌으며, 프로이센은 오스트리아를 제외한 독일 연방 내 모든 회원국을 통합해 독일 제국을 세웠다.

153) Yevgeny Andreyevich Razin(1898~1964). 소련의 군사사가, 교육학자.

도 가졌던 클라우제비츠에 관한 긍정적 견해를 수정했다고 불만을 토로했다. 라진은 편지에다 전쟁과 전쟁술에 관한 자신의 짧은 논지를 덧붙였다. 스탈린은 거의 즉각 답장했지만, 그의 답변은 1947년 3월에야 공개되었다.

라진에게는 유감스럽게도 스탈린은 메셰랴코프의 클라우제비츠 비판에 동의했다. 실제로, 스탈린 자신은 1945년 3월에 이 잡지의 편집인들과 비공식적으로 회동한 자리에서 독일의 군사 이념을 공격, 약탈, 세계 지배를 위한 투쟁의 이념이라고 말했다.[283]

스탈린은 라진에게 다음과 같이 썼다. "우리의 대의와 근대 전쟁학을 위해 우리는 클라우제비츠뿐 아니라 몰트케, 슐리펜,[154] 루덴도르프, 카이텔[155]과 여타 독일 군사 이념의 주창자들도 비판해야 합니다. 지난 30년 동안 독일은 세계를 상대로 두 번 유혈 전쟁을 벌였고, 두 번 패배했습니다." 스탈린은 클라우제비츠는 시대에 뒤떨어졌고, "전쟁에서 공장제 수공업[156]의 시대를 대표하는 사람이었지만, 우리는 지금 전쟁의 기계 시대에 살고 있습니다"라고 말했다. 라진 자신의 사상에 대해 스탈린은 신랄했다.

이 논지는 너무 많은 철학과 추상적인 진술을 포함하고 있습니다. 클라우

---

154) Alfred Graf von Schlieffen(1833~1913). 독일 제국의 육군 원수. 제1차 세계대전 초반에 독일군의 작전 계획인 '슐리펜 작전'의 고안자로 알려져 있다.

155) Wilhelm Bodewin Johann Gustav Keitel(1882~1946). 독일의 군인이자 나치 국방부 원수. 1938~1945년 나치 독일의 국방군 최고사령부 총장을 지냈다.

156) manufacture. 자본주의적 생산 발전 과정에서 기계 공업으로 가던 과도적 형태. 독립된 다수의 수공업자를 한 작업장에 모아 동일 자본의 관리 아래에서 임금을 지급하고 생산에 종사시켰다. 16세기 중기부터 산업혁명 때까지 서구 자본주의에서 지배적인 생산 형태였다.

제비츠에서 가져와 전쟁의 원리와 논리를 이야기하는 용어는 귀를 아프게 합니다.… 스탈린에게 바치는 찬가 역시 귀를 고통스럽게 하고, 그것들을 읽기가 괴롭습니다. 또 역공counter-offensive[반격counter-attack과 혼동해서는 안 됩니다]을 다루는 장이 빠져 있습니다. 나는 성공적이지만 결정적이지는 않은 적의 공세가 있은 뒤에 취하는 역공을 말하고 있습니다. 적의 공세가 있는 동안 방어자들은 군사력을 모아 역공으로 선회하고 적에게 결정적인 타격을 가해 패배를 안깁니다.… 우리의 걸출한 사령관 쿠투조프는 잘 준비된 역공으로 나폴레옹과 그의 군대를 격파했을 때 바로 이것을 실행했습니다.[284]

로이 메드베데프에 따르면, 스탈린 편지의 공개로 대령은 체포되었으나 스탈린은 '인민의 전쟁'의 전문가로 간주되는 중국 공산주의 지도자 마오쩌둥[157]과의 회담에 대비해 사전 조사를 하는 동안 라진의 군사술 교과서를 마주하면서 마음이 누그러졌다. 스탈린은 라진의 책에 너무 깊은 인상을 받은 나머지 라진을 감옥에서 풀어주었을 뿐 아니라 소장으로 진급시켰고 프룬제 군사대학교에서의 직위도 회복시켜 주었다.[285] 라진의 운명에 대한 또 다른 버전은 그가 스탈린에게 편지를 썼을 때 이미 전시의 비행 때문에 체포된 상태였고, 실제로는 스탈린의 편지가 그의 석방을 가져왔다는 것이다. 어느 쪽 이야기도 진실일 수 있는데, 바로 그런 것이 특히 스탈린이 연루되었을 때는 예측을 불허하는 소비에트 시스템의 실상이었

---

157) 毛澤東(Mao Tse-tung, 1893~1976). 중국의 군인, 공산주의 혁명가, 중국공산당의 최고 지도자. 중화민국 정부에 대항해 국공 내전에서 승리를 거두고 1949년 중국 대륙에 중화인민공화국을 수립했다. 1949년 혁명 군사위원회 주석과 1950년 임시 국가수반을 거쳐 1954년부터 1959년까지 초대 중화인민공화국 국가주석으로 권력을 행사했다. 1959년 국가주석에서 물러난 뒤에도 사망 직전까지 막후에서 영향력을 행사했다.

다. 확실한 것은 라진이 다시 학생들을 가르치고 군사 문제에 대해 책을 출간하게 되었다는 사실이다. 라진은 1964년에 죽었다. 우리가 아는 한 그는 잠자코 있으면서, 유명한 이 스탈린과의 언쟁에 대해 글을 쓰지도 않았고 말을 하지도 않았다.

아 메 리 카 상 상 하 기

스탈린은 아메리카합중국Soyedinennyye Shtaty Ameriki, SShA에 매료되었다. 제1차 세계대전부터 미국은 세계에서 가장 선진적이고 강력한 자본주의 국가였다. 소련 사회주의는 미국을 따라잡은 다음 능가하는 것을 목표로 삼았다. 스탈린은 합리적으로 계획되고 사회적으로 통제받는 소련 경제가 미국의 자유 기업 자본주의와의 경쟁에서 이길 것이라고 확신했지만, 여전히 우수한 미국 기술과 대량 생산 기법, 노동 조직 방식을 열렬히 수입하고 싶어 했다. "포드식으로 하자"와 "러시아인 미국인들을 창조하자"는 더 놀랄 만한 1920년대의 볼셰비키 구호였다.[286] 스탈린은 『레닌주의의 기초』에 관한 1924년 강의들에서 이상인 "작업 방식"은 "러시아의 혁명적 휘몰아치기와 미국의 능률"이 결합하는 방식이라고 말했다. 스탈린에 따르면, 미국의 능률은 "장애물을 알지도 못하고 인정하지도 않으며", "효율적으로 끈기 있게 모든 장애물을 제거하는 불굴의 힘"이었다.[287] 스탈린은 바로 그해 시인 데미얀 베드니와 서신을 교환하면서 월터 휘트먼[158]의 다

---

158) Walter Whitman(1819~1892). 미국의 시인, 수필가, 언론인. 초월주의에서 사실주의로 이행하는 과도

음 구절을 인용하는 것으로 볼셰비키 "철학"을 설명했다. "우리는 살아 있다. 우리의 진홍색 피는 남아 있는 힘이 불타면서 끓어오른다."[288]

에밀 루트비히가 소련에서는 "미국적인 것이 아주 높이 평가받고 있습니다"라고 논평했을 때 스탈린은 이의를 제기했으나, 자신은 "미국이 산업, 기술, 문학, 생활 등 모든 면에서 보여주는 능률"을 존중한다고 말했다. 스탈린은 옛 유럽 자본주의 국가들과 비교해 미국의 산업 관행에는 민주주의 요소가 존재하는데, 이는 미국처럼 젊은 나라에는 봉건적 잔재가 없어서 그렇기 때문이라고 언급했다.

서방 기술을 수입할 뿐 아니라 최대한 활용하고 싶어 했던 볼셰비키는 "대중에게 외국어를" 알게 하는 운동을 시작했다. 그들은 소련 노동자들에게 영어와 독일어 같은 주요 외국어를 배우도록 격려하고 권장했다. 외국어를 배우면 노동자들은 미국과 서유럽의 과학·기술 지식과 생산품을 이해하고 이용할 수 있을 터였다. 정치국은 또 소련 학교에서 외국어를 반드시 가르치게 하고 당원들에게 외국어 공부를 기본 의무로 여길 것을 지시했다.[289]

스탈린은 이 의무를 스스로 면제하지 않았다. 1930년 9월에 흑해에서 휴가를 보내던 스탈린은 모스크바의 집에 있던 부인 나댜에게 편지를 써서 A. A. 메스콥스키A. A. Meskovsky의 영어 자습책을 찾아달라고 부탁했다. 이 책은 미국의 교육학자 리처드 S. 로젠탈Richard S. Rosenthal의 방법에 바탕을 둔 텍스트였다. 책을 찾을 수가 없었던 나댜는 스탈린이 화를 낼까 봐 걱

기를 대표하는 인물 중 한 명으로 그의 작품에는 두 사조의 흔적이 모두 남아 있다. 대표적인 작품으로 시집 『풀잎』(1855)이 있다.

정해 다른 책을 대신 보냈다.[290] 스탈린은 수업을 들은 적도 없었고, 언어 개인 교사를 고용한 적도 없었다. 스탈린은 러시아어 말고는 다른 언어를 완전히 익힌 적은 없었지만 가정 학습은 그가 외국어를 배울 때 선호한 방식이었다.

스탈린은 소련 노동자들이 결국 미국 노동자들의 능률과 기술적 전문 지식을 따라잡을 수 있을 거라고 확신했다. 1933년 5월에 스탈린은 내방한 미국의 진보주의자 레이먼드 로빈스[159]에게 미국에서는 "니그로들"이 "최하위 부류의 사람들"이라고 간주되나 백인들만큼이나 기법을 터득할 수 있었다며 이렇게 말했다. "어떤 특정 국가의 노동자들은 새로운 기법을 익힐 능력이 없다고 당연히 생각하는데, 내가 보기에 그런 가정은 틀렸습니다."[291]

미국에 대한 소련의 이미지가 전부 긍정적이었던 것은 결코 아니었다. 1917년 8월에 스탈린은 당 기관지에 「미국의 억만장자」라는 사설을 게재해 미국 자본가들이 러시아의 반혁명 세력에 자금을 대고 있다고 비난했다. 그는 다음과 같이 썼다. "러시아에서는 사회주의의 빛이 서방에서 왔다고 말해지곤 한다. 그리고 우리가 혁명과 사회주의를… 거기서… 배운 것은 사실이었다." 그러나 지금 "서방이 러시아에 수출하는 것은 사회주의와 해방이 아니라 복종과 반혁명이다."[292]

러시아 내전 동안 소련 땅에서 미군 병력 수천 명이 반볼셰비키 편에서 싸웠다. 우드로 윌슨[160] 대통령은 서방에서는 자유주의 영웅이었을 테지

---

159) Raymond Robins(1873~1954). 미국의 경제학자, 문필가.

160) Thomas Woodrow Wilson(1856~1924). 미국의 28대 대통령(재임 1913~1921). 민족자결주의를 제창한 것으로 유명하다.

만, 볼셰비키에게는 지구적 반혁명 연합의 왕초였다.

1930년대에 스탈린은 많은 분야에서 열심히 미국의 노하우와 전문지식을 수입했다. 1935년에 스탈린은 영상 전문가 그룹의 할리우드 방문을 후원했다. 목적은 영화 제작을 미국식으로 산업화하려는 것이었다. 1936년에 스탈린의 무역 인민위원 아나스타스 미코얀[161]은 미국에 두 달간 체류하며 식품 산업을 연구했다. 모스크바 도심에 거대한 '소비에트 궁전'을 건립하기로 결정했을 때, 이 프로젝트의 엔지니어와 건축가들을 미국에 보내 실태조사를 하게 했고, 미국인 고문들을 고용해 추가 조언을 제공했다. 궁전은 건립되지 않았지만, 이 프로젝트는 전쟁이 끝난 후 모스크바에 일련의 고층 건물(소련 사람들은 '높은 건물'이라고 불렀다)을 세우는 길을 닦았다.[293]

미국 헌법은 스탈린의 지속적 관심사였다. 1917년 3월에 스탈린은 『프라우다』에 「연방제에 반대하여」라는 논설을 실었다. 이 논설은 차르 이후의 러시아가 연방국가가 되어야 한다는 제안에 대한 답변이었다. 스탈린은 미국이 이론적으로만 연방이라고 지적했다. 원래 미국은 연합이었는데, 내전 결과 연방이 되었다. 하지만 이 연방 구조는 오래가지 않았고, 미국은 곧 사실상 권력 집중적 국가가 되었다. 실제로 스탈린은 러시아에서도 이와 비슷한 체제, 즉 연방국가가 아니라 지방에 얼마간 자율성을 허용할 강력한 중앙집권적 국가를 선호했다.

2년 동안 공개적 협의와 논의를 거쳐 소련은 1936년 12월에 새 헌법을 채택했다.[294] 헌법 초안에 관한 스탈린의 연설은 그가 다른 국가의 헌법들

---

161) Anastas Ivanovich Mikoyan(1895~1978). 아르메니아 출신의 볼셰비키. 소련의 정치인. 1920년대부터 주로 국내 상업과 해외 무역 관련 고위 관직을 역임했다. 1935~1966년 소련공산당 정치국원이었으며, 1964~1965년 소련 최고소비에트 간부회 의장을 지냈다.

을 비교 연구했음을 보여주었다.[295] 스탈린의 자료 중 하나는 1935년에 발행된 『부르주아 국가의 헌법들Konstitutsii Burzhuaznykh Stran』이라는 책의 미국에 관한 섹션이었다. 스탈린은 이 섹션에서 미국 헌법이 행정부, 사법부, 입법부 사이의 균형의 원리에 바탕을 두었다는 데 주목했다. 이 부분을 집필한 소련 저자 M. 타닌Mikhail Aleksandrovich Tanin이 미국은 제1차 세계대전에 참전한 결과 "민주적 황제정democratic Caesarism"과 마찬가지의 대통령제가 되었다고 논평했을 때, 스탈린은 이 구절에 동그라미를 치고 여백에 NB라고 적었다. 그런 다음 스탈린은 정부의 상이한 부문들의 역할을 묘사하는 구절들과 미국 여성들이 1920년에 미국 수정 헌법 제19조가 비준될 때까지 투표권이 없었다는 사실에 표시를 했다. 스탈린은 미국의 "니그로들"에 관련해서는 그들이 형식적으로 투표권이 있으나 많은 남부 주에서 투표하기가 지나치게 어렵다고 말하는 구절에 표시했다.

책은 미국 헌법 전문을 (러시아어로 번역해) 실었다. 스탈린의 눈길을 사로잡은 것은 "우리는 합중국의 국민이다…"라는 헌법의 첫 단락이었다.[296]

1936년 헌법이 채택되고 1년 뒤, 새로 창설된 '소련 최고소비에트' 선거가 있었다. 스탈린은 선거 연설에서 소련 선거와 부르주아-민주주의 선거의 차이를 강조했다.

일부 자본주의 국가, 이른바 민주주의 국가에서도 보통 선거가 존재하고 또 실시됩니다. 그러나 그곳에서는 어떤 분위기에서 선거가 치러집니까? 선거는 자본가, 지주, 은행가 등 자본주의 상어들이 계급 갈등의 분위기, 계급

적대의 분위기, 압박의 분위기를 유권자들에게 가하는 가운데에서 치러집니다. 그런 선거는 보통, 평등, 비밀, 직접 선거라 하더라도 완전히 자유롭고 완전히 민주적인 선거라고 할 수 없습니다.

반대로 우리나라에서는 선거가 전혀 다른 분위기에서 실시됩니다. 이곳에는 자본가도 없고 지주도 없으며, 따라서 유산 계급은 비유산 계급에 어떤 압박도 가하지 않습니다. 이곳에서 선거는 노동자, 농민, 지식인의 협력 분위기, 그들 사이의 상호 신뢰 분위기, 말하자면 상호 우애의 분위기에서 실시됩니다. 왜냐하면 우리나라에는 자본가도 지주도 착취도 없고, 실제로 인민들의 의지를 왜곡하려고 압박을 가할 어떤 누구도 없기 때문입니다.

바로 이것이 우리의 선거가 전 세계에서 유일하게 진정으로 자유롭고 진정으로 민주적인 선거인 이유입니다.[297]

여기에 함축된 것은 일당 소비에트 시스템의 이론적 근거였다. 즉 자본주의 민주주의 국가들에서 경쟁적 정당 선거는 적대적 계급의 존재를 반영한 반면, 소련에서 계급 관계는 비적대적이고 그러므로 하나의 정당 외에는 정당이 더 필요 없다는 것이었다. 따라서 소련 유권자들은 공산당이 미리 선출한 후보들에게 찬성표만 던질 수 있을 뿐이었다. 그들은 (선출되려면 다수표가 필요한) 후보들에게 반대 투표를 할 수 있으나 실제로는 스스로를 반체제 인사라고 밝히지 않고는 그러기가 어려웠다. 1937년 선거에서 9,000만 투표의 98퍼센트가 당 후보에 찬성한 것은 놀랍지도 않은 일이었다.

10년쯤 뒤 스탈린은 1945년에 발행된 『외국 법률의 기초Osnovy Inostrannogo Gosudarstvennogo Prava』를 자못 흥미롭게 읽었다. N. P. 파르베로프[162]가 쓴 이 책은 '붉은군대 고등 정보 학교'에서 한 필자의 강의에 기반을 두었다. 스탈린은 상이한 연방 체제와 연합 시스템 그리고 국가 및 주권의 성격과 기반에 대한 파르베로프의 논의를 긴밀히 따라갔다. 스탈린은 또 의회의 역할, 내각 책임제, 헌법적 국민투표와 "사실적" 국민투표의 차이에 관한 섹션들에도 주목했다. 미국에 관해서 스탈린은 투표 자격과 의회 선거 출마 자격을 규정한 세부 사항에 이끌렸다. 그는 대법원의 역할에는 특별한 관심을 보이지 않았으나 미국 헌법이 157년 역사에서 21번 수정되었을 뿐이라는 사실에는 표시를 했다.[298]

소련-미국 경제 관계는 소련이 차르 시대의 부채 지불을 거부함으로써 발생한 분쟁 때문에 미국이 소련을 외교적으로 인정하기를 거부하는 바람에 차질을 빚었다. 1933년 외교 관계가 수립되었을 때 스탈린은 특히 새로 선출된 미국 대통령 프랭클린 루스벨트에게 열광했다. 스탈린은 루스벨트를 현실주의자이자 "결연하고 용감한 정치인"이라고 묘사했다.[299] 스탈린은 1934년 7월 H.G. 웰스와의 인터뷰에서 이러한 평가를 되풀이했다. 그는 "루스벨트는 현대 자본주의 세계의 모든 우두머리 가운데 최고로 강력한 인물 중 한 명입니다"라고 덧붙였다.[300]

이 발언은 루스벨트와 스탈린이 제2차 세계대전 동안 맺게 될 긴밀한 업무 관계의 전조가 되었다. 스탈린은 소련의 전쟁 수행 노력을 무조건 지지하는 루스벨트의 정책과 가능한 한 소련에 미국의 원조를 많이 제공하

---

162) Naum Pavlovich Farberov(1909~1991). 소련의 법학자.

고자 하는 결의에 감명받았다. 루스벨트의 동기는 분명했다. 1942년 3월에 그는 이렇게 말했다. "러시아가 몰락하는 것보다 더 나쁜 일은 있을 수가 없습니다." "차라리 뉴질랜드나 오스트레일리아 같은 나라를 잃는 것"이 더 낫습니다. 왜? 그는 그해 말에 윈스턴 처칠에게 다음과 같이 썼다. "러시아가 지금 귀하와 제가 합친 것보다 더 많은 독일인을 죽이고 더 많은 장비를 파괴하고 있기" 때문이었다.[301]

스탈린은 얄타 회담[163]에서 윈스턴 처칠과 함께 루스벨트를 만난 직후인 1945년 4월에 루스벨트가 갑자기 사망하자 정말 당황했다. 미국 대사 애브렐 해리먼은 이렇게 전했다. "스탈린 원수의 집무실에 들어갔을 때 나는 그가 그 소식에 깊이 상심하고 있다는 사실을 알아차렸다. 스탈린은 말없이 나를 맞이했고 자리에 앉으라고 권하기 전에 약 30초 동안 내 손을 붙잡고 서 있었다." 스탈린은 해리먼에게 "루스벨트 대통령님은 돌아가셨으나, 그분의 대의는 계속 살아 있어야 합니다"라고 말했다.[302]

미국에 대한 스탈린의 열광은 미국 산업 자본주의의 경이로운 힘 덕분에 소련에 수십억 달러에 달하는 무기대여[164] 물자가 넘쳐나던 전쟁 동안에는 한이 없었다. 스탈린은 전쟁이 끝난 뒤 한동안 황폐해진 소련 경제를 재건하는 비용을 대는 데 도움을 줄 미국의 차관을 희망했다. 스탈린은

---

163) Yalta Conference. 1945년 2월 4일부터 2월 11일까지 소련 흑해 연안에 있는 크림반도의 얄타에서 루스벨트, 처칠, 스탈린이 모여 나치 독일 패망 후의 세계 질서를 논의한 회담. 독일의 분할과 비무장화 및 선거, 나치 독일 전범과 잔재의 청산, 유엔의 기초적인 얼개, 소련의 대(對)일본 전쟁 참여, 폴란드의 정부 구성과 영토 문제 등이 결정되었다.

164) Lend Lease Act. 정확한 명칭은 '미합중국 방위 촉진을 위한 조례'로서 미국이 제2차 세계대전 동안 영국, 소련, 중국 등의 연합국들에 막대한 양의 전쟁 물자를 제공할 수 있게 만든 법이다. 1941년 3월에 발효되어 1945년 9월 2일에 만료되었다. 이 법으로 미국은 제1차 세계대전 이후 지속되어온 고립주의 정책을 포기하고 국제 정세에 개입하는 쪽으로 돌아섰다.

1944년 6월 미국 상공회의소 소장에게 다음과 같이 말했다. "나는 미국에서 태어나 길러졌더라면 아마도 사업가가 되었을 겁니다." 스탈린의 열성은 1940년대 중반에 냉전이 발발하자 크게 식었지만, 1947년 4월에도 그는 내방한 미국 공화당 정치인 해럴드 스타센[165]에게 자신과 루스벨트는 "전체주의자" 대 "독점 자본가"라는 욕하기 게임에 빠진 적이 없다고 지적하며 이렇게 말했다. "나는 선전가가 아닙니다. 사업가입니다."[303]

스탈린은 미국에 감동했지만, 세계의 일류 자본주의 국가에서 노동계급 운동이 왜 정치적으로 그토록 힘이 없는지를 이해하기 힘들었을 때, 미국에 곤혹감을 느끼기도 했다. 1927년 내방한 미국의 한 노동자 대표단이 힘이 없는 이유가 무엇이라고 생각하는지 스탈린에게 질문하자 그는 반동적인 노동조합 지도자들이 민주당이든 공화당이든 그들과 경쟁할 독자적인 프롤레타리아 정당을 결성하지 않아서 그렇다고 비난하는 것 말고는 아무 답변도 하지 못했다.[304]

스탈린이 읽은 마지막 논문 중 하나는 A. A. 폴레타예프A. A. Poletayev의 「V. I. 레닌과 미국 노동자 운동」이었다. 이 글은 레닌에 관한 특집으로 꾸며서 1952년에 발간한 『역사의 문제들Voprosy Istorii』의 한 호에 실렸다.

폴레타예프의 논문은 이 잡지의 그 호에서 스탈린이 읽은 유일한 글이었던 것 같다. 스탈린이 표시한 첫 단락은 1907년에 "영국–미국 노동자 운동"의 특성에 관해 레닌이 쓴 글에서 인용한 구절이었다. 특성은 4가지였고, 스탈린은 흔히 그랬듯이 다음과 같이 애써 그것들에 하나씩 번호를 매

---

165) Harold Edward Stassen(1907~2001). 미국 정치인으로 미네소타주 25대 주지사(재임 1939~1943), 펜실베이니아대학교 총장(재임 1948~1953)을 지냈다. 1944년부터 1992년까지 아홉 번에 걸쳐 미 대통령 공화당 후보 지명에 도전했으나 모두 실패했다.

겼다. 이들 두 국가의 프롤레타리아 계층이 수행해야 할 중요한 사회적·민족적 민주주의 과업이 없었다는 사실, 부르주아 정책에 대한 프롤레타리아 계급의 완전한 복종, 사회주의 운동의 분파주의와 고립, 선거에서 좌파에 대한 지지 부족.

스탈린은 논문의 뒷부분에서 분파주의 문제로 다시 돌아가 더 리온[166]의 미국 사회당과 영국 사회민주연맹[167]의 "독단주의"에 주목했다. 스탈린은 또 미국에서 필요한 것은 노동자, 농부, "힘들게 노동하는 니그로들" 사이의 동맹을 결성할 대중적 마르크스주의 당이라는 레닌의 지적에도 밑줄을 그었다.

언제나 당대의 공감을 불러일으키는 견해를 찾으려 한 스탈린은 폴레타예프의 논문에서 다음과 같은 생생한 구절에 주목했다.

미국 부르주아 계급은 유럽에서 전쟁의 불길에 한 번만 손을 쬔 것이 아니었고, 그럼으로써 수많은 인민이 피를 흘리고 고통을 겪는 동안 이득을 보았다. 미국 독점 기업들은 미국 인민들뿐 아니라 유럽과 아시아의 인민들을 바이스로 죄듯이 꽉 움켜쥐면서 강력한 자본의 요새로 급속히 발전했다.[305]

스탈린이 이 초기 냉전 시기에 읽었던『역사의 문제들』의 또 다른 논문은 내전 동안 벌어진 미국의 시베리아 간섭에 관한 글이었다. 스탈린은 러

---

166) Daniel De Leon(1852~1914). 미국의 사회주의 신문 편집인, 정치인, 마르크스주의 이론가, 노동조합 조직가. 1890년부터 사망 때까지 미국 사회당의 지도적 인물로 활동했다.

167) Social Democratic Federation(SDF). 1881년 H.M. 하인드먼(H.M. Hyndman)이 창립한 영국 최초의 사회주의 정당.

시아 인민을 너무 "사랑"한 나머지 간섭을 결행했다는 미국의 공식적 주장을 인용한 단락 옆에 "하하"라고 썼다.[306]

한때 스탈린에게 희망의 등불이었고 그 뒤에는 사업 파트너이자 전시 동맹이었던 나라는 "제1의 적국"으로 다시 돌아갔다.[307]

6장

역공학:
스탈린과 소비에트 문학

스탈린은 여가와 즐거움과 교화를 위해 문학작품을 읽었다. 젊을 때 스탈린의 첫사랑은 시였고, 애국적 시는 아주 어릴 때 그가 발표한 글이었다. 급진적인 픽션은 젊은 스탈린을 혁명적 대의로 이끌었다. 마르크스와 레닌처럼 스탈린은 문학 고전의 계몽적 역할을 높이 평가했고, 재빨리 연극과 영화의 동원력을 이해했다. 스탈린이 사회주의 사회의 작가들을 "인간 영혼의 기사技師"라고 묘사한 것은 유명하다. 스탈린에게 문학은 정신과 마음을 사로잡을 수 있는 수단이었다.

안타깝게도 스탈린이 소장했던 엄청난 규모의 소설, 희곡, 시들은 그가 사망한 뒤 흩어져버렸다. 이것은 남아 있는 스탈린의 기록보관소 장서 중 뻥 뚫린 구멍이다. 그러나 우리는 스탈린이 문학작품을 어떻게 읽고 감상했는지를 아주 많이 안다. 왜냐하면 1920년대 말부터 스탈린은 이 소련 문화 정책 분야에서 아주 왕성하게 활동했기 때문이다. 스탈린의 다양한 개입은 그가 픽션의 정치적 기능이라고 본 것뿐 아니라 픽션에 대해 그가 어떻게 느꼈는지를 드러낸다. 스탈린의 정책 발표와 특정 텍스트에 대한 상

세한 비판으로부터 우리는 독자로서 그가 무엇을 선호했는지를 확인할 수 있다.**¹**

안드레이 그로미코¹⁾는 제2차 세계대전 당시 미국 주재 소련 대사였다. 그로미코는 1945년에 얄타 회담과 포츠담 회담에 참석했고, 종전 후에는 외무차관으로 일했다. 그는 스탈린에 대해 다음과 같이 회상했다.

> 스탈린의 문학 취향에 대해서 나는 그가 매우 많은 작품을 읽었다고 말할 수 있다. 이것은 그의 연설에서 드러난다. 그는 러시아 고전, 특히 고골과 살티코프-셰드린을 잘 안다. 또한 내가 알기에 스탈린은 그가 특히 좋아한 셰익스피어, 하이네, 발자크, 위고, 기 드 모파상²⁾ 말고도 다른 많은 서유럽 작가의 작품을 읽었다.**²**

NEP에서 RAPP로

트로츠키의 편지 한 장이 스탈린에게 처음으로 문화 정치 분야로 진출하도록 자극했다. 트로츠키는 1922년 6월에 당이 젊은 작가들과 관계를

---

1) Andrey Andreyevich Gromyko(1909~1989). 소련의 외교관이자 정치가. 1939년에 외무 인민위원부에서 일을 시작한 이래 1943년 미국 주재 대사가 되었고, 이후 얄타 회담 등 주요 국제회의에 출석했다. 1946년 국제연합 안전보장이사회의 소련 대표, 1952~1953년 영국 주재 대사를 지냈다. 그 후 1957~1985년까지 28년 동안 소련의 외무장관, 1985~1988년 소련 최고소비에트 간부회 의장을 역임했다.

2) Guy de Maupassant(1850~1893). 프랑스 사실주의를 대표하는 작가. 불과 10년간의 문단생활에서 단편소설 약 300편, 기행문 3권, 시집 1권, 희곡 몇 편, 그리고 『죽음처럼 강하다』, 『우리들의 마음』 등의 장편소설을 썼다.

발전시킬 필요가 있다고 정치국에 썼다. 트로츠키는 작가들을 등록하고, 당과 특정 개인들의 관계를 보여줄 서류 일습을 준비할 것을 제안했다. 물질적 지원과 부르주아 역할 모델, 출판사에 대한 대안을 제공하는 것이 목표였다. 트로츠키는 또 "개별적 일탈"의 기회를 허용할 비당 문학잡지를 창간할 것도 제의했다.[3]

이에 스탈린은 당 선전선동국 부국장 Ya. A. 야코블레프[3)]에게 작가들의 상황에 관해 보고하라고 요청했다. 야코블레프는 보고서에서 젊은 작가들을 두고 볼셰비키와 반혁명 분자들 사이에 벌어지고 있는 정치적 투쟁을 강조했다. 그는 또 정치적으로 볼셰비키에 가까운 몇몇 작가의 신원을 확인해 '러시아 문화발전 협회'같이 그들을 결집할 비당 단체를 조직할 것을 제의했다. 야코블레프는 그와 같은 협회에서 당 작가들은 "정당화할 수 없는 공산주의 오만"을 부려서는 안 될 것이라고 역설했다.[4]

1922년 7월 3일에 스탈린은 정치국에 이 보고서를 전달하면서 트로츠키의 접근법뿐 아니라 야코블레프의 '협회' 구상도 승인했다. 스탈린은 그런 협회는 "소비에트 성향의" 작가들을 단합시킴으로써 "소비에트 문화"의 발전에 이바지할 거라고 썼다.[5] 그 결과 채택된 정치국 결의안은 트로츠키의 제안과 스탈린의 제안을 결합했다. 즉 비당 문학 출판사(잡지보다)를 비롯해 젊은 작가들을 위한 다양한 지원책을 시행하고, 당에 동조하는 작가들에게 알맞은 단체를 설립할 가능성을 탐색할 것이었다.[6]

문학 문제에 대한 상대적으로 자유로운 이 접근은 신경제정책NEP 시대

---

3) Yakov Arkadyevich Yakovlev(1896~1938). 소련의 정치인. 특히 1920년대 말에 강제적 농업 집단화 과정에서 중심적 역할을 맡았다.

의 온건 정치를 대표했고, 모든 작가에게 획일적인 "프롤레타리아" 문화를 강제하기를 원한 호전적인 투사들에 대한 반발을 나타냈다. 1925년 6월에 채택된 광범위한 정치국 결의안인 '문학 분야의 당 정책에 관해'는 프롤레타리아 계급이 자신들의 문학을 발전시키려면 시간이 걸릴 것이라고 지적했다. 그동안에는 친소비에트 "동반" 작가들과 동맹을 맺어야 했다. 당은 문학에서 드러난 반혁명적 징후와 싸우고 또한 "공산주의 독단"도 경계할 것이었다. 당은 작가들의 정치적 선호를 이끌겠지만 어떤 특정의 문학적 형식을 고집하지는 않을 터였다. 실제로 당은 "이 분야에서 다양한 그룹과 경향들이 자유롭게 경쟁하는 것"을 옹호할 터였다.[7]

1920년대 말에 스탈린은 급속한 산업화와 강제적인 농업 집단화를 추진하며 급격하게 왼쪽으로 돌아섰다. 스탈린은 NEP 시기의 온건한 경제와 정치를 지속하기를 원한 부하린과 이른바 우익반대파를 공격했다. 국제적으로 코민테른은 세계 혁명이 임박했다고 선언했다. 문화 분야에서는 '러시아 프롤레타리아 작가협회'(러시아어 머리글자로 RAPP)가 전투적 운동의 선봉에 섰다. 1928년에 결성된 이 협회는 소비에트 문학에 대해 "프롤레타리아 패권"을 장악하는 데 목표가 있었다. 실제로 이는 창작 활동에서 계급투쟁 노선을 요구하고 RAPP의 접근법에 동의하지 않는 작가는 정치적으로 일탈한 사람으로 공격하는 것을 의미했다.

RAPP의 중요성과 영향력을 과장해서는 안 된다. 존 바버John Barber가 지적한 대로, RAPP는 "문단을 완벽히 통제한 적이 없었다. RAPP는 당으로부터 문학 문제에서 당 대변자로 인정받은 적이 없고, 다른 문학 그룹에 대해 패권을 움켜쥔 적도 없으며, 심지어 내부의 이견을 억누르는 데 성공하지도 못했다."[8]

확실히 스탈린은 자신이 개시했던 "문화 혁명"에 신중하게 대응했다. 1928년 12월에 일단의 프롤레타리아 극작가들이 문학에서 "우익"의 위험에 대해 스탈린에게 경고하는 글을 썼다. 그들의 주요 표적은 미하일 불가코프(1891~1940)와 내전 시기의 반혁명 백군 운동에 관한 그의 희곡 〈투르빈가의 나날들〉과 〈도주〉였다.

스탈린은 1929년 2월 1일에 답변하면서 자신은 문학에서 "우익"과 "좌익"에 대해 말하는 것이 적절하다고 생각하지 않는다고 썼다. "소비에트", "반소비에트", "혁명적", "반혁명적" 같은 기술적 개념記述的概念을 사용하는 것이 더 낫다. 스탈린은 〈도주〉가 반소비에트적이라고 생각하지만, 불가코프가 "그의 공상 8편에 소련 내전의 내부적인 사회적 원천을 묘사하는 한두 편의 공상을 덧붙이는 것"이라면 연극을 무대에 올리는 데 반대하지 않았다.

불가코프의 연극은 왜 그토록 자주 상연되는가라고 스탈린이 물었다.

아마도 우리가 상연하기 좋은 우리 자신의 연극을 충분히 갖고 있지 못하기 때문일 것입니다. 물고기가 없는 물에서는 〈투르빈가의 나날들〉조차 물고기입니다. 비프롤레타리아 문학을 '비판하고' 금지를 요구하기는 쉽습니다. 그러나 가장 쉬운 것이 항상 가장 좋은 것은 아닙니다. 그것은 금지의 문제가 아니라 경쟁…의 문제입니다.… 경쟁이 있을 때만 우리는 우리 프롤레타리아 문학을 형성하고 실현할 수 있습니다. 〈투르빈가의 나날들〉에 대해서 말하자면, 이 작품은 완전히 나쁜 것은 아닙니다. 유해한 것보다는 좋은 것을 더 많이 내놓습니다. 관객들이 이 연극으로부터 얻어가는 주요 인상은 볼셰비키에 우호적인 인상입니다.

스탈린은 2주 뒤에 다시 불가코프의 변호에 나섰다. 이번에는 우크라이나 작가들과의 만남에서였다. 레오니트 막시멘코프Leonid Maximenkov가 평한 대로, 이 회동을 기록한 문서는 독특한 특징이 있다. "우리는 스탈린이 자연스러운 대화에 참여한 것을 본다."[9] 스탈린은 모두에 상투적인 발언을 했으나, 회동 대부분 동안 토의가 어떤 제약도 없이 진행되었고, 작가들은 스탈린에게 거의 혹은 전혀 존경심을 보여주지 않았다.

때때로 요란한 언쟁이 벌어지는 동안 스탈린은 프세볼로트 이바노프,[4] 보리스 라브레뇨프,[5] 표도르 판표로프,[6] 야코프 코로보프,[7] 니콜라이 오스트롭스키,[8] 블라디미르 빌-벨로체르콥스키,[9] 안톤 체호프 같은 상당수 러시아와 우크라이나 작가들의 작품에 대한 지식을 과시했다. 그러나 스

---

4) Vsevolod Vyacheslavovich Ivanov(1895~1963). 소련의 작가, 극작가, 언론인. 러시아 내전에 참가해 그때의 체험을 그린 『장갑열차』, 『파르티잔 이야기』로 소련 초기 문학을 대표하는 작가의 한 사람이 되었다.

5) Boris Andreyevich Lavrenyov(1891~1953). 러시아의 작가, 극작가. 소설 『41번째』, 희곡 〈분쇄〉 등으로 가장 잘 알려져 있다. 1946년과 1950년에 스탈린상을 수상했다.

6) Fyodor Ivanovich Panfyorov(1896~1960). 소련의 작가. 작품으로 소설 『브루스키』, 『평화 투쟁』 등이 있다.

7) Yakov Yevdokimovich Korobov(1874~1928). 소련의 시인, 언론인, 작가. 작품으로 〈농촌 이야기〉, 〈데마 바유노프〉 등이 있다.

8) Nikolay Alekseyevich Ostrovsky(1904~1936). 소련의 소설가. 자전 소설 『강철은 어떻게 단련되었는가』로 잘 알려져 있다.

9) Vladimir Naumovich Bill-Belotserkovsky(1884~1970). 러시아의 극작가. 작품으로 희곡 〈폭풍〉이 있다.

탈린이 말해야 했던 것의 많은 부분은 문학 자체가 아니라 민족 문제와 관련되었다. 그는 서로 다른 민족 문화를 통합하는 방법은 그 문화들의 개별적 발전을 강화하는 것이라고 주장했다. 스탈린은 "통합하기 위해서 분열시켜라"라는 이 정식을 레닌이 생각해낸 것으로 돌렸다. 민족들은 서로 의심하기를 그만두면 사회주의 기반 위에서 자발적으로 연합하고 문화적으로 통합할 거라는 구상이었다.

참석한 작가 중 몇 명이 〈투르빈가의 나날들〉이 우크라이나에서 벌어진 내전을 묘사한 방식을 좋아하지 않았기 때문에 불가코프의 작품이 논의되었다. 다시 한번 스탈린은 전반적으로 볼셰비키를 좋게 인상 지우고 있다는 이유로 그 연극(스탈린이 15차례나 봤다는 소문이 있었다)을 변호했다. 스탈린은 또 좀 더 일반적인 생각도 일부 밝혔다.

나는 문학 저자에게 공산주의자여야 하고 당의 관점을 따라야 한다고 요구할 수 없습니다. 순수 문학에는 비혁명적과 혁명적, 소비에트적과 비소비에트적, 프롤레타리아적과 비프롤레타리아적이라는 다른 기준이 필요합니다. 그러나 문학이 공산주의적이기를 요구하는 것, 이는 불가능합니다.… 순수 문학과 작가에게 당 노선을 따를 것을 요구하는 것, 그렇게 하면 모든 비당 사람들이 쫓겨날 것입니다.

스탈린은 또 불가코프를 지지하면서 나중에 독자수용 이론[10]이라고 불

---

10) reader-reception theory. 문학적 텍스트로부터 의미를 이끌어내는 데 특정한 독자의 수용과 해석을 강조하는 독자 반응 문학이론을 가리킨다.

릴 만한 이론을 언급했다.

　　노동자들은 그 연극을 보러 가서 봅니다.… 연극에는 볼셰비키를 쳐부술
수 있는 어떤 힘도 없습니다! 그곳에서 당신은 그것, 즉 결코 소비에트적이라
고 불릴 수 없는, 연극이 남긴 일반적인 인상을 받을 뿐입니다. 이 연극에 부
정적인 면들이 있습니다. 저 투르빈가는 자기 나름대로 존경받을 만한 사람
들입니다.… 그러나 불가코프는… 이 사람들이… 다른 사람들의 목덜미에 어
떻게 걸터앉아 있는지를… 보여주기를 원하지 않습니다. 바로 그것이 그들이
쫓겨날 이유인데도 말입니다.… 그러나 심지어 불가코프에게서도 어떤 유용
한 것들을 끌어낼 수 있습니다.

　　스탈린은 1929년 6월에 막심 고리키에게 보낸 편지에서 1918년의 바쿠
코뮌[11]에 관한 연극이 "일반적으로 말해서… 약합니다"라고 썼다. 단명한
바쿠 코뮌은 반혁명 세력이 코뮌을 전복하고 코뮌의 볼셰비키 지도자들
이 사로잡혀 처형당하면서 비극으로 막을 내렸다. 스탈린은 연극이 바쿠
볼셰비키가 왜 그리고 어떻게 "권력을 **포기했는지**"를 다루지 않았기 때문
에 역사적 진실에 죄를 지었다고 생각했다. 스탈린은 또 극작가가 카스피
해 수병들을 "돈 버는 데만 관심 있는 술꾼"으로 묘사하고 희곡에 "**주체로
서**" 바쿠 석유 노동자들이 부재한 것도 마음에 들어 하지 않았다. 혁명 전

---

11) Baku Commune. 1918년 4월 13일부터 3개월여 동안 아제르바이잔의 수도 바쿠에 수립되었던 소비에트
　코뮌을 일컫는다. 아르메니아 볼셰비키인 스테판 샤우먄(Stepan Georgiyevich Shaumyan)이 이끌었으며,
　같은 해 7월 26일 다시나크, 사회주의자-혁명가당 우파, 멘셰비키로 이루어진 연합 세력에게 권좌에서
　쫓겨났다.

에 바쿠에서 볼셰비키 선동가로 활동했던 스탈린은 희곡이 작가의 재능을 보여주는 약간의 "흥미진진한 페이지"를 포함하지만 그 등장인물은 대체로 "모호하고 활기가 없다"라고 결론지었다.[10]

1930년에 시인이자 풍자작가로서 볼셰비키가 특히 좋아했던 데미얀 베드니가 러시아인들을 선천적으로 게으른 것으로 희화화한 시를 발표함으로써 당국을 당황하게 만들었다. 중앙위원회에서 공개적으로 질책당한 베드니는 스탈린에게 항의했으나, 스탈린은 예술적 존중을 해달라는 베드니의 청원을 거부하고 그가 소련을 중상 모략했다고 호되게 꾸짖었다. 스탈린은 베드니에게 세계 전역의 혁명가들이 지금 러시아 노동계급에 리더십을 기대하고 있다고 상기시켰다. 이는 "러시아 노동계급의 가슴을 혁명적인 민족적 자부심으로" 가득 채웠다. "그런데 당신은? 이 과정의 의미를 파악하는 대신에… 나라의 조용한 곳으로 물러앉아… 지붕 위에서 러시아가 '멸망의 가증한 것'[12]이며,… '게으름'과 [소파에 드러누워 빈둥거리는 것은] 거의 러시아인의 민족적 특성이라고 외치기 시작했습니다.… 그리고 당신은 이것을 볼셰비키 비판이라고 합니다!"[11]

스탈린의 비난은 거친 논쟁과 무례함이 특징인 볼셰비키 기준에서 가벼운 것이었다. 베드니는 1932년에야 자신의 크렘린 아파트에서 퇴거당했다. 표면적으로는 건축 공사 때문이었으나, 추정하기로는 "베드니가 스탈린의 번질번질한 손가락이 하얀 지면에 남기는 더러운 자국 때문에 스탈린에게 책을 빌려주기 싫었다"라고 불평한 것이 그 이유였다.[12]

---

12) abomination of desolation. 마태복음 24장 15절에 나오는 성스러운 곳을 짓밟는 "멸망의 가증한 것"을 일컫는다. 마태복음 24장 15절의 전문은 다음과 같다. "그러므로 너희가 선지자 다니엘이 말한 바 멸망의 가증한 것이 거룩한 곳에 선 것을 보거든(읽는 자는 깨달을진저)."

극작가 V.M. 키르숀[13]은 제16차 당 대회 연설에서 RAPP가 이끄는 엄격한 프롤레타리아 문학 운동의 취지를 다음과 같이 요약했다.

우리는 결정적인 공세로 나아가서 부르주아 이념을 무자비하게 일소해야 합니다.… 문학 전선에서 적대 계급이 활발해지고 있습니다. 계급투쟁이 격렬해지는 이때 어떤 자유주의, 심미적 언어에 대한 어떤 존중도… 적대 계급을 직접 도와주는 것입니다.… 우리 활동과 우리 작업의 목적 전체가 사회주의를 건설하기 위한 싸움에 있습니다.[13]

이것은 특히 러시아 RAPP 회원들이 생산한 문학이 그리 좋은 수준이 아니었기 때문에 스탈린에게 너무 급진적이었다. 1932년 4월에 정치국은 예술 창작에 걸림돌이 되었다는 이유로 RAPP를 해산하기로 결의했다. 다른 모든 작가 단체와 함께 RAPP는 당원들과 소비에트 권력 및 사회주의 건설을 지지하는 모든 사람을 통합할 단일한 작가 동맹으로 대체될 터였다.[14] 1932년 10월 막심 고리키의 자택에서 작가들의 비공식적 모임이 두 차례 열렸는데, 모임에 참석한 스탈린 발언에서 이러한 움직임 뒤의 이론적 근거에 대한 추가 통찰을 엿볼 수 있다.

볼셰비키의 오랜 협력자인 고리키는 가장 유명하고 명망 있는 그들의 문학 동료였다. 고리키는 혁명 후에 볼셰비키가 취한 억압 조치에 비판적이었으나, 전면적인 반대자는 결코 아니었다. 1920년대에 고리키는 외국

---

13) Vladimir Mikhailovich Kirshon(1902~1938). 소련의 극작가, 1918~1920년에 러시아 내전에 참가했고, 1920년에 소련공산당 당원이 되었다. 작품으로 〈붉은 먼지〉, 〈빵〉, 〈재판〉, 〈위대한 날〉 등이 있다.

에서, 주로 제1차 세계대전 전에 거주했던 이탈리아에서 살았다. 1928년에 고리키는 소비에트 러시아로 돌아와 전국을 여행했고, 1929년에 정권에 매우 우호적인 여행기『소비에트 연방을 일주하며』를 발간했다. 스탈린은 고리키를 어떻게든 영구히 귀국시키기를 열망했고 그에게 온갖 훈장과 감언을 쏟아부었다. 고리키는 레닌 훈장을 받았고, 모스크바의 중심 거리인 트베르스카야는 그의 이름을 따 이름이 바뀌었으며 그의 출생지인 니즈니 노브고로드도 마찬가지였다(이들 거리와 도시는 공산주의가 붕괴한 후 원래 이름으로 돌아갔다). 고리키는 모스크바로 돌아오자마자 도심에 있는 대저택을 배당받았다.[15]

사회주의 리얼리즘

10월 20일에 고리키의 자택에서 있었던 바로 그 첫 번째 회동은 공산주의 작가들의 모임이었다. 스탈린은 그들에게 너무 많은 작가 그룹과 너무 많은 내부 언쟁이 있었고, 그것의 제일 앞에 RAPP가 있었다고 말했다. 비당 작가들은 무시되었고, 문학전선의 과업은 그들과 당 작가들을 단합하게 하는 것이었다. 사회주의 건설이라는 목표를 공유한다고 해서 문학 형식과 창작 접근법의 다양성이 파괴되는 것은 아니었다.

스탈린은 공산주의 작가들에게 연출된 연극이 매우 대중적인 형식이기 때문에 희곡을 쓰라고 촉구했다. 시, 장편소설, 단편소설은 여전히 중요하나 수많은 인민이 이것들을 토론하지는 않을 것이었다. 비당 작가들과 마르크스주의 변증법의 습득에 대해 질문하자 스탈린은 다음과 같이 답변했다.

톨스토이, 세르반테스, 셰익스피어는 변증가는 아니었으나 그렇다고 그들이 위대한 예술가가 아닌 것은 아닙니다. 그들은 위대한 예술가였고, 그들의 작품은 그들 시대를 아주 잘 반영했습니다. 작가들이 변증법을 배워야 한다고 주장하는 사람들은 작가들이 마르크스주의의 고전뿐 아니라 문학 고전도 공부해야 한다는 점을 이해하지 못합니다. [레닌은] 우리에게 과거 인간 문화에 대한 지식과 보존된 경험이 없다면 새로운 사회주의 문화를 건설할 수 없을 거라고 가르쳤습니다.[16]

스탈린은 낭만주의는 "현실의 이상화, 미화"이지만, 셰익스피어의 낭만주의는 실러의 낭만주의와 다르고, 고리키의 급진적 낭만주의는 권력과 인류의 미래를 위해 투쟁하는 떠오르는 계급의 낭만주의였다고 말했다. "혁명적 사회주의 리얼리즘은 우리 시대의 문학에서 주요 흐름이어야 합니다. 그러나 그렇다고 낭만파의 작가들과 방법을 활용하는 것이 배제되지는 않습니다."[17]

며칠 뒤 고리키의 저택에서 두 번째 모임이 있던 날에 당 작가뿐 아니라 비당 작가들도 참석했다. 스탈린은 같은 주제에 관해 다른 두 집단의 청중들에게 연설할 때 종종 그랬듯이, 희곡 집필의 중요성을 비롯해 한 주 전

에 제시했던 주장과 정식을 재활용했다. 그런 다음 스탈린은 다음과 같이
말했다.

나는 여러분이 '생산하고 있는' 것에 대해 말하는 것을 잊었습니다. 대포, 자
동차, 기계 등 상이한 생산물들이 있습니다. 여러분도 '상품', '작품', '생산물'
을 생산합니다. 매우 중요한 것들입니다. 흥미로운 것들입니다. 인민들의 영
혼.··· 여러분은 인간 영혼의 기사입니다.··· 영혼의 생산은 탱크의 생산보다
더 중요합니다.··· 인간은 삶 자체에 의해 새로 만들어집니다. 그러나 여러분
도 인간의 영혼을 새로 만드는 일을 도울 것입니다. 이것, 인간 영혼의 생산은
중요하고, 바로 그것이 내가 작가들에게, 인간 영혼의 기사들에게 축배를 제
안하는 까닭입니다.

누군가 변증법에 대해 묻자 스탈린은 예술가라면 변증법적 유물론자일
거라고 답변했다.

그러나 나는 그러면 그 예술가는 시를 쓰기를 원치 않을 거라고 말하고 싶
습니다(일동 웃음). 물론 농담입니다. 그러나 진심으로 말하지만 여러분은 예술
가의 머리를 추상적인 테제로 빽빽이 채우지 말아야 합니다. 그는 마르크스
와 레닌의 이론을 알아야 합니다. 그러나 그는 삶을 알아야 합니다. 예술가는
무엇보다도 삶을 사실대로 그려야 합니다. 그리고 만일 그가 우리의 삶을 사
실대로 보여준다면, 삶이 결국 사회주의로 이어지게 됨을 보여줄 수밖에 없

습니다. 바로 그것이 사회주의 예술일 것입니다. 바로 그것이 사회주의 리얼리즘일 것입니다.[18]

스탈린은 자신의 공학기술engineering 비유를 후회한 것 같다. 왜냐하면 1934년 8월에 『문학 신문Literaturnaya Gazeta』에 스탈린이 했다고 하는 진술이 게재되었는데, 이 진술은 그의 전집에서 의도적으로 누락되었기 때문이다.[19] 그렇지만 그것은 제1차 전연방 소비에트 작가대회에서 가장 중요한 위치를 차지했으며, 사회주의 리얼리즘 개념도 마찬가지였다.

스탈린은 이 대회에 참석하지 않았다. 그는 휴가 중이었다. 대회는 1934년 8월 8일 당 이념 책임자인 안드레이 즈다노프의 다음과 같은 발언을 시작으로 개막했다.

스탈린 동지는 우리의 작가들을 인간 영혼의 기사라고 불렀습니다. 이것은 무엇을 의미합니까? 먼저 그것은 예술 작품에서 삶을 사실대로 묘사할 수 있도록 삶을 아는 것을 의미합니다. 예술적 묘사의 진실성과 역사적 구체성은 사회주의 정신으로 힘들게 일하는 인민들을 이념적으로 개조하고 교육하는 일과 결합되어야 합니다. 이러한 방식은 우리가 사회주의 리얼리즘이라고 부르는 것입니다. 인간 영혼의 기사라는 것은 두 발을 실제 삶의 토대 위에 두고 서 있는 것을 의미합니다. 그리고 이것은 다시 낡은 유형의 낭만주의와 단절하는 것을 뜻합니다. 우리의 문학은 낭만주의에 적대적일 수 없습니다. 그러나 그것은 새로운 유형의 낭만주의, 혁명적 낭만주의여야 합니다. 소비에트 문학은 우리의 영웅들을 묘사할 수 있어야 하고 우리의 내일을 엿볼 수 있어야 합니다.

문예 활동의 기법을 알지 못하면 인간 영혼의 기사가 될 수 없습니다. 여러분은 다양한 유형의 무기(장르, 문체, 문학 창작의 형식과 방법)를 많이 가지고 있습니다. 쓰기 기법의 통달, 모든 시대의 문학적 유산에 대한 비판적 흡수는 여러분이 인간 영혼의 기사가 되기를 원한다면 반드시 수행해야 할 과업입니다.[20]

또 다른 저명한 참석자는 니콜라이 부하린이었다. 부하린은 당시 다시 인정을 받아 『프라우다』 편집인으로 근무했는데, 시와 사회주의 리얼리즘에 관해 보고했다. 스탈린이 문학에 대해 말한 어떤 것도 부하린의 깊이, 폭, 치밀함, 수사력에 필적하지 않았다. 부하린은 사회주의 리얼리즘이 새로운 세계에 대해, 사회주의가 창조하는 새로운 남성과 여성에 대해 "감히 꿈을 꾸기" 때문에 자연주의가 아니라고 대회에서 말했다. 사회주의는 반개인주의지 반서정적이 아니었다. 왜냐하면 사회주의는 인격의 만발滿發과 인민을 분열시키기보다는 단합시키는 개성의 성장을 수반하기 때문이었다.

부하린은 1930년에 자살한 아방가르드 시인 블라디미르 마야콥스키를 "소비에트 고전"으로 묘사했다. "마야콥스키의 시는 행동하는 시입니다. 그것은 관념주의 철학자들의 미학에 내포된 '관조적'이고 '이해관계를 초월한' 개념들과 정반대입니다. 그것은 적을 향해 날아간 날카로운 화살 세례입니다. 그것은 엄청나게 파괴적이고 화염을 내뿜는 용암입니다. 그것은 전투를 위한 집합 나팔 소리입니다."[21]

마야콥스키의 작품 중 3,000행으로 이루어진 서사시 〈블라디미르 일리치 레닌Vladimir Ilich Lenin〉이 있다. 1925년 판 한 권이 스탈린의 장서에 들어 있었고, 마야콥스키는 1930년 1월에 볼쇼이 극장에서 레닌 추모식을 거행할 때 이 시를 낭송했다.

1935년 11월에 마야콥스키의 뮤즈인 릴랴 브리크[14]는 시인의 혁명적 유산을 보존하려고 스탈린에게 도움을 요청하는 편지를 썼다. 브리크는 소련 문단이 마야콥스키의 기억, 작품, 문서, 공예품을 무시해왔고, 교육 인민위원부는 그의 레닌 시를 "근대 문학 교과서에서 빼버렸다"라고 불만을 토로했다. 이에 스탈린은 브리크의 불만을 주의 깊게 살펴보라고 지시했다. 왜냐하면 "마야콥스키는 우리 소비에트 시대의 가장 훌륭하고 가장 재능 있는 시인이었고 또 지금도 그러하며, 그의 기억과 작품에 대한 무관심은 일종의 범죄행위이기" 때문이었다.[22] 스탈린의 상찬은 곧 공개적으로 알려졌고, 소비에트 주요 작품 목록에서 시인의 명성과 자리가 재빨리 회복되었다.

스탈린의 문학 취향은 레닌과 마찬가지로 보수적이고 전통적이었다. 1930년대부터 문학뿐 아니라 건축, 음악, 영화, 미술에서, 말하자면 소비에트 문화 전반에서 이러한 태도가 지배적이었다. 일부 역사가들은 이처럼 1920년대의 아방가르드주의에서 후퇴한 사실을 문화적 반혁명으로 묘사한다. 하지만 이 후퇴로 소비에트 당국이 의식적으로 꾀한 정치적 목표

---

14) Lilya Yuryevna Brik(1891~1978). 러시아의 문학가. 20세기 초 러시아의 미래주의를 대표하던 시인 블라디미르 마야콥스키의 연인으로 그의 시작에 큰 영향을 미친 것으로 알려져 있다.

는 소비에트 문화를 더욱 효과적으로 대중과 연결하는 것이었다. 그것은 또한 정치적으로 용인될 수 있을 뿐 아니라 대중적이고 다가가기 쉬운 것을 뜻하는 사회주의 리얼리즘의 요체이기도 했다.

1937년 1월 독일의 반파시스트 작가 리온 포이히트방거[15]가 스탈린을 만났을 때 스탈린이 작가들을 인간 영혼의 기사라고 부른 사실을 언급하며 작가의 기능에 대해 그에게 물었다. 스탈린은 이렇게 대답했다. "만일 작가가 대중들의 현재 욕구에 공감한다면 사회 발전에 중요한 역할을 할 수 있습니다. 작가는 사회 선진 부문의 모호한 감정과 무의식적 풍조를 포착하고 대중의 본능적 행동을 분명하게 해줍니다. 그는 그 시대의 여론을 형성합니다. 그는 사회의 전위가 자신의 과업을 깨닫도록 도와줍니다."

포이히트방거가 과학 작가와 예술 작가가 어떻게 다르냐고 묻자, 스탈린은 과학 작가는 개념과 구체적인 것의 분석에 관심이 있고, 예술 작가는 이미지와 표현성에 더 관심이 있다고 말했다. 과학 작가들은 선별된 독자들의 요구를 채우는 반면 예술가의 작품은 대중들을 겨냥했다. 예술 작가들은 또 과학 작가들보다 덜 계산적이고 더 자연스러웠다.

스탈린은 파시스트 작품과 쇼비니스트 작품에 대한 금지를 제외하고 소련 작가들은 세계에서 가장 자유롭다고 말했다. 그러나 스탈린은 반동주의자들에게서 배울 수 있다는 포이히트방거의 언급에 동의했고, 작가의 세계관을 그의 예술 작품과 혼동해서는 안 된다고 강조했다. 그러면서 스탈린은 고골의 소설 『죽은 농노』의 예를 들었는데, 소설의 제목은 그의

---

15) Lion Feuchtwanger(1884~1958). 독일의 소설가이자 극작가. 바이마르공화국 문단의 저명인사로 극작가 베르톨트 브레히트를 비롯해 동시대 작가들에게 영향을 미쳤다. 특히 역사소설 『유대인 쥐스』와 『추한 공작부인』으로 세계적인 명성을 얻었다.

책에 나오는 등장인물뿐 아니라 차르 사회에서 농노가 차지하는 지위도 암시했다. "고골은 의심할 여지 없이 반동주의자였습니다. 그는 신비주의자였지요. 고골은 농노제 폐지에 반대했습니다.… 그러나… 고골의『죽은 농노』의 예술적 진실은 혁명적 지식인 세대에 엄청난 충격을 주었습니다.… 작가의 세계관을 그의 작품이 독자들에게 미친 영향과 혼동해서는 안 됩니다."[23]

스탈린은 또 헤겔의 유명한 경구 "미네르바의 부엉이는 황혼이 깃들어야 날개를 편다"를 포이히트방거에게 인용했다. 스탈린은 이 비유를 좋아했고, 소장한 1938년 판 플레하노프의『일원론적 역사관의 발전』에 있는 다음 구절에 밑줄을 그었다.

미네르바의 부엉이는 밤이 돼야 날기 시작한다. 철학이 어둑어둑한 잿빛 배경 속에서 잿빛 무늬를 찾기 시작할 때, 사람들이 그들 자신의 사회 질서를 연구하기 시작할 때, 당신은 그 질서가 생명을 다했고 새로운 질서에 자리를 물려줄 채비를 하고 있다고 확실히 말할 수 있을 것이다. 그리고 새 질서의 진정한 성격은 그 역사적 역할을 다한 이후에야 비로소 인류에게 다시 분명해질 것이다. 미네르바의 부엉이는 다시 한번 밤이 돼야 날개를 펼 것이다. 새삼스럽게 말할 것도 없지만, 지혜의 새가 주기적으로 공중을 나는 것은 매우 유용하고 심지어 아주 필수적이기까지 하다. 그러나 그 비행은 전혀 아무것도 설명하지 못한다. 비행 자체에 설명이 필요하다.[24]

셰익스피어는 1930년대 소비에트 문화에서 어디에나 있는 인물이었다. 1934년 작가 대회는 셰익스피어의 거대한 초상화로 장식했고, 고리키는 참석자들에게 이 위대한 시인을 본받을 것을 촉구했다. 당은 작가들에게 "더욱 셰익스피어화"할 것을 요구했다. 셰익스피어를 소련의 모든 언어로 번역하는 프로젝트가 있었다. 1936년 9월에 태즈메이니아 신문의 헤드라인은 "영어를 배우는 스탈린. 셰익스피어를 읽기를 원한다"라고 주장했다.[25]

영화관의 스탈린

1930년대 중반에 스탈린은 영화 각본을 세밀히 살펴보는 한편, 크렘린의 새 영화관에서 영화를 관람하거나 미리 관람하기 시작했다. 이 매체는 '토키 영화'[16]로 이행하면서 텍스트에 집착하는 스탈린에게 더욱 매력적으로 되었다. 특히 큰 영향을 미친 것은 〈차파예프Chapayev〉(1934)였다. 러시아 내전 당시 영웅적 죽음을 맞이한 붉은군대 사령관 이야기를 그린 이 영화는 소련 역사상 가장 많은 인기를 끈 영화 가운데 하나였으며, 스탈린은 〈차파예프〉를 38번 보았다고 전해진다.

스탈린이 각본을 읽고 피력한 일반적 의견은 영화가 정치적으로 진보적이어야 할 뿐만 아니라 역사적으로 정확하고 미적으로 사실적이어야 한

---

16) talkie. 무성 영화에 대비되는 개념으로 유성(발성) 영화를 가리킨다. 초기에는 유성 영화를 '말하는 그림(talking pictures)'이라는 의미로 토키(talkie)라고 불렸다. 최초의 본격적인 토키 영화는 1927년 10월에 개봉된 앨런 크로슬랜드 연출의 〈재즈 싱어The Jazz Singer〉이다. 이후 1930년대 초반까지 토키 영화가 세계적으로 보급되었다.

다는 것이었다.

키로프 암살을 각색한 프리드리흐 예름레르[17] 각본 〈위대한 시민〉에 대한 스탈린의 반응은 살인을 야기한 정치, 즉 소련에서 사회주의 승리를 위한 투쟁 대 자본주의의 부활이라는 정치가 시나리오의 중심이 되어야 한다는 것이었다.[26]

17세기 초에 그루지야의 통일과 독립을 위해 싸운 군 사령관 기오르기 사카제[18]에 관한 두 편의 시나리오 중에서 선택할 것을 요청받은 스탈린은 좀 더 나은 역사물이라고 생각하는 것을 골랐다. 하지만 스탈린은 이 버전 조차 실제로는 사카제가 나라의 봉건 귀족들에게 패배를 면치 못했는데도 그가 승리하는 것으로 부정확하게 끝난다고 불만을 토로했다. 스탈린은 이렇게 썼다. "나는 시나리오에서 이 역사적 진실을 복구해야 한다고 생각합니다. 만일 진실이 복구된다면 이 시나리오는… 소련 영화예술에서 가장 뛰어난 작품 중 하나로 특징지어질 수 있을 것입니다."[27]

1940년 9월에 스탈린은 〈삶의 법Zakon Zhizni〉이라는 영화를 둘러싸고 벌어진 논쟁에 끌려 들어갔다. 이 영화는 알렉산드르 아브데옌코[19]의 소설에 기반을 두었는데, 그는 시나리오도 썼다. 이야기는 도덕적으로 타락한 콤소몰 관리에 관한 것이었기 때문에 개봉되기 전에 매우 광범한 검열 과정을 거쳤고, 그 때문인지 『이즈베스티야』와 여타 출판물에서 긍정적인

---

17) Fridrikh Markovich Ermler(1898~1967). 소련의 영화감독, 배우, 시나리오 작가. 1941년부터 1951년 사이에 스탈린상을 네 차례 수상했다.

18) Giorgi Saakadze(1570~1629). 그루지야(조지아)의 정치인, 군 사령관. 17세기 초에 오스만 제국으로부터 그루지야인의 해방 운동을 전개했다.

19) Alexander Ostapovich Avdeyenko(1908~1996). 소련의 작가, 극작가, 언론인. 작품으로 소설 『운명』, 『노동』, 자전적 소설 『나는 사랑한다』 등이 있다.

평가를 받았다. 하지만 『프라우다』의 비평은 그런 타락이 소련 사회에 전형적이 아니라는 이의를 제기했고 영화의 주요 주인공이 너무 강렬하게 그려진 반면 다른 콤소몰 회원들은 그의 "봉"으로 묘사되었다고 불만을 털어놓았다.[28]

스탈린은 특별 소집된 중앙위원회 회의에서 아브데옌코를 비판한 사람 중 한 명이었지만 또 동지들에게 다음과 같이 말하기도 했다. "여러분은 예술의 자유를 부여해야 합니다. 사람들에게 스스로 표현하게 해야 합니다.… 예술에서 노선은 하나라고 할 수 있으나 여러 다른 식으로, 글쓰기의 방법, 접근, 방식을 다양하게 구사하면서 그 노선을 반영할 수 있습니다."[29] 회의가 끝날 무렵, 스탈린은 문학에서의 진실성과 객관성에 관해 약간의 일반적인 언급을 했다.[30] 스탈린은 진실성과 객관성에 전적으로 찬성하나 그렇다고 픽션이 공평해야 함을 의미하지는 않았다.

문학은 카메라일 수 없습니다. 그것은 진실성을 이해해야 하는 방식이 아닙니다. 열정이 없으면 문학이 존재할 수 없습니다. 문학은 누군가를 동정하고 누군가를 경멸합니다.… 다양한 글쓰기 방식이 있습니다. 고골의 방식도 있고 셰익스피어의 방식도 있습니다. 그들은 뛰어난 주인공들, 부정적인 주인공과 긍정적인 주인공을 갖고 있습니다. 여러분은 셰익스피어나 고골, 그리보예도프[20]를 읽으면 부정적 특징을 지닌 주인공 한 명을 발견합니다. 모든 부정적 특징은 한 명의 개인에 집중되어 있습니다. 나는 다른 글쓰기 방식을

---

20) Alexander Sergeyevich Griboyedov(1795~1829). 러시아의 외교관, 시인, 작곡가, 극작가. 주요 작품으로 희곡 〈지혜의 슬픔〉이 있다.

더 좋아할 것입니다. 주인공이 아니라 평범한 무명의 사람들이 있는 체호프의 방식 말입니다….

나는 우리에게 괴물이 아니라 우리 사회에 적대적이지만 인간적 특성이 전혀 없지는 않은 사람으로서 적들이 주어지기를 바랄 것입니다.… 나는 적들이 강하게 보이더라도 좋게 생각할 것입니다.… 트로츠키는 적이지만 유능한 사람이었고, 의심할 바 없이 부정적인 특성을 지닌 적이지만 긍정적인 자질도 있는 적으로 그려져야 합니다.… 우리는 적의 모습을 완전하게 그리는 진실성이 필요합니다.… 아브데옌코 동지는 적들을 호의적으로 묘사하지는 않으나, 그들을 물리친 승리자들은 열외 취급을 받고 있고 색깔이 없습니다. 이게 문제입니다. 이게 근본적인 비객관성과 비진실성입니다.[31]

최근에 암살된 트로츠키에 관한 스탈린의 논평은 조금의 과장도 없이 으스스했다. 스탈린이 직접 편집하고 제목을 붙인 '한 국제 스파이의 죽음'이라는 『프라우다』의 부고기사에는 트로츠키의 좋은 점에 관한 언급이 전혀 없었다.

스탈린은 전쟁 동안 영화 대본을 읽을 시간이 많지 않았다. 한 가지 예외는 알렉산드르 도브젠코의 〈불타는 우크라이나〉였다. 도브젠코는 일부 사람들이 예이젠시테인과 푸돕킨에 견줄 만하다고 여긴 중요한 소련 영화 제작자였다. 1943년에 도브젠코는 다큐멘터리 〈우리의 소비에트 우크라이나를 위한 전투〉를 제작했다. 우크라이나에서 진행된 전쟁을 추적한 이

가공架空의 영화는 크게 환영받지 못했고, 1944년 1월에 도브젠코는 크렘린으로 소환되어 스탈린을 만났다. 스탈린은 도브젠코가 "레닌주의를 수정하고", 민족적 자부심을 계급투쟁보다 우선했으며, 당의 이름에 먹칠을 했다고 비난했다.[32]

〈불타는 우크라이나〉는 세상의 빛을 보지 못했으나, 1945년에 도브젠코는 또 다른 다큐멘터리인 〈우크라이나 우안[21]에서 거둔 승리〉로 잘못을 만회했다. 그리고 우리가 보았듯이 도브젠코는 애나벨 부카가 쓴 『미국 외교관들에 관한 진실』을 영화로 만들고자 선택된 감독이었다.

스탈린은 1946년 8월 중앙위원회 조직국에서 연설하며 세 영화를 비판했다. 프세볼로트 푸돕킨의 19세기 러시아 제독의 전기영화 〈나히모프 제독〉, 전쟁이 끝난 후 우크라이나에서 진행된 재건을 다룬 레오니트 루코프[22]의 〈숭고한 삶〉 제2편, 세르게이 예이젠시테인의 〈이반 뇌제 제2편〉 (이 책 308페이지를 보라)이 그것이었다.

스탈린의 일반적인 불만은 이 영화제작자들이 연구 조사를 충분히 하지 않았다는 점이었다. 스탈린은 프로젝트 작업을 수년 동안 진행한 찰리 채플린[23]과 비교하면서 그들을 좋지 않게 언급했다. 스탈린은 이렇게 말했다. "여러분은 세부 묘사 없이 좋은 영화를 만들 수가 없습니다. 괴테는 30년 동안이나 『파우스트』 작업을 했는데, 바로 이 사실이 그가 자신이 하

---

21) Right-bank Ukraine. 역사적으로 우크라이나를 가로지르는 드니프로(드네프르)강 오른쪽(서쪽) 기슭 일대의 영토를 일컫는다.

22) Leonid Davydovich Lukov(1909~1963). 소련의 영화감독, 시나리오 작가. 1957년 러시아 연방 인민 예술가로 지명되었고, 1941년과 1952년에 스탈린상을 수상했다.

23) Sir Charles Spencer 'Charlie' Chaplin(1889~1977). 영국의 배우, 코미디언, 영화감독, 음악가. 무성 영화 시기에 활약한 인물로 영화사에서 매우 중요한 인물 중 한 명이다.

는 일을 얼마나 진솔하고 진지하게 여겼는지를 보여줍니다."

스탈린은 푸돕킨을 유능한 제작자이자 감독으로 찬양했으나, 영화를 역사가 되기에 충분한 것들이 아니라 하찮은 것들로 가득 차게 한 "진지하지 못한" 태도의 "요소들"을 발견했다. 영화는 푸돕킨에게 다시 돌려주었지만, 스탈린은 이 영화제작자가 필요한 수정을 할 것인지 확신하지 못했다. 그러나 결국 푸돕킨은 1947년에 개봉이 가능할 정도로 영화를 고칠 수가 있었다.

1930년대가 배경인 〈숭고한 삶〉의 제1편은 1941년에 스탈린상을 받았으나 스탈린은 2편에 대해서는 매우 신랄했다. 그는 2편이 "요구가 많지 않은 관객들"을 겨냥했다고 불만을 토로했다. 스탈린은 영화가 재건을 아주 조금만 다루었다고 말했다.

영화를 보고 있으면 그냥 괴로울 뿐입니다. 빛나는 사람들, 영웅들 사이에서 사는 우리의 제작자들이 정말 그들을 마땅히 그려야 하는 식으로 그릴 수가 없었고 어쩔 수 없이 그들의 명예를 더럽힐 수밖에 없었을까요? 제기랄! 우리는 좋은 노동자들이 있습니다. 그들은 전쟁에서 모습을 드러냈습니다.… 기계가 단 한 대도 나오지 않는 영화에서 무슨 재건을 보여준단 말입니까? 그들은 1918~1919년의 내전 이후 벌어졌던 상황과 말하자면 1945~1946년에 벌어지고 있는 상황을 헷갈렸습니다.[33]

이 영화는 1958년까지 개봉이 보류되었다.

스탈린은 나중에 1950년 다큐멘터리인 〈카스피해의 어부들〉에 대해서도 유사한 불만을 토로할 것이었다. 감독인 야코프 블리오흐[24]는 "꾸며낸 일화들을 보여줌으로써 현실을 왜곡하는" 효과가 있는 극화 기법을 사용했다고 비난받았다. 가장 중요한 것은 다음과 같았다. "영화는 카스피해 어부들 사이의 노동 편제뿐 아니라 어획과 수산물 가공의 선진적 방식을 사실적으로 보여주는 대신 손노동에 바탕을 둔 낡고 후진적인 어획 기술을 재현하고 있습니다."[34]

영화 전선에 일만 있고 유희의 요소가 없는 것은 아니었다. 스탈린의 딸 스베틀라나는 아이 때 크렘린에서 많은 영화를 보고 정말 신이 났다고 회상했다. "다음 날 학교에서는 전날 밤에 본 영화 주인공밖에 생각나지 않았다."[35] 니키타 흐루쇼프는 1959년 미국을 방문했을 때 아이젠하워[25] 대통령에게 이렇게 말했다. "스탈린이 살아 있을 때 우리는 매우 자주 서부영화를 봤습니다. 영화가 끝나면 스탈린은 이념적 내용 때문에 영화를 항상 비난했습니다. 그러나 바로 다음 날 우리는 영화관으로 돌아와 또 다른 서부영화를 보곤 했습니다."[36] 스탈린의 무역장관 아나스타스 미코얀은 스탈린이 사냥감을 찾아 돌아다니다 인도를 비롯한 여러 나라를 습격한 후 큰 재물을 갖고 귀국한 한 해적에 관한 영국 영화를 특히 좋아했다고 회상했다. 그러나 그 해적은 영광(즉 노획물)을 이전의 전우들과 나누고 싶지 않아 그들의 작은 입상들을 파괴함으로써 전우들을 제거해버렸다.[37]

---

24) Yakov Moiseyevich Bliokh(1895~1957). 소련의 영화감독, 영화제작자. 1923년 적기 훈장, 1935년 적성 훈장을 받았다.

25) Dwight David Eisenhower(1890~1969). 미국의 군인이자 정치가. 미국 육군 원수였고 1953~1961년에 미국의 34대 대통령을 지냈다. 제2차 세계대전 동안에는 유럽에서 연합군 최고사령관으로 활약했으며, 1951년에 나토 초대 사령관이 되었다.

즈다놉시나

    레닌그라드 당 서기로 일했던 즈다노프는 제2차 세계대전이 끝난 뒤 당의 이념 책임자라는 자신의 업무로 되돌아왔다. 스탈린의 명령으로 즈다노프는 이념적으로 더 정통적이고 정치적으로 올바르며 애국적으로 기울어진 소비에트 문학을 위한 운동을 개시했다. 1946년 4월에 당의 선전 관리들이 모인 자리에서 즈다노프는 스탈린이 소련 문학 잡지들에 불만스러워한다고 말했다. 잡지에는 "약한 작품"이 실렸고 적절한 비평이 개탄스러울 정도로 부족했다. 이러한 상황을 바로잡으려고 당의 선전 분과는 몇몇 유능한 사람을 채용해서 문학 비평에 직접 관여할 것이었다.

    1946년 8월에 즈다노프는 관리들로부터 문학-예술 잡지인 『레닌그라드』와 『별』의 "만족스럽지 못한 상태"에 관해 보고를 받았다. 둘 다 레닌그라드에서 발행되는 잡지였다. 그들은 즈다노프에게 다음과 같이 통보했다. "지난 2년 동안 이 잡지들은 이념적으로 유해하고 예술적으로 매우 약한 다수의 작품을 게재해왔다." 비판을 위해 선정된 작품 중 안나 아흐마토바[26]의 시 〈일종의 독백〉과 풍자작가 미하일 조셴코[27]의 동화 「한 원숭

---

26) Anna Andreyevna Akhmatova(1889~1966). 소련의 모더니즘 시인. 본명은 안나 안드레예브나 고렌코다. 〈저녁〉 등의 초기 작품으로 알려졌으나, 소련 당국으로부터 부르주아적이라는 비판을 받아 활동을 거의 중단했다. 1940년에야 시가 몇 편 출간되었고 제2차 세계대전 중 사기를 북돋우는 라디오 방송에 출연하거나 시선집을 출간했다. 하지만 그 후로도 스탈린주의의 영향 속에 비판과 찬양이 반복되다가 스탈린 사후에 본격적으로 활동을 재개해 여러 시선집과 평론을 발표하여 큰 호평을 받았고, 여러 외국의 시를 번역·소개하는 일도 했다. 그의 명성은 국제적으로도 높아져 이탈리아와 영국에서도 국제 문학상을 받았다.

27) Mikhail Mikhailovich Zoshchenko(1895~1958). 소련의 유명한 풍자작가. 「인간은 벼룩이 아니다」, 「초조한 사람들」 등 소련 사회를 날카롭게 풍자하는 단편이 다수 있다.

이의 모험」이 있었다.[38]

다음 날 바로 그 조직국 회의에서 스탈린은 프로 정신이 부족하다고 영화예술가들을 맹공격했고, 두 잡지의 편집인들이 엄한 질책을 받았다. 스탈린은 두 잡지의 정치적 책무와 소련 젊은이들의 애국적 교육에서 잡지들이 하는 역할을 강조했다.[39] 스탈린은 조셴코의 단편이 어린이 잡지가 아니라 왜 『별』에 실렸는지를 알고 싶어 했다. "이것은 아주 유치하기 짝이 없는 작품이고 정신이나 마음을 위한 것은 아무것도 없습니다. 이 단편은 인형극 같은 일화입니다." 또 다른 걱정은 두 잡지가 외국인들에게 순종한다는 것이었다. "여러분은 외국 작가들 앞에서 발끝으로 걷습니다.… 바로 이것이 여러분이 노예 감정을 발전시키는 방식인데, 이는 엄청난 죄악입니다." 그러나 스탈린의 가장 혹독한 말은 조셴코를 향했다. "전쟁 전체가 지나갔고 모든 인민이 피로 칠갑했는데도, 그는 이를 단 한 줄도 쓰지 않았습니다. 그는 아무 의미도 없는 시시껄렁한 것을 조금 쓰는데, 이건 완전히 웃음거리입니다. 전쟁이 한창인데 조셴코는 전쟁에 찬성하든 반대하든 단 한마디도 하지 않고 온갖 종류의 귀신 씻나락 까먹는 이야기나 쓰고 앉았습니다. 이것들은 정신이나 마음에 어떤 것도 제공하지 않는 아무 의미도 없는 것들입니다."

『레닌그라드』의 편집인이 자신의 잡지가 레닌그라드시에 소중하므로 잘 봐달라고 간청하자 스탈린은 이렇게 대꾸했다. "잡지는 없어지더라도 레닌그라드는 여전히 남을 겁니다."

조셴코는 이전에 시대의 반역아였다. 그의 1943년 중편소설 『해가 뜨기 전에』는 너무 풍자적이라는 이유로 금지되었다. 조셴코는 자신의 책이 "이성의 힘과 가장 비열한 세력에 대한 이성의 승리"를 보여주니 출판을 허락해달라고 스탈린에게 간청했으나, 탄원에 대한 어떤 응답도 받지 못했다.[40]

스탈린의 희망에 따라『레닌그라드』는 금지되었고,『별』은 편집진이 교체되었다.[41] 조직국은 다시 한번 조셴코와 이흐마토바를 격렬하게 공격하는, 두 잡지에 관한 결의안을 통과시켰다. 조셴코는 "우리의 젊은이들을 혼란에 빠트리고 그들의 정신을 오염시키기로 계획된 썩어빠진 파렴치·천박·무정치성을 옹호하면서 지루하고 내용 없고 저속한 글을 오랫동안 전문적으로 써온" 작가로 묘사되었다. 다른 한편 아흐마토바의 시는 "비관주의와 퇴폐"를 담고 있다고 비난받았다. 결의안은 다음과 같이 언급했다.

소비에트 체제는 젊은이들이 소비에트 정책에 대한 무관심의 정신으로 교육받는 것을 허용할 수 없다.… 소비에트 문학의 힘은… 그것이 인민의 이익, 국가의 이익 외에 다른 이익을 고려하지 않고 또 고려할 수 없다는 사실에 있다. 소비에트 문학의 목표는 국가가 젊은이들을 올바르게 교육하도록 돕는 것이다.[42]

두 필자는 작가 동맹에서 쫓겨났고 그들의 시와 산문은 출판이 금지되었다. 하지만 1950년대 초에 그들은 다시 인정을 받게 되었다. 1952년 4월에 조셴코는 당시 여전히 공산주의자였고 앞으로 노벨상을 받게 될 도리스 레싱[28])을 비롯한 영국 작가 대표단을 만나는 자리에 모습을 드러냈다. 또 다른 영국 공산주의자인 아널드 케틀[29])이 즈다놉시나가 개인적으로 미친 영향을 묻자 조셴코는 다음과 같이 대답했다.

저로서는 제 희극적 이야기가 그와 같은 고통스러운 인상을 주었다니 이상했으나, 이렇게 말한 방향을 보면 이 비판은 유용했습니다. 비판은 불쾌했어요. 저는 속상했고 화가 났지만, 인생에서 그 어떤 것보다도 문학을 사랑합니다. 바로 그것이 제가 문학을 위해 어떤 말이든 들으려고 하는 이유지요. 만일 비판이 한 인간으로서 제 감정을 상하게 했다면, 그것은 나빴을 것입니다. 그러나 그것은 작가인 저에게 한 비판이었어요. 그래서 그 비판은 매우 좋았습니다.[43]

도스토옙스키와 고골

표도르 도스토옙스키는 스탈린이 소련 젊은이들에게 나쁜 영향을 미친다고 믿은 또 다른 작가였다. 스탈린은 1948년 1월에 도스토옙스키는 위대한 작가일 뿐 아니라 대단한 반동주의자이기도 하다고 유고슬라비아 공산주의자인 밀로반 질라스[30])에게 말했다.[44] 이것은 스탈린과 질라스의 대화

---

28) Doris Lessing(1919~2013). 이란 출생의 영국의 작가. 2007년 노벨문학상을 수상했다. 주요 작품으로 『풀잎은 노래한다』, 『폭력의 아이들』 시리즈, 『고양이는 정말 별나』, 『런던 스케치』 등이 있다.

29) Arnold Charles Kettle(1916~1986). 영국의 마르크스주의 문학 비평가. 저서로 『영국 소설 입문』 등이 있다.

30) Milovan Djilas(1911~1995). 유고슬라비아 공산주의 정치인, 이론가, 작가. 민주사회주의자를 자처했으

에서 도스토옙스키의 이름이 처음 거론된 경우가 아니었다. 1945년 4월에 스탈린은 진격하는 붉은군대의 행동에 대한 이 유고슬라비아인의 불만에 답하며 그에게 이렇게 물었다. "물론 당신은 도스토옙스키를 읽었지요?"

> 인간의 영혼, 인간의 심리가 얼마나 복잡한지 아시지요? 그렇다면 자, 스탈 린그라드에서 베오그라드까지 싸우면서 이동했던 사람을 상상해보십시오. 그는 동지들과 사랑하는 사람들의 시신을 보며 수천 킬로미터에 이르는 황폐 화된 자기 땅을 지나왔습니다! 그런 사람이 보통 어떻게 반응하겠습니까? 그 런 공포를 겪은 후 여자와 재미를 좀 본다고 뭐가 그리 끔찍한가요? 여러분은 붉은군대가 완벽하다고 상상해왔습니다. … 붉은군대는 완벽하지 않고 완벽 할 수도 없습니다. 중요한 것은 그들이 독일군과 싸우고 있다는 사실입니다.[45]

그 자신 문학 전공 학생이었던 스베틀라나는 이렇게 썼다. "아버지는 시적 예술과 깊은 심리 예술에 관심이 없었다. 그러나 도스토옙스키에 대 해 아버지는 그가 '위대한 심리학자'라고 말한 적이 있다. 유감스럽게도 나 는 아버지에게 무엇을 염두에 두었는지, 『악령』의 심오한 사회 심리인지 아니면 『죄와 벌』의 인간 행동 분석인지를 묻지 못했다."[46]

즈다노프의 부관 드미트리 셰필로프의 회상에 따르면, 하루는 상관이 자신을 집무실로 불러 스탈린이 소련의 논평이 도스토옙스키의 정치와 사 회 철학을 무시하고 있음을 우려한다고 말했다고 한다. 즈다노프는 스탈

며, 유고슬라비아와 동유럽에서 가장 저명한 반체제 인사였다. 1946~1953년 유고슬라비아 무임소 장 관, 1953~1954년 유고슬라비아 부총리를 지냈다.

린의 다음과 같은 언급을 인용했다.

　도스토옙스키가 본 대로, 우리 각자에게는 극악무도하고 사악한 요소가 존재합니다. 어떤 사람이 유물론자라면, 그가 신을 믿지 않는다면, 그가, 아이고!, 사회주의자라면, 사악한 요소가 승리하고 그는 범죄자가 됩니다. 정말 천박한 철학입니다. … 고리키가 도스토옙스키를 러시아 인민의 '흉악한 천재'라고 부른 것은 전혀 놀랍지 않습니다. 사실 도스토옙스키는 그의 가장 좋은 작품에서 능멸당하고 상처받은 사람들의 운명, 권력을 쥔 사람들의 야만적인 행동을 아주 탁월하게 묘사했습니다. 그러나 무엇을 위해서 그렇게 했습니까? 능욕당하고 상처받은 사람들에게 악과 억압, 폭정에 맞서 싸우라고 요구하기 위해서입니까? 전혀 그렇지 않습니다. 도스토옙스키는 투쟁을 포기하라고 요구했습니다. 그는 능욕, 체념, 기독교 미덕을 요구했습니다. 그에 따르면, 그것만이 러시아를 사회주의 대재앙으로부터 구원할 수 있었습니다.[47]

모든 회고록과 마찬가지로 셰필로프의 이야기는 신중하게 다루어야 하지만, 정치는 스탈린이 위대한 작가들을 판단할 때 항상 제일 앞에 있었다. 1952년은 고골 사망 100주년이었고, 소련에서 그의 생애와 작품이 널리 기념되었다. 1952년 3월에 볼쇼이 극장에서 거행된 축하 행사에서 주연사는 고골이 "가차 없는 풍자로 모든 어둠과 증오의 세력, 지상의 평화에 적대적인 모든 세력에 반대하는 투쟁에서 위대한 동맹자"였기에 마르크스, 레닌, 스탈린이 그를 인정했다고 청중들에게 말했다. 바로 같은 날 『프라우다』 사설은 스탈린이 했다고 추정되는 말을 빌려 다음과 같이 선언했다. "소련 문학은 새로운 공산주의 도덕의 전령이다. 그것의 임무는 삶의 다양한 모습을 그리고, 침체하고 후진적이고 인민에게 적대적인 모든 것의 가면을 가차 없이 벗기는 것이다. 우리는 우리의 고골과 셰드린이 필요하다!" 게오르기 말렌코프는 1952년 10월 제19차 당 대회에서 보고하며 이 말을 되풀이했다. 이 연설은 스탈린이 크게 손본 것이었다. "우리는 풍자의 불길로 바람직하지 않고 부패하고 죽어가는 모든 것, 우리의 진보를 지체시키는 모든 것을 불태워버릴 소비에트 고골과 셰드린들이 필요합니다."[48]

스탈린의 상들

스탈린의 문학관을 보여주는 또 다른 자료는 그의 이름이 붙은 국가상들의 수여에 관한 심의들이다. 스탈린의 60세 생일을 기려 1939년에 제정된 스탈린상은 1941년부터 1955년(레닌상으로 대체되었다) 사이에 과학, 기술, 예술 작품과 업적을 기려 개인이나 집단에 1만 1,000차례 이상 수여되었다. 작가, 시인, 극작가들이 264차례 수상했다. 이 상은 명예롭고 상금도 컸다. 최고 범주의 상을 받으면 상금이 10만 루블 주어졌다. 가장 중요한 것은 상을 받으면 해당 작품이 당과 국가 최고위 수준으로부터 인정받았음을 나타낸다는 사실이었다. 이론적으로 상은 주로 학술원 회원과 전문가들로 이루어진 독립 위원회의 추천에 근거해 수여되었다. 실제로는 스탈린과 정치국이 정치적으로 개입해 수상 결정 과정을 좌우했다. 이는 특히 '문학예술 위원회'가 작업할 때 그랬다.[49]

보통 스탈린의 집무실에서 지명된 작품에 대해 논의했다. 셰필로프는 다음과 같이 회고했다. "스탈린은 아마 어떤 누구보다도 회의 준비가 잘되어 있었을 것이다. 그는 언제나 최신작품을 주의 깊게 읽었고, 예술적·사회적·경제적으로 중요한 것은 무엇이든 살펴볼 시간을 냈다." 부지런할 뿐 아니라 자신만만했던 스탈린은 한번은 일단의 작가들에게 다음과 같은 줄거리를 어떻게 생각하는지를 물었다. "그녀는 결혼했고 아이가 하나 있지만 다른 남자와 사랑에 빠진다. 그녀의 연인은 그녀를 이해하지 못하고 그녀는 스스로 목숨을 끊는다." 작가들은 진부하다고 대답했다. 스탈린은 이렇게 응수했다. "이 진부한 줄거리로 톨스토이는 『안나 카레니나』를 썼습니다."

예술 작품에 대한 스탈린의 견해는 상을 수여할 때 정치적 고려의 중요성을 강조하는 것과 높은 예술적 수준을 고집하는 것 사이에서 왔다 갔다 했다. 이러한 토의가 진행되는 동안 스탈린이 옹호한 작가 중에 콘스탄틴 페딘,[31] 알렉산드르 코르네이추크,[32] 미하일 부벤노프,[33] 베라 파노바,[34]

---

31) Konstantin Aleksandrovich Fedin(1892~1977). 소련의 소설가. 주요 작품으로 『도시와 세월』, 『최초의 환희』, 『이상한 여름』 등이 있다.

32) Aleksandr Yevdokimovich Korneychuk(1905~1972). 우크라이나의 극작가. 1944년 우크라이나 외무장관, 1947~1953년 우크라이나 최고소비에트 의장을 역임했다.

33) Mikhail Semyonovich Bubennov(1908~1983). 소련의 작가. 주요 작품으로 『불멸』, 『흰 자작나무』 등이 있다.

34) Vera Fyodorovna Panova(1905~1973). 소련의 소설가, 극작가, 언론인. 작품으로 『공장』, 『기차』, 『예브도키야』 등이 있다. 1947년, 1948년, 1950년에 스탈린상을 수상했다.

표도르 판페로프,[35] 니콜라이 티호노프,[36] 아우구스트 야콥손,[37] 세묜 바바옙스키[38]가 있었다.[50]

콘스탄틴 시모노프[39]는 스탈린의 숙고를 목격한 또 다른 사람이다. 유명한 시인이자 작가, 언론인인 시모노프는 '두꺼운' 소련 문학잡지 『신세계Novy Mir』의 편집장이었을 뿐만 아니라 작가동맹의 부의장이기도 했다. 시모노프에 따르면, 스탈린은 대조국전쟁 당시의 공장 생활을 그린 파노바의 소설 『크루질리하Kruzhilikha』에 대해 다음과 같이 말했다고 한다. "모든 사람이 소설에 개인적인 것과 사회적인 것 사이의 조화가 보이지 않는다고 파노바를 비판합니다.… 그러나 아무렴 삶에서 그것들이 그렇게 쉽게 결합되지는… 않겠지요? 그것들이 결합되지 않는 경우는 늘 있는 일입니다.… 그녀는 사람들을 사실 그대로 보여줍니다."[51]

스탈린은 벨로루시야 작가 얀카 브릴[40]의 『늪 너머의 불빛』을 "갈등이 없는" 소설로 특징지었다.[52] 스탈린은 다음과 같이 말했다. "우리는 각본

---

35) Fyodor Ivanovich Panferov(1896~1960). 소련의 작가. 작품으로 『브루스키』, 『젊은이의 이름으로』, 『어머니 볼가』, 『평화를 위한 투쟁』 등이 있다.

36) Nikolay Semyonovich Tikhonov(1896~1979). 소련의 작가. 작품으로 『전쟁』, 『군마들』 등이 있다. 1944~1946년 소련 작가동맹 의장을 지냈다.

37) August Jakobson(1904~1963). 에스토니아의 극작가, 정치인. 1939~1940년, 1944~1946년 에스토니아 작가동맹 의장을 지냈다.

38) Semyon Petrovich Babayevsky(1909~2000). 소련의 작가. 작품으로 『자매』, 『대지 위의 빛』 등이 있다. 스탈린상을 세 차례 수상했다.

39) Konstantin Mikhailovich Simonov(1915~1979). 소련의 시인이자 소설가. 상트페테르부르크에서 출생하여 고리키 문학 대학을 졸업했다. 처음에는 시인으로 활동하다가 희곡과 소설을 썼다. 희곡 〈러시아 사람들〉, 〈러시아 문제〉 등으로 이름을 떨쳤으며, 중편 소설 『밤이나 낮이나』, 『죽은 자와 산 자』 등과 같은 전쟁 소설을 많이 썼다.

40) Ivan Antonovich 'Yanka' Bryl'(1917~2006). 소련의 작가. 소련 작가동맹 회원이었으며, 1963~1967년, 1980~1985년 벨로루시야 최고소비에트 대의원을 역임했다.

에 서투릅니다. 마치 우리는 갈등도 없고 개자식도 없는 것 같습니다. 지금 보니 우리의 각본 작가들은 부정적인 것에 대해 쓰는 것이 금지되어 있다고 생각합니다. 평론가들은 그들에게 이상과 이상적인 삶을 요구합니다. 누군가 그들의 작품에서 부정적인 것을 보여주면, 그들은 즉각 공격당하지만,… 우리는 고약하고 나쁜 사람들이 있습니다. 우리는 적잖은 사기꾼과 나쁜 사람들이 있고, 그들과 싸울 필요가 있습니다. 그들을 묘사하지 않는 것은 진실에 죄를 짓는 것입니다.… 우리는 갈등이 있습니다. 삶에 갈등이 있습니다. 이 갈등은 각본에 반영되어야 하며 그렇지 않으면 그것은 각본이 아닙니다."[53]

스탈린은 특히 자신이 일정 역할을 한 사건들에 관한 역사적 각본에 관심이 있었다. 스탈린의 70세 생일을 맞이해 그에게 바쳐진 『신세계』지 1949년 12월 호에서 스탈린의 눈길을 사로잡은 것은 〈잊지 못할 1919년〉이라는 희곡이었다. 스탈린은 주로 극작가 프세볼로트 비시넵스키[41]의 산문을 개선하려 하고, 또 등장인물들이 레닌과 스탈린을 동지라고 부르지 않고 성으로 지칭하는 것 같은 부정확한 역사적 사실을 바로잡으며, "대사관"을 "외교 공관"으로 바꾸는 등 희곡을 편집하기로 했다.[54]

문학예술 위원회의 작업에 대한 스탈린의 불만은 1952년 5월의 비판적인 중앙위원회 보고에서 분명히 드러났다. 1951년에 수상작으로 지명된 작품 133편 중에서 50편은 정부에서 기각했고, 상이 수여된 다른 작품 19편은 위원회가 심의조차 하지 않았다. 위원회는 빌리스 라치스[42]의 『새로

---

41) Vsevolod Vitalevich Vishnevsky(1900~1951). 소련의 극작가. 주요 작품으로 러시아 내전을 소재로 한 〈제1기병사단〉, 〈최후의 결전〉, 〈낙천적 비극〉 등의 희곡이 있다.

42) Vilis Tenisovich Latsis(1904~1966). 라트비아의 작가이자 정치인. 1947년 라트비아 인민작가로 지명되

운 해안을 향해』, 오레스트 말체프[43]의 『유고슬라비아 비극』, 드미트리 예료민[44]의 『로마 위의 뇌우』 같은 소설을 심의에서 배제하는 심각한 잘못을 저질렀다. 이 소설들은 모두 매우 정치적인 작품이었다. 시모노프를 비롯한 위원회 위원들은 회의에 출석하지 않았을 뿐더러 예를 들어 반다 바실레프스카[45]의 소설 『강들은 불타고』 같은 제출된 작품을 평가할 때 무신경한 태도를 취한다고 비판받았다. 위원회는 또 심의할 작품을 고를 때 지역주의와 정실주의도 보인다고 비난받았다. 보고는 위원회 위원들을 교체해야 하며, 새 위원들이 상이한 예술 양식에 정통하고 또 예술과 문학의 이론 및 역사를 포함해 중요한 모든 문학 작품에 익숙하도록 보장하는 조치를 내려야 한다고 결론지었다.[55]

스탈린은 이 중앙위원회 보고가 있기 전에 개인적으로 문화 분야에 더욱 기이하게 개입한 적이 있었다. 라치스의 『새로운 해안을 향해』를 변호하는 익명으로 발표된 글이 그것이다. 이 글은 작가의 모국인 라트비아에서 이 소설에 가해진 비판을 보고한 논설이 『문학 신문』에 실린 데 자극받아 집필되었다.[56]

라치스는 라트비아의 인민위원회의 의장이었으나, 이 사실이 라트비아 문화 관료층 내 고위 관리들의 가혹한 비판으로부터 그를 보호하지는

었다. 주요 작품으로 『어부의 아들』, 『육지와 바다』, 『새로운 해안을 향해』 등이 있다.

43) Orest Mikhailovich Mal'tsev(1906~1972). 소련의 작가. 소설 『유고슬라비아 비극』으로 1952년에 스탈린상을 수상했다.

44) Dmitry Ivanovich Yeryomin(1904~1993). 소련의 작가, 극작가, 영화 비평가. 소설 『로마 위의 뇌우』로 1952년에 스탈린상을 수상했다.

45) Wanda Wasilewska(1905~1964). 폴란드의 소설가, 언론인, 정치 활동가. 제2차 세계대전의 독일-소련 전쟁 당시 소련으로 도피해 이후 그곳에서 활동했다. 1944년 폴란드 민족해방위원회와 폴란드 인민공화국의 수립에서 중요한 역할을 했다.

못했다. 그의 비판가들은 라치스의 소설이 사회주의로 가는 라트비아의 길에 관한 것이지만, 그 주요 주인공은 쿨라크, 그러므로 인민의 적인 농민이라고 말했다.

1952년 2월 25일 『프라우다』에 익명으로 발표된 스탈린의 논설은 다른 의견을 내놓았다. 만일 이 소설에 개별 주인공이 있다면, 그는 노장 볼셰비키적인 인물이었다. 더욱 중요한 것은 이 책의 진정한 주인공이 라트비아 인민들과 사회주의를 위한 그들의 장엄한 투쟁이었다는 사실이다. 이 논설을 작성했다고 하는 이른바 익명의 "작가 그룹"은 이렇게 결론 내렸다. "우리는 V. 라치스의 『새로운 해안을 향해』가 소련 예술 문학의 위대한 성취 중 하나이며, 처음부터 끝까지 이념적·정치적으로 원숙한 경지에 이르렀다고 생각한다."[57]

이 일화가 보여주듯이, 스탈린이 문학을 읽을 때 정치가 모든 다른 고려사항을 능가했다. 스탈린은 복잡성, 갈등, 모순을 포착한 글을 좋아했고, 당 노선을 문학에 강제하는 데 주저했으나 사회주의 진보를 묘사한 픽션만이 진정으로 "사실적"이라고 여겼다.

스탈린은 소련 작가와 비평가들의 소심함에 대해 불만을 토로했지만, 그가 창출하는 데 크게 기여한 권위주의 시스템에서 가장 안전한 선택지는 언제나 고개를 숙이고 지나치게 비판적이라고 해석될 수 있는 어떤 말도 피하는 것이었다. 선을 넘었다고 간주된 조셴코 같은 사람들은 종종 특히 스탈린 본인의 공식적인 노여움에 직면했음을 알았다.

평화를 위한 상 또한 스탈린의 이름이 붙었다. 노벨평화상에 필적하는 이 상은 국제적인 상이었고, 수상자 중에는 예를 들어 칠레의 시인 파블로 네루다,[46] 독일의 극작가 베르톨트 브레히트,[47] 미국의 소설가 하워드 패스트,[48] 소련의 언론인 일리야 예렌부르크처럼 많은 훌륭한 작가가 있었다.

평화상 위원회에서 활동하기도 한 네루다는 한 러시아 연락원으로부터 스탈린이 수상 가능자 명단을 받았을 때 "그런데 이들 중에 왜 네루다는 없습니까?"라고 소리쳤다는 말을 들었다.[58]

1971년에 노벨문학상을 받은 네루다가 쓴 시 중 〈스탈린에게 부치는 시〉가 있다.

> 레닌은 자유롭고 광대한 고국이라는
> 유산을 남겼네.
> 스탈린은 학교와 밀가루,
> 인쇄소와 사과로 고국을 채웠구나.
> 스탈린은 볼가강에서
> 접근할 수 없는 북부의
> 설원에 이르기까지

---

46) Pablo Neruda(1904~1973). 칠레의 민중 시인이자 사회주의 정치가. 1950년 서사시집 『위대한 노래』를 발표했는데, 여기에 수록된 장시 〈나무꾼이여, 눈을 떠라〉로 스탈린 국제평화상을 받았다. 1970년에 칠레에 아옌데 인민연합 정권이 수립된 후 프랑스 주재 대사가 되었고, 1971년에는 노벨문학상을 수상했다.

47) Bertolt Brecht(1898~1956). 독일의 극작가, 시인, 연출가. 주로 사회주의적인 작품을 창작했으며, '낯설게 하기'라는 개념을 연극 연출에 사용한 것으로 유명하다.

48) Howard Melvin Fast(19142003). 미국의 소설가, 텔레비전 작가.

손을 댔고, 그의 손으로 사람을

건설하기 시작했네.

도시들이 태어났구나.

처음으로 물의 목소리로

사막들이 노래를 했네.[59]

예렌부르크는 스탈린의 후원을 받은 또 다른 수혜자였으나, 그 후원은
평화상 수상과 관련된 것이 아니었다. 1940년대와 1950년대에 소련에서
가장 중요한 국제 평화 운동가였던 예렌부르크는 아주 유력한 평화상 수
상 후보자 중 한 사람이었다. 그러나 스탈린은 예렌부르크가 전시의 프랑
스를 배경으로 한 1948년 소설 『폭풍』으로 1등급 문학상을 받는 데 중요한
역할을 했다. 심사위원들은 프랑스의 레지스탕스를 소련 인민보다 더 영
웅적으로 그렸다고 소설을 비판했고, 그래서 문학상 위원회는 2등급 상을
수여하라고 권고했다. 스탈린은 그 이유를 물었는데 다음과 같은 답변을
들었다. 즉 소설에 진정한 영웅들이 보이지 않고, 또 주요 등장인물 중 한
명이 프랑스 여성과 사랑에 빠진 소련 시민인데, 이런 일은 전쟁 동안에
벌어질 수 있는 전형적인 상황이 아니라는 것이었다. 스탈린은 이렇게 대
꾸했다. "그러나 나는 이 프랑스 여자가 마음에 듭니다. 그녀는 멋진 여성
이에요. 게다가 그런 일은 현실에서도 일어납니다. 영웅에 대해 말하자면
나는 거의 어떤 사람도 영웅으로 태어나지 않고, 보통 사람이 영웅이 된다
고 생각합니다."

예렌부르크는 이 일화를 되돌아보며 회고록에 다음과 같이 썼다. "스탈린에 대해 생각하면 할수록 내가 얼마나 그를 이해하지 못하는지 더욱더 분명히 자각하게 된다."[60] 그 무렵 스탈린은 클류예바-로스킨 사건에 기반을 둔 시모노프의 희곡을 면밀히 살펴보았다. 〈타인의 그림자〉는 서방에 심취해 무심코 국가 기밀을 누설하는 한 소련 미생물학자를 다루었다. 스탈린의 고집으로 시모노프는 희곡의 결말을 정부가 주인공의 죄악을 용서하는 결말로 바꾸었다. 일부 비평가들은 희곡이 너무 약하고 리버럴하다고 여겼다. 이 희곡에 스탈린상이 수여되었지만 상은 2등급에 지나지 않았다.[61]

7장

소련의 편집장

스탈린이 독서만큼이나 좋아한 것이 있다면, 그것은 편집이었다. 스탈린이 빨간색 연필이나 푸른색 연필로 문서에 가한 표시는 스탈린의 얼굴만큼이나 소련 관리들에게 낯익은 것이었다. 이는 스탈린 시대를 연구하는 오늘날의 학자들에게도 마찬가지다. 스탈린이 자신의 책상을 거쳐간 문서를 어떻게 처리했는지는 그의 사고와 정책 결정을 이해하는 데 본질적이다. 편집인으로서 그의 눈길을 무사히 피해 간 문서 초안은 흔치 않다.

스탈린의 저널리스트적 접근은 그의 편집 스타일의 특징이었다.[1] 1921년 10월에 스탈린은 당원 등록 설문에 답하면서 특별히 잘하는 기술 중 하나로 "저널리스트"를 언급했다.[2] 스탈린의 정치 생활은 전단, 팸플릿, 연설문, 사설, 짧은 기사 같은 선동 자료를 쓰고 편집하는 데 근거를 두었고, 그것은 스탈린이 만족스럽지 못하다고 생각한 텍스트들을 삭제하고 재편하고 선명하게 하는 방식에서 잘 드러났다. 그 결과는 썩 번뜩이는 것은 아니었지만 스탈린은 매우 유능한 편집인이었고, 그의 서명이 있는, 즉 출판 허가가 난 텍스트는 당 간부든 일반 대중이든 혹은 외국 관리든 전문가든, 대상으로 삼은 독자들에게 한결같이 명확하고 이해하기 쉬웠다. 자신감이 넘치던 스탈린은 소련의 편집장이라는 역할에 편안함을 느꼈다.[3]

스탈린은 일반적으로 더욱 분명하고 정확하게 하려고 글을 편집했다. 그러나 때로 스탈린은 특히 텍스트가 정치적으로 매우 중요하면, 내용을 두고 씨름할 필요가 있다고 생각했다. 이 장에서 고려한 다음 다섯 가지 주요 텍스트가 그랬다. 『단기강좌 소련공산당사』(1938), 『외교사Istoriya Diplomatii』(1941) 제2권의 간전기間戰期 섹션, 그의 약전인 『이오시프 스탈린』(1947) 재판본, 논쟁적인 소책자 『역사의 날조자들』(1948), 소련 교과서 『정치경제학』(1954).

스탈린이 처음으로 충분히 긴 책의 편집에 들어가기 시작한 것은 여러 편으로 이루어진 『소련 내전의 역사』의 초기 단계, 즉 혁명 전 역사와 1917년 혁명을 다루는 첫 두 권에 관여하면서부터였다. 이 프로젝트는 막심 고리키가 구상했으며, 목표는 볼셰비키를 위해 싸운 보통 사람들의 공적과 위업을 강조하는 대중적이고 쉽게 이해할 수 있는 역사서를 만들어내는 것이었다.[4] 스탈린은 편집진의 명목상 일원일 뿐이었다. 편집진을 이끈 사람은 내전사 전문가인 I. I. 민츠[1]였다. 민츠는 그 후 『외교사』 책 작업도 했고(아래 참조), 정부의 '대조국전쟁사 위원회'에서 일하기도 했다. 유대인이었던 민츠는 1940년대 말에 시온주의자로 의심되는 사람들을 제거하는 반코즈모폴리턴 숙청 과정에서 문제가 생겨 자신의 학술 지위를 모

---

1) Isaak Izrailevich Mints(1896~1991). 소련의 역사가. 20세기 초중반에 소련에서 저명한 역사가 중 한 명이었다. 1949년 스탈린이 주도한 "뿌리 없는 코즈모폴리턴"에 반대하는 운동 과정에서 자신의 학술 직위를 상실했다. 주요 저서로 3권으로 된 『10월대혁명사』가 있다.

두 잃었다. 그러나 민츠는 더욱 극단적인 조치의 희생자가 될 운명을 용케 피할 수 있었다.

그는 내전사 첫 두 권과 관련해 폭넓은 자문과 논의를 스탈린과 진행했다. 1934년에 고리키는 스탈린에게 제1권 초고를 보냈고, 독재자는 수백 군데에 수정 표시를 하는 등 제법 세세하게 손을 봤다. 민츠는 다음과 같이 회고했다. "스탈린은 형식적인 정확성에 지나치게 얽매이는 모습을 보였다. 그는 한곳에서 '피테르'를 '페트로그라드'로, 장의 제목으로서 '농촌 지역에서의 2월'(스탈린은 이 제목이 풍경을 나타낸다고 생각했다)을 '2월 부르주아-민주주의 혁명'으로 바꿨다.… 거창한 표현도 필수적이었다. '10월혁명'은 '10월대혁명'으로 대체해야 했다. 그런 수정이 수십 군데 있었다."[5]

세세한 것에 지나치게 신경 쓰는 사람으로서 스탈린은 '부르주아적', '프롤레타리아적' 같은 수식 어구를 자유롭게 사용했을 뿐 아니라 올바른 날짜, 정확한 설명문, 정보를 제공하는 부제를 깐깐하게 따지는 사람이기도 했다. 스탈린은 책의 제목이 내전이 일어난 나라, 즉 소련이라는 국명을 포함해야 한다고 고집했다.[6] 스탈린은 결과를 마음에 들어 했고, 1935년 여름에 민츠와 그의 팀에게 다음과 같이 축하 글을 썼다. "귀하는 맡은 바 임무를 훌륭히 완수하셨습니다. 책이 소설처럼 읽히는군요."[7] 이 프로젝트의 초기 시절을 깊이 연구한 일레인 맥키넌Elaine MacKinnon은 이에 동의한다.

첫 두 권은 형식이 확실히 대중적이다. 다채로운 삽화와 사진이 여럿 있고, 학술적인 글보다 픽션적 서사에 특징적인 문체가 돋보인다. 성격 묘사는 극단적으로 단순하고 선과 악, 긍정과 부정의 명확한 이미지를 생생하게 전달한다. 서사는 픽션처럼 읽힌다. 짧은 문장이 많이 보이고, 사건 전개에서 긴장감을 제고하며 극적 상황을 강화하고자 하는 노력이 지속된다. 적은 분명히 규정된다. 스탈린을 비롯한 볼셰비키 지도자들을 수없이 언급하긴 하지만 노동자, 병사, 농민들의 역할이 강조된다.[8]

제1권이 출판되기 전에 이 도서를 지나치게 미화한 기사에서 민츠는 당 잡지 『볼셰비크』의 독자들에게 편집 과정을 설명했다. 민츠는 스탈린이 프로젝트에 직접 관여했다고 역설했으나 자세한 사정은 말하지 않았다. 하지만 그는 이름이 알려지지 않은 '편집장'이 초고에 가한 수많은 변경 사례를 이야기한다. "러시아—민족들의 감옥"을 "차르 러시아—민족들의 감옥"으로 수정하거나 "10월혁명"을 "프롤레타리아대혁명"으로 바꾼 일이 그런 것들이다. 민츠는 편집장의 변경이 세심한 주의를 받을 만했다고 결론지었다. "이 모든 수정은 깊은 분석, 뛰어난 명료성, 정확한 표현의 모범이다."[9]

단순하게 하라: 「단기강좌 소련공산당사」

이 내전 책은 소련 대중을 고무하기 위해 영웅적인 역사를 원한 스탈린의 욕구를 충족했으나, 1930년대 중반에 스탈린은 핵심 당원과 활동가들을 겨냥한 좀 더 중요한 편집 프로젝트로 당 역사 자체를 새롭게 쓰는 일에 집중했다. 이 책은 복잡하고 파란만장한 당의 역사, 당의 분열과 분립, 대테러 속에서 당이 맞이한 결말을 분명하고 확실하게 설명할 것이었다. 당은 고위층 반역자, 스파이, 암살자, 파괴 공작원의 무리를 배양하면서도 자신의 역사적 임무를 어떻게 달성했는가? 이 책은 또 이론적 문제에서 당원들을 교육하고, 그들에게 유해한 영향에서 스스로를 보호할 지식과 이해를 갖추게 하며, 그들로 하여금 당 노선을 올바르게 수행할 수 있게 해줄 필요가 있었다.[10]

『단기강좌 소련공산당사』(『단기강좌』)는 기존의 당사 교과서들에 대한 스탈린의 불만에서 비롯했다. 이 교과서들은 당의 역사를 나라의 역사와 연결하지 않거나 내부 정파 투쟁에 대한 마르크스주의적 해석을 제공하지 않았다. 결정적으로 중요한 것은 반反볼셰비키 경향에 맞선 투쟁을 레닌주의를 위한 원칙 있는 투쟁이자 당이 개혁주의적·사회민주주의적 조직으로 타락하는 것을 막는 싸움으로 묘사하는 것이었다.

일자가 1937년 봄인 이 스탈린의 메모에 부기되어 있는 것은 새로운 당사의 시기를 구분하기 위한 개요였다.[11] 당사를 쓰는 과업은 당의 선전 책임자 표트르 포스펠로프[2]와 궁정 역사가 예멜리얀 야로슬랍스키에게 떨어졌다. 1938년 봄에 스탈린에게 제출된 최종 초고는 그가 좋아하는 장 구성을 충실하게 지켰으나, 보스는 그들이 감내한 산고의 결과를 마음에 들어 하지 않았다. 스탈린이 나중에 정치국 동료들에게 설명했듯이, 초고의 12개 장 중에서 11개 장이 근본적인 개정이 필요했다. 초고는 특히 당의

---

2) Pyotr Nikolayevich Pospelov(1898~1979). 소련공산당 고위 관료, 선전가, 소련 학술원 회원. 1940~1949년 『프라우다』 편집장, 1949~1952, 1961~1967년 당 중앙위원회 마르크스-레닌주의 연구소 소장을 역임했다.

이론적 발전을 더 깊이 다뤘어야 했는데, 그렇게 하는 것이 필수적이었던 까닭은 "이론 영역에서 우리 간부들이 취약했기" 때문이었다.[12]

『단기강좌』가 1938년 9월에 처음 『프라우다』에 게재되고 그 후 책으로 간행되었을 때, 스탈린은 변증법적 역사 유물론에 관한 섹션의 저자로 확인되었으나 나머지는 중앙위원회 위원단이라는 익명의 저자가 집필했다. 제2차 세계대전 후 스탈린은 책 전체의 저자로 간주되었고, 책은 스탈린 전집 제15권으로 출판하기로 결정되었다. 포스펠로프와 야로슬랍스키가 쓴 초고의 주 편집자로서 스탈린은 수십 페이지를 잘라내고 수백 개 단락을 삭제했으며 다량의 텍스트를 직접 써서 중간중간 끼워 넣었다. 또 스탈린은 사소한 수정도 수천 군데 가했다. 『단기강좌』는 진정으로, 스탈린이 보았고 또 그렇게 보이기를 원한 당의 역사였다.

스탈린이 노력해서 낳은 최종 산물은 당의 역사를 편향적으로 왜곡하고 지나치게 단순하게 설명한 것이었다. 그것은 누락, 삭제, 수사적 기교로 지어낸 역사였다. 스탈린은 그런 방법을 사용해 자기 만족적이지만 믿을 만한 사건해석을 제시하는 데 매우 능숙한 달인이었다. 그렇다고 스탈린이 당의 역사에 관해 자신이 제시한 해석의 본질적인 진실성을 믿지 않았음을 의미하는 것은 아니다.

포스펠로프와 야로슬랍스키는 트로츠키를 비롯한 스탈린 반대자들을 겨냥해 많은 독설을 썼다. 스탈린은 이것들을 삭제하고, 반대파에 대한 지속적인 비판을 전달하면서 동시에 그들이 각광을 받지 않도록 하는 간결하나 함축적인 서사 가닥으로 대체했다. 그것은 반대자들이 어떻게 오도

되어 출세주의자와 기회주의자 무리가 되었고 그런 다음 반역을 꾀했는지를 보여주는 이야기였다. 이 반대자들은 자신들의 반당·반소비에트 노선을 대다수 당원이 가차 없이 거부하자 외국 자본주의자, 제국주의자들과 결탁해 테러와 파괴 활동에 종사했다. 그들의 "기괴한 도덕적·정치적 타락", "비열한 악행과 반역"의 정도는 1930년대 중반에 비로소 확연히 드러났다.

스탈린은 당의 역사에서 자신이 했던 역할을 찬양한 수많은 설명을 삭제했다. 스탈린은 당의 혁명 전 역사로부터 거의 완전히 사라졌고 레닌을 당의 유일한 지휘관으로 남겨두었다. 스탈린은 1920년대와 1930년대를 다루는 장들에서 자신을 좀 더 비중 있게 등장할 수 있게 했으나, 이 시기에 그가 했던 중심적 역할을 생각하면 다르게 처리하기가 어려웠을 것이다. 스탈린은 또 많은 다른 개인에 대한 언급을 잘라내서 포스펠로프와 야로슬랍스키의 텍스트를 본질적으로 당과 그 정책, 정파, 주요 행위의 제도사로 축소했다. 그것은 스탈린이 당의 역사에 바란 계도적 역할 자체였다. 즉 독자들로 하여금 집단적 기구, 제도로서 당의 역사를 바라보게 한다는 것이었다. 그는 인민들이 빅 브라더가 아니라 당을 사랑하기를 원했다.

스탈린은 자신의 편집 노력을 보완하려고 크렘린 집무실에서 일련의 회의를 열어 책이 『프라우다』에 발표되기 전에 각 부분을 검토했다. 야로슬랍스키와 포스펠로프뿐 아니라 몰로토프와 즈다노프, 그리고 『프라우다』편집인인 L. Ya. 로빈스키[3]가 참석했다.[13]

---

3) Lev Yakovlevich Rovinsky(1900~1964). 소련의 정치인. 1929년부터 『프라우다』 편집인으로 활동했고, 1941~1944년에 『이즈베스티야』 편집장, 1944~1959년에 『노보예 브레먀』 부편집장을 지냈다.

책이 출간된 뒤 스탈린은 주요 당 선전원들의 회의에서 책의 주요 목적이 이론, 특히 역사 발전 법칙 문제에서 간부들을 교육하는 것이라고 설명했다. 스탈린은 이론의 중요성을 분명히 보여주려고 다소 극적인 사례를 들었다. "우리가 파괴 공작원에 대해, 트로츠키에 대해 말할 때, 여러분은… 그들이 전부 스파이는 아니며… 그들 중에 제정신이 아닌 우리 사람들이 있었다는 점을 염두에 두어야 합니다. 왜냐고요? 그들은 진짜 마르크스주의자가 아니었고, 이론이 약했습니다."[14]

스탈린은 다음과 같이 말했다. 책은 "우리 간부들이, 작업장의 평범한 노동자도 아니고 기관에서 일하는 평범한 직원도 아니며, 레닌이 직업적 혁명가라고 묘사한 간부들이 대상입니다. 이 책은 우리 행정 간부들이 대상입니다. 그들이 무엇보다도 먼저 이론 작업에 들어갈 필요가 있고, 그 뒤에 다른 모든 사람이 이론 작업에 들어갈 수 있습니다."[15]

스탈린은 책의 탈인간화를 옹호했다.

[원래] 이 교과서 초고는 대체로 모범적인 개인에 기반을 두고 있었습니다. 가장 영웅적인 사람들, 유형지에서 탈주한 사람들, 그들이 탈주한 횟수, 대의의 이름으로 고통을 겪은 사람들 등등 말입니다.

그러나 교과서를 정말 그런 식으로 설계해야 합니까? 정말 그런 것을 이용해 우리 간부들을 훈련하고 교육할 수 있습니까? 우리는 우리 간부들의 훈련을 사상, 이론에 기반을 두어야 합니다.… 우리가 만일 그런 지식을 갖춘다면 진정한 간부들을 갖게 될 것이지만, 사람들이 이런 지식을 갖추지 못한다면 그들은 간부들이 아니고 그냥 텅 빈 존재에 불과할 겁니다.

모범적 개인은 진정 우리에게 무엇을 주나요? 나는 사상과 개인을 서로 대립시키기를 원치 않습니다. 때로는 개인을 언급하는 것이 필요하나, 우리는 정말 필요한 만큼만 그들을 언급해야 합니다. 진짜 중요한 것은 사상이지 개인이 아닙니다. 이론적 맥락 속의 사상 말입니다.[16]

회의 말미에 스탈린은 책의 일부 역사적 내용을 들어 대표들에게 말하면서 과거를 공부하는 것에 대해 다음과 같이 일반적인 생각을 밝혔다.

역사는 사실적이어야 하며, 어떤 것도 덧붙이지 않고 있는 그대로 기술해야만 합니다. 오늘날 우리가 가진 것은 현재의 관점에서 비판받는 500년 전부터의 역사입니다. 그것을 어떻게 연대순으로 제시할 수 있습니까? 종교는 블라디미르 스뱌토슬라비치[4] 시대에 긍정적인 의의를 지녔습니다. 당시 이교 신앙이 있었고, 기독교는 한 발 앞으로 나아가는 것이었습니다. 지금 우리의 현자들이 20세기의 새로운 상황의 관점에서 블라디미르가 악당이고 이교도가 악당이고 종교가 비열하다고 말합니다. 즉 그들은 모든 것이 자신의 시간과 공간을 갖도록 사건을 변증법적으로 평가하기를 원하지 않습니다.[17]

---

4) Vladimir Svyatoslavich(958~1015). 블라디미르 1세, 키예프 루시의 대공(재위 980~1015). 스뱌토슬라프 1세가 아버지이며, 할머니는 957년에 동방 정교회로 개종한 키예프의 올가였다. 989년에는 정교회를 키예프 루시의 국교로 선언했고, 이 공적으로 동방 정교회에서 성인으로 선포되었다.

『단기강좌』는 변증법적 역사 유물론에 관한 섹션에서 기본 이론을 제시했다. 스탈린이 쓴 그 섹션은 마르크스주의 철학에 관한 그의 연구에서 정점이자 종합이었다. 1908년부터 1912년까지 당의 역사를 다룬 책의 4장에 삽입되었는데, 그런 파격은 레닌의 주요 이론 저작인 『유물론과 경험비판론』의 중요성을 이해하는 데 필수적이라는 것이 구실이었다.[18]

철학 문제에 대한 스탈린의 적극적인 관여는 산발적이었다.[19] 그가 아주 초기에 쓴 주요 저술 『아나키즘인가 사회주의인가?』(1906~1907)는 다양한 러시아 아나키스트가 가하는 비판에 맞서 마르크스주의 철학을 근본주의적으로 변호했다. 스탈린은 『단기강좌』 이전에는 그런 담론으로 돌아오지 않았다. 그사이에 스탈린은 철학 텍스트를 몇 권 읽었고, 마르크스주의 내부의 이론적 논쟁을 계속 챙겼으며, 얀 스텐의 이야기를 믿을 수 있다면, 몇 차례 헤겔 변증법에 관해 개인 교습을 받았다. 1930년에 스탈린은 이른바 '기계론자'와 '변증가'를 서로 맞붙게 한 소련 철학 논쟁, 본질적으로 얼마만큼 헤겔을 변증가로 인정해야 하는지에 관한 논쟁에 개입했다. 스탈린은 헤겔 변증법이 너무 형식적이고 너무 추상적이며 정치적 실천에서 너무 벗어나 있다고 주장하는 기계론자들의 편을 들었다.

『아나키즘인가 사회주의인가?』는 주로 마르크스와 엥겔스의 저술에 기반을 두었다. 스탈린은 이렇게 썼다. "마르크스주의는 사회주의 이론일 뿐 아니라 하나의 완전한 세계관, 마르크스의 프롤레타리아 사회주의가 논리적으로 흘러나오는 철학 체계다. 이 철학 체계는 변증법적 유물론이라고 불린다."

마르크스주의의 방법은 변증법적이고 그 이론은 유물론적이다. 변증법은 삶에서 변화가 항상적이라는 사상에 기반을 두었다. 마르크스주의 유물론은 삶의 물질적 조건이 변하면 사람들의 의식도 변하는데, 다만 시간적 지체가 있다고 역설했다. 이 지체가 있는 동안 노련하게 정치적으로 개입하면 물질생활과 의식의 혁명적 변혁을 달성하는 데 필수적인 변화를 촉진할 수 있을 것이다.

스탈린의 마르크스주의 우주에서 역사는 필연적으로 사회주의 쪽으로 움직이고 있었다. 왜냐하면 사회주의는 경제 발전의 힘이 충분한 잠재력을 발휘할 수 있는 유일한 시스템이었기 때문이다. 사회주의를 위한 마르크스주의의 투쟁은 유토피아적 열망이 아니라 사회 발전의 객관적 동력에 관한 이해에 기반을 두었다. 스탈린은 다음과 같이 썼다. "프롤레타리아 사회주의"는 "변증법적 유물론의 논리적 연역"이었다. 그것은 "과학적 사회주의"였다.[20]

스탈린은 마르크스주의 변증법이 방법이 아니라 형이상학이라는 아나키스트들의 비난에 격분했다. 그러나 아나키스트가 옳았다는 결론을 내리지 않기는 힘들다. 스탈린이 다른 무엇보다도 먼저 제시한 것은 존재론, 일반적 실재론, 즉 세계가 실제로 어떻게 생겼는지를 설명하고 분석한 것이었다.

스탈린은 『단기강좌』에서 변증법적 역사 유물론의 존재론적 토대를 훨씬 더 강조했다. 스탈린은 실재는 물질적이고 인식가능하며 일정한 법칙의 지배를 받는다고 주장했다. 이것은 자연과 사회 세계 둘 다에 해당한다. 변증법은 실재—인간적 실재와 물리적 실재—가 서로 연결되고 통합되고 전체적이며, 또 끊임없이 움직이고 변화하는 상태에 있다고 밝혔다.

스탈린의 존재론은 역사 유물론을 사회 발전 법칙의 연구에 기반을 둔 역사 과학으로 만들려고 했다. 이 법칙의 인식이 당의 실천을 인도했다. "역사 과학의 기본 임무는 생산 법칙, 생산력 발전과 생산 관계의 법칙, 사회의 경제 발전 법칙을 연구하고 드러내는 것이다."

스탈린은 『아나키즘인가 사회주의인가?』에서 그랬듯이, 그의 개요에 함축된 조악한 경제 결정론에서 한 발 물러섰다. 사회 사상, 이론, 견해와 정치 제도는 사회의 경제적 토대에서 비롯했으나, 일단 발생하면 그것들은 물질생활에 결정적으로 영향을 미치는 것을 포함해 매우 큰 자율성을 획득했다. 실제로 사회적 상부구조가 그 경제적 토대에 대해 상대적 자율성을 가진다는 스탈린의 강조는 그가 마르크스주의 철학에 독특하게 기여한 바였다.

변증법적 역사 유물론에서 많은 철학적 허점을 찾아낼 수 있지만, 사고방식으로서 그 매력을 과소평가해서는 안 된다. 저명한 역사가 에릭 홉스봄[5]은 자신의 회고록에서 이렇게 회상했다.

> 마르크스주의를 그토록 거부할 수 없게 만드는 것은 그 포괄성이었다. '변증법적 유물론'은 '만물의 이론'은 아니지만 적어도 '만물의 틀'은 제공했다. 그것은 무기적·유기적 자연과 집단적·개별적 인간사를 연결했고, 끊임없이 유

---

5) Eric Hobsbawm(1917~2012). 영국의 마르크스주의 역사학자. 주요 저서로 『혁명의 시대』, 『자본의 시대』, 『제국의 시대』, 『극단의 시대』가 있다.

동하는 세계에서 벌어지는 모든 상호작용의 성격을 이해할 수 있도록 지침을 제공했다.[21]

『단기강좌』를 학습하는 것은 사실상 교육받은 모든 소련 시민의 의무였다. 1938년부터 1949년 사이에 234차례 인쇄되어 총 3,570만 부가 발행되었는데, 그중 2,750만 부가 러시아어, 640만 부는 소련의 다른 언어, 180만 부가 외국어로 출간되었다.[22] 1956년 흐루쇼프가 스탈린을 비난하고 나서야 『단기강좌』는 가장 권위 있는 당사서로 그 공식 지위를 상실했다.

말하지 말고 보여줘라: 외교사

스탈린이 가장 좋아한 편집 무기는 삭제였는데, 그의 주 표적은 인용에 몰두하거나 수사를 남발하는 글쓰기였다. 목표는 소용이 없는 자잘한 것들을 처리해 텍스트를 간소화하고, 반복을 피하며, 나무에 집중하다 숲을 보지 못하는 일이 없도록 하는 것이었다.

정치국은 1940년 봄에 『외교사』 집필을 의뢰했다. 1940년 12월 말에 고대부터 프로이센-프랑스 전쟁까지 외교사를 다룬 제1권이 인쇄소에 보내졌다. 제2권은 19세기 말, 제1차 세계대전, 러시아 혁명, 제2차 세계대전의 기원을 다룰 것이었다. 스탈린에게는 소련이 외교사에서 중심적인 행위자가 된 정치적으로 까다로운 간전기에 관한 섹션을 보냈다.[23] 타자로

친 원고에는 서명이 없었으나 이 역사서의 명목상 편집 책임자인 블라디미르 포툠킨은 이전에 스탈린에게 민츠와 A. M. 판크라토바[6]가 집필할 거라고 내비친 적이 있었다.[24]

스탈린은 제목을 '제1차 세계대전과 러시아 사회주의 혁명 이후의 외교'에서 '현대의 외교(1919~1940)'로 변경했다. 그는 또 제1차 세계대전으로부터 러시아의 이탈과 1918년 브레스트-리토프스크 평화 조약을 각각 따로 다루어야 한다고 지적했다. 스탈린은 텍스트 전체를 살펴보고, 자신과 레닌의 저술에서 딴 사실상 모든 인용문을 제거함으로써 선전적인 책자를 매우 당파적이긴 하지만 전문적인 역사서 비슷하게 바꿨다.

스탈린은 자신의 많은 논설과 연설에서 정치적 메시지를 명백히 드러냈다. 스탈린은 이 경우에서는 그와 같은 교훈주의가 불필요하다고 여겼다. 그러므로 이 텍스트에서 제국주의자들을 나쁘게 그리거나 소련 정부를 위한 특별한 항변같이 읽히는 많은 구절을 삭제했다. 줄거리 자체는 한편으로는 제국주의 약탈, 위선, 표리부동과 다른 한편으로는 소련의 미덕을 이야기하는 것이 허용되었다.

이 세세한 편집은 대체로 스탈린의 시간 낭비였던 것으로 밝혀졌다. 『외교사』 제2권의 출간은 소련-독일 전쟁이 발발하면서 중단되었다. 1945년 간행이 재개되었을 때, 이 프로젝트는 훨씬 더 큰 3권짜리 저술로 확대되었다. 간전기에 할당된 긴 한 장을 대신해 제3권에서 700페이지가 이 시기를 다루었다. 이것은 대부분 민츠와 판크라토바가 썼고 포툠킨이

---

6) Anna Mikhailovna Pankratova(1897~1957). 소련의 역사가, 교육자. 1939년 소련 학술원 역사 연구소 회원이 되었고, 1953~1957년 『역사의 문제들』 편집인을 지냈다. 1952년과 1953년에는 소련공산당 중앙위원회 위원으로 선출되었다.

1938~1939년에 관한 두 개 장의 공동 저자로 알려졌다. 제3권은 '제2차 세계대전 준비기의 외교(1919~1939)'라는 부제를 달았다. 스탈린이 이 제3권을 편집하는 데 관여했다는 증거는 없다. 추정컨대 스탈린은 전쟁을 치르는 데 너무 바빴을 것이다.

그러나 한 가지 중요한 점에서 스탈린의 편집은 유지되었다. 제3권에는 레닌이나 스탈린의 인용이 거의 없었다. 대체로 제3권은 무미건조하고 차분한 외교사였으며, 책의 끝에 가서야 "부르주아 외교 방법"을 맹렬히 공격했다. 이것은 나폴레옹과 1812년 전쟁 전문가로서 스탈린이 아주 좋아한 또 다른 역사가 Ye. V. 타를레[7]가 썼다. 앞에서 말한 방법 중에는 방어를 가장한 공격, 선전, 허위정보, 선동, 위협과 협박, 그리고 약한 국가의 보호를 전쟁의 구실로 이용하기가 있었다. 타를레에 따르면, 스탈린은 그에게 직접 이 장의 집필을 부탁했다.[25]

영국의 역사가 맥스 벨로프[8]는 제3권에 대한 매우 비판적인 서평에서 자료 이용을 잘못했다고 한탄했다. 제시된 해석을 뒷받침하는 자료는 그 정확성과 신빙성을 평가하려는 어떤 노력도 하지 않은 채 인용되었고, 소련 대외 정책에 관한 자료는 완전히 공식 선언문으로만 이루어졌다.[26]

---

7) Yevgeny Viktorovich Tarle(1874~1955). 소련의 역사가. 특히 나폴레옹의 러시아 침공에 관한 저술로 유명하다. 모스크바 국립 국제관계대학교의 창립자 중 한 명이었다. 1921년 러시아 학술원 회원이 되었고 1941년 스탈린상을 수상했다.

8) Max Beloff(1913~1999). 영국의 역사가. 1974~1979년 버킹엄대학교 총장을 지냈다.

적을수록 더 좋다:「약전」

　제2차 세계대전에서 스탈린이 한 역할은 그의 전기에서 궁극의 일화였다. 이 "필연적 전쟁"에 대비하여 스탈린은 러시아의 근대화를 야만적으로 추진했다. 나치 독일에 대한 소련의 승리는 단연 그의 가장 위대한 업적이었다. 소련은 1941년에 거의 패배할 뻔하다 강력한 사회주의 국가로 나타났다. 이 국가는 유럽의 절반을 통제하고 전쟁의 다른 큰 승전국인 미국에 맞서 지구적 패권을 다툴 힘이 있었다.

　전쟁은 중차대한 성격을 띠었고, 이 때문에 '마르크스엥겔스레닌 연구소IMEL'가 1939년에 출간한 스탈린『약전』을 개정하는 일이 매우 긴급해졌다. 국제적으로 그의 전기에 대한 관심도 많았다. 스탈린 숭배는 전 지구적 현상이었다. 스탈린은 1939년과 1942년에『타임』이 선정한 올해의 인물이었다. 전쟁 동안 스탈린은 외국 언론인들로부터 질문과 인터뷰 요청을 수없이 받았다. 1943년 1월에 뉴욕 출판사 사이먼 앤드 슈스터사는 스탈린에게 소련의 전쟁과 평화 목적에 관한 책을 써달라고 제안하는 편지를 보냈다.[27] 전쟁 직후 크렘린은 영국 출판사로부터 사진으로 보는 스탈린의 전기를 발행하고 싶다는, 그리고 미국 회사로부터는『세계 인물 백과사전Biographical Encyclopedia of the World』에 그를 포함하기를 원한다는 문의를 받았다.[28]

　1946년 말에『약전』을 고쳐서 승인을 받기 위해 스탈린에게 보냈다. 스탈린은 초판에는 관심이 없는 체했으나 이번에는 큰 관심을 보였다. 아마도 새 버전이 자신의 군사적 리더십을 다루었기 때문일 것이다. 이 초고가 스탈린의 책상에 올라왔을 때, 그는 여전히 최고사령관으로서 자신의 공적을 쌓는 데 골몰해 있었고, 소련 지상군의 총사령관에서 막 해임된 그의 부관 게오르기 주코프 원수 같은 장군들로부터 승리의 영광을 낚아채려고 마구 다투고 있었다.

스탈린은 새 판본에 만족하지 않았고, 12월 말에 편집팀을 불러들여 엄하게 꾸짖었다. 데이비드 브랜든버거가 올바르게 표현했듯이, 이는 "집단적 질책"이었다.²⁹

편집팀은 선전선동국 책임자 게오르기 알렉산드로프가 이끌었고, 스탈린의 전집 발간에 핵심 역할을 한 역사가 바실리 모찰로프를 포함했다. 1년 전에 모찰로프는 스탈린의 크렘린 집무실로 소환되어 이 프로젝트를 논의한 적이 있었다. 우리가 2장에서 보았듯이, 모찰로프는 인상적인 그때의 회동을 보고하는 글을 썼고, 이 만남도 마찬가지였다.

사람들에게 마르크스-레닌주의를 가르칠 레닌 전기가 필요하다는 것이 스탈린이 제일 먼저 꺼낸 논평이었다. 스탈린 자신의 전기에 대해 말하자면, 그것은 오류로 가득 차 있었다. 스탈린은 이렇게 비아냥거렸다. "나는 온갖 종류의 가르침을 다 내리고 있네요, 전쟁, 공산주의, 산업화, 집단화 등에 대해서 말입니다. 사람들이 이 전기를 읽어보고 뭘 해야 합니까? 무릎을 꿇고 나에게 기도해야 하나요?" 전기는 사람들에게 당에 대한 사랑을 주입해야 한다. 다른 당 간부들도 등장시켜야 한다. 대조국전쟁에 관한 장은 나쁘지는 않지만, 그 장 역시 다른 저명한 인물들을 언급할 필요

가 있었다.[30]

모찰로프의 설명은 『프라우다』 편집인 P.N. 포스펠로프의 설명과 부합한다. 스탈린은 포스펠로프에게 다음과 같이 불만을 토로했다. "전기 초고에 좀 터무니없는 내용이 있어요. 그리고 이 바보 같은 짓거리에 책임 있는 사람은 알렉산드로프요."[31] 포스펠로프는 전기가 바쿠에서 같이 활동한 지도직 인물들을 언급하고 또 레닌이 사망한 후 레닌의 기치를 들었던 사람들을 거명하며 전쟁 동안 최고사령부에서 일했던 구성원들을 거론해야 한다는 스탈린의 요구에 특히 주목했다. 스탈린은 여성의 역할도 뭔가 추가해야 한다고 말했다. 전기의 논조는 "사회주의자—혁명가당[9]스러웠다." 즉 영웅으로서 스탈린 자신에 너무 초점을 맞췄다. 이 점을 입증하려고 스탈린은 다음과 같은 문장을 인용했다. "세상의 어떤 누구도 그렇게 폭넓은 대중을 이끈 적이 없었다." 그리고 전기는 어느 곳에서도 스탈린이 1931년에 에밀 루트비히를 만나서 했던 말, 즉 자신은 레닌의 제자에 불과하다고 생각한다는 말을 언급하지 않았다.[32]

스탈린의 지시를 받고 보스의 편집 교정으로 무장한 알렉산드로프의 팀은 재빨리 초고 텍스트를 수정했다. 1947년 2월 『프라우다』에 새로운 판본의 전기가 발표되었고, 그 후 책으로 간행되어 1쇄로 100만 부를 찍었다.

스탈린은 『단기강좌』의 경우처럼 자신에 대한 지나친 칭찬을 누그러뜨렸다. 스탈린은 많은 동료의 이름을 끼워 넣었고 자신과 레닌의 동반자 관계를 강조하는 식으로 변화를 주었다. 스탈린은 전 세계의 프롤레타리아

---

9) Party of Socialist—Revolutionaries. 20세기 초 러시아의 비마르크스주의 정당. 보통 SR당이라고 불렀다. 1901년 인민주의자들(나로드니키)에 의해 조직돼 러시아 사회민주노동당과 더불어 러시아의 혁명 운동을 이끌었다.

가 사랑하는 국제 공산주의 운동의 지도자로서 자신의 역할을 격찬하는 부분을 완전히 잘라냈다. 혁명 운동과 사회주의 건설에서 여성들이 한 역할을 기술하는 섹션이 상당량 추가되었다. 스탈린은 자신의 연설 중 하나에서 "노동하는 여성은 모든 피억압민 중 가장 억압받는 자다"라고 말한 것으로 인용된다.

초고의 한 가지 버전은 다음과 같이 떠들썩한 몰로토프의 말을 인용하는 것으로 마무리했다 "레닌의 이름과 스탈린의 이름은 세계만방에서 밝은 희망의 빛이며, 모든 민족의 평화와 행복을 위해 투쟁하고 자본주의로부터 완전한 해방을 위해 투쟁하자는 우레 같은 요구다." 스탈린은 이를 삭제했고, 다음 마무리 구호도 마찬가지였다. "우리의 친애하고 위대한 스탈린 만세!", "마르크스·엥겔스·레닌·스탈린의 위대한 무적의 깃발이여, 만세!" 최종 결과물에서 이것들은 소련이 다행히 전쟁 동안 위대한 스탈린을 마음껏 부릴 수 있었고, 이제 스탈린은 평시平時의 소련을 이끌고 나아갈 것이라는 몰로토프의 좀 더 절제된 말을 인용하는 것으로 대체되었다.[33]

스탈린의 겸손에는 한계가 있었고, 스탈린은 특히 대조국전쟁에 관한 장에서 많은 숭배의 말을 남겨놓았다. 그 전 판본처럼 새 판본도 전기라기보다는 성인전이었지만, 터무니없이 우스꽝스러운 정도는 아니었다. 제2차 세계대전의 즉각적 여파 속에서 스탈린의 군사적 천재성에 관한 과장된 주장은 전혀 신빙성이 없는 것은 아니었다.[34]

그가 삽입한 문구 중 하나는 다음과 같았다.

스탈린은 매우 능숙하게 당과 인민의 지도자라는 과업을 수행하고 소련 인민 전체로부터 무조건적 지지를 받았지만, 아주 조금이라도 허영이나 자부심 혹은 자만이 자신의 활동을 망치는 일이 없게 했다. 스탈린은 독일의 작가 에밀 루트비히와 인터뷰했을 때, 러시아를 변혁하는 데 레닌이 얼마나 천재적인 능력을 발휘했는지 극찬해마지 않았으나, 그 자신에 대해서는 이렇게 말했을 뿐이다. "나 자신에 대해 말하자면, 나는 단지 레닌의 제자에 불과했고, 내 목표는 그의 괜찮은 제자가 되는 것입니다."[35]

『약전』에는 이론이 약간 있긴 했지만, 『단기강좌』의 변증법적 역사 유물론에 관한 섹션에 필적할 만한 이론은 없었다. 아마도 바로 이것이 알렉산드로프가 1950년에 스탈린의 전후 활동을 다루고 또 그의 주요 이론적 저술을 요약할 제3판을 제시했을 때 염두에 둔 바였을 것이다. 개요가 작성되고 알렉산드로프와 그의 팀원들이 책 견본도 준비했으나 그 제안은 무산되었다.[36]

서사를 통제하라: 「역사의 날조자들」

나치—소비에트 협정에 관한 스탈린의 유일한 공개적 논평은 1941년 6월 독일이 소련을 침공하고 나서 며칠 후에 있었던 그의 라디오 방송에서 있었다.

소련 정부는 어떻게 히틀러와 리벤트로프 같은 기만적인 괴물들과 불가침 협정을 체결하는 데 동의할 수 있었을까요? 이는 소련 정부의 실수가 아니었나요? 물론 실수가 아닙니다! 불가침 협정은 두 국가 간의 평화 협정입니다. 그것은 독일이 1939년에 우리에게 제안했던 그런 협정입니다. 소련 정부는 그런 제안을 거절할 수 있었을까요? 나는 평화를 사랑하는 국가라면 인접한 강대국과의 평화 조약을 거절할 수 있는 나라가 단 하나도 없을 거라고 생각합니다. 비록 그 강대국을 히틀러와 리벤트로프 같은 괴물과 식인종들이 이끌고 있다고 해도 말입니다.[37]

스탈린은 1941년 9월에 소련에 제공되는 영국과 미국의 물자 지원을 논의하려고 모스크바를 방문한 비버브루크[10] 경과 애브렐 해리먼을 위해 크렘린에서 만찬을 열었다. 그 자리에서 스탈린은 비공식적으로 이 협정에 대해 길게 이야기했다. 영국 대표단의 일원이었던 H. H. 밸푸어[11]는 일기에 이렇게 적었다.

스탈린은 그가 1939년에 러시아–독일 협정에 어떻게 서명하게 되었는지 그럴듯하게 설명했다.… 그는 전쟁이 다가온다고 보았고 러시아는 어떤 상황인지 알아야 한다. 스탈린은 만일 영국과 동맹을 맺을 수 없다면 혼자 버려져서는—고립되어서는—안 된다. 그렇게 되면 전쟁이 끝났을 때 승전국의 희생

---

10) William Maxwell Aitken, Baron Beaverbrook(1879~1964). 영국의 신문발행인이자 정치인. 1940~1941년 항공기 생산부 장관, 1941~1942년 공급부 장관 등을 역임했다.

11) Harold Harington Balfour(1897~1988). 영국의 보수당 정치인. 1929~1945년 영국 하원의원, 1938~1944년 공군 담당 국무부 차관, 1944~1945년 서아프리카 변리공사를 지냈다.

자가 될 뿐이다. 그러므로 그는 독일과 협정을 맺어야 했다.[38]

처칠은 제2차 세계대전에 관한 자신의 회고록이자 역사서에서 스탈린의 계산과 생각이 무엇인지를 들여다볼 수 있는 추가 통찰력을 제공했다.

> 스탈린은 1942년 8월 크렘린에서 아침 이른 시간에 나에게 소련 측 입장의 한 측면을 드러냈다. 스탈린은 이렇게 말했다. "우리는 영국 정부와 프랑스 정부가 폴란드가 공격당하더라도 전쟁에 돌입할 각오는 하지 않았지만" 영국, 프랑스, 러시아가 외교적으로 진용을 짜서 히틀러를 억제할 수 있기를 바란다는 "인상을 받았습니다." 우리는 진용을 짜더라도 억제 못 할 거라고 확신했습니다. 스탈린은 다음과 같이 물었다. "프랑스는 군사력을 동원한 독일에 맞서 몇 개 사단을 보내겠습니까?" 대답은 "약 100개"였다. 그러자 스탈린은 "영국은 몇 개 사단을 보낼 겁니까?"라고 물었다. 대답은 "2개 사단, 그리고 나중에 2개 사단 더"였다. "아, 2개 사단, 그리고 나중에 2개 사단 더"라고 스탈린은 따라 말했다. 그는 "만일 우리가 독일과 전쟁에 돌입한다면 러시아 전선에 몇 개 사단이나 투입해야 하는지 아십니까?"라고 물었다. 잠시 침묵이 흘렀다. "300개 이상입니다."[39]

『외교사』제3권은 협정을 옹호하면서 서방의 반유화정책[12] 비판가들의 역할과 소련과 동맹을 맺자는 그들의 전쟁 전 운동을 강조했다. 이 비판가

---

12) appeasement. 힘을 바탕으로 공격적으로 현상 타파를 추구하는 대외 정책에 대해 극히 타협적인 태도를 취하는 외교정책을 일컫는다. 제2차 세계대전 전에 영국의 총리 램지 맥도널드, 스탠리 볼드윈, 네빌 체임벌린이 나치 독일과 이탈리아 왕국에 취한 영국 정부의 외교정책이 대표적이다.

들 중에서 가장 저명한 사람은 처칠이었고, 그는 히틀러에 맞서 영국, 프랑스, 소련이 '대연합'을 결성할 것을 옹호했다. 처칠의 이 운동이 실패하고 1939년 영국–소련–프랑스의 3국 동맹 협상이 파탄 난 결과 소련–독일 불가침 조약이 성립되었다.[40]

지난 수십 년 동안 나치–소비에트 협정에 관한 주요 소련 텍스트는 『역사의 날조자들』이었다. 이 소책자는 1948년 1월에 미 국무부가 출간한 문서 모음집 『나치–소비에트 관계, 1939~1941Nazi-Soviet Relations, 1939-1941, NSR』에 대응해 소련 정보국에서 발행했다.

『나치–소비에트 관계』는 압수한 독일 문서 중에서 외교 문서를 골라 실은 선집이었다. 그것은 협정을 맺기 전에 독일 외교관과 소련 외교관들이 서로 접촉했고, 협정을 맺은 후 양국 사이에 광범위한 협력이 있었음을 밝혔다. 가장 중요한 점은 이 책이 폴란드와 발트 국가들을 소련 세력권과 독일 세력권으로 분할하는 불가침 조약의 비밀 보충협약 텍스트를 포함했다는 사실이었다. 『나치–소비에트 관계』 문서의 선별과 배열이 함축하는 바는 소련이 反독일 전선을 위해 영국·프랑스와 진행한 협상이 허위라는 서사였다. 협정의 기원은 마지막 순간까지의 필사적 도박이기는커녕 베를린과 모스크바 사이에 신중하게 준비된 은밀한 관계 회복에 있었다.

스탈린은 미국이 이 비밀 보충협약을 무기화하는 것에 놀라지 않았을 것이다. 그것은 1946년 뉘른베르크 재판[13]에서 나치의 변호사들이 이 보충협약을 이용해 독일이 공격 전쟁을 수행하는 음모를 꾸민 죄가 있다

---

13) Nuremberg International Military Tribunal. 제2차 세계대전 후 연합국이 국제법과 전시법에 따라 진행한 국제 군사재판. 피고는 나치 독일의 지도층과 상급 대장, 원수급 군인이었으며, 홀로코스트를 비롯한 여러 전쟁범죄를 계획, 실행 또는 관여한 혐의로 기소되었다. 독일의 뉘른베르크 정의궁에서 열렸다.

면 소련 역시 그렇다는 것을 보여주었을 때 이미 불쑥 튀어나온 적이 있었다. 소련의 법률가들은 보충협약을 증거에서 배제했으나 그 텍스트는 1939년 8월에 모스크바에서 협정에 서명했던 전 독일 외무장관 요아힘 폰 리벤트로프에 의해 공개 법정에서 논의되었다. 미국 언론도 이를 입수해 게재했다.[41]

이 미국의 선전 공세에 대한 소련의 대응은 놀랍도록 신속했다. 타스 통신사는 『나치-소비에트 관계』를 즉각 번역해 스탈린에게 전했다.[42] 2월 3일 외무차관 안드레이 비신스키(이전에 모스크바 연출재판의 검찰 측 스타였다)는 스탈린에게 일단의 역사가들이 준비한 상세한 반박문 초고를 보냈다.[43] 팸플릿의 제목은 『중상자들에 대한 응답Otvet Klevetnikam』이었으나, 스탈린은 제목을 『역사의 날조자들Fal'sifikatory Istorii』로 바꿨다. 스탈린은 비신스키 초고에서 이 구절을 갖고 왔고 이 문서의 주제로 삼기로 결정했다. 스탈린이 선택한 부제는 '이스토리체스카야 스프랍카Istoricheskaya Spravka'였는데, 이것은 역사적 정보, 참조, 조회, 조사 등으로 다양하게 번역될 수 있다. 스탈린은 또 소책자의 2절과 3절의 부제를 서방 정책이 소련의 고립을 목표로 했다는 생각을 반영하는 쪽으로 변경했다. 1940년대 말에 유럽은 양분되고 있었고 냉전이 치열해지고 있었다. 1946년 3월에 처칠은 미주리주의 풀턴에서 "발트해의 슈체친에서 아드리아해의 트리에스테까지 대륙에 철의 장막이 드리워졌다"라고 주장했다. 하지만 스탈린에게는, 1930년대에 히틀러가 그랬듯이, 다시 한번 서방이 소련을 유럽에서 고립시키려 애쓰는 것이었다.

오늘날의 어법으로 말하면, 『역사의 날조자들』의 기본 요지는 『나치-소비에트 관계』가 가짜 뉴스이며 사실에 부합하지 않는 나치 문서들을 선별해 조작했다는 것이었다.

『역사의 날조자들』의 4개 부는 2월 10일, 12일, 15일, 17일에 『프라우다』에 하나씩 게재되었다. 스탈린은 자신이 4부 편집을 끝내기도 전에 처음 3개 부를 신문에 발표할 정도로 급하게 서둘렀다. 그 후 전 세계의 소련 대사관들은 이 4개 부를 전부 재발간해 열심히 선전했다. 텍스트 전문이 실린 러시아어 소책자를 200만 부 인쇄했고, 영어를 비롯한 다른 언어로도 수십만 부 발행했다.[44]

스탈린은 이 초고를 세세하게 편집했고, 75페이지 분량의 러시아어판에 자신의 텍스트 약 15페이지를 추가했다. 스탈린이 덧붙인 것은 손으로 썼거나, 참모에게 받아쓰게 한 다음 스탈린이 손으로 수정했다.[45] 스탈린이 추가한 글의 많은 부분은 성격이 수사적이었다.

소련이 독일과 협정을 맺는 데 동의하지 말았어야 했다…는 중상모략적 언사는 터무니없는 말로 간주할 수 있을 뿐이다. 폴란드가… 1934년에 독일과 불가침 협정을 맺은 일은 왜 옳고, 소련은 왜 옳지 않은가… 영국과 프랑스가…1938년에 독일과 불가침 공동 선언을 한 것은 왜 옳고 소련은 왜 옳지 않은가… 유럽의 모든 불가침 강대국 중에서 소련이 마지막으로 독일과 협정을 체결한 것이 사실 아닌가?[46]

『역사의 날조자들』은 모스크바가 제2차 세계대전의 기원을 어떻게 생각하는지, 그리고 1939년 8월 불가침 조약을 맺은 후 소련-독일 관계를 어떻게 바라보는지를 널리 알리는 것이었다. 서방이 전쟁 발발에 책임이 있다는 것이 책자의 주요 논지였다. 서방 국가들은 나치의 재무장을 돕고 부추겼으며, 히틀러의 요구를 들어주고 침략을 고무했다. 또 독일의 팽창을 동쪽 소련 방향으로 유도하고자 했다. 이와는 대조적으로 소련은 히틀러에 맞서 강대국 집단 안보를 협상하려고 했으나 표리부동한 영국-프랑스 유화론자들에 의해 좌절되었을 뿐이다. 그들은 소련과 동맹을 맺을 의사가 없었고 실제로는 계속 베를린과 비밀리에 협상을 진행했다. 그리하여 모스크바는 베를린과 일시적으로 불가침 협정을 맺든지 아니면 서방 열강의 책략에 넘어가 영국과 프랑스는 싸우기를 원치 않는 독일과 전쟁을 수행하든지 둘 중 하나를 택해야 하는 난처한 처지에 빠졌다.

협정 이후 소련이 폴란드, 발트, 핀란드, 루마니아의 영토를 합병한 것은 필연적인 나치의 침공에 맞서 소련을 방어하기 위해 '동부전선'을 구축하고자 하는 정당한 조치로 간주되었다. 이 조처는 국경을 서쪽으로 수백 킬로미터 미는 것이었고, 독일은 1941년 여름에 이 국경으로부터 침공을 개시했다.

책자에서 히틀러와의 협정 기간에 펼쳤던 소련의 정책을 비교적 솔직히 설명한 것은 전부 스탈린이 한 일이었다. 스탈린은 이 섹션의 첫 몇 페이지를 썼고 1939~1941년의 소련 정책을 독일 침략에 맞서 동부전선을 창출하는 것으로 틀 지웠다. 스탈린은 아마 이 서사 장치를 1939년 10월에 있었던 처칠의 연설에서 끌어냈을 것이다. 승인을 받고 인용된 이 연설에서 제2차 세계대전의 전우는 소련이 나치를 못 들어오게 하려고 동부 폴란드를 침공함으로써 그런 전선을 창출한 것은 옳았다고 말했다.[47]

그 뒤 스탈린은 처칠의 철의 장막 연설을 패러디한 구절에서 소련이 발트 국가들과 루마니아로 팽창한 일에 대해 다음과 같이 썼다.

이렇게 하여 발트해에서 흑해까지 히틀러 침략에 맞선 '동부전선'의 형성이 완수되었다. 소련을 계속 비방하고 '동부전선'을 창출했다고 소련을 침략자라고 부른 영국과 프랑스의 지배 집단은 '동부전선'의 출현이 전쟁의 전개에서 히틀러 폭정에는 불리하고 민주주의 승리에는 유리하게 근본적인 전환이 시작되었음을 의미한다는 사실을 명백히 깨닫지 못했다.[48]

스탈린이 다음으로 삽입한 구절은 소련이 그가 히틀러의 독일에 맞선 "해방 전쟁"이라고 일컬은 전쟁에 돌입한 사실과 관련되었다. 여기서 스탈린은 독일의 소련 침공이 있고 그 이튿날 해리 트루먼 대통령이 한 발언과 처칠의 발언을 대비했다.

우리는 만일 독일이 이기고 있으면 러시아를 도와야 하고, 러시아가 이기고 있으면 독일을 도와야 한다고 보는데, 그런 식으로 그들이 가능한 한 많이 서로 죽이도록 합시다. (트루먼)

러시아의 위험은 우리의 위험이고 미국의 위험입니다.… 세계 방방곡곡에서 싸우고 있는 자유민들과 자유로운 민족들의 대의.(처칠)[49]

1940년 11월에 외무 인민위원인 몰로토프가 베를린을 방문한 일은 협정 기간의 소련−독일 관계에서 매우 논란이 심한 일화 중 하나였다. 몰로토프의 과업은 가능하면 히틀러 및 리벤트로프와 새로운 나치−소비에트 협정을 맺는 것이었다. 『역사의 날조자들』에서 스탈린은 "독일과 어떤 종류의 협약도 맺을 의향을 표명하지 말고" 히틀러의 의향을 "떠보고" "살피는" 일을 임무로 제시했다.[50] 이것은 부분적으로만 사실이었다. 스탈린은 소련의 안보가 보장될 수 있다면 새로운 협약에 서명할 의사가 있었다.[51]

책자의 마지막 말 역시 스탈린의 말이었다.

역사의 날조자들은… 사실을 존중하지 않는다. 바로 이것이 그들이 날조자이자 중상자라고 불리는 까닭이다. 그들은 중상과 비방을 좋아한다. 그러나 결국 이 신사 양반들이 보편적으로 인정된 진리, 즉 중상과 비방은 사라지고 사실은 계속 살아남는다는 진리를 승인해야 하는 것은 의심할 이유가 없다.[52]

우리는 『역사의 날조자들』(1948)에서 스탈린이 히틀러와 협정을 맺은 일을 어떻게 회고하는지 매우 잘 알 수 있다. 이 책자는 전쟁의 기원에 관한 대화를 비밀 보충협약에서 히틀러에 대한 서방의 유화정책으로 옮기고 1939~1940년에 진행된 소련의 영토 팽창을 냉철하게 옹호하도록 설계되었다. 선전용 글로서 이 책자는 확연한 결점이 하나 있었다. 그것은 비밀 보충협약 문제를 제기하는 것은 고사하고 언급조차 하지 않았다는 점이다. 뉘른베르크에서 소련은 이 보충협약을 공격 전쟁을 수행하려 했던 나치의 음모로부터 시선을 돌리고자 계획된 날조라고 비웃었다. 한 번 이러한 태도를 취하자 물러설 수 없었다. 스탈린은 그 주장을 철회하지 않았다.

독자들을 겨냥하라: 정치경제학에 관한 교과서

사회주의 경제학은 소비에트 시스템의 생명선이었다. 소비에트 사회주의의 성패는 경제 실적에 달려 있었다. 스탈린은 경제 문제를 연구하고 다루는 데 많은 시간을 투여했다. 그의 중요한 연설 중 많은 것이 전적이든 일부든 경제 문제에 바쳐졌다. 1920년대와 1930년대에 소련은 아무런 준비 없이 사회주의 계획 경제를 발전시켰으나, 그들의 경험을 이론화하고 일반화하고 법제화하지 못했다. 에단 폴록Ethan Pollock이 말한 대로 "사회주의 경제나 공산주의로의 이행에 관한 만족할 만한 소련 교과서가 없었다."[53]

스탈린은 이 공백을 메우기로 결심했고, 1937년에 중앙위원회는 사회주의와 자본주의의 정치경제학에 관한 교과서를 집필할 것을 결정하는 법령을 공포했다. 일류 경제학자들로부터 초고를 접수한 스탈린은 1941년 1월에 그들을 크렘린으로 불러들여 회의를 열었다. 스탈린은 제안된 교과서가 비실제적이고 지나치게 이론적이라고 그들에게 말했다. 그들은 경제 계획의 목적을 오해했다. 경제 계획은 첫째, 자본주의에 포위된 상황에서 경제의 독립성을 보장하고, 둘째, 자본주의를 다시 발생시킬 수 있는 세력을 파괴하며, 셋째, 경제의 불균형 문제를 다루어야 했다. 스탈린은 추상적 이론보다 소련의 현실에 대한 실제적 관찰을 선호했다. "여러분이 만약 마르크스에서 대답을 구한다면, 잘못 짚은 것입니다. 여러분은 소련에 20년 이상 존재한 실험실을 갖고 있습니다.… 여러분은 인용문들을 서로 연결해 결합하는 것이 아니라 여러분 자신의 머리로 작업해야 합니다." 이 초고는 너무 선전적이고 충분히 과학적이지 않았다. "마음에 호소하는" 교과서가 필요했다.[54]

교과서 작업은 전쟁 때문에 중단되었고, 특히 경제학자들이 정치적 실수를 두려워했기 때문에 전후에도 진척은 느렸다. 경제학자들은 그들이 무엇을 써야 하는지 스탈린이 말해주기를 바랐다. 스탈린은 1949년 말이 돼서야 검토할 새 초고를 받았다. 1950년 4월에 스탈린은 경제학자들과의 회의 석상에서 새 초안이 논조와 내용 둘 다 심각한 수정이 필요하다고 말했다. 스탈린은 더욱 역사적인 교과서, 덜 교육받은 사람들에게 더 적합한 교과서를 원했다. 그것은 "독자들이 조금씩 조금씩 경제 발전의 법칙을 이해하게 되는" "더욱 쉽게 다가갈 수 있는" 책일 것이다. 이는 다음 이유로 중요했다.

왜냐하면 우리 간부들은 마르크스주의 이론을 잘 알 필요가 있기 때문입니

다. 나이 든 볼셰비키 첫 세대는 기초가 튼튼했습니다. 우리는 『자본론』을 암기하고 요약하고 그에 대해 논쟁을 벌이고 서로 테스트했습니다.… 두 번째 세대는 준비가 덜 됐습니다. 사람들은 실제 활동과 건설에 바빴습니다. 그들은 소책자로 마르크스주의를 공부했습니다. 세 번째 세대는 팸플릿과 신문 논설로 길러졌습니다. 그들은 마르크스주의를 깊이 이해하지 못합니다. 그들에게는 쉽게 소화할 수 있는 음식이 주어져야 합니다.

스탈린은 이렇게 말했다. 너무나 "많은 수다, 공허하고 불필요한 말, 많은 역사적 왜곡"이 있었다. "나는 100페이지를 읽고 그중 10페이지를 그어버렸는데, 훨씬 더 많이 그어버릴 수도 있었습니다. 교과서에는 여분의 말이 단 한마디도 있어서는 안 됩니다. 서술은 잘 연마된 조각품 같아야 합니다.… 교과서의 문학적인 면은 전개가 형편없습니다."

스탈린은 한 달쯤 뒤에 열린 또 한 차례 회의에서 경제학자들에게 이렇게 지시했다. "여러분이 글을 쓸 때 대상으로 하는 독자들을 마음속으로 그려보십시오. 초보자들을 상상하지 마세요. 그 대신 8학년에서 10학년을 마친 사람들을 염두에 두십시오." 더 나아가 그는 다음과 같이 언급했다. "교과서는 수백만 명을 대상으로 합니다. 이곳에서뿐 아니라 전 세계에 걸쳐 이 교과서를 읽고 공부할 것입니다. 미국인도 읽고 중국인도 읽고, 만국에서 이 교과서로 공부할 것입니다. 여러분은 좀 더 수준 높은 독자들을 염두에 둘 필요가 있습니다."[55]

스탈린은 여느 때처럼 상세한 편집 작업을 했고, 1951년 1월에 경제학자들은 스탈린에게 고치고 다시 쓴 초고를 가져다주었다. 경제학자와 주요 당 간부들에게 거의 250부에 달하는 교과서 초고가 배포되면서 일련의 사건이 계속 이어졌다. 이 초고를 논의하는 모임에서는 발언이 약 110차례나 있었다. 스탈린은 수백 페이지에 달하는 이 회의의 의사록을 꼼꼼히 살펴보았다.[56] 스탈린의 많은 장서 도서처럼 의사록에는 스탈린이 남긴 밑줄, 옆줄, 잘못되었다고 그어버린 단락, 물음표, NB(수십 개), 그렇지, 아니요, 그래서, 그렇지 않아, 터무니없는 소리, 멍청이, 하하 등 수많은 표시가 곳곳에 흩어져 있었다.[57]

스탈린은 '1951년 11월 토론과 관련된 경제 문제들에 관한 논평'을 작성하는 것으로 자신이 읽은 초고에 반응함으로써 경제 문제에 관해 1920년대 말 이래 처음으로 긴 이론적 담론을 펼쳤다. 이 논평은 약 3,000부가 발행되어 당내에 배포되었으나, 그는 책자를 더 많이 발간하는 것을 말리면서 그렇게 하면 교과서의 권위가 훼손될 것이라고 말했다. 스탈린의 논평은 많은 비평과 질문을 촉발했는데, 스탈린은 그중 경제학자들이 보낸 편지 석 장을 골라 직접 응답했다. 이 응답들은 스탈린의 원 '논평'과 함께 『소련에서의 사회주의 경제 문제』라는 공동 제목으로 『프라우다』에서 발간했다.[58]

이 『경제 문제』는 제19차 당 대회 직전인 1952년 10월에 발행되었다. 그것은 1950년의 『마르크스주의와 언어 문제』이래 스탈린이 자신의 이념적 지향을 처음으로 의미 있게 드러낸 중요한 글이었으며, 소련의 일반 시민들에게는 오래전에 사망한 마르의 이해하기 힘든 언어 이론보다 더 흥미로웠다. 『경제 문제』는 스탈린의 언어학 개입과 마찬가지로 설명이 명쾌한 모범적인 글이었는데, 특히 상품 생산, 가치 법칙, 정신노동과 육체노동 간 대립의 철폐에 관한 좀 더 전문적인 섹션들에서는 때로 따분할 정도로 서술이 분명했다. 하지만 스탈린은 경제학자들이 실제적인 관찰에 전념하고 추상적인 이론화를 멀리해야 한다는, 그 자신이 그들에게 했던 충고를 무시했다.

늙어가는 독재자는 상당한 지력을 보유했지만, 그의 논평은 사고의 정체를 보여주었다. 인간의 의지와는 상관없이 작동하는 객관적인 정치경제학 법칙이 존재한다는 스탈린의 주장은 그가 『아나키즘인가 사회주의인가?』와 『변증법적 역사 유물론』에서 분명히 밝혔던 견해와 본질적으로 다르지 않았다. 스탈린에 따르면, 사회적 행동은 경제 법칙을 제약할 수 있으나 경제 법칙을 바꾸거나 무력하게 하거나 철폐할 수는 없는데, 심지어 사회주의 아래에서도 그렇다. 자본주의 아래에서 근본적인 정치경제학 법칙은 이윤을 위한 상품 생산인 반면, 사회주의 아래에서는 공동의 복지를 위한 생산이 근본적인 정치경제학 법칙이었다. 무엇보다도 중요한 법칙은 생산력 발전이 사회주의로 나아가는 역사의 방향을 결정한다는 것이었다. 왜냐하면 사회주의야말로 생산력이 그 잠재력을 완전히 발휘할 수 있게 하는 유일한 시스템이었기 때문이다. 스탈린은 자본주의, 즉 그 사적 소유 관계가 생산력의 발전을 제약한다고 말해지는 시스템이 계속 존립하는 이유는 강력한 이해관계가 사회주의로의 진전을 가로막기 때문이라고 설명했다. 바로 그것이 현 상황을 타파하기 위해 정치적 행동이 필요한 까닭이다. 이 주장의 문제점은 인간사에서 경제가 아니라 정치의 중요성을 강조하는 것이었다.

스탈린이 자신의 주장을 변호하다가 스스로 빠져든 논란은 '자본주의 국가 간 전쟁의 필연성'에 관한 섹션에서 가장 분명하게 드러난다. 스탈린이 이 난제를 다루게 된 것은 예브게니 바르가[14]가 교과서를 둘러싼 논의에서 제시한 의견 때문이었다. 바르가는 헝가리 태생의 경제학자로 영향력이 큰 소련 싱크탱크인 '세계경제와 세계정치 연구소'를 오랫동안 운영했다.[59] 바르가는 '제국주의 국가 간 전쟁의 필연성에 관한 레닌의 테제'가 가진 타당성을 의문시하면서 양차 세계대전이 자본주의 이익에 명백히 손상을 가하고 제국주의 질서의 미국 지배가 자본주의 사이에 큰 전쟁의 발발을 불가능하게 하므로 이 테제가 더는 적용될 수 없다는 견해를 내비쳤다.[60]

스탈린은 바르가를 거명하지 않고 레닌의 테제를 의문시하는 잘못을 범한 "일부 동지들"이라고 모호하게 썼다. 스탈린은 이러한 주장이 틀린 이유는 "심오한 힘"이 계속 작동하고 있으며, 이는 전쟁이 필연적임을 의미하기 때문이라고 단언했다. 평화를 위한 투쟁으로 특정 전쟁은 회피할 수 있으나 전쟁 일반을 피할 수는 없을 것이다. 그러므로 스탈린의 난해한 추론에 따르면, 전쟁은 필연적이나 절대 일어나지 않을 것이었다. 좀 더 설득력이 있는 가설은 1956년에 스탈린의 후임자인 니키타 흐루쇼프가 제

---

14) Yevgeny Samuilovich Varga(1879~1964). 헝가리 태생의 소련 경제학자. 1919년 헝가리 소비에트 공화국에서 재무장관으로 근무하다가 공화국이 붕괴된 후 빈을 거쳐 소련으로 망명했다. 1930년대 소련에서 스탈린의 경제 자문관이 되었고 제2차 세계대전 동안 전후 배상 문제에 관여했다. 스탈린 사후 1950년대와 1960년대에 레닌 훈장, 스탈린상, 레닌상 등을 수상했다.

시했다. 즉 자본주의 아래에서는 전쟁으로 가는 경향이 있으나, 그것은 정치 투쟁으로 막을 수 있는 만일의 사태라는 것이다. 흐루쇼프는 사회주의의 힘과 평화를 위한 세력 때문에 전쟁이 더는 필연적이지 않다고 말했는데, 이는 핵무기의 시대에 매우 위안이 되는 생각이었다.

통계학자 L. D. 야로셴코[15]는 스탈린의 또 다른 표적이었다. 야로셴코는 사회주의 사회에서 경제학자들의 주요 과업은 경제 전반을 합리적으로 조직함으로써 생산력을 과학적·기술적으로 발전시키는 것이라고 주장했다.[61] 스탈린은 『경제 문제』에서 사회주의 정치경제학은 생산관계 및 생산력과 생산관계의 관계에 대한 것이라고 주장하면서 야로셴코를 거명한 뒤 그를 장황하게 비판했다. 달리 말해 사회주의 정치경제학은 사회주의 계획의 방법론이 아니라 여전히 경제 발전의 근본 법칙에 관한 학문이었다.

야로셴코는 그의 "비마르크스주의적" 잘못 때문에 출당되어 체포·투옥되었다가 스탈린이 사망한 뒤 석방·복권되고 재입당이 허용되었다. 1954년에 발행된 『정치경제학』 교과서는 스탈린의 근본주의적 관점을 반영했으나, 스탈린 사후 소련 경제학은 야로셴코가 확인한 과업에 온통 초점을 맞췄다. 그 과업은 사회주의를 더욱 경제적으로 생산적이게 하고, 국가와 사회의 경제적 요구를 더 낮게 충족하기 위해 어떻게 계획을 개선해야 하는가 하는 것이었다. 과학적 경제 법칙에 맞춰진 스탈린의 초점은 점차 소련 경제 담론에서 논외의 문제가 되었고, 그의 마지막 저술은 역사적 호기심에 지나지 않았다.[62]

자본주의에 관한 경제적 연구라는 면에서 스탈린이 남긴 유산도 리처

---

15) Luka Danilovich Yaroshenko(1896~1995). 소련의 경제학자. 소련 국가계획위원회(Gosplan)에서 일했다.

드 B. 데이Richard B. Day가 설명했듯이 마찬가지로 초라했다.

스탈린은 1930년대부터 사고가 얼어붙어 유추 능력이 없는 연구자 공동체를 남겨놓았다. 자본주의 국가들은 역사상 가장 긴 경제성장 시기로 접어들었으나, 스탈린주의 관점에서는 자본주의 국가들이 만성적인 불황 속에 쇠약해지고 있다고 주장했다.… 노동계급의 생활수준은 1930년대에 상상할 수 있는 어떤 수준도 곧 초월할 정도가 될 터였다. 스탈린주의자들은 수천만 명이 절대적인 빈곤과 실업을 겪을 것이라고 예측했다. 자본주의 국가들은 근대적인 삶의 기본 뼈대 안에 복지 국가 방안을 집어넣고 있었다. 스탈린주의 교리는 독점체들과 반동적인 그들의 정치 행위자들에 의한 국가의 통제가 필연적으로 불균형적으로 발달한 전시 경제를 낳는다고 주장했다.[63]

편집인으로서 스탈린의 이 모든 사례는 스탈린이 무엇보다도 먼저 볼셰비키였고 지식인은 그다음이었음을 보여준다. 이론적으로 스탈린은 진리와 지적 엄밀성을 지지했다. 실제로는 스탈린의 믿음은 정치적으로 추동된 도그마였다. 스탈린은 역사 과학의 엄밀성을 찬양했지만, 편리할 때는 엄밀성을 무시했다. 스탈린은 마르크스주의 철학이 합리적이고 경험적으로 입증할 수 있다고 생각했으나 이 철학의 존재론적 토대는 아예 의문의 여지가 없었다. 스탈린은 마르크스-레닌주의가 세계를 이해하는 창조적인 접근법이고 실천의 지침이며 진보적 변화의 도구라고 주장했지만, 사회주의가 바람직할 뿐 아니라 필연적이라는 그의 근본주의적 믿음은 흔들림이 없었다.

스탈린은 사회주의와 공산주의를 부단하게 추구함으로써 매우 큰 업적을 성취할 수 있었다. 하지만 그것은 그 업적에 못지않게 큰 악행을 저지름으로써 가능했다. 스탈린은 만일 좀 더 지식인적이고 덜 볼셰비키적이었다면, 자신의 행동을 절제하고 인간을 덜 희생시키면서도 더 많은 것을 달성했을 것이다.

책을 사랑한 독재자

    독재자의 충성스러운 부관이었던 라자리 카가노비치는 소련 작가 펠릭스 추예프[1]와 대화하면서 "저는 자그마치 대여섯 명의 다른 스탈린을 보았습니다"라고 회상했다. 카가노비치는 전후의 스탈린은 전전과 달랐고, 1932년[나댜가 자살한 해] 이전에 스탈린은 완전히 다른 사람이었다고 말했다. 그러나 카가노비치는 추예프가 스탈린이 얼마나 달랐는지 묻자 자신의 의견을 철회했다. 카가노비치는 "그는 달랐지만 동일했습니다"라고 대답했다. 스탈린은 엄격하고 단호하고 침착했으며, 먼저 심사숙고하지 않고는 절대 말하지 않는 자제력이 강한 사람이었다. "저는 항상 스탈린이 생각하는 것을 보았습니다. 그는 사람들에게 말했지만, 언제나 생각하고 언제나 목적의식적이었습니다."[1]

    스탈린이 많은 역할과 얼굴을 지닌 사람—러시아인들이 리체데이[2]라고 부르는 것—이라는 발상은 스탈린 전기의 단골 주제다.[2] 혁명가, 국가건설자, 근대주의자, 괴물, 천재, 제노사이드 범죄자, 군사지도자 등은 스

---

1) Feliks Ivanovich Chuyev(1941~1999). 소련의 작가, 시인, 언론인.

2) litsedey. '배우'라는 뜻의 러시아어.

탈린의 여러 특징적인 삶 중에서 몇 가지에 불과하다.[3] 로널드 수니Ronald Suny는 자신의 대작인 젊은 스탈린의 전기를 마무리하면서 자기 책의 많은 지면을 차지한 젊은 이상주의자를 혁명 이후 시기의 권력에 눈이 먼 정치인과 구별하려고 애썼다.[4] 그러나 지식인으로서 스탈린의 삶 이야기는 연속성이 있다. 젊은 스탈린과 어른이 된 이 사람은 같은 인간으로 인정할 수 있다. 스탈린은 1922년에 했던 것과 똑같은 방식으로, 즉 적극적이고 체계적이며 감정을 집어넣어 1952년에도 책을 읽고 거기에 표시를 했다. 문필가로서의 스탈린도 마찬가지다. 1947년에 아이작 도이처는 이렇게 썼다. "스탈린이 비밀 그루지야 신문인 『브르졸라』에 처음 쓴 글들에서, 우리는 심지어 30년 뒤에도 스탈린에게 특징적인 거의 동일한 유의 아이디어, 동일한 설명 방식, 동일한 문체를 이미 볼 수 있다."[5]

스탈린은 책을 통해 혁명에 접근했고 독서는 정치적 행위자로서 그의 자율성에 여전히 필수적이었다. 수니도 잘 보여주었듯이, 레닌에 대한 스탈린의 지적·정치적 충성은 신념이 아니라 설득의 문제였다. 스탈린은 레닌과 그의 비판가들을 읽었고 그 자신의 결론에 도달했다. 볼셰비키 폭력, 억압, 권위주의에 대한 스탈린의 이론적 설명은 결함투성이었으나, 그것은 그 자신의 설명이었고 이성에 뿌리를 박고 있었다. 바로 그것이 스탈린이 새로운 소비에트 정권에 대한 레닌과 트로츠키의 변호뿐 아니라 카우츠키의 볼셰비즘 비판을 읽은 까닭이었다.

스탈린은 마르크스주의 근본주의자였으나 그의 사상 중 일부는 변화하는 상황, 새로운 경험, 축적된 지식에 부응하며 진화했다. 세계 최초의 사회주의 사회를 건설하는 것은 그에게 실제적 프로젝트일 뿐 아니라 지적 프로젝트이기도 했다. 이론화와 전략화는 정책의 세부 사안만큼이나 중요했다. 당 지도자로서 스탈린에게는 엄청난 양의 브리핑과 문서가 물밀듯이 쏟아졌지만, 대체로 소비에트 사회주의를 건설하고 방어하는 난제에 대한 그의 대응을 인도한 것은 과외의 독서였다.

1920년대 중반에 스탈린이 일국 사회주의 교리를 채택한 것은 스탈린이 레닌 저술들을 읽고, 해석하고, 나아가 트로츠키와 지노비예프의 반대 견해를 신중하게 비판한 사실을 참고하지 않고는 설명할 수 없다. 스탈린이 러시아 역사의 교훈을 되풀이해서 읽은 것도 그만큼 중요했다. 차르가 창건한 러시아 국가를 방어하는 일은 1930년대 중반에 소련 공산주의자들의 중심적 과제였다. 스탈린은 러시아의 문화적·역사적 전통을 동원하고 "소비에트 민족들의 우애"에 기반을 둔 러시아 중심주의 국가라는 개념을 포용했다. 스탈린이 제작하는 데 도움을 준 대중적 역사 교과서는 소비에트 애국주의를 진작하는 데 중요한 역할을 했다.

러시아 내전 동안 스탈린은 사회주의와 자본주의 간의 대격돌이라는 레닌의 종말론적 시각을 함께했다. 그러나 내전이 볼셰비키의 승리로 끝나자 그들 둘 다 마음을 고쳐먹고 제국주의자들과의 평화적 공존 가능성을 생각했다. 소련은 외교를 수행하기 시작했고, 스탈린은 외교에 관해 읽기 시작했다. 볼셰비키는 그들의 외교 전술을 "제국주의 간 모순의 이용"으로 틀 지었으나, 스탈린은 또 현실정치의 보수주의 대가인 오토 폰 비스마르크의 회고록에도 끌렸다. 그와 동시에 전쟁의 위협이 계속 크게 다가

왔고, 스탈린은 국내외 적들이 자신을 상대로 불경스러운 동맹을 맺을 위험이 있다는 생각에 여전히 사로잡혔다. 1930년대의 흉포한 대규모 억압은 소비에트 국가에 대한 긴박한 실존적 위협이라는 그의 인식이 추동한 것이었다.

군사軍事에 대한 스탈린의 관심은 끊임없이 지속되었고, 스탈린은 제2차 세계대전 동안 군사사와 전략 이론에 대한 자신의 독서를 요긴하게 활용했다. 무엇보다도 그것은 소련의 전쟁 수행 노력을 새처럼 위에서 내려다보게 해주는 시각을 제공했다. 스탈린의 장군들은 대조국전쟁 초기의 패배와 참사에도 불구하고 그의 전략적 안목과 현대전에 대한 깊은 이해에 경탄했다.

말은 냉전 동안 스탈린의 강력한 무기 중 하나였다. 그는 단명한 히틀러와의 협정에 대한 서방의 선전 활동에 소련이 강력히 항의하는 글을 직접 고쳤다.

스탈린은 바로 사상이 그에게 너무나 중요했기 때문에 자본주의 아래에서는 전쟁이 필연적이라는 교리를 포기하는 데 주저했다. 그러나 스탈린은 그 교리를 실제로 거의 중요하지 않은 이론으로 축소했다. 또한 이이념적 정통은 공산주의자들이 주도하는 대규모 평화운동을 스탈린이 관장하는 것을 막지도 못했다. 평화운동의 존재 이유는 핵 시대에 전쟁은 필연적으로 되는 것이 허용되지 않으며 허용될 수도 없다는 것이었다.[6]

혁명으로 가는 길에 관한 스탈린의 견해는 코민테른이 반파시즘 통일을 우선시하고 사회주의로의 점진적인 민주적 이행을 포용하기 시작한

1930년대 중반부터 근본적인 변화를 겪었다. 스탈린은 1945년 3월에 유고슬라비아의 원수 티토에게 이렇게 말했다. "오늘날 사회주의는 심지어 영국 군주정 아래에서도 가능합니다. 혁명이 더는 모든 곳에서 필수적인 것은 아닙니다." 1946년 5월에 폴란드의 공산주의 지도자들은 이런 말을 들었다. "레닌은 프롤레타리아 독재 말고 사회주의로 가는 길은 없다고 말한 적이 없습니다. 레닌은 의회 같은 부르주아 민주주의 시스템의 토대를 이용해 사회주의로 가는 길로 접어들 수 있다고 인정했습니다." 체코슬로바키아 공산주의 지도자 클레멘트 고트발트[3]는 스탈린이 1946년 7월에 다음과 같이 말했다고 전했다. "경험은 소비에트 시스템과 프롤레타리아 독재로 가는 길이 하나만 있는 것이 아님을… 보여줍니다. … 히틀러의 독일이 패배한 후… 사회주의 운동에 많은 가능성과 길이 열렸습니다."[7]

문학은 특히 제2차 세계대전 이후 스탈린이 소련 픽션에 대한 외국의 영향력을 참을 수 없게 되었을 때 그에게 애국적 동원의 또 다른 무대가 되었다. 나아가 전후의 과학적 논쟁에 스탈린이 앞장서 다양하게 개입하는 과정에서도 애국주의를 고취하는 일이 벌어졌다. 새로운『정치경제학』교과서를 둘러싼 논의를 세밀히 조정하는 일은 사회주의 시스템에 필수적으로 중요한 문제에 관해 소비에트 담론을 형성하려는 그의 마지막 노력인 것으로 드러났다. 그것은 결코 성공적이지는 않았지만, 스탈린이 자신의 생애 마지막 순간에도 사회주의 경제학의 문제 및 도전과 어떻게 씨름했

---

3) Klement Gottwald(1896~1953). 체코슬로바키아의 정치가. 1921년 체코슬로바키아 공산당을 창당했다. 1945~1953년 체코슬로바키아 공산당 당수가 되었으며, 부총리(1945~1946), 총리(1946~1948), 대통령(1948~1953)을 역임했다. 고트발트 정부는 농업과 공업의 국유화를 적극 추진했으며, 정부 내 반소련 세력을 제거하기 위해 공산주의자가 아닌 정치인을 배제하는 한편 공산주의자들도 숙청했다.

는지를 보여주었다.

　스탈린이 사망한 후 소련은 훨씬 덜 폭력적이고 억압적이며 이념적으로 정통적인 국가로 새롭게 등장했다. 그러나 소련은 여전히 스탈린의 시스템으로 인정되었다. 그것은 사상이 지배하고, 그 정치가 마르크스-레닌주의 이론에 의해 틀 지어진 사람들이 주도하는 국가였다. 스탈린 사후 어떤 소련 지도자도 스탈린만큼 지적이지는 않았으나, 어느 정도 그들은 모두 수많은 소련 국민이 그랬듯이 독서를 좋아한 스탈린의 습관을 공유했다. 볼셰비키는 인민의 의식을 혁명적으로 변화시키는 데는 실패했지만, 그들의 책 문화는 계속 번성했다. 그 문화의 표시와 흔적은 오늘날의 러시아에, 특히 기록보관소에 잔존한 스탈린의 장서에 없어지지 않고 남아 있다.

들어가는 글: 크렘린의 학자

1. D. Shepilov, *The Kremlin's Scholar*, Yale University Press: London & New Haven 2014, pp.2–3, 6; J. Rubenstein, *The Last Days of Stalin*, Yale University Press: London & New Haven 2016, chap.1.
2. 셰필로프 회고록의 러시아어 제목은 '네프림크닙시(Neprimknyvshy)'다. 그것은 글자 그대로 '가담하지 않음'이라는 뜻인데, 이는 셰필로프가 1957년에 몰로토프의 주도 아래 흐루쇼프 전복을 기도했던 간부회(정치국) 그룹과 제휴는 했으나 그 일원은 아니었던 사실을 언급하는 것이다.
3. 영어, 프랑스어, 독일어를 배우려는 스탈린의 노력에 관해서는 M. Kun, *Stalin: An Unknown Portrait*, CEU Press: Budapest 2003, chap.8을 보라. 스탈린은 1921년 10월 일자의 당원 등록 설문지에서 그루지야어와 러시아어뿐 아니라 독일어도 말할 수 있다고 진술했으나 이는 과장이었던 것 같다.(Rossiysky Gosudarstvenny Arkhiv Sotsial'no-Politicheskoy Istorii (이하 RGASPI), F.558, Op.4, D.333, L.1.)
4. D. Rayfield, *Stalin and His Hangmen*, Viking: London 2004, p.44.
5. S. Alliluyeva, *20 Letters to a Friend*, Penguin: Harmondsworth 1968, p.187.
6. S. Fitzpatrick, *The Commissariat of Enlightenment: Soviet Organisation of Education and the Arts under Lunacharsky*, Cambridge University Press: Cambridge 1970, pp.1–2.

1장 잔혹한 폭군과 책벌레

1. I. Deutscher, *Stalin: A Political Biography*, 2nd edn, Penguin: Harmondsworth 1966, p.44.

2. A. Alvarez, *Under Pressure: The Writer in Society: Eastern Europe and the USA*, Penguin: London 1965, p.11.

3. D. Priestland, 'Stalin as Bolshevik Romantic: Ideology and Mobilisation, 1917–1939' in S. Davies & J. Harris (eds.), *Stalin: A New History*, Cambridge University Press: Cambridge 2005를 보라.

4. E. van Ree, 'Heroes and Merchants: Stalin's Understanding of National Character', *Kritika*, 8/1 (Winter 2007), p.62.

5. P. Hollander, *Political Pilgrims: Western Intellectuals in Search of the Good Society*, Transaction Publishers: New Brunswick NJ 1998, p.xxxv에서 재인용.

6. J. Brent & V. P. Naumov, *Stalin's Last Crime: The Plot Against the Jewish Doctors, 1948–1953*, HarperCollins: New York, 2003.

7. 지식인(intelligent)은 지적·비판적·창조적 작업에 종사하는 교육받은 사회 계층인 지식계급(intelligentsia)의 일원을 가리킨다. 볼셰비키는 지식계급의 급진적 부분이 할 역할은 노동계급과 그 농민 동맹자들을 가르쳐서 자본주의를 타도하고 그것을 사회주의로 대체하는 역사적 임무 쪽으로 이끄는 것이어야 한다고 믿었다. 스탈린은 스스로를 지식인으로 언급한 적이 없다. 스탈린의 자기규정은 정치적이었다. 즉 그는 마르크스주의자이자 혁명적 사회주의자였다. 소련 시절에 지식계급의 개념은 더욱 확장되어 행정·기술(技術) 간부들을 포함하게 되었다. 이 그룹 전체는 사회주의 건설에서 노동계급과 농민계급의 동맹자라고 여겨졌다. 나는 이 책에서 '지식인'이라는 용어를 순전히 기술(記述)적 의미로 사용한다.

8. 젊은 스탈린이 어떤 픽션을 읽었는지 그 기록들을 요약하려면 I. R. Makaryk, 'Stalin and Shakespeare' in N. Khomenko (ed.), *The Shakespeare International Yearbook*, vol. 18, Special Section on Soviet Shakespeare, Routledge: London July 2020, p.46을 보라. 나는 그녀의 논문을 보내준 마카릭 교수에게 감사한다.

9. E. van Ree, *The Political Thought of Joseph Stalin*, Routledge: London 2002, p.186에서 재인용.

10. A. Sergeyev & E. Glushik, *Besedy o Staline*, Krymsky Most: Moscow 2006, pp.55–7. 세르게예프는 1921년 열차 사고로 죽은 노장 볼셰비키의 아들이었다. 스탈린에게 입양된 세

르게예프는 바실리의 단짝 친구였다. 그의 회고록은 여기서 인용한 책의 공저자와 나눈 대화에서 유래한다.

11. 또 한 명의 키플링 팬인 블라디미르 푸틴(Vladimir Putin) 대통령은 2021년 4월 러시아 연방에 보낸 연두교서에서 『정글북』을 참조했다. 푸틴은 자칼 타바키와 호랑이 쉬어 칸을 언급하며 키플링의 동화에서 이 두 동물이 다른 동물들을 대하는 것처럼 러시아를 대해서는 안 된다고 다른 나라들에 경고했다. http://en.kremlin.ru/events/president/news/65418. 2021년 8월 4일 검색.

12. A. Sergeyev & E. Glushik, *Kak Zhil, Rabotal i Vospityval Detei I. V. Stalin*, Krymsky Most: Moscow 2011, p.18. 나는 유리 슬레즈킨(Yuri Slezkine)의 *The House of Government: A Saga of the Russian Revolution*, Princeton University Press: Princeton 2019, p.611에서 스탈린이 책에 적어놓은 이 글귀를 주목하게 되었다. 슬레즈킨의 저서는 모스크바강 건너 크렘린 맞은편에 있는 한 건물 단지의 역사에 관한 것이다. 이 건물 단지에는 정부 관리와 여타 소비에트 엘리트들이 입주해 있었다. 아르툠 세르게예프는 스탈린과 함께 지내지 않을 때는 어머니와 함께 그곳에서 살았다.

13. Rossiysky Gosudarstvenny Arkhiv Sotsial'no-Politicheskoy Istorii (이하 RGASPI), F.558, Op.3, D.52.

14. Yu. G. Murin (ed.), *Iosif Stalin v Ob"yatiyakh Sem'i*, Rodina: Moscow 1993, doc.84.

15. D. Brandenberger & M. Zelenov (eds.), *Stalin's Master Narrative: A Critical Edition of the History of the Communist Party of the Soviet Union (Bolsheviks): Short Course*, Yale University Press: London & New Haven, 2019.

16. RGASPI, F.558, Op.3, D.76. 책에는 이렇게 적혀 있었다. "스탈린이 바샤에게."

17. Murin (ed.), *Iosif Stalin v Ob"yatiyakh Sem'i*, doc.94. 바실리는 1940년에 공군에 입대했고 장군 계급까지 승진했다. 스탈린이 사망한 후 바실리는 반소련 중상모략과 국가 자금 유용 혐의로 체포되어 징역 8년을 선고받았다. 그는 생애의 나머지 기간을 감옥을 들락날락하며 보냈다. 바실리는 친할아버지 베소 주가시빌리(Beso Dzhugashvili)처럼 음주 문제가 있었고, 1962년 마흔한 살 생일을 며칠 앞두고 알코올 남용과 관련된 원인으로 죽었다.

18. S. Alliluyeva, *Only One Year*, Penguin: London 1971, p.318.

19. 20권쯤 되는 스베틀라나의 책은 모스크바의 스탈린 개인 장서에서 나온 도서 컬렉션의 일부로 Gosudarstvennaya Obshchestvenno-Politicheskaya Biblioteka(국립 사회-정치 도서관, 이하 SSPL)에서 찾을 수 있다. 독재자는 이 도서들에는 표시하지 않았다. 그녀의 많은 책에는 아버지의 포멧키(pometki, 표시)와 유사한 표시가 적혀 있다. 스베틀라나가 유물론

철학에 관한 레닌의 신성한 텍스트의 여백에 쓴, "틀렸음", "터무니없는 소리", "하하하!" 같은 감탄사가 그런 표시다.

20. R. Debray, 'Socialism: A Life–Cycle', *New Left Review*, 46 (July–August 2007)에서 재인용.

21. K. Clark, *Moscow, The Fourth Rome: Stalinism, Cosmopolitanism, and the Evolution of Soviet Culture*, Harvard University Press: Cambridge MA 2011, p.13.

22. *Literaturnaya Gazeta*, 17 August 1934. 내 인용문은 RGASPI, F.71, Op.10, D.170, L.162 에서 나왔다.

23. S. Lovell, *The Russian Reading Revolution: Print Culture in the Soviet and Post-Soviet Eras*, Palgrave Macmillan: London 2000, p.12.

24. M. David–Fox, *Revolution of the Mind: Higher Learning among the Bolsheviks, 1918–1929*, Cornell University Press: Ithaca NY & London 1997.

25. J. Pateman, 'Lenin on Library Organisation in Socialist Society', *Library & Information History*, 35/2 (2019). 나는 저자에게 논문을 보내준 데 대해 감사한다. 수치는 E. Shishmareva and I. Malin, 'The Story of Soviet Libraries', *USSR* [information bulletin of the Soviet embassy in the USA], 6/53 (24 July 1946)에서 나왔다.

26. S. McMeekin, *Stalin's War*, Allen Lane: London 2021, p.625.

27. D. Fainberg, *Cold War Correspondents: Soviet and American Reporters on the Ideological Frontlines*, Johns Hopkins University Press: Baltimore 2020, p.50.

28. P. Kenez, *The Birth of the Propaganda State: Soviet Methods of Mass Mobilization, 1917–1929*, Cambridge University Press: Cambridge 1985, p.249.

29. P. Corrigan, 'Walking the Razor's Edge: The Origins of Soviet Censorship' in L. Douds, J. Harris & P. Whitewood (eds.), *The Fate of the Bolshevik Revolution: Illiberal Liberation, 1917–41*, Bloomsbury Academic: London 2020, p.209.

30. A. Kemp–Welch, *Stalin and the Literary Intelligentsia, 1928–1939*, St Martin's Press: New York 1991, p.19.

31. H. Ermolaev, *Censorship in Soviet Literature, 1917–1991*, Rowman & Littlefield: Lanham MD 1997, p.57.

32. J. Arch Getty & O. V. Naumov, *The Road to Terror: Stalin and the Self-Destruction of the Bolsheviks, 1932–1939*, Yale University Press: London & New Haven 1999, docs16 & 44.

33. V. S. Astrakhansky, 'Biblioteka G. K. Zhukova', *Arkhivno-Informatsionny Byulleten*', 13 (1996); Alliluyeva, *Only One Year*, p.348.

34. S. Alliluyeva, *20 Letters to a Friend*, Penguin: Harmondsworth 1968, pp.150-1.

35. 몰로토프의 손자로 포스트소비에트 러시아에서 저명한 친푸틴 정치평론가인 뱌체슬라프 니코노프(Vyacheslav Nikonov)는 두 권으로 된 몰로토프 전기를 썼다. *Molotov*, Molodaya Gvardiya: Moscow 2016. 대중 축약판이 프랑스어로 발간되었다. *Molotov: notre cause est juste*, L'Harmattan: Paris 2020.

36. R. Polonsky, *Molotov's Magic Lantern*, Faber and Faber: London 2010, chap.2.

37. 몰로토프에 관해서는 G. Roberts, *Molotov: Stalin's Cold Warrior*, Potomac Books: Washington DC 2012.

38. J. Brent, *Inside the Stalin Archives*, Atlas & Co.: New York 2008, pp.299-302.

39. 스탈린이 어머니, 부인, 자녀들에게 보낸 편지는 Murin (ed.), *Iosif Stalin v Ob''yatiyakh Sem'i*에서 찾을 수 있다.

40. S. Kotkin, *Stalin: Paradoxes of Power, 1878-1928*, Allen Lane: London 2014, p.597.

41. H. Kuromiya, *Stalin*, Pearson: Harlow 2005, p.137.

42. A. Werth, *Russia: The Post-War Years*, Robert Hale: London 1971, p.250.

43. RGASPI F.558, Op.3, D.46, L.15.

2장 스탈린 전기 작가들의 돌을 찾아서

1. 스탈린의 직원들은 1924년부터 1953년까지 크렘린 집무실을 찾은 방문객들에 대한 일지를 기록했으나 그의 아파트나 다차 혹은 크렘린 내 다른 장소를 찾은 방문객에 대해서는 일지를 쓰지 않았다. *Na Priyome u Stalina: Tetradi (Zhurnaly) Zapisei Lits, Prinyatykh I. V. Stalinym (1924-1953)*, Novy Khronograf: Moscow 2008.

2. R. H. McNeal, *Stalin: Man and Ruler*, Macmillan: London 1989, p.9(Papermac edition)에서 재인용.

3. https://www.marxists.org/reference/archive/stalin/works/1931/dec/13a.htm. 2021년 8월 4일 검색. 인터뷰가 있고 얼마 지나지 않아 스탈린은 루트비히에 대한 그의 인상에 관해 질문을 받았다. 스탈린은 "우둔한 사람이요"(Nedalyoky chelovek)라고 대답했다. *Mezhdu Molotom i Nakoval'ney: Soyuz Sovetskikh Pisatelei SSSR*, 1, Rosspen: Moscow

2010, p.156.

4. 작고한 불가코프의 부인이 1960년대에 예드바르트 라진스키(Edvard Radzinsky)와 인터뷰를 하면서 한 회고. E. Radzinsky, *Stalin*, Sceptre Books: London 1997, pp.9–11. 라진스키는 자신의 일기에 옐레나 불가코바(Yelena Bulgakova)의 회상을 기록했다.

5. G. Safarov, *Taktika Bol'shevizma: Osnovnye Etapy Razvitiya Taktiki R.K.P.*, Priboy: Petrograd 1923. Rossiysky Gosudarstvenny Arkhiv Sotsial'no-Politicheskoy Istorii (이하 RGASPI), F.558. Op.3, D.309. Lenin volumes: Dd.115–18; Stalin volume: D.324. 사파로프는 1918년 7월 차르와 그의 일가를 총살할 것을 결정한 결의안에 서명했다. 1920년대에 사파로프는 볼셰비키 당내에서 스탈린에 반대한 정파의 일원이었고 1930년대에 숙청의 희생자가 되었다. 그는 1942년에 굴라그에서 처형당했다.

6. https://revolutionarydemocracy.org/rdv12n2/cpi2.htm. 2021년 8월 4일 검색.

7. M. Folly, G. Roberts & O. Rzheshevsky, *Churchill and Stalin: Comrades-in-Arms During the Second World War*, Pen & Sword Books: Barnsley 2019, pp.1–2에서 재인용.

8. R. G. Suny, *Stalin: Passage to Revolution*, Princeton University Press: Princeton 2020, p.2.

9. RGASPI, F.558, Op.1, D.4507. 스탈린은 1879년이라고 썼던 것 같으나 그런 다음 확신이 서지 않은 듯 9를 8로 바꿨다. 1921년 8월에 스웨덴 사회민주주의 신문 *Folkets Dagblad Politike*에 설문지에 기반을 둔 기사가 실렸다.

10. *Ibid.*, Op.4, D.333, L.1.

11. *Ibid.*, Op.1, D.4343, Ll.1–3. Kogda Rodilsya I. V. Stalin', *Izvestiya TsK KPSS*, 11 (1990), pp.132–4도 보라. '구력'과 '신력'은 볼셰비키가 집권한 후 율리우스력에서 그레고리력으로 변경되었음을 일컫는다. 이는 1918년 1월 이전의 생일 등의 날짜가 새로운 달력보다 12일이나 13일 뒤처져 있음을 의미했다.

12. 톱스투하에 관해서는 N. E. Rosenfeldt, *The 'Special' World: Stalin's Power Apparatus and the Soviet System's Secret Structures of Communication*, Museum Tusculanum Press: Copenhagen 2009 passim; V. G. Mosolov, *IMEL: Tsitadel' Partiinoy Ortodoksii*, Novy Khronograf: Moscow 2010, chap.3; V. A. Torchinov & A. M. Leontuk, *Vokrug Stalina: Istoriko-Biografichesky Spravochnik*, Filologichesky Fakul'tet Sankt–Peterburgskogo Gosudarstvennogo Universiteta: St Petersburg 2000, pp.481–3.

13. D. Brandenberger, *Propaganda State in Crisis: Soviet Ideology, Indoctrination and Terror under Stalin, 1927–1941*, Yale University Press: London & New Haven 2011, p.55. 톱스투하가 쓴 사전 글의 영어 번역은 G. Haupt & J-J. Marie (eds.), *Makers of the Russian*

Revolution: Biographies of Bolshevik Leaders, Allen & Unwin: London 1974, pp.65–75에서 찾을 수 있다. 이 책에는 최고위 볼셰비키의 다른 그라나트(Granat) 일대기들을 번역한 글도 있다.

14. 'Reply to the Greetings of the Workers in the Chief Railway Workshops in Tiflis' in J. V. Stalin, *Works*, vol.8, Foreign Languages Publishing House: Moscow 1954, pp.182–4 (나의 강조). 나는 A. J. Rieber, 'Stalin: Man of the Borderlands', *American Historical Review* (December 2001), p.1673을 읽고 이 연설과 연설이 함축한 종교적 의미를 주목하게 되었다.

15. S. Alliluyeva, *20 Letters to a Friend*, Penguin: Harmondsworth 1968, p.35. 나는 스탈린의 그루지야 뿌리와 정체성을 중요하지 않게 생각하지만, 앨프레드 J. 리버(Alfred J. Rieber)와 로널드 수니(Ronald Suny) 등 많은 이가 이러한 생각에 이의를 제기할 것이다.

16. Brandenberger, *Propaganda State in Crisis*, p.60.

17. J. Stalin, 'Some Questions Concerning the History of Bolshevism' in J. V. Stalin, *Works*, vol.13, Foreign Languages Publishing House: Moscow 1955, pp.86–104. 이 서한과 그 배경, 좀 더 폭넓은 결과에 관해서는 J. Barber, *Soviet Historians in Crisis, 1928–1932*, Macmillan: London 1981, esp. chap.10을 보라.

18. 슬루츠키는 1937년에 체포되었고 굴라그에서 20년 동안 생존했다. 그는 역사가로서 계속 작업했고 마르크스의 첫 전기 작가인 프란츠 메링(Franz Mehring)에 관한 책을 출간했다. 1960년대에 소련 학술원의 역사 연구소에서 일했던 슬루츠키는 1979년에 사망했다.

19. Stalin, *Works*, vol.13, p.99.

20. *Ibid.*, pp.107–8.

21. L. Yaresh, 'The Role of the Individual in History' in C. E. Black (ed.), *Rewriting Russian History*, Vintage: New York 1962를 보라.

22. J. Devlin, 'Beria and the Development of the Stalin Cult' in G. Roberts (ed.), *Stalin: His Times and Ours*, IAREES: Dublin 2005, pp.33–5. 스탈린이 표시를 남긴 이 책 한 권을 RGASPI, F.558, Op.11, D.704에서 볼 수 있다. 이 책의 러시아어 제4판의 영어 번역본을 위해서는 L. Beria, *On the History of the Bolshevik Organizations in Transcaucasia*, Lawrence and Wishart: London n.d.를 보라.

23. A. Sobanet, *Generation Stalin: French Writers, the Fatherland and the Cult of Personality*, Indiana University Press: Bloomington 2018에 있는 그의 'Henri Barbusse and Stalin's Official Biography' p.57을 보라.

24. *Bol'shaya Tsenzura: Pisateli i Zhurnalisty v Strane Sovetov, 1917–1956*, Demokratiya: Moscow 2005, doc.201.

25. *Ibid.*, doc.200.

26. RGASPI, F.558, Op.11, D.699, doc.17. Ibid., doc.256에도 실렸다.

27. Sobanet, 'Henri Barbusse', pp.41, 83. 바르뷔스는 사망 당시 스탈린의 생애에 관한 시나리오를 작업 중이었다.

28. 1934년 2월의 바르뷔스 편지. K. Morgan, 'Pseudo–Facts and Pseudo–Leaders: Henri Barbusse and the Dilemmas of Representing the Pre–War Stalin Cult' (출간 예정 논문)에서 재인용.

29. H. Barbusse, *Stalin: A New World Seen Through One Man*, Macmillan: London 1935, pp.175–6.

30. Sobanet, 'Henri Barbusse', pp.86–7.

31. S. Davies & J. Harris, *Stalin's World: Dictating the Soviet Order*, Yale University Press: London & New Haven 2014, pp.149, 158–9.

32. D. Brandenberger, 'Stalin as Symbol: A Case Study of the Personality Cult and its Construction' in S. Davies & J. Harris (eds.), *Stalin: A New History*, Cambridge University Press: Cambridge 2005, p.261에서 재인용.

33. 관련 문서들은 다음에서 찾을 수 있다. RGASPI, F.558, Op.11, D.1509. 이 문서들은 또한 in *I.V. Stalin, Istoricheskaya Ideologiya v SSSR v 1920–1950-e gody*, Nauka–Piter: St Petersburg 2006, docs. 226–9에도 실렸다. 나는 Davies & Harris, *Stalin's World*, pp.152–3을 읽고 이 일화에 주목하게 되었다.

34. 불운한 모스칼레프는 1942년에 다시 스탈린의 눈길을 끌게 되었던 것 같다. 이는 모스칼레프가 독재자의 시베리아 유형 시절에 관해 쓴 책 때문이었다. 스탈린은 이 책을 아무래도 좋아하지 않았던 듯했고, 책은 출간이 취소되었다. 사이먼 시백 몬티피오리(Simon Sebag Montefiore)에 따르면(*Young Stalin*, Weidenfeld & Nicolson: London 2007, p.241), 모스칼레프는 당시 크라스노야르스크 당 서기였고 소련의 최고 지도자가 될 운명이었던 콘스탄틴 체르넨코(Konstantin Chernenko)에게서 책의 집필을 의뢰받았다. 1940년대 말에 유대인이었던 모스칼레프는 반(反)코즈모폴리턴 숙청의 희생자가 되어 체포당했다. 스탈린이 사망한 후 복권된 모스칼레프는 역사가로서 다시 작업하기 시작해 레닌의 시베리아 유형에 관한 책을 비롯해 초기 볼셰비키와 소련사에 관한 일련의 저서를 발간했다.

35. RGASPI, F558, Op.1, D.3226; Brandenberger, 'Stalin as Symbol', pp.262–3.

36. RGASPI, F558, Op.11, D.905, doc.4. 이것은 스탈린의 『저작들』 출간의 역사에 관한 핵심 파일이다. 그 문서 중 많은 것이 I. V. Stalin, *Trudy*, vol.1, Prometey Info: Moscow 2013에 실렸다.

37. *Ibid.*, doc.6.

38. 많은 세세한 사정을 S. Yu. Rychenkov, 'K Istorii Podgotovki Pervogo Izdaniya Sochinenii I. V. Stalina' in Stalin, *Trudy*, pp.274-302에서 찾을 수 있다. IMEL의 숙청에 관해서는 Mosolov, *IMEL*, pp.312-41.

39. 스탈린의 문서 선별과 수정은 RGASPI, F.558, Op.11, Dd.907ff에서 볼 수 있다.

40. RGASPI, F.558, Op.11, D.941, doc.1. IMEL이 1945년 12월 말에 스탈린에게 보낸 이 12페이지짜리 문서는 1917~1920년에 스탈린이 쓴 글들에 대한 편집상의 변경과 관련되었다. 문서에는 세로 단이 세 칸 있었다. 왼쪽 단에는 원 텍스트가 있었고, 중간 단에는 출판을 위해 제안된 텍스트가 있었으며, 오른쪽 단에는 인용한 사항에 대해 어떤 지적도 필수적이라고 생각되지는 않지만 변경하게 된 까닭을 설명하는 난이 있었다. 제안된 변경은 대부분 사소했다. 나는 Mosolov, *IMEL*, pp.442-3을 읽고 이 문서를 주목하게 되었다. 게재된 1918년 텍스트는 J. Stalin, *Works*, vol.4, Foreign Languages Publishing House: Moscow 1953, pp.155-7에서 찾을 수 있다.

41. Stalin, *Trudy*, pp.376-84.

42. *Ibid.*, pp.385-406.

43. *Ibid.*, pp.485-7.

44. *Ibid.*, pp.506-11.

45. 스탈린은 1902년 3월에 바투미에서 벌어진 파업과 시위를 언급하고 있다. 이 사건은 당국이 시위대에 발포하면서 참가자 13명을 죽이고 다수에게 부상을 입히는 유혈사태를 불러왔다.

46. 'Na Priyome u I. V. Stalina: Zapis' V. D. Mochalova' in Stalin, *Trudy*, pp.512-22. 모찰로프가 그의 보고서를 언제 썼는지는 분명하지 않다. 모찰로프가 기록한 회동의 때와 장소, 시간은 스탈린의 업무 일지에서 확인된다. *Na Priyome u Stalina* p.465. 1970년에 사망한 모찰로프는 IMEL을 그만둔 후 최고 소련 역사 잡지의 하나인 *Istoriya SSSR*에서 편집장으로 일하는 등 뛰어난 학술 경력을 쌓았다.

47. 코누샤야의 회고는 I. V. Stalin, *Sochineniya*, vol.16, Pisatel': Moscow 1997, pp.231-6에서 찾을 수 있다.

48. Mosolov, *IMEL*, p.439에서 재인용.

49. RGASPI, F.558 Op.11, D.906, Ll.7-8, 25ff.

50. J. Stalin, *Works*, vol. 1, Foreign Languages Publishing House: Moscow 1952, pp.xvii-xxi.

51. RGASPI, F.558, Op.11, Dd.1221-5; Brandenberger, *Propaganda State*, p.255.

52. 리벤트로프에 대한 스탈린의 반응은 그의 전집에서 제외하기 위해 특별히 일람표에 기재되었다. RGASPI, F.71, Op.10, D.170, L.162.

53. G. Roberts, 'Stalin, the Pact with Nazi Germany and the Origins of Postwar Soviet Diplomatic Historiography: A Research Note', *Journal of Cold War Studies*, 4/4 (Fall 2002)와 V. Pechatnov, 'How Soviet Cold Warriors Viewed World War II: The Inside Story of the 1957 Edition of the Big Three Correspondence', *Cold War History*, 14/1 (2014)을 보라.

54. R. H. McNeal, *Stalin's Works: An Annotated Bibliography*, Hoover Institution: Stanford CA 1967, p.16.

55. RGASPI, F.558, Op.11, Dd.1100ff를 보라.

56. O. Edel'man, *Stalin, Koba i Soso: Molodoi Stalin v Istoricheskikh Istochnikakh*, Izdatel'sky Dom Vysshey Shkoly Ekonomiki: Moscow 2016, p.74.

57. McNeal's Introduction to J. F. Matlock, *An Index to the Collected Works of J. V. Stalin*, Johnson Reprint Corporation: New York 1971, p.v. 맷록은 1987-1991년에 모스크바 주재 미국 대사를 지냈다.

3장 읽기, 쓰기, 혁명

1. R. G. Suny, *Stalin: Passage to Revolution*, Princeton University Press: Princeton 2020, pp.26-7.

2. R. G. Suny, 'Beyond Psychohistory: The Young Stalin in Georgia', *Slavic Review*, 50/1 (Spring 1991), p.52.

3. R. Brackman, *The Secret File of Joseph Stalin: A Hidden Life*, Frank Cass: London 2001. 요약을 보려면 R. Brackman, 'Stalin's Greatest Secret', *Times Higher Education Supplement* (26 April 2001).

4. R. C. Tucker, 'A Stalin Biographer's Memoir' in S. Baron & C. Pletsch (eds.), *Introspection*

in Biography, Routledge: New York 1985.

5. 'Rech' Stalina I. V. na Soveshchanii Komandnogo Sostava', 22 March 1938, Rossiysky Gosudarstvenny Arkhiv Sotsial'no-Politicheskoy Istorii (이하 RGASPI), F.558, Op.11, D.1121, Ll.49-50. 스탈린은 초기에 쓴 논설에서 곤경에 빠진 전직 구두장이가 어떻게 노동계급 의식을 획득할 수 있었는지를 보여주는 실례로 자기 아버지 이야기의 또 다른 버전을 말했다(J. Stalin, *Works*, vol.1, Foreign Languages Publishing House: Moscow 1952, pp.317-18).

6. S. Kotkin, *Stalin: Paradoxes of Power, 1878-1928*, Allen Lane: London 2014, pp.21, 26.

7. *My Dear Son: The Memoirs of Stalin's Mother* (Kindle edition).

8. R. H. McNeal, *Stalin: Man and Ruler*, Macmillan: London 1988, p.4; I. Deutscher, *Stalin: A Political Biography*, Penguin: Harmondsworth 1966, p.36. 정보 제공자는 G. 글루르지제(G. Glurdzhidze)였다. 그는 1939년 스탈린의 어린 시절에 대해 인터뷰할 당시 고리에서 교사로 일했다.

9. RGASPI, F.558, Op.4, D.5; O. Khlevniuk, *Stalin: New Biography of a Dictator*, Yale University Press: London & New Haven 2015, p.15.

10. R. Service, *Stalin: A Biography*, Macmillan: London 2004, p.35.

11. RGASPI, F.558, Op.4, D.600. 이 텍스트들은(러시아어) I. Stalin, *Sochineniya*, vol.17, Severnaya Korona: Tver' 2004, pp.1-6에서도 찾을 수 있다. 여기서 인용한 발췌문을 비롯해 일부 발췌문의 번역은 Suny, *Stalin: Passage to Revolution*, pp.57-9에서 볼 수 있다.

12. *Ibid.*, pp.64-6.

13. Deutscher, *Stalin: A Political Biography*, p.37.

14. A. J. Rieber, 'Stalin as Georgian: The Formative Years' in S. Davies & J. Harris (eds.), *Stalin: A New History*, Cambridge University Press: Cambridge 2005, p.36.

15. 스탈린은 그의 직원이 준비한 1922년 연표에 따르면, "미덥지 못함"이라는 이유로 신학교에서 쫓겨났다.

16. RGASPI, F.558, Op.4, D.65; M. Kun, *Stalin: An Unknown Portrait*, CEU Press: Budapest 2003, p.31.

17. J. Stalin, *Works*, vol.2, Foreign Languages Publishing House: Moscow 1953, p.368.

18. R. Boer, 'Religion and Socialism: A. V. Lunacharsky and the God-Builders', *Political Theology*, 15/2 (March 2014), p.205에서 재인용. S. Fitzpatrick, *The Commissariat of Enlightenment: Soviet Organisation of Education and the Arts under Lunacharsky*,

Cambridge University Press: Cambridge 1970, pp.4–5도 보라. 당시의 '구신(救神)주의' 운동과 '건신(建神)주의' 운동 사이의 맥락과 관계를 알려면 E. Clowes, 'From Beyond the Abyss: Nietzschean Myth in Zamiatin's "We" and Pasternak's "Doctor Zhivago"' in B. Glatzer Rosenthal (ed.), *Nietzsche and Soviet Culture*, Cambridge University Press: Cambridge 1994를 보라.

19. 스탈린은 볼셰비키 잡지 『계몽(Prosveshcheniye)』의 1912년 1월호에 게재된 1911년 판 책의 서평을 읽고 루나차르스키에게 "마르크스주의는 종교다"라는 서평자의 구절에 줄을 그었을 것이다. RGASPI, F.558, Op.3, D.274, 잡지 p.86. 『계몽』의 이 호는 스탈린의 장서에 있는 19개 호 중 하나다. 1911년부터 1914년까지 일자의 이 호들에는 군데군데 상당수 표시가 있으나, 예브게니 고르모프(Yevgeny Gromov)가 지적하듯이 그 표시들이 모두 스탈린의 것인지는 불분명하다(*Stalin: Iskusstvo i Vlast'*, Eksmo: Moscow 2003, p.59). 거의 확실한 짐작은 마르크스주의와 민족 문제에 관한 논설(스탈린 자신의 논설을 포함하여) 몇 편에 있는 표시는 스탈린이 했으리라는 것이다. 분명히, 이 특정의 표시들은 그 후 스탈린이 이 문제를 논의할 때 제시했던 논거, 주장과 부합한다. 보리스 일리자로프(Boris Ilizarov, *Pochotny Akademik Stalin i Akademik Marr*, Veche: Moscow 2012, p.113)는 스탈린이 투루한스크에서 이 잡지 호들을 갖고 있다가 집으로 가져왔다고 믿고 있으나, 스탈린이 1917년에 유형지에서 페트로그라드로 돌아온 직후 그것들을 입수했다는 것이 더 그럴듯하다.

20. 스탈린 시대의 볼셰비키 종교 정책에 관한 상세한 연구로는 I. A. Kurlyandsky, *Stalin, Vlast', Religiya*, Kuchkovo Pole: Moscow 2011과 A. Rokkuchchi, *Stalin i Patriarkh: Pravoslavnaya Tserkov' i Sovetskaya Vlast', 1917–1958*, Rosspen: Moscow 2016을 들 수 있다. 로쿠치(Roccucci, 문자 그대로)의 책은 이탈리아어로도 간행되었다. *Stalin e il Patriarca: La Chiesa Ortodossa e il Potere Sovietico*, Einaudi: Turin 2011.

21. J. Ryan, 'Cleansing NEP Russia: State Violence Against the Russian Orthodox Church in 1922', *Europe-Asia Studies*, 65/9 (November 2013)를 보라.

22. D. Peris, *Storming the Heavens: The Soviet League of the Militant Godless*, Cornell University Press: Ithaca NY1998, p.39.

23. J. Stalin, *Works*, vol.10, Foreign Languages Publishing House: Moscow 1954, pp.138–9.

24. L. H. Siegelbaum, *Soviet State and Society Between Revolutions, 1918–1929*, Cambridge University Press: Cambridge 1992를 보라.

25. V. Smolkin, *A Sacred Space Is Never Empty: A History of Soviet Atheism*, Princeton

University Press: Princeton 2018, p.46.

26. *Ibid.*, pp.47-9.

27. F. Corley (ed.), *Religion in the Soviet Union: An Archival Reader*, Macmillan: Basingstoke 1996, doc.89.

28. Smolkin, *A Sacred Space is Never Empty*, chap.2를 보라.

29. R. Boer, 'Sergei and the "Divinely Appointed" Stalin', *Social Sciences* (April 2018), p.15.

30. Smolkin, *A Sacred Space is Never Empty*, p.53.

31. S. Merritt Miner, *Stalin's Holy War: Religion, Nationalism and Alliance Politics, 1941-1945*, University of North Carolina Press: Chapel Hill 2003을 보라.

32. *Ibid.*, p.6. 보어(Boer)의 *Stalin: From Theology to the Philosophy of Socialism in Power*, Springer: Singapore 2017도 보라.

33. J. Stalin, *Works*, vol.4, Foreign Languages Publishing House: Moscow 1953, p.406.

34. 정치 종교로서의 공산주의와 관련해 나는 에릭 판 레이(Erik van Ree)가 자신의 논문 'Stalinist Ritual and Belief System: Reflections on "Political Religion"', *Politics, Religion and Ideology*, 17/2-3 (June 2016)에서 펼친 주장을 충실히 따랐다.

35. 나는 패트릭 게이건(Patrick Geoghegan)의 *Robert Emmet: A Life*, Four Courts Press: Dublin 2004 덕분에 나폴레옹을 참조하게 되었다. 도널드 레이필드(Donald Rayfield)에 따르면, 스탈린은 콘스탄틴 감사후르디아(Konstantine Gamsakhurdia)의 역사소설 중 하나에서 다음과 같은 언급 옆에 "어리석은 소리!"라고 썼다. "역사적 애국주의의 방침으로 양육한다면, 우리는 어떤 산적도 나폴레옹으로 만들 수 있다." D. Rayfield, *Stalin and His Hangmen*, Viking: London 2004, p.16.

36. Stalin, *Works*, vol. 1, p.57.

37. E. van Ree, 'The Stalinist Self: The Case of Ioseb Jughashvili (1898-1907)', *Kritika*, 11/2 (Spring 2010)를 보라.

38. Suny, *Stalin: Passage to Revolution*, p.138. 인용의 목적을 위해 이 구절의 순서를 바꿨다.

39. R. M. Slusser, *Stalin in October: The Man Who Missed the Revolution*, Johns Hopkins University Press: Baltimore 1987.

40. Stalin, *Works*, vol.1, pp.133-9.

41. S. Sebag Montefiore, *Young Stalin*, Weidenfeld & Nicolson: London 2007. 트빌리시 강도 사건에 대한 좀 더 냉철한 분석을 보려면 Suny, *Stalin: Passage to Revolution*, chap.17을 참조하라.

42. *Ibid.*, p.361에서 재인용.

43. L. Trotsky, *The Stalin School of Falsification*, Pioneer Publishers: New York 1962, p.181.

44. J. Ryan, *Lenin's Terror: The Ideological Origins of Early Soviet State Violence*, Routledge: London 2012, chaps 1−2를 보라.

45. 말리놉스키 사건에 관해서는 I. Halfin, *Intimate Enemies: Demonizing the Bolshevik Opposition, 1918−1928*, University of Pittsburgh Press: Pittsburgh 2007, pp.1−17을 보라.

46. I. Deutscher, 'Writing a Biography of Stalin', *The Listener*, https://www.marxists.org/archive/deutscher/1947/writing−stalin.htm (25 December 1947).

47. Suny, *Stalin: Passage to Revolution*, chap.23을 보라. 로이 메드베데프(Roy Medvedev)는 생애 말년에 스탈린이 그루지야어로 쓰는 데 애를 먹었으며, 이것이 1920년대와 1930년대에 어머니에게 보내는 편지가 뜸해지고 간략하게 되는 사정을 설명한다고 암시한다. R. & Z. Medvedev, *The Unknown Stalin: His Life, Death and Legacy*, Overlook Press: Woodstock NY 2004의 'Stalin's Mother'에 관한 그의 글을 보라. 스탈린은 학교와 신학교에서 고대 그리스어를 공부했으나 그것을 얼마나 잘 구사했는지는 불분명하다.

48. 민족 문제에 관한 스탈린 저술을 포괄적으로 모아놓은 도서를 위해서는 J. Stalin, *Marxism and the National-Colonial Question*, Proletarian Publishers: San Francisco 1975를 보라.

49. 스탈린과 레닌의 철학적·정치적 차이는 여기서 시사한 것보다 더 크다는 견해에 관해서는 R. C. Williams, *The Other Bolsheviks: Lenin and His Critics, 1904−1914*, Indiana University Press: Bloomington 1986, pp.119−23을 보라.

50. Suny, *Stalin: Passage to Revolution*, pp.415−19.

51. 스탈린의 도서관 방문에 관한 오누프리예바의 증언과 경찰 보고는 RGASPI, F.558, Op.4, D.647, Ll.52−8에서 볼 수 있다. 코간 책의 속표지에 스탈린이 오누프리예바에게 남긴 글귀의 사본은 다음에서 찾을 수 있다. RGASPI, Op.1, D.32. 나는 Y. Gromov, *Stalin: Iskusstvo i Vlast'*, Eksmo: Moscow 2003, pp.36−8을 읽고 이 자료를 알게 되었다. 또 Suny, *Stalin: Passage to Revolution*, pp.465−7도 보라.

52. RGASPI, F.558, Op.4, D.138, Ll.3−5.

53. 스탈린의 편지들은 다음에서 찾을 수 있다. *Bol'shevistskoye Rukovodstvo: Perepiska, 1912−1927*, Rosspen: Moscow 1996. 이 편지들에서 나온 많은 인용문을 *Stalin: Passage to Revolution*, chap.24에서 볼 수 있다.

54. 스탈린의 표시가 있는 1938년 판 책은 다음에서 찾을 수 있다. RGASPI, F.558, Op.3,

D.251.

55. Service, *Stalin: A Biography*, p.128.

56. J. Stalin, *Works*, vol.3, Foreign Languages Publishing House: Moscow 1953, pp.199-200.

57. Suny, *Stalin: Passage to Revolution*, p.652.

58. 이 인용문은 트로츠키의 자서전인 *My Life*, https://www.marxists.org/archive/trotsky/1930/mylife/ch29.htm에서 찾을 수 있다.

59. C. Read, *Stalin: From the Caucasus to the Kremlin*, Routledge: London 2017, p.40.

60. 볼셰비키의 집권 첫해 동안에 권위주의가 강화된 점에 관해서는 A. Rabinowitch, *The Bolsheviks in Power: The First Year of Soviet Rule in Petrograd*, Indiana University Press: Bloomington 2007을 보라.

61. McNeal, *Stalin: Man and Ruler*, p.63.

62. Read, *Stalin: From the Caucasus to the Kremlin*, p.71.

63. J. Stalin, *Works*, vol.4, Foreign Languages Publishing House: Moscow 1953, pp.351-2.

64. Khlevniuk, *Stalin: New Biography of a Dictator*, p.60.

65. Service, *Stalin: A Biography*, p.177.

66. I. Deutscher, *The Prophet Armed: Trotsky 1879-1921*, Oxford University Press: London 1970, p.467.

67. Stalin, *Sochineniya*, vol.17, pp.122-3.

68. *Ibid.*, p.133. 내전에 관한 부돈니의 회고록은 이 일화를 언급하는 데까지 나아가지는 않았다. S. Budyonny, *The Path of Valour*, Progress Publishers: Moscow 1972.

69. W. J. Spahr, *Stalin's Lieutenants: A Study of Command under Duress*, Presidio Press: Novato CA 1997, p.145.

70. A. Seaton, *Stalin as Military Commander*, Combined Publishing: Conshohocken PA 1998, pp.76-7.

71. Stalin, *Works*, vol.4, pp.358-62.

72. Stalin, *Sochineniya*, vol.17, pp.135-6.

73. Kotkin, *Stalin: Paradoxes of Power*, pp.395-400.

74. 이 연방은 1936년 새 소련 헌법의 채택에 따라 연방 구조가 재편되면서 구성 국가로 분해되었다.

75. Service, *Stalin: A Biography*, pp.186-90.

76. L. Douds, *Inside Lenin's Government: Ideology, Power and Practice in the Early Soviet State*, Bloomsbury Academic: London 2018을 보라.

77. *Ibid.*, pp.165–8.

78. 레닌이 그의 것이라고 생각되는 이 글의 작성자라는 가정에 계속 의문을 제기하는 문제에 관해서는 Kotkin, *Stalin: Paradoxes of Power*, chap.11을 보라. 코트킨의 분석은 주로 러시아의 역사가 발렌틴 사하로프(Valentin Sakharov)의 연구 결과에 바탕을 두고 있다. *Politicheskoye Zaveshchaniye Lenina: Real'nost' Istorii i Mify Politik*, Moskovsky Universitet 2003. 스탈린이 유언장의 텍스트를 조작해 당에 제출했음을 강조하는, 완전히 다른 견해를 보려면 Y. Buranov, *Lenin's Will: Falsified and Forbidden*, Prometheus Books: Amherst NY 1994를 참조하라.

79. https://www.marxists.org/history/etol/newspape/ni/vol02/no01/lenin.htm. 2021년 8월 4일 검색.

80. Read, *Stalin: From the Caucasus to the Kremlin*, p.102에서 재인용. 스탈린이 레닌의 부인을 무례하게 대한 사실 때문에 이러한 논평이 나왔다고 한다.

81. Kotkin, *Stalin: Paradoxes of Power*, pp.528–9.

82. Buranov, *Lenin's Will*, p.201. 스탈린은 1927년 10월의 당 총회에서도 이 점을 되풀이해서 말했으나, 레닌의 유언을 직접 인용하지는 않았다.

83. Stalin, *Works*, vol.10, p.53.

84. I. Banac (ed.), *The Diary of Georgi Dimitrov, 1933–1949*, Yale University Press: London & New Haven 2003, p.66.

85. J. Harris, 'Discipline versus Democracy: The 1923 Party Controversy' in L. Douds, J. Harris & P. Whitewood (eds.), *The Fate of the Bolshevik Revolution: Illiberal Liberation, 1917–41*, Bloomsbury Academic: London 2020, p.111.

86. Interview with Barack Obama, *New York Times* (16 January 2017); rbth.com. 2021년 8월 30일 검색.

4장 독재자 장서의 삶과 운명

1. Rossiysky Gosudarstvenny Arkhiv Sotsial'no-Politicheskoy Istorii (이하 RGASPI) F.558, Op.1, D.2510.

2. RGASPI, F.558, Op.3, Dd.273-4.

3. J. V. Stalin, *Concerning Marxism in Linguistics*, Soviet News Booklet: London 1950, pp.11-12, 20.

4. D. Volkogonov, *Triumf i Tragediya: Politichesky Portret I. V. Stalina*, Book One, Part Two, Novosti: Moscow 1989, pp.118-20. 영어 번역본: *Stalin: Triumph and Tragedy*, pb edition Phoenix Press: London 2000, pp.225-6.

5. 도널드 레이필드(Donald Rayfield)는 스탈린의 분류 체계를 자극한 것은 그의 부인인 나데즈다 알릴루예바(Nadezhda Alliluyeva)였다고 말한다. 알릴루예바는 "스탈린의 레닌그라드 총독인 세르게이 키로프(Sergey Kirov)의 예를 따라" 사서에게 스탈린의 책들을 분류해 서가에 다시 꽂으라고 시켰다. "스탈린은 몹시 화가 났다. 그는 자신의 책 분류법을 급히 적어서 비서인 알렉산드르 포스크료비셰프(Alexander Poskryobyshev)에게 그 분류법에 맞춰 다시 정리하게 했다." (D. Rayfield, *Stalin and His Hangmen*, Viking: London 2004, p.21). 레이필드는 출처를 인용하지 않으나 그것은 암살당한 키로프의 부인 S. L. [마리야] 마르쿠스(S. L. [Maria] Markus)의 회고에서 나온 것 같다. 마르쿠스가 남편에게 사서에게 그의 책들을 깔끔하게 정리하게 하자고 제안하자, 남편이 스탈린의 부인도 그렇게 했는데 스탈린이 아무것도 찾을 수 없었다!라고 말한 일을 회상했다. RGASPI, F.558, Op.4, D.649, L.213. 나는 Y. Gromov, *Stalin: Iskusstvo i Vlast'*, Eksmo: Moscow 2003, p.59를 읽고 이 문서에 주목하게 되었다. p.59에는 인용한 문서의 페이지 숫자가 L.217로 잘못 인쇄되어 있다.

6. RGASPI F.558, Op.1, D.2723. 나는 M. Kun, *Stalin: An Unknown Portrait*, CEU Press: Budapest 2003, p.311 n.8을 읽고 이 메모의 존재에 주목하게 되었다.

7. RGASPI F.558, Op.1, D.2764.

8. *Ekslibrisy i Shtempeli Chastnykh Kollektsii v Fondakh Istoricheskoy Biblioteki*, GPIB: Moscow 2009, p.61. 러시아 장서표와 정서 인장의 역사에 관해서는 W. E. Butler, 'The Ballard Collection of Russian Bookplates', *Yale University Library Gazette*, 60/3-4 (April 1986)를 보라.

9. Sh. Manuchar'yants, *V Biblioteke Vladimira Il'icha*, 2nd edn, Politizdat: Moscow 1970, p.14.

10. B. Ilizarov, *Tainaya Zhizn' Stalina*, Veche: Moscow 2003, p.163. 출전은 스베틀라나가 1955년에 당 지도부에 보낸 편지다. 여기서 스베틀라나는 어머니 책들에 대한 소유권을 주장하려 했다.

11. E. van Ree, *The Political Thought of Joseph Stalin*, Routledge: London 2002, p.120에서 재인용.

12. O. V. Khlevniuk, *Stalin: New Biography of a Dictator*, Yale University Press: London & New Haven 2015, p.96에서 재인용.

13. S. Kotkin, *Stalin: Paradoxes of Power, 1878–1928*, Allen Lane: London 2014, p.431.

14. R. Richardson, *The Long Shadow: Inside Stalin's Family*, Little, Brown & Co.: London 1993, p.85에서 재인용.

15. A. Sergeyev & E. Glushik, *Besedy o Staline*, Krymsky Most: Moscow 2006, p.23.

16. 'Chuzhoy v Sem'e Stalina', *Rossiyskaya Gazeta* (12 June 2002). 국제법을 전공한 학자로서 뛰어난 경력을 지녔던 모로조프는 2001년에 사망했다.

17. A. H. Birse, *Memoirs of an Interpreter*, Michael Joseph: London 1967, p.103. 버스는 처칠과 함께 있었고, 스탈린의 침실은 총리가 손을 씻는 욕실로 가는 도중에 있었다.

18. D. Shepilov, *The Kremlin's Scholar*, Yale University Press: London & New Haven 2014, p.105.

19. S. Beria, *Beria, My Father*, Duckworth: London 2001, pp.142-3. 베리야가 프랑스의 역사가 프랑수아즈 톰(Françoise Thom)과 했던 인터뷰에 바탕을 둔 이 책은 그가 러시아어로 발간한 같은 제목의 책과 완전히 다르다. S. Beria, *Moy Otets—Lavrenty Beriya*, Sovremennik: Moscow 1994.

20. 스탈린이 표시를 남겼다고 추정되는 그의 책 몇 권에는 뚜렷한 표시가 없다. 이 책들에는 원래 꼬리표가 있었는데, 혹시 그 후 분해되어 사라졌든지 또는 빠져버렸든지, 아니면 연구자들이 무심코 치워버린 것은 아닐까?

21. Zh. & R. Medvedev, *Neizvestny Stalin*, 4th edn, Vremya: Moscow 2011, p.80. 영어판: R. & Z. Medvedev, *The Unknown Stalin*, Overlook Press: Woodstock NY 2004, p.97. 영어 번역본은 '크렘린 도서관 서비스'가 이 책들을 주문했다고 말한다. 이 언급은 어느 러시아어판 책에서도 찾아볼 수 없다.

22. S. Lovell, *The Russian Reading Revolution: Print Culture in the Soviet and Post-Soviet Eras*, Palgrave Macmillan: Basingstoke 2000, p.27.

23. P. Kenez, *The Birth of the Propaganda State: Soviet Methods of Mass Mobilization, 1917–1929*, Cambridge University Press: Cambridge 1985, pp.239-47.

24. M. Viltsan, 'K Voprosu ob Intellekte Stalina', *Pravda-5 (Yezhenedel'naya Gazeta)* (27 September–4 October 1996).

25. W. J. Spahr, *Stalin's Lieutenants: A Study of Command under Duress*, Presidio Press: Novato CA 1997, pp.154–5. 스파르가 참조한 문헌은 소련 군사 언론인이자 작가인 이반 스타드뉴크(Ivan Stadnyuk)가 1981년에 발간한 소설 『전쟁(Voyna)』이다. 이 이야기는 사실처럼 들리지만, 보관되어 있는 스탈린의 개인 기록물 중에는 샤포시니코프의 책이 없는 것으로 알려져 있다. 샤포시니코프의 책은 1927년부터 1929년 사이에 세 권짜리로 발간되었다. 그러므로 짐작건대 1926년 말경에 스탈린이 받았다고 우리가 알고 있는 그 책은 출판하기 전의 견본 서적이었음이 틀림없다. 샤포시니코프는 1927년 6월에 스탈린을 만났는데, 이는 개인적 문제를 의논하기 위해서였던 것 같다(RGASPI, F.558, Op.4, D.5853t, L.11). 순서가 뒤죽박죽인 이 파일은 *Opis' 4*의 말미에서 찾을 수 있다.

26. N. Mandelstam, *Hope Against Hope: A Memoir*, Harvill Press: London 1999, p.26.

27. A. V. Ostrovsky, *Kto Stoyal za Spinoy Stalina?*, Olma–Press: St Petersburg 2002, p.155.

28. 2018년 10월에 도서 72권을 열거한 공문서가 RGASPI의 로비에서 열린 스탈린의 *lichny fond* 역사에 관한 전시회에 진열품으로 나왔다.

29. S. Alliluyeva, *20 Letters to a Friend*, Penguin: Harmondsworth 1968, pp.37–8.

30. R. Sullivan, *Stalin's Daughter*, Fourth Estate: London 2015, p.22.

31. Khlevniuk, *Stalin: New Biography of a Dictator*, p.252.

32. 그들의 편지는 Yu. G. Murin (ed.), *Iosif Stalin v Ob"yatiyakh Sem'i*, Rodina: Moscow 1993 docs. 30–59에서 찾을 수 있다.

33. 폴리나에 관해서는 K. Schlogel, *The Scent of Empires: Chanel No.5 and Red Moscow*, Polity: London 2021, pp.96–125.

34. R. Lyuksemburg, *Vseobshchaya Zabastovka i Nemetskaya Sotsial-Demokratiya*, Kiev 1906. 스탈린이 갖고 있던 룩셈부르크의 책은 다음에서 찾을 수 있다. RGASPI, F.558, Op.3, D.196. 스탈린이 몇 군데 표시를 남긴 스탈린 장서의 또 다른 책은 다음의 반룩셈부르크 소책자였다. I. Narvsky, *K Istorii Bor'by Bol'shevizma s Luksemburgianstvom*, Partizdat: Moscow 1932 (D.227).

35. 당 최고위 수준에서의 젠더 관계에 관해서는 M. Delaloi (Delaloye), *Usy i Yubki: Gendernye Otnosheniya vnutri Kremlevskogo Kruga v Stalinskuyu Epokhu (1928–1953)*, Rosspen: Moscow 2018을 보라. 이 책의 프랑스어판은 같은 저자의 *Une Histoire erotique du Kremlin*, Payot: Paris 2016이다. 소련의 여성 정책에 관해서는 W. Z. Goldman, *Women, the State and Revolution: Soviet Family Policy and Social Life, 1917–1936*, Cambridge University Press: Cambridge 1993을 참조하라.

36. L. T. Lih et al. (eds.), *Stalin's Letters to Molotov*, Yale University Press: New Haven & London 1995, p.232.

37. L. Vasilieva, *Kremlin Wives*, Weidenfeld & Nicolson: London 1994, p.68에서 재인용.

38. S. Kotkin, *Stalin: Waiting for Hitler, 1928-1941*, Penguin: London 2017, p.112에서 재인용.

39. S. Fitzpatrick, *On Stalin's Team*, Princeton University Press: Princeton 2015, p.80.

40. 이 다차에 관한 자료는 S. Devyatov, A. Shefov & Yu. Yur'yev, *Blizhnyaya Dacha Stalina*, Kremlin Multimedia: Moscow 2011에 바탕을 두고 있다. 이 책에는 다차의 서재와 스탈린 장서의 취급에 관한 장이 있다. 두 저자는 슈샤니카 마누차리얀츠(Shushanika Manuchar'yants)가 1930년대에 스탈린의 사서였다고 말하지만(p.192), 어떤 출처도 인용하지 않는다.

41. F. Chuyev, *Sto Sorok Besed s Molotovym*, Terra: Moscow 1991, p.296.

42. M. Djilas, *Conversations with Stalin*, Penguin: London 2014, pp.54, 105.

43. RGASPI, F558, Op.11 D.504-692. 이 지도들은 아직 기밀 해제되지 않았으나, Op.11에 지도 종류가 묘사되어 있다. Op.11은 스탈린의 *lichny fond* 내 이 부분의 내용물을 열거하는 문서다.

44. A. J. Rieber, 'Stalin: Man of the Borderlands', *American Historical Review* (December 2001).

45. A. J. Rieber, *Stalin and the Struggle for Supremacy in Eurasia*, Cambridge: Cambridge University Press, 2015.

46. A. Resis (ed.), *Molotov Remembers*, Ivan R. Dee: Chicago 1993, p.8. 이 일화를 전한 사람은 펠릭스 추예프다. 소련 언론인이었던 추예프는 몰로토프와 대화를 나눴고, 그 대화가 이 책의 주제다. 추예프의 출처는 몰로토프와 아카키 므겔라제(Akaki Mgeladze)였다. 므겔라제는 1943~1951년에 압하지야 공산당, 1952~1953년에 그루지야 공산당의 대표였다.

47. M. Folly, G. Roberts & O. Rzheshevsky, *Churchill and Stalin: Comrades-in-Arms during the Second World War*, Pen & Sword Books: Barnsley 2019를 보라.

48. 스탈린이 소장했던 엄청난 양의 레코드 컬렉션은 그가 죽은 후 없어졌다. 로이 메드베데프와 조레스 메드베데프에 따르면, 스탈린은 사실상 소련에서 제작된 모든 레코드판을 한 장씩 받았다. 스탈린은 이 레코드판을 듣고 난 뒤 그 재킷에다 "좋음", "그저 그럼", "나쁨", "쓰레기"라고 쓰곤 했다. 이 컬렉션에는 오페라, 발레, 민요를 녹음한 레코드판이 포함된

것으로 알려져 있다. Medvedev & Medvedev, *The Unknown Stalin*, p.100. 다차에서 벌어진 춤판에 대한 기록은 여러 회고록에서 찾을 수 있다.

49. I. Deutscher, *Stalin: A Political Biography*, Penguin: Harmondsworth 1966, pp.456, 457.

50. G. Roberts, *Stalin's Wars: From World War to Cold War, 1939–953*, Yale University Press: London & New Haven 2006.

51. 스탈린의 죽음에 관해서는 J. Rubenstein, *The Last Days of Stalin*, Yale University Press: London & New Haven 2016을 보라. 스탈린의 죽음에 관한 의학적 증거는 I. I. Chigirin, *Stalin: Bolezni i Smert': Dokumenty*, Dostoinstvo: Moscow 2016에서 찾을 수 있다.

52. Medvedev & Medvedev, *The Unknown Stalin*, p.90.

53. Alliluyeva, *20 Letters to a Friend*, pp.13, 28–9.

54. *Bol'shaya Tsenzura: Pisateli i Zhurnalisty v Strane Sovetov, 1917–1956*, Demokratiya: Moscow 2005, doc.469.

55. *Ibid.*, doc.467.

56. Murin, *Iosif Stalin v Ob"yatiyakh Sem'i*, doc.113.

57. Ilizarov, *Tainaya Zhizn' Stalina*, p.163.

58. S. Alliluyeva, *Only One Year*, Penguin: London 1971, p.348.

59. 스탈린이 모은 푸시킨의 책 중에 1837년 상트페테르부르크에서 발간된 *Yevgeny Onegin*의 희귀 판본이 있었다. 이 책은 1970년대에 레닌 도서관에 기증되었다.

60. 굴은 러시아 내전 동안 '백군' 편에서 싸웠고 그 후 독일, 프랑스, 미국으로 망명했다. 1933년에 굴은 *Red Marshals: Voroshilov, Budyonny, Blyukher, Kotovsky*라고 하는 책(러시아어)을 출간했다.

61. Medvedev & Medvedev, *The Unknown Stalin*, p.97에서 재인용.

62. Yu. Sharapov, 'Stalin's Personal Library: Meditations on Notes in the Margins', *Moscow News*, 38 (1988). 이 신문의 러시아어판에서 논설의 제목은 '하루에 500페이지'('Pyat'sot Stranits v Den')였다.

63. 반체제 시인인 오시프 만델시탐(Osip Mandelstam)은 소련 언론에서 스탈린이 적은 글귀에 대해 알게 되었을 때 부인 나데즈다를 향해 이렇게 말했다. "우린 끝났어요!"(N. Mandelstam, *Hope against Hope: A Memoir*, p.339). 1934년 스탈린은 부하린에게서 만델시탐이 유형당했다는 소식을 듣자 편지의 맨 위에다 이렇게 썼다. "누가 그들에게 만델시탐을 체포할 권한을 줬나요? 부끄럽습니다." (RGASPI, F.558, Op.11, D.70, L.167). 그

후 만델시탐의 사정은 나아졌는데, 이는 아마도 스탈린과 만델시탐의 친구였던 보리스 파스테르나크(Boris Pasternak)가 전화로 대화를 나눈 결과였을 것이다. 시인은 1938년 다시 체포되어 그해 굴라그에서 사망했다.

64. *Neizdanny Shchedrin*, Leningrad 1931 (RGASPI, F.558, Op.3, D.231); Gromov, *Stalin: Iskusstvo i Vlast'*, p.161.

65. https://www.marxists.org/reference/archive/stalin/works/1936/11/25.htm. 2021년 8월 4일 검색.

66. 'Resheniye: Direktsii Instituta Marksizma Leninizma pri TsK KPSS ot 9 Yanvarya 1963'. 이 문서는 2018년 10월에 RGASPI의 로비에서 열린 스탈린 *lichny fond*의 역사에 관한 전시회에 진열품으로 나왔다. 출판사와 저자들이 보낸 편지와 메모는 RGASPI, F.558, Op.1, Dd.5754-5에서 찾을 수 있다.

67. L. Spirin, 'Glazami Knig Lichnaya Biblioteka Stalina', *Nezavisimaya Gazeta* (25 May 1993). 스피린은 1993년 11월에 사망했다.

68. SSPL 목록의 전자 버전은 도서관이 제작 중이다.

69. 이 문서는 2018년 10월에 RGASPI의 로비에서 열린 스탈린 *lichny fond*의 역사에 관한 전시회에 진열품으로 나왔다.

70. 스탈린의 장서 중 표시된 텍스트들의 목록은 Yale's Stalin Digital Archive에서 이용할 수 있다.

71. SSPL 목록의 첫 번째 섹션인 'I. V. 스탈린 장서 인장이 찍힌 도서들'은 Yale's Stalin Digital Archive에서 볼 수 있다. 유리 니키포로프(Yury Nikiforov) 교수가 저자와 협력해서 이 목록을 음성기호로 표기했다.

72. RGASPI, F.558, Op.3, Dd.301-3.

73. M. G. Leiteizen, *Nitsshe i Finansovy Kapital*, Gosizdat: Moscow 1924.

74. M. Agursky, 'Nietzschean Roots of Stalinist Culture' in B. Glatzer Rosenthal (ed.), *Nietzsche and Soviet Culture*, Cambridge University Press: Cambridge 1994, p.272에서 재인용. 소련 시대의 반체제 인사로 1970년대 중반에 이스라엘로 망명한 아구르스키(Agursky, 1933~1991)는 스탈린의 많은 지지자가 스탈린을 니체가 말하는 "초인"의 "권력 의지"를 체현한 사람으로 여긴 공개적인 니체주의자이거나 은밀한 니체주의자였음을 강조했다. 아구르스키는 또 어떤 증거도 없이 니체주의가 스탈린에게 영향을 주었다고 역설했다. 그의 주장 중 가장 취약한 주장은 스탈린의 마르크스주의가 실제 내용이 전혀 없다는 것이고, 가장 강력한 주장은 스탈린이 니체처럼 다원주의에 대한 라마르크 대안(즉

획득 형질이 유전될 수 있다)을 지지했다는 사실이다.

75. E. van Ree, 'Stalin and Marxism: A Research Note', *Studies in East European Thought*, 49/1 (1997).

76. N. Lukin, *Iz Istorii Revolyutsionnykh Armii*, Gosizdat: Moscow 1923. 스탈린이 여백에 남긴 논평이 포함된 구절을 알고 싶으면 RGASPI, F.558, Op.3, D.192, 이 책의 pp.33-4 를 보라.

77. https://www.marxists.org/reference/archive/stalin/works/1934/07/23.htm. 2021년 8월 4일 검색.

78. B. Ilizarov, *Stalin, Ivan Grozny i Drugiye*, Veche: Moscow 2019, pp.49-50, 56, 69-71.

79. J. Stalin, *Works*, vol.1, Foreign Languages Publishing House: Moscow 1952, pp.369-71.

80. M. Perrie, 'The Tsar, the Emperor, the Leader: Ivan the Terrible, Peter the Great and Anatoli Rybakov's Stalin' in N. Lampert & G. T. Rittersporn (eds.), *Stalinism: Its Nature and Aftermath*, Macmillan: London 1992, pp.80-1을 보라.

81. R. Service, *Stalin: A Biography*, Macmillan: London 2004, pp.273-4에서 재인용.

82. T. O'Conroy, *The Menace of Japan*, Hurst & Blackett: London 1933; T. O'Konroi, *Yaponskaya Ugroza*, Gossotsizdat: Moscow 1934. 스탈린이 소장한 이 책은 다음에서 찾을 수 있다. RGASPI, F.558, Op.3, D.98. 이 책에는 표시가 있으나 아마도 스탈린이 남긴 표시는 아닌 것 같다.

83. 오콘로이의 전기에 관해서는 P. O'Connor, 'Timothy or Taid or Taig Conroy or O'Conroy (1883-1935)' in H. Cortazzi (ed.), *Britain and Japan: Biographical Portraits*, vol.4, Routledge: London 2002.

84. O. Tanin & E. Iogan, *Voyenno-Fashistskoye Dvizheniye v Yaponii*, Khabarovsk 1933; *Voyenno-Morskiye Sily Yaponii*, RKKA: Moscow 1933. 두 번째 책은 붉은군대 정보기관이 비밀리에 출간해서 1933년 9월에 스탈린에게 보냈다(RGASPI, F.558. Op.1, D.5754, L.217). 스탈린이 소장한 이 두 책은 *Ibid.*, Op.3, Dd.48-9에 있다.

85. *Ibid.*, Op.11, D.206. 나는 타스 속보를 언급한 맬컴 스펜서(Malcolm Spencer)에게 감사한다. 스펜서는 자신의 *Stalinism and the Soviet-Finnish War, 1939-40*, Palgrave: London 2018에서 이 속보들을 명확하게 이해할 수 있도록 활용한다.

86. RGASPI, F.71, Op.10, Dd.327-8.

87. Volkogonov, *Stalin*, chap.23.

88. 미하일 칼리닌(Mikhail Kalinin) 기록물 중에 있는 『나의 투쟁(Mein Kampf)』을 출처로 명시한 보리스 일리자로프에 따르면, 『나의 투쟁』 러시아어어판은 번역이 매우 좋았다.

89. RGASPI, F.558, Op.11, Dd.301-2.

90. *Ibid.*, D.207, doc.35.

91. Service, *Stalin*, pp.569-70.

92. Rayfield, *Stalin and His Hangmen*, p.20.

93. Khlevniuk, *Stalin: New Biography of a Dictator*, pp.93-8.

94. Kotkin, *Stalin: Paradoxes of Power*, p.10.

95. N. Simonov, 'Razmyshleniya o Pometkakh Stalina na Polyakh Marksistskoy Literatury', *Kommunist*, 18 (December 1990).

96. J. Stalin, *Leninism*, Allen & Unwin: London 1940, pp.656-63.

97. B. Slavin, 'Chelovek Absolyutnoy Vlasti: O Maloizvestnykh i Neizvestnykh Vystupleniyakh I. V. Stalina i Yego Zametkakh na Polyakh Knig', *Pravda* (21 December 1994). 나를 위해 이 논문을 얻어준 블라디미르 네베진(Vladimir Nevezhin)에게 감사한다.

98. Ree, *Political Thought*, esp. pp.14-17.

99. Ilizarov, *Stalin, Ivan Groznyi*, p.72.

100. 이미 인용한 일리자로프의 책들 말고도 *Pochyotny Akademik Stalin i Akademik Marr*, Veche: Moscow 2012가 있다.

101. RGASPI, F.558, Op.3, D.53, L.123; Gromov, *Stalin: Iskusstvo i Vlast'*, pp.10-3. 고리키 작품의 번역은 http://www.arvindguptatoys.com/arvindgupta/gorkymother.pdf p.399에서 가져다 썼다. 2021년 8월 4일 검색.

102. R. Medvedev, *Let History Judge: The Origins and Consequences of Stalinism*, Macmillan: London 1972, p.3.

103. *Ibid.*, p.512.

104. *Ibid.*, p.224.

105. RGASPI, F.558, Op.3, D.348.

106. Medvedev & Medvedev, *The Unknown Stalin*, p.8. 이 책은 원래 2001년에 러시아어로 발간되었다.

107. I. R. Makaryk, 'Stalin and Shakespeare' in N. Khomenko (ed.), *The Shakespeare International Yearbook*, vol. 18, Special Section on Soviet Shakespeare, Routledge: London July 2020, p.45.

108. W. Benjamin, *Illuminations,* Random House: New York 2002에 있는 그의 'Unpacking My Library: A Talk About Book Collecting.'

5장 흥, 망할 놈의 크리스마스! 스탈린의 포멧키

1. E. van Ree, 'Stalin and Marxism: A Research Note', *Studies in East European Thought,* 49/1 (1996), p.25.

2. H. J. Jackson, *Marginalia: Readers Writing in Books,* Yale University Press: London & New Haven 2001, p.28.

3. *Ibid.,* p.48.

4. M. J. Adler, 'How to Mark a Book', *Saturday Review of Literature* (6 July 1941).

5. 이 서표들은 진짜지만, 스탈린의 포멧키 위치를 확인하는 방법으로 기록보관인들이 그 곳에 두었을 수도 있다. 하지만 모든 책에 이 종이쪽지가 있는 것은 아니며, 종이쪽지가 있더라도 스탈린의 표시가 일부 없기도 하다. 레닌이 남긴 포멧키의 많은 사례를 위해서 는 그의 개인 장서에 있는 약 9,000권의 책 목록을 보라. *Biblioteka V. I. Lenina v Kremle,* Moscow 1961.

6. 빅토리아 시대 소설가의 작품에서 성행위가 빠져 있는 것은 놀라운 일은 아니나, 나는 데이비드 로지(David Lodge)의 *Consciousness and the Novel,* Vintage: London 2018의 'Dickens Our Contemporary' p.128을 읽고 이 사실에 주목하게 되었다.

7. Rossiysky Gosudarstvenny Arkhiv Sotsial'no-Politicheskoy Istorii (이하 RGASPI), F.558, Op.3, D.346.

8. RGASPI, F.558, Op.3, D.342. 미하일 바이스코프(Mikhail Vayskopf)는 제16차 당 대회 의 스탈린 연설과 제17차 당 대회의 스탈린 연설이 유사한 점에 주목한다(*Pisatel' Stalin,* Novoye Literaturnoye Obozreniye: Moscow 2001, pp.36-7).

9. 표시들을 위해서는 *Ibid.,* D.62, 팸플릿의 pp.5, 7, 9-13, 16-20, 23-4, 30-3, 36-40을 보라.

10. *Ibid.,* F.592, Op.1, Dd.6-9.

11. Y. Sharapov, 'Stalin's Personal Library', *Moscow News,* 38 (1988).

12. 2018년 10월 모스크바에서 스탈린의 개인 기록물의 역사에 관한 전시회가 열렸을 때 관 련 페이지들이 진열품으로 나왔고, 필적은 기록보관인들이 스베틀라나의 필적으로 확인

했다.

13. Y. Gromov, *Stalin: Iskusstvo i Vlast'*, Eksmo: Moscow 2003, p.47.

14. RGASPI F.558, Op.3, D.350. 스베틀라나 로호바(Svetlana Lokhova)가 지적하듯이, 스탈린은 몇몇 책에 우치텔(Uchitel')이라는 단어를 끄적거렸다. S. Lokhova, 'Stalin's Library' in L. F. Gearon (ed.), *The Routledge International Handbook of Universities, Security and Intelligence Studies*, Routledge: London 2020, p.428.

15. 예를 들어, E. Radzinsky, *Stalin*, Hodder & Stoughton: London 1997, p.454. 더 나아가 라진스키의 가설에 관해 보리스 일리자로프(Boris Ilizarov)가 자신의 *Stalin, Ivan Grozny i Drugiye*, Veche: Moscow 2019, p.28에서 한 부정적 논평을 보라.

16. 표시를 위해서는 RGASPI, F.558, Op.3, D.11, 책 p.33을 보라.

17. O. Volobuyev & S. Kuleshov, *Ochishcheniye: Istoriya i Perestroika*, Novosti: Moscow 1989, p.146.

18. RGASPI, F.558, Op.3, D.167. 발췌한 텍스트를 처음 인용한 사람은 B. Slavin, 'Chelovek Absolyutnoy Vlasti: O Maloizvestnykh i Neizvestnykh Vystupleniyakh I. V. Stalina i Yego Zametkakh na Polyakh Knig', *Pravda* (21 December 1994)였던 것 같다.

19. D. Rayfield, *Stalin and His Hangmen*, Viking: London 2004, p.22. 이 페이지는 인용된 텍스트의 사진이다.

20. R. Service, *Stalin: A Biography*, Macmillan: London 2004, p.342.

21. S. Žižek, *Less than Nothing: Hegel and the Shadow of Dialectical Materialism*, Verso Books: London 2013. 지젝은 그의 여러 출판물에서 이 텍스트를 인용한다.

22. J. Stalin, *Works*, vol.6, Foreign Languages Publishing House: Moscow 1953, pp.54-66.

23. J. F. Matlock, *An Index to the Collected Works of J. V. Stalin*, Johnson Reprint Corporation: New York 1971, pp.145-6을 보라.

24. 예를 들어 *Put' k Leninu: Sobraniye Vyderzhek iz Sochinenii V. I. Lenina*, vols 1-2, Voyenizdat: Moscow 1924. RGASPI, F.558 Op.3, Dd.295-6.

25. *Leninsky Sbornik*, vols 2, 4, 13, Lenin Institute: Moscow-Leningrad 1924, 1925, 1930. RGASPI, F.558, Op.3, Dd.183-5.

26. I. Baz', *Pochemu My Pobedili v Grazhdanskoy Voyne*, Moscow 1930. RGASPI, F.558, Op.3, D.10.

27. E. van Ree, *The Political Thought of Joseph Stalin: A Study in Twentieth-Century Patriotism*, Routledge: London 2002, p.258; Ree, 'Stalin and Marxism: A Research Note.'

28. https://www.marxists.org/reference/archive/stalin/works/1938/05/17.htm. 나는 이 참조 단락을 E. Dobrenko, *Late Stalinism: The Aesthetics of Politics*, Yale University Press: London & New Haven 2020, pp.362-3을 보고 알았다.

29. *Ibid.*, p.267. 스탈린은 자신이 갖고 있던 *The New Course*에서 이 인용문을 끌어냈는데, 그는 이 책을 자세히 읽고 여러 표시를 남겼다. 이 소책자에는 스탈린의 장서 884 품목이라는 인장이 찍혀 있다. RGASPI, F.558, Op.11, D.1577. 영어 번역은 다음에서 찾을 수 있다. https://www.marxists.org/archive/trotsky/1923/newcourse/index.htm. 2021년 8월 4일 검색.

30. 일국 사회주의 논쟁에 관해서는 E. van Ree, *Boundaries of Utopia: Imagining Communism from Plato to Stalin*, Routledge: London 2015, chaps 14-15를 보라.

31. Van Ree, *Political Thought*, n.64, pp.321-2에서 재인용.

32. 영어 번역은 다음에서 찾을 수 있다. https://www.marxists.org/archive/trotsky/1924/lessons/1924-les.pdf.

33. J. Stalin, *Works*, vol.6, Foreign Languages Publishing House: Moscow 1953, pp.338-73.

34. https://www.marxists.org/archive/trotsky/1918/hrr/index.htm. 2021년 8월 4일 검색.

35. RGASPI, F558, Op.3, D.362.

36. *Ibid.*, D.318. 스몰렌스키의 책에 있는 스탈린의 표시에 대한 볼코고노프의 인식은 내 인식과 완전히 다르다. "그의 최대 정적을 비판하는 다음의 구절에 밑줄을 그었다: '트로츠키는 까탈스럽고 참을성이 없다.' 그는 '지배하기를 좋아하는 오만한 성격'을 갖고 있다. '그는 정치권력을 좋아한다.' '트로츠키는 천재적인 정치적 모험주의자이다.'"(D. Volkogonov, *Stalin: Triumph and Tragedy*, Phoenix Press: London 2000, pp.226-7).

37. RGASPI, Op.3, D.364. 이 책은 스탈린의 장서 인장이 찍혀 있고 번호는 898이다. 이후 인용된 트로츠키 텍스트의 영어 번역은 https://www.marxists.org/archive/trotsky/1920/terrcomm/index.htm에서 발췌했다.

38. 스탈린은 하이픈 연결 없이 이 단어를 썼다.

39. RGASPI, F.558, Op.3, D.91.

40. Ree, *The Political Thought of Joseph Stalin* p.306, n.57에서 재인용.

41. *Ibid.*, p.315 n.5.

42. 카우츠키(Kautsky)의 *The Agrarian Question* 1923년 판에 있는 스탈린의 표시를 보라. RGASPI, F.558, Op.3, D.86. 스탈린이 표시를 남긴 카우츠키의 다른 저술도 다음에서

찾을 수 있다. RGASPI, F.558, Op.3, Dd.87, 88, 89, 90, 92와 Op.1, D.1576.

43. Y. Buranov, *Lenin's Will: Falsified and Forbidden*, Prometheus Books: Amherst NY 1994, pp.150, 151.

44. RGASPI, F.558, Op.3 Dd.357, 359, 360, 361; Op.11, D.1577.

45. 1920년대에 트로츠키의 경제사상이 어떻게 진화하는지를 알고 싶으면 리처드 B. 데이 (Richard B. Day)의 고전 *Leon Trotsky and the Politics of Economic Isolation*, Cambridge University Press: Cambridge 1973을 보라.

46. 1920년대 트로츠키의 정파 활동을 적절히 개관하고 싶으면 I. D. Thatcher, *Trotsky*, Routledge: London 2003, chaps 5-6을 보라.

47. J. Harris, 'Discipline versus Democracy: The 1923 Party Controversy' in L. Douds, J. Harris & P. Whitewood (eds.), *The Fate of the Bolshevik Revolution: Illiberal Liberation, 1917-41*, Bloomsbury Academic: London 2020을 보라. 많은 관련 문서를 V. Vilkova, *The Struggle for Power: Russia in 1923, from the Secret Archives of the Former Soviet Union*, Prometheus Books: Amherst NY 1996에서 찾을 수 있다.

48. S. F. Cohen, *Bukharin and the Bolshevik Revolution: A Political Biography, 1888-1938*, Oxford University Press: Oxford 1971을 보라.

49. I. Halfin, *Intimate Enemies: Demonizing the Bolshevik Opposition, 1918-1928*, University of Pittsburgh Press: Pittsburgh 2007.

50. *Ibid.*, p.250.

51. M. David-Fox, *Revolution of the Mind: Higher Learning Among the Bolsheviks, 1918-1929*, Cornell University Press: Ithaca NY and London 1997, p.117. 스탈린이 갖고 있던 텍스트는 국립 사회-정치 도서관이 소장한 스탈린 장서 도서 중에서 찾을 수 있다. 역설적이게도 카나치코프 자신은 연합 반대파의 일원이 되었다. 그는 자신의 견해를 철회하고 그 후 몇몇 책임 있는 당직을 맡았으나 1937년에 체포되어 처형당했다.

52. Volkogonov, *Stalin*, p.260.

53. S. Kotkin, *Stalin: Waiting for Hitler, 1928-1941*, Penguin: London 2017, p.787.

54. 많은 관련 문서를 *Politbyuro i Lev Trotsky, 1922-1940gg: Sbornik Dokumentov*, IstLit: Moscow 2017에서 찾을 수 있다.

55. J. Stalin, *Works*, vol.12, Foreign Languages Publishing House: Moscow 1955, p.358.

56. *Ibid.*, vol.13 p.101.

57. *Ibid.*, p.113.

58. *Ibid.*, p.354.

59. J. Arch Getty & O. V. Naumov, *The Road to Terror: Stalin and the Self-Destruction of the Bolsheviks, 1932–1939*, Yale University Press: London & New Haven 1999, pp.140–1.

60. J. Arch Getty, 'The Politics of Repression Revisited' in J. Arch Getty and R. T. Manning (eds.), *Stalinist Terror: New Perspectives*, Cambridge University Press: Cambridge 1993 을 보라. 또 M. E. Lenoe, *The Kirov Murder and Soviet History*, Yale University Press: London & New Haven 2010.

61. Thatcher, *Trotsky*, pp.190–1.

62. Y. Slezkine, *The House of Government: A Saga of the Russian Revolution*, Princeton University Press: Princeton 2019, p.716에서 재인용.

63. Getty & Naumov, *The Road to Terror*, doc.37.

64. M. Lenoe, 'Fear, Loathing, Conspiracy: The Kirov Murder as Impetus for Terror' in J. Harris (ed.), *The Anatomy of Terror*, Oxford University Press: Oxford 2013, p.208. 일부 심문서를 다음에서 찾을 수 있다. *Lubyanka: Stalin i VChK-GPUOGPU-NKVD (Yanvar' 1922–Dekabr' 1936)*, Materik: Moscow 2003, docs.494, 505, 506–9, 511–14. 이 문서들의 영어 번역은 D. R. Shearer & V. Khaustov (eds.), *Stalin and the Lubianka: A Documentary History of the Political Police and Security Organs in the Soviet Union, 1922–1953*, Yale University Press: London & New Haven 2015에서 찾을 수 있다.

65. 나는 기록보관소의 문서(RGASPI, F.558, Op.11, D.795, doc.1 Ll.10–11.)에서 나온 스탈린과 롤랑의 대화 인용문과 H. Kuromiya, *Stalin*, Pearson Longman: Harlow 2005, p.116에서 나온 그들 대화의 인용문을 하나로 합친 다음 생략 부호로 분리했다. 기록보관소 문서를 참조할 수 있게 된 데 대해 마이클 데이비드-폭스(Michael David-Fox)에게 감사한다.

66. *Ibid.*, L.12. 롤랑은 이 인터뷰의 구술 기록을 발간하기를 원했으나 스탈린은 그의 요청에 응답하지 않았다. 프랑스어로 된 구술 기록의 영어 번역은 다음에서 찾을 수 있다. https://mltoday.com/from-the-archives-1935-interview-of-stalinby-romain-rolland.

67. W. Z. Goldman, *Terror and Democracy in the Age of Stalin: The Social Dynamics of Repression*, Cambridge University Press: Cambridge 2007, p.72.

68. D. M. Crowe, 'Late Imperial and Soviet "Show" Trials, 1878–1938' in D. M. Crowe (ed.), *Stalin's Soviet Justice: 'Show' Trials, War Crimes Trials and Nuremberg*, Bloomsbury Academic: London 2019와 W. Chase, 'Stalin as Producer: The Moscow Show Trials and

the Construction of Mortal Threats' in S. Davies & J. Harris (eds.), *Stalin: A New History*, Cambridge: Cambridge 2005.

69. *Ibid.*, pp.105-8.

70. Getty & Naumov, *The Road to Terror*, pp.565-6.

71. 스탈린의 총회 연설 전문(러시아어)은 *Lubyanka: Stalin i Glavnoye Upravleniye Gosbezopastnosti NKVD, 1937-1938*, Demokratiya: Moscow 2004, doc.31에서 찾을 수 있다. 번역된 발췌문은 https://www.marxists.org/reference/archive/stalin/works/1937/03/03.htm에서 볼 수 있다. 2021년 8월 4일 검색.

72. P. Whitewood, 'Stalin's Purge of the Red Army and the Misperception of Security Threats' in J. Ryan & S. Grant (eds.), *Revisioning Stalin and Stalinism: Complexities, Contradictions and Controversies*, Bloomsbury Academic: London 2020, p.49. 또 같은 저자의 *The Red Army and the Great Terror: Stalin's Purge of the Soviet Military*, University Press of Kansas: Lawrence 2015도 보라.

73. *Lubyanka: Stalin i Glavnoye Upravleniye*, doc.92.

74. Shearer & Khaustov, *Stalin and the Lubianka*, doc.104.

75. *Ibid.*, doc.109 and J. Harris, *The Great Fear: Stalin's Terror of the 1930s*, Oxford University Press: Oxford 2016, pp.176-7. 또 이 정치국 결정을 자극한 배경을 분석한 글로 J. Arch Getty, 'Pre-Election Fever: The Origins of the 1937 Mass Operations' in Harris, *The Anatomy of Terror*가 있다. 다른 수치에 따르면, 계획은 7만 5,950명의 처형을 포함해 26만 8,950명의 쿨라크를 억압하는 것이었다. 최종적으로 76만 7,397명이 억압당했고, 그중 38만 6,798명이 처형당했다.

76. 스탈린과 스페인에 관해서는 O. Khlevniuk, *Stalin: New Biography of a Dictator*, Yale University Press: London & New Haven 2015, pp.153-6을 보라. 또 D. Kowalsky, 'Stalin and the Spanish Civil War, 1936-1939: The New Historiography' in Ryan & Grant (eds.), *Revisioning Stalin and Stalinism*.

77. Khlevniuk, *Stalin: New Biography of a Dictator*, p.155.

78. I. Banac (ed.), *The Diary of Georgi Dimitrov, 1933-1949*, Yale University Press: London & New Haven 2003, p.67.

79. *Bol'shaya Tsenzura: Pisateli i Zhurnalisty v Strane Sovetov, 1917-1956*, doc.373. 스탈린이 이 논설의 초고를 손으로 직접 수정한 부분은 다음에서 볼 수 있다. RGASPI, F.558, Op.11, D.1124, doc.6. 이 논설은 8월 24일자 『프라우다』에 실렸으나, 스탈린이 고친 형

태와 똑같게는 아니었다.

80. Getty & Naumov, *The Road to Terror*, chap.12에 있는 문서들을 보라.

81. J. Stalin, *Leninism*, Allen & Unwin: London 1940, 특히 pp.656-62에 실려 있는 제18차 당 대회에서 한 스탈린의 보고.

82. 이 문서의 원본이 2016년에 모스크바에서 열린 전시회에 진열품으로 나왔다.

83. M. Folly, G. Roberts & O. Rzheshevsky, *Churchill and Stalin: Comrades-in-Arms during the Second World War*, Pen & Sword Books: Barnsley 2019, doc.38 p.145.

84. 스탈린이 친 밑줄을 보려면 RGASPI, F558, Op.3, D.26, 책의 p.198.

85. Ch. Rossel', *Razvedka i Kontr-Razvedka*, Moscow: Voyenizdat 1937; RGASPI, F.558, Op.11, D.743.

86. Khlevniuk, *Stalin: New Biography of a Dictator*, p.155.

87. W. Bedell Smith, *Moscow Mission, 1946-1949*, Heinemann: London 1950, pp.176-7.

88. RGASPI, F.558, Op.1, D.5754, L.126. M. Lavrent'yeva, *Osobennosti Tekhnologii i Metodov Informatsionno-Psikhologicheskikh Voyn SSSR s Velikobritanniey i SShA v Period, 1939-1953 gg*, Candidate's Dissertation, Rossiysky Universitet Druzhby Narodov, Moscow 2020, p.127에서 재인용.

89. *Ibid.*, Op.11, D.1605.

90. 그것은 1948년 2~3월에 처음으로 『프라우다』에서 발간했다. 책은 1948년 3월에 잡지 *New Times*의 부록으로 영어로도 발행되었다.

91. 여전히 불분명한 이유로 영화는 완성되지 못했다. 도브젠코는 1956년에 사망했고, 부카가 서방으로 다시 망명했기 때문에 프로젝트를 포기했다는 소문이 있었다. 그것은 사실이 아니었다. 1950년대에 부카는 라디오 모스크바의 영어 부서에서 일하기 시작했고 퇴직할 때까지 그 일을 계속했다. 소련의 동료들이 사랑스럽게 기억하는 부카는 1998년 모스크바에서 사망했다. *Stalin i Kosmopolitizm, 1945-1953: Dokumenty*, Demokratiya: Moscow 2005, docs.120 & 182; R. Magnusdottir, *Enemy Number One: The United States of America in Soviet Ideology and Propaganda, 1945-1959*, Oxford University Press: Oxford 2019, p.24; A. Kozovoi, "'This Film Is Harmful': Resizing America for the Soviet Screen' in S. Autio-Saramo & B. Humphreys (eds.), *Winter Kept Us Warm: Cold War Interactions Reconsidered*, Aleksanteri Cold War Series 1 (2010); https://history. state.gov/historicaldocuments/frus1949v05/d335; https://www.themoscowtimes. com/archive/moscow-mailbag-voice-of-russias-voices-that-came-from-afar. 완

성하지 못한 도브젠코의 영화는 다음에서 볼 수 있다. https://www.youtube.com/watch?v=pUpaqunbR9w.

92. RGASPI, F.558, Op.3, D.28. 스탈린이 표시한 인용문은 책의 pp.43-7에서 찾을 수 있다.

93. G. Kennan, *Memoirs, 1925-1950*, Hutchinson: London 1968, pp.279-80.

94. 예를 들어, Kennan's Reith Lectures: *Russia, the Atom and the West*, Oxford University Press: London 1958을 보라.

95. 나는 이 방향으로 나를 향하게 하고 자신의 논문 'I. V. Stalin o Vneshney Politike i Diplomatii: Po Materialam Lichnogo Arkhiva Vozhdya (1939-1941)', *Rossiyskaya Istoriya*, 6 (2019)을 제공해준 블라디미르 네베진(Vladimir Nevezhin)에게 감사한다.

96. RGASPI, F.558, Op.11, D.200, L.13.

97. https://minimalistquotes.com/otto-von-bismarck-quote-45423/. 2021년 8월 4일 검색.

98. M. Ya. Gefter, 'Stalin Umer Vchera', *Rabochy Klass i Sovremenny Mir*, no.1, 1988. 나는 이 참고 문헌에 대해 홀리 케이스(Holly Case)에게 감사한다. 또 나를 위해 겝테르 인터뷰의 사본을 얻어준 블라디미르 네베진(Vladimir Nevezhin)에게도 감사한다. 예루살림스키의 서문은 그 후 '외교관으로서의 비스마르크'라는 제목을 달고 별개의 팸플릿(러시어어)으로 발간되었다.

99. R. Medvedev, *Chto Chital Stalin?*, Prava Cheloveka: Moscow 2005, p.81.

100. RGASPI, F.558, Op.11.760 L.145.

101. 스탈린이 표시한 책으로 이 두 권이 열거된, 기록보관소의 손으로 쓴 명부 문서가 2018년 10월에 RGASPI 로비에서 열린 스탈린의 *lichny fond* 역사에 관한 전시회에 진열품으로 나왔다.

102. N. Ryzhkov, *Perestroika: Istoriya Predatel'stv*, Novosti: Moscow 1992, pp.354-5. 2020년에 작고한 스티븐 코헨(Stephen Cohen)은 볼셰비키 지도자 니콜라이 부하린(Nikolay Bukharin)의 전기를 쓴 미국의 역사가였다. 이 전기는 고르바초프 시대에 러시아어로 번역되어 소련에서 발간되었다.

103. R. G. Suny, *Stalin: Passage to Revolution*, Princeton University Press: Princeton 2020, p.584.

104. Kuromiya, *Stalin*, p.120. RGASPI, F.588, Op.3, D.84, p.51. 카메네프와 지노비예프에 관한 비신스키의 언급은 다음에서 찾을 수 있다. https://www.marxists.org/history/ussr/

government/law/1936/moscow-trials/22/double-dealing.htm. 2021년 8월 4일 검색.

105. http://www.florentine-society.ru/Machiavelli_Nikitski_Club.htm. 2021년 8월 4일 검색. 나는 이 참조에 대해 데이비드 브랜든버거(David Brandenberger)에게 감사한다.

106. RGASPI, F.558, Op.11, D.208, L.33.

107. *Ibid.*, Op.1, D.5754, Ll.124-5.

108. *Ibid.*, Op.3, D.18, 백과사전의 pp.35-6.

109. *Stalin i Kaganovich: Perepiska, 1931-1936 gg.*, Rosspen: Moscow 2001 doc.621. 이 참조에 대해 마이클 칼리(Michael Carley)에게 감사한다. 영국-독일 협상에 관한 스탈린의 발언은 양국이 최근에 맺은 해군 협정에 자극받은 것이다.

110. 스탈린의 주해를 RGASPI, F.558, Op.3, D.267, 책의 pp.32-3에서 볼 수 있다.

111. *Ibid.*, Op.1, D.5755, L.142.

112. *Ibid.*, Op.3, D.232.

113. https://www.marxists.org/reference/archive/stalin/works/1934/07/19.htm. 2021년 8월 4일 검색.

114. Nevezhin, 'I. V. Stalin o Vneshney Politike', p.71.

115. RGASPI F.558, Op.1, D.5754, Ll.98-100.

116. Nevezhin, 'I. V. Stalin o Vneshney Politike', pp.72-3.

117. RGASPI, F.558, Op.1, D.5754, L.101.

118. *Ibid.*, Op.3, D.79.

119. J. Stalin, *Works*, vol.2, Foreign Languages Publishing House: Moscow 1953, p.285.

120. *Dokumenty Vneshney Politiki*, 1941, part two, Mezhdunarodnaya Otnosheniya: Moscow 1998, p.563.

121. Folly, Roberts & Rzheshevsky, *Churchill and Stalin*, p.88.

122. *Ibid.*, pp.75-6.

123. *Ivan Mikhailovich Maysky: Dnevnik Diplomata, London, 1934-1943*, book 1, Nauka: Moscow 2006, p.111. 나는 이 참조에 대해 마이클 칼리에게 감사한다. 마이스키(Maysky)의 일기는 스탈린-라발 회의에서 있었던 발언에 대해 그가 들었던 이야기에 바탕을 두었다. 지금까지 알려진 이 대화의 소련 측 공식 기록이나 프랑스 측 공식 기록은 없다.

124. S. Alliluyeva, *20 Letters to a Friend*, Penguin: Harmondsworth 1968, p.161.

125. 이 책의 세 번째 저자 이반 자바히시빌리(Ivan Dzhavakhishvili)는 1940년에 사망했다. 스탈린이 표시한 이 그루지야어 책은 RGASPI, F.558, Op.3, D.382에서 찾을 수 있다. 자

바히시빌리가 이 책을 집필했다고 생각하는 도널드 레이필드는 스탈린이 여백에 이렇게 썼다고 전한다. "저자는 왜 미트리다테스(Mithridates)와 폰투스 제국이 그루지야 통치자이고 그루지야 국가였다고 언급하지 못하는가?" D. Rayfield, *Stalin and His Hangmen*, p.16.

126. 'Novyye Rechi Stalina o Gruzii, Istorii i Natsional'nostyakh (1945)', *Issledovaniya po Istorii Russkoy Mysli: Yezhegodnik 2019*, Modest Kolerov: Moscow 2019, pp. 491~525. 베르제니시빌리의 회고는 일자가 1945년 12월이나 회고 대부분은 그 전에 작성된 것 같다. 회고는 1998년에 처음 출판되었다.

127. *Ibid.*, p.504. 이오시프 오르벨리(Joseph Orbeli, 1887~1961)는 1934~1951년에 예르미타시 박물관에서 근무한 아르메니아의 동방학자였다. 보리스 투라예프(Boris Turayev, 1868~1920)의 '고대 동방'에 관한 두 권짜리 역사서는 스탈린의 장서에 있었으며, 고대 루시의 봉건제에 관한 니콜라이 파블로프-실반스키(Nikolay Pavlov-Sil'vansky, 1869~1908)의 책도 마찬가지였다. 바실리 스트루베(Vasily Struve, 1889~1965)는 이집트학과 아시리아학 학자였다.

128. L. R. Tillett, *The Great Friendship: Soviet Historians and the Non-Russian Nationalities*, University of North Carolina Press: Chapel Hill 1969.

129. 'Novyye Rechi Stalina', p.506.

130. *Ibid.*, p.515. 더 나아가 E. van Ree, 'Heroes and Merchants: Stalin's Understanding of National Character', *Kritika*, 8/1 (Winter 2007)도 보라.

131. J. Hellbeck, *Stalingrad: The City that Defeated the Third Reich*, paperback ed., PublicAffairs: New York 2016, p.437.

132. Alliluyeva, *20 Letters to a Friend*, pp.140, 163.

133. Zh. Medvedev, *Stalin i Yevreyskaya Problema: Novy Analiz*, Prava Cheloveka: Moscow 2003.

134. F. Chuyev, *Tak Govoril Kaganovich: Ispoved' Stalinskogo Apostola*, Otechestvo: Moscow 1992, p.89.

135. G. Kostyrchenko, *Out of the Red Shadows: Anti-Semitism in Stalin's Russia*, Prometheus Books: Amherst NY 1995.

136. 'Novyye Rechi Stalina', p.494.

137. 분명히 스탈린은 이 두 책에 표시를 한 것 같으나 책들은 기록보관소에서 사라졌다.

138. RGASPI, F.558, Op.3, D.311.

139. *Ibid.*, D.267, 책의 p.25. 스탈린은 일기 자체가 아니라 소련 외교관 보리스 시테인(Boris Shteyn)의 서문만 읽은 것 같다.

140. Stalin, *Leninism*, pp.479−80.

141. RGASPI, F.558, Op.3, D.37, 비페르(Vipper) 책 p.5; D.97, S. I. Kovalyov et al., *Istoriya Drevnego Mira: Drevny Vostok i Gretsiya*, Gosudarstvennoye Uchebno-Pedagogicheskoye Izdatel'stvo: Moscow 1937의 p.3.

142. *Ibid.*, D.36. 스탈린의 표시는 책의 4장, pp.120−4, 126−7, 130−1, 133−7에서 찾을 수 있다.

143. 보리스 일리자로프(Boris Ilizarov, *Stalin, Ivan Grozny*, p.75)가 지적하듯이, 여백의 글은 구 러시아어 글씨, 즉 1917~1918년에 키릴 문자를 개혁하고 합리화하기 전에 사용된 글자로 쓰여 있으며, 그래서 이 글은 스베틀라나가 작성하지 않았을 테고, 스탈린의 젊은 부인인 나데즈다의 것도 아닌 것 같다.

144. RGASPI, F.558, Op.3, D.38, passim.

145. 비페르에 관해서는 H. Graham, 'R. Iu. Vipper: A Russian Historian in Three Worlds', *Canadian Slavonic Papers/Revue Canadienne des Slavistes*, 28/1 (March 1986). 또 *The Great Soviet Encyclopaedia*의 비페르에 관한 항목의 번역 https://encyclopedia2. thefreedictionary.com/Robert+Iurevich+Vipper. 2021년 8월 4일 검색.

146. A. Dubrovsky, *Vlast' i Istoricheskaya Mysl' v SSSR (1930−1950-e gg.)*, Rosspen: Moscow 2017, pp.150−1에서 재인용. D. Brandenberger, *National Bolshevism: Stalinist Mass Culture and the Formation of Modern Russian National Identity, 1931−1956*, Harvard University Press: Cambridge MA 2002, pp.32−3도 보라. 스탈린의 평은 느닷없이 나온 것이 아니었다. 이미 1932년 8월에 당 중앙위원회는 역사 커리큘럼의 형편없는 상태에 주목하는 법령을 공표했다(M. Pundeff (ed.), *History in the USSR: Selected Readings*, Chandler Publishing Co.: San Francisco 1967, doc.18).

147. D. Dorotich, 'A Turning Point in the Soviet School: The Seventeenth Party Congress and the Teaching of History', *History of Education Quarterly* (Fall 1967), p.299에서 재인용.

148. K. M. F. Platt, *Terror and Greatness: Ivan and Peter as Russian Myths*, Cornell University Press: Ithaca NY 2011, p.182.

149. Dubrovsky, *Vlast' i Istoricheskaya Mysl'*, pp.157−9; Brandenberger, *National Bolshevism*, pp.34−5.

150. Ilizarov, *Stalin, Ivan Groznyi*, p.68.

151. *I. V. Stalin, Istoricheskaya Ideologiya v SSSR v 1920-1950-e gody*, Nauka-Piter: St Petersburg 2006, doc.79.

152. 'O Prepodavanii Grazhdanskoy Istorii v Shkolakh SSSR', *Pravda* (16 May 1934). 신문의 제1면에 게재된 이 법령은 스탈린이 손으로 편집하고 수정했다. 법령 전문의 영어 텍스트를 보려면 Pundeff, *History in the USSR*, doc.20.

153. 'Na Fronte Istoricheskoy Nauki', *Pravda* (27 January 1936); Tillett, *The Great Friendship*, pp.42-3. 「프라우다」 사설과 스탈린, 즈다노프, 키로프의 두 메모를 보려면 Pundeff, *History in the USSR*, doc.21.

154. 'Postanovleniye Zhuri Pravitel'stvennoy Komissii po Konkursu na Luchshy Uchebnik dlya 3 i 4 Klassov Sredney Shkoly po Istorii SSSR', *Pravda* (22 August 1937).

155. 이 과정에 관한 자세한 서술을 위에서 인용한 브랜든버거의 책과 두브롭스키의 책에서 볼 수 있다. 그들의 연구를 뒷받침하는 문서들은 '러시아 연방 대통령 기록보관소'의 다음 출판물에서 찾을 수 있다. S. Kudryashov (ed.), *Istoriyu-v Shkolu: Sozdaniye Pervykh Sovetskikh Uchebnikov*, APRF: Moscow 2008.

156. 스베틀라나가 갖고 있던 책은 모스크바의 국립 사회-정치 도서관에 스탈린의 개인 장서 도서들의 일부로 보관되어 있다.

157. Tillett, *The Great Friendship*, p.50.

158. Dubrovsky, *Vlast' i Istoricheskaya Mysl'*, p.240.

159. 견본들은 다음에서 찾을 수 있다. RGASPI, F.558, Op.3, Dd.374-5, Op.11, D.1584.

160. Dubrovsky, *Vlast' i Istoricheskaya Mysl'*, p.239.

161. *Ibid.*, pp.235-6.

162. A. Shestakov (ed.), *Kratky Kurs Istoriya SSSR*, Uchpedgiz: Moscow 1937, p.42. 이 책의 상세한 요약과 분석은 Platt, *Terror and Greatness*, chap.5에서 찾을 수 있을 것이다.

163. *Ibid.*, p.37.

164. Ilizarov, *Stalin, Ivan Grozny*, pp.100-1

165. Brandenberger, *National Bolshevism*, p.51.

166. Stalin, *Leninism*, p.5.

167. Dimitrov, *Diary*, p.65.

168. 두 인용문은 I. Paperno, 'Nietzscheanism and the Return of Pushkin' in B. Glatzer Rosenthal (ed.), *Nietzsche and Soviet Culture*, Cambridge University Press: Cambridge 1994, pp.225-6에서 빌려왔다. 더 나아가 푸시킨 서거 100주년에 관한 K. Petrone, *Life*

Has Become More Joyous, Comrades: Celebrations in the Time of Stalin, Indiana University Press: Bloomington 2000, chap. 5도 보라.

169. Petrone, *Life Has Become More Joyous, Comrades*, p.159.

170. R. Yu. Vipper, *Ivan Grozny*, Del'fin: Moscow 1922. 비페르의 주장과 유사한 주장을 하는 영어 텍스트로는 I. Grey, *Ivan the Terrible*, Hodder & Stoughton: London 1964가 있다. 이언 그레이(Ian Grey, 1918~1996)는 제2차 세계대전 동안 러시아에서 영국 해군 통역사로 일한 뉴질랜드 태생의 역사가였다. 종전 후 그레이는 영국 외무부 소련 분과와 그 후에는 '영연방 의회 협회'에서 일했다. 그는 러시아 역사에 관한 일련의 저서를 발간했는데, 그중에는 훌륭하나 무시당한 스탈린 전기도 있었다. *Stalin: Man of History*, Weidenfeld & Nicolson: London 1979.

171. S. F. Platonov, *Ivan Grozny*, Brokgauz-Yefron: Peterburg 1923. 이 책은 인터넷에서 이용 가능하다. http://elib.shpl.ru/ru/nodes/4720-platonov-s-f-ivan-groznyy-pg-1923-obrazy-chelovechestva#mode/inspect/page/3/zoom/4. 2021년 8월 4일 검색.

172. S. F. Platonov, *Proshloye Russkogo Severa*, Obelisk: Berlin 1924. 이 책은 모스크바의 국립 사회-정치 도서관에 있는 스탈린 장서 컬렉션에 포함되어 있다.

173. RGASPI, F558, Op.1, D.3165, 책의 p.42. 나는 L. Maximenkov, 'Stalin's Meeting with a Delegation of Ukrainian Writers on 12 February 1929', *Harvard Ukrainian Studies*, 16/3-4 (December 1992), p.368을 읽고 이 참조에 주목했다.

174. *Soviet Writers' Congress 1934: The Debate on Socialist Realism and Modernism*, Lawrence & Wishart: London 1977, pp.43-4.

175. M. Perrie, 'R. Yu. Vipper and the Stalinisation of Ivan the Terrible', paper presented to the Soviet Industrialisation Project Series, University of Birmingham, December 1999, p.5.

176. Graham, 'R. Iu. Vipper: A Russian Historian in Three Worlds', pp.29-30.

177. Perrie, 'R. Yu. Vipper and the Stalinisation of Ivan the Terrible', p.10.

178. M. Perrie, 'The Tsar, the Emperor, the Leader: Ivan the Terrible, Peter the Great and Anatolii Rybakov's Stalin' in N. Lampert & G. T. Rittersporn (eds.), *Stalinism: Its Nature and Aftermath*, Macmillan: Basingstoke 1992, pp.85-6.

179. *Vlast' i Khudozhestvennaya Intelligenstiya, 1917-1953*, Demokratiya: Moscow 2002, doc.3, p.478.

180. Platt, *Terror and Greatness*, p.210.

181. 스탈린의 기록물에는 톨스토이의 표트르 책이 없는 것 같으나 우리는 1947년 11월에 출판사가 전후에 나온 판본 한 부를 그에게 보낸 사실을 알고 있다. RGASPI, F.558, Op.3, D.5754, L.64.

182. *Ibid.*, Op.11, D.717, Ll.99–100.

183. R. Wipper (*sic*), *Ivan Grozny*, Foreign Languages Publishing House: Moscow 1947.

184. Perrie, 'R. Yu. Vipper and the Stalinisation of Ivan the Terrible', p.13.

185. *Ibid.*, p.11.

186. A. G. Mazour, *The Writing of History in the Soviet Union*, Stanford University: Stanford CA 1971 p.67에서 재인용.

187. '"Ivan Grozny": Na Lektsii Doktora Istoricheskikh Nauk Professor R. Yu. Vippera', *Pravda* (19 September 1943).

188. *Mezhdu Molotom i Nakoval'ney: Soyuz Sovetskikh Pisatelei SSSR*, vol.1, Rosspen: Moscow 2010 doc.278, n.1.

189. RGASPI, F.558, Op.3, D.350. 이것은 스탈린이 뒤표지에 '교사'라고 끄적거린 바로 그 책이었다.

190. *Vlast' i Khudozhestvennaya Intelligentsiya*, doc.3, p.478. 이 문서의 영어 번역은 K. Clark et al. (eds.), *Soviet Culture and Power: A History in Documents, 1917–1953*, Yale University Press: London & New Haven 2007, doc.170을 보라.

191. 이 문서의 번역은 그 출처의 설명과 함께 K. M. F. Platt & D. Brandenberger (eds.), *Epic Revisionism: Russian History and Literature as Stalinist Propaganda*, University of Wisconsin Press: Madison 2006, pp.179–89에서 찾을 수 있다. Ilizarov, *Stalin, Ivan Grozny*, pp.270–9에서 추가 해설을 볼 수 있다.

192. *Vlast' i Khudozhestvennaya Intelligentsiya*, docs.13(pp.486-7), 16(p.500), 18(p.501).

193. 'P'esa Al. Tolstogo "Ivan Grozny" v Malom Teatre', *Pravda* (27 October 1944); 'Novaya Postanovka P'esy Al. Tolstogo na Stsene Malogo Teatra', *Pravda* (30 May 1945).

194. RGASPI, F.558, Op.3, D.351, 각본의 p.57.

195. W. Averell Harriman, 'Stalin at War' in G. R. Urban (ed.), *Stalinism: Its Impact on Russia and the World*, Wildwood House: Aldershot 1985, pp.40–2.

196. Clark et al., *Soviet Culture and Power*, doc.172.

197. 이반과 그의 영화에 대한 예이젠시테인의 배경 생각은 그가 1942년 7월 *Literatura i Iskusstvo*(문학과 예술)에 게재한 논설에서 드러난다. Platt, *Terror and Greatness*, pp.212–

13에 이 논설이 요약되어 있다.

198. *Kremlevsky Kinoteatr, 1928–1953*, Rosspen: Moscow 2005, doc.257.

199. Clark et al., *Soviet Culture and Power*, doc.177. 이 일화 전체에 관해서는 또한 M. Belodubrovskaya, *Not According to Plan: Filmmaking Under Stalin*, Cornell University Press: Ithaca NY 2017과 D. Brandenberger & K. M. F. Platt, 'Terribly Pragmatic: Rewriting the History of Ivan IV's Reign, 1937–1956' in Platt & Brandenberger, *Epic Revisionism*도 보라.

200. 1944년 5월 체르카소프는 이반 뇌제로 분장해 찍은 자신의 사진에 서명한 뒤 다음 글귀를 적어 즈다노프에게 선물했다. "우리는 해안가에 서 있고, 계속 그곳에 서 있을 것입니다." 이는 이반이 러시아를 발트해로 팽창한 일을 언급한 것이다. 1944년에 즈다노프는 레닌그라드 공산당 당수였고, 붉은군대는 독일군으로부터 발트 연안을 탈환하는 과정에 있었다. Platt, *Terror and Greatness*, p.214를 보라.

201. Clark et al., *Soviet Culture and Power*, pp.441–2.

202. *Vlast' i Khudozhestvennaya Intelligentsiya*, doc.34, pp.612–19. 논의 전체의 영어 번역은 Clark et al., *Soviet Culture and Power*, doc.175에서 볼 수 있다. 이레나 마카릭(Irena Makaryk)은 스탈린이 투르게네프(Turgenev)의 글 'Hamlet and Don Quixote'와 그의 단편 소설 'Hamlet of the Shchigrov District'로부터 의지가 박약한 인물로 햄릿을 바라보는 자신의 시각을 끌어냈을 것이라고 추측한다. 마카릭의 'Stalin and Shakespeare' in N. Khomenko (ed.), *The Shakespeare International Yearbook*, vol. 18, Special Section on Soviet Shakespeare, Routledge: London July 2020, pp.46–7을 보라. 셰익스피어의 특정 작품에 대한 유일하게 알려진 다른 스탈린의 언급은 표트르 코간(Pyotr Kogan)의 *Essays on the History of West European Literature* (1909)에 관해 여백에 남긴 모호한 논평이다. 이 논평에서 스탈린은 저자가 '에이번의 시인'(셰익스피어)의 성격과 관련된 희곡인 *The Tempest*를 무시했다고 말한 듯이 보인다. 하지만 읽기 힘든 손글씨가 스탈린의 필적인지는 불분명하다(RGASPI, Op.1, D.32, 책의 p.158).

203. R. C. Tucker, *Stalin in Power: The Revolution from Above, 1928–1941*, paperback edn, Norton: New York 1992, pp.276–9; Perrie, 'The Tsar, the Emperor, the Leader', p.89.

204. Y. Gorlizki & O. Khlevniuk, *Cold Peace: Stalin and the Soviet Ruling Circle, 1945–1953*, Oxford University Press: Oxford 2004, pp.34–5에서 재인용.

205. Service, *Stalin: A Biography*, pp.561–2에서 재인용.

206. 알렉산드로프 일화에 관해서는 E. Pollock, *Stalin and the Soviet Science Wars*, Princeton

University Press: Princeton 2006의 2장을 보라.

207. G. Alexandrov, *Filosofskiye Predshestvenniki Marksizma*, Politizdat: Moscow 1940. RGASPI, F.558, Op.3, D.1. 표시는 아마도 스베틀라나의 표시일 것이다.

208. RGASPI, F.558, Op.3, D.237, 책의 pp.76-7.

209. Dobrenko, *Late Stalinism*, pp.396-402; Gorlizki & Khlevniuk, *Cold Peace*, pp.36-8.

210. 리센코 사건에 관해서는 Pollock, *Stalin and the Soviet Science Wars*의 3장을 보라.

211. J. Brooks, *Thank You, Comrade Stalin! Soviet Public Culture from Revolution to Cold War*, Princeton University Press: Princeton 2000, pp.213-14에서 재인용.

212. Platt, *Terror and Greatness*, p.177.

213. V. A. Nevezhin, *Zastol'nyye Rechi Stalina*, AIRO: Moscow-St Petersburg 2003, doc.107.

214. 푸시킨 서거 100주년에 관해서는 Petrone, *Life Has Become More Joyous, Comrades*, chap.5 를 보라.

215. https://www.marxists.org/reference/archive/stalin/works/1947/09/08.htm. 2021년 8월 4일 검색.

216. J. Brunstedt, *The Soviet Myth of World War II: Patriotic Memory and the Russian Question in the USSR*, Cambridge University Press: Cambridge 2021, pp.37-8, 107-8.

217. *Rol' Russkoy Nauki v Razvetii Mirovoy Nauki i Kul'tury*, MGU: Moscow 1946; 스탈린의 표시는 RGASPI, F.558, Op.3, D.368, 책의 pp.29-36에서 볼 수 있다.

218. A. Popovsky, 'Zametki o Russkoy Nauke', *Novy Mir*, 3 (March 1948); 스탈린의 표시는 RGASPI, F.558, Op.3, D.234, pp.174-85에서 볼 수 있다.

219. Brooks, *Thank You, Comrade Stalin!*, pp.213-14.

220. Pollock, *Stalin and the Soviet Science Wars*, p.144. 파블로프에 관한 이 섹션은 폴록의 책 6장에 의거한다.

221. I. P. Pavlov, *Dvadtsatiletny Opyt Ob"ektivnogo Izucheniya Vysshey Nervnoy Deyatel'nosti Zhivotnykh*, LenMendizdat: Leningrad 1932. SSPL의 스탈린 컬렉션에 있는 책.

222. RGASPI, F.558, Op.11, D.762, doc.9, l.27. 마지막 두 문장은 스탈린이 즈다노프에게 보낸 10월 6일 자 편지 초고에 손으로 써서 끼워넣었다. 나는 Pollock, *Stalin and the Soviet Science Wars*, p.146을 보고 이 문서에 주목하게 되었다.

223. B. S. Ilizarov, *Pochyotny Akademik Stalin i Akademik Marr*, Veche: Moscow 2012 pp.145-7.

224. 라틴어 표기 운동에 관해서는 테리 마틴(Terry Martin)의 *The Affirmative Action Empire:*

Nations and Nationalism in the Soviet Union, 1923–1939, Cornell University Press:
Ithaca NY 2001의 5장을 보라.

225. R. Medvedev, 'Stalin and Linguistics' in R. & Z. Medvedev, *The Unknown Stalin: His Life, Death and Legacy*, Overlook Press: Woodstock NY 2004, p.211.

226. RGASPI, F.558, Op.11, D.773, docs 6–7.

227. 마르와 그의 사상에 관해서는 Y. Slezkine, 'N. Ia. Marr and the National Origins of Soviet Ethnogenetics', *Slavic Review*, 55/4 (Winter 1996).

228. Ilizarov, *Pochoytny Akademik Stalin* p.186. 이 책은 SSPL의 스탈린 컬렉션에서 찾을 수 있다. 저자는 스탈린이 아니라 또 다른 그루지야 동포였던 라브렌티 베리야(Lavrenty Beria)에게 책을 헌정했다.

229. N. Marr (ed.), *Tristan i Izol'da: Ot Geroini Lyubvi Feodal'noy Evropy do Bogini Materiarkhal'noy Afrevrazii*, Akad.Nauk: Leningrad 1932; N. Marr, *Izvlecheniye iz Svansko-Russkogo Slovarya*, Petrograd 1922 (RGASPI, F.558, Op.3, D.212); N. Marr, *O Yazyke i Istorii Abkhazov*, Moscow–Leningrad 1938 (RGASPI, F.558, Op.3, D.213). 첫 책은 SSPL의 스탈린 컬렉션에서 찾을 수 있을 것이다. 나는 Ilizarov, *Pochoytny Akademik Stalin*, p.184를 읽고 그곳에 책이 있다는 사실에 주목하게 되었다. 이 책에는 압하지야 책 내의 스탈린 표시에 대한 상세한 분석도 들어 있다(pp.185–7).

230. RGASPI, F.558, Op.11, D.1250, doc.1. 또 Pollock, *Stalin and the Soviet Science Wars*, p.112 도 보라. 나는 폴록이 언어학 논쟁을 다룬 그의 책 5장에 전반적으로 신세를 지고 있다.

231. 스탈린이 편집한 치코바바의 논설 초고들은 다음에서 찾을 수 있다. RGASPI, F558, Op.11, D.1251, doc.1. 인용한 스탈린의 추가 단락은 Ll.138–9, 162에서 볼 수 있다. 또 Pollock, *Stalin and the Soviet Science Wars*, pp.112–14와 p.116도 보라. p.116에는 스탈린이 민족 언어의 사멸에 관한 문장을 끼워 넣은 모습을 보여주는 문서의 복사본이 있다.

232. 『프라우다』에 게재된 모든 기고문의 번역은 *The Soviet Linguistics Controversy*, Columbia University Slavic Studies, King's Crown Press: New York 1951에서 찾을 수 있다. 이 소책자는 인터넷에서 볼 수 있다.

233. Medvedev & Medvedev, *Unknown Stalin*, p.215. 스탈린이 참고한 책 중에 D. N. 쿠드랍스키(D. N. Kudryavsky)가 1912년에 발간한 언어학에 관한 입문서가 있었다.

234. RGASPI F.558, Op.3, D.19, 책의 p.378. 스탈린이 당시 이 항목들을 읽었는지는 불분명하나 읽었을 가능성이 매우 크다. 일리자로프(Ilizarov, *Pochotny Akademik Stalin*, pp.202–10)는 이들 포멧키를 상세히 분석하지만, 스탈린이 진술한 언어와 언어학에 관한 견해에

어떤 것도 덧붙이지 않는다. 일리자로프가 지적하듯이(p.203), 스탈린은 야페트 언어들에 관한 백과사전의 항목들에 표시하지 않았다.

235. 내 요약과 인용문은 J. V. Stalin, *Concerning Marxism in Linguistics*, Soviet News Booklet: London 1950에서 나왔다.

236. G. B. Fedorov (ed.), *Po Sledam Drevnikh Kul'tur*, Gosizdat: Moscow 1951. 스탈린의 표시에 대해 알고 싶으면 RGASPI, F.558, Op.3, D.246, pp.8, 71-112를 보라.

237. Dobrenko, *Late Stalinism*, p.385.

238. Kotkin, *Stalin: Waiting for Hitler*, p.544.

239. J. Stalin, *Works*, vol.2, Foreign Languages Publishing House: Moscow 1953, pp.28-32.

240. Kotkin, *Stalin: Waiting for Hitler*, p.753 n.88.

241. *Ibid.*, pp.544-5; R. Medvedev, *Let History Judge: The Origins and Consequences of Stalinism*, Macmillan: London 1972, pp.509-10.

242. J. Stalin, *Works*, vol.9, Foreign Languages Publishing House: Moscow 1954, pp.156-8.

243. RGASPI, F.558, Op.3, D.105.

244. E. Dobrenko, *Late Stalinism*, p.358.

245. E. Fischer, *An Opposing Man*, Allen Lane: London 1974, p.261.

246. 일부 글을 다음에서 찾을 수 있다. H. F. Scott & W. F. Scott (eds.), *The Soviet Art of War*, Westview Press: Boulder CO 1982. 투하쳅스키와 스베친은 숙청으로 사망했다.

247. RGASPI, F.558, Op.3, Dd.253-6, Op.11, Dd.494-9.

248. RGASPI, F.558, Op.3, Dd.9, 80. SSPL의 스탈린 컬렉션에서 복사본을 찾을 수 있다.

249. *Artilleriya v Proshlom, Nastoyashchem i Budushchem*, Voyenizdat: Moscow 1925. RGASPI, F.558, Op.3, D.380.

250. Urban, *Stalinism*, p.43.

251. 레르에 관해서는 P. Von Wahlde, 'A Pioneer of Russian Strategic Thought: G. A. Leer, 1929-1904', *Military Affairs* (December 1971); D. A. Rich, *The Tsar's Colonels: Professionalism, Strategy, and Subversion in Late Imperial Russia*, Harvard University Press: Cambridge MA 1998, pp.55-6; J. W. Steinberg, *All The Tsar's Men: Russia's General Staff and the Fate of the Empire, 1898-1914*, Johns Hopkins University Press: Baltimore 2010, pp.47-52.

252. RGASPI, F.558, Op.3, Dd.108-11. 이전에 이 책들은 차르 기관의 도서관들이 소장했다.

253. 몰트케의 책 1장에 남긴 스탈린의 표시는 RGASPI, F.558, Op.3, D.224, 그리고 루덴도

르프의 텍스트에 있는 스탈린의 표시는 D.195, pp.264-81에서 볼 수 있다.

254. 스베친의 주요 저술은 영어 번역본으로 이용 가능하다. A. A. Svechin, *Strategy*, East View Press: Minneapolis 1992. 스베친의 견해는 논쟁적인데, 소모전의 준비에 대한 그의 옹호가 특히 그렇다. 스베친에 따르면 소모전은 시간이 흐를수록 적군을 약화할 것이며, 이 소모전은 기동전과 그리고 결전에서 적군을 섬멸하는 행위와 대비된다. 1920년대와 1930년대에 스베친은 후자의 전략을 옹호한 일련의 논평자와 토론자들의 비판을 받았다. 스탈린이 표시한 스베친의 전쟁술 역사서 초판은 다음에서 찾을 수 있을 것이다. RGASPI, F.558, Op.3, Dd.311-12. 스탈린이 갖고 있던 스베친의 전략서는 나중에 나온 전쟁술 역사서 신판과 함께 SSPL의 스탈린 컬렉션에 있다.

255. 스탈린의 표시는 *Ibid.*, D.94, pp.v, vii, viii에서 볼 수 있다. 스탈린은 표시하지 않은 또 한 권의『전쟁론』을 갖고 있었다. 이 책은 SSPL의 스탈린 컬렉션에서 찾을 수 있을 것이다.

256. *Ibid.*, 책의 p.35.

257. G. Roberts, *Stalin's Wars: From World War to Cold War, 1939-1953*, Yale University Press: London & New Haven 2006, p.110.

258. O. Rzheshevsky, 'Shaposhnikov' in H. Shukman (ed.), *Stalin's Generals*, Phoenix Press: London 1997.

259. 3권짜리『군대의 두뇌』의 일반적인 섹션들이 1974년에 재발간되고 1982년에 재인쇄되었다. B. M. Shaposhnikov, *Vospominaniya [i] Voyenno-Nauchnyye Trudy*, Voyenizdat: Moscow, 1982. 이 책에도 자신의 초기 생애에 관한 샤포시니코프의 회고가 있다. 영어로 된『군대의 두뇌』일부 발췌문을 Scott & Scott, *The Soviet Art of War*, pp.46-50에서 찾을 수 있을 것이다.

260. Shaposhnikov, *Vospominaniya*, p.507.

261. G. K. Zhukov, *Vospominaniya i Razmyshleniya*, vol.1, Novosti: Moscow 1990, p.367.

262. *Na Priyome Stalina*, Novy Khronograf: Moscow 2008, pp.337-40.

263. M. Bragin, *Polkovodets Kutuzov*, Molodaya Gvardiya: Moscow 1941. *Field Marshal Kutuzov*라고 하는 영어 번역본이 1944년에 모스크바의 Foreign Languages Publishing House에서 발간되었다.

264. 처칠은 1942년 8월에 스탈린과 대화하면서 그의 조상 말버러(Marlborough) 공이 스페인 왕위계승 전쟁(1701~1714)이 제기한 자유에 대한 위협을 종식했다고 언급했다. 이에 대한 응답으로 스탈린은 웰링턴(Wellington)이 나폴레옹을 패배시켰기 때문에 더욱 위대한 영국의 장군이라고 말했다. 처칠의 통역관 버스 소령은 스탈린이 "그런 다음 웰링턴의 스

페인 침공을 언급함으로써 역사에 대한 지식을 과시했고… 일부 전투에 관한 장과 절을 인용했다. 나는 스탈린이 나폴레옹 전쟁을 특별히 공부했고, 많은 점에서 그것을 당시 진행 중이던 전쟁과 비교했다고 생각한다"라고 회상했다(A. H. Birse, *Memoirs of an Interpreter*, Michael Joseph: London 1967, pp.103).

265. 'Zapis' Besedy I. V. Stalina s Otvetstvennymi Redaktorami Zhurnalov "Voyennaya Mysl'" i "Voyenny Vestnik", 5 Marta 1945 goda', *Voyenno-Istorichesky Zhurnal*, 3 (2004) pp.3-4.

266. RGASPI, F.558, Op.3, D.25.

267. https://www.trumanlibrary.gov/library/oral-histories/harrima1. 2021년 8월 4일 검색.

268. K. Osipov, *Suvorov*, Gospolizdat: Moscow 1941. 이 책에는 1941년 6월 28일 자 오시포프의 메모가 있다. 이 책도 전쟁 동안 영어로 번역, 출간되었다. *Alexander Suvorov: A Biography*, Hutchinson & Co.: London n.d.

269. RGASPI F.558. Op.11, D.204, n.2.

270. RGASPI, F.558, op.11, D.1599. 스탈린이 수정한 수보로프에 관한 오시포프의 두 번째 책은 전쟁 동안 여러 판본으로 발간되었다. 오시포프는 또 수보로프에 관해 많은 공개 강연을 했다.

271. Clark et al., *Soviet Culture and Power*, doc.130. 러시아어 텍스트: *I.V. Stalin: Istoricheskaya Ideologiya v SSSR v 1920-1950 e gody (Sbornik Dokumentov i Materialov)*, vol.1, Nauka-Piter: St Petersburg 2006 doc.221.

272. 스탈린 연설의 속기문들은 다음에서 찾을 수 있다. *Zimnyaya Voyna, 1939-1940: I.V. Stalin i Finskaya Kampaniya*, Nauka: Moscow 1999, pp.272-82. 영어본: A. O. Chubaryan & H. Shukman (eds.), *Stalin and the Soviet-Finnish War, 1939-1940*, Frank Cass: London 2001, pp.263-74. 더 나아가 M. L. G. Spencer, *Stalinism and the Soviet-Finnish War, 1939-40*, Palgrave: London 2018을 보라.

273. *Istoriya Russkoy Armii i Flota*, Obrazovaniye: Moscow 1911. 스탈린의 표시는 RGASPI, F.558, Op.3, F.80, pp.7-23에서 볼 수 있다. 스탈린은 1930년대 중후반에 이 책을 읽었다.

274. 'Kratkaya Zapis' Vystupleniya na Vypuske Slushateley Akademy Krasnoy Armii, 5 Maya 1941 goda', I. Stalin, *Sochineniya*, vol.18, Soyuz: Tver' 2006, pp.213-18.

275. Dimitrov, *Diary*, p.160.

276. E. Mawdsley, 'Explaining Military Failure: Stalin, the Red Army, and the First Period of the Patriotic War' in G. Roberts (ed.), *Stalin: His Times and Ours*, IAREES: Dublin

2005, p.138.

277. I. Stalin, *O Velikoy Otechestvennoy Voyne Sovetskogo Soyuza*, Moscow 1950, p.205.

278. *Ibid.*, pp.271–303.

279. https://digitalarchive.wilsoncenter.org/document/116179.pdf. 2021년 8월 4일 검색.

280. E. Mawdsley, 'Stalin: Victors Are Not Judged', *Journal of Slavic Military Studies* 19 (2006), p.715.

281. D. E. Davis & W. S. G. Kohn, 'Lenin's 'Notebook on Clausewitz', http://www. clausewitz.com/bibl/DavisKohn–LeninsNotebookOnClausewitz.pdf. 2021년 8월 4일 검색. 스탈린이 표시하지 않은 1931년 판 책이 SSPL의 스탈린 컬렉션에 있다.

282. RGASPI, F.558, Op.3, D.47.

283. 'Zapis' Besedy', p.3.

284. https://www.marxists.org/reference/archive/stalin/works/1946/02/23.htm. 2021년 8월 4일 검색.

285. R. Medvedev, 'Generalissimo Stalin, General Clausewitz and Colonel Razin' in Medvedev & Medvedev, *Unknown Stalin*, p.188.

286. A. M. Ball, *Imagining America: Influence and Images in Twentieth-Century Russia*, Rowman & Littlefield: Lanham MD 2003, p.24.

287. J. Stalin, *Works*, vol.6, Foreign Languages Publishing House: Moscow 1953, pp.194–5.

288. Rayfield, *Stalin and His Hangmen*, p.43.

289. B. O'Keeffe, *Esperanto and Languages of Internationalism in Revolutionary Russia*, Bloomsbury Academic: London 2021, pp.148–51.

290. Yu. G. Murin (ed.), *Iosif Stalin v Ob"yatiyakh Sem'i*, Rodina: Moscow 1993, docs 46–7.

291. J. Stalin, *Works*, vol.13, Foreign Languages Publishing House: Moscow 1955, p.271.

292. *Ibid.*, vol.3 (1953) pp.250–3.

293. K. Zubovich, *Moscow Monumental: Soviet Skyscrapers and Urban Life in Stalin's Capital*, Princeton University Press: Princeton 2021, chap.2; Belodubrovskaya, *Not According to Plan*, p.27.

294. S. Lomb, *Stalin's Constitution: Soviet Participatory Politics and the Discussion of the 1936 Draft*, Routledge: New York 2018.

295. https://www.marxists.org/reference/archive/stalin/works/1936/11/25.htm. 2021년 8월 4일 검색.

296. RGASPI, F.558, Op.11, D.143.

297. https://www.marxists.org/reference/archive/stalin/works/1937/12/11.htm. 2021년 8월 4일 검색.

298. RGASPI, F.558, Op.3, D.369.

299. Stalin, *Works*, vol.13, p.284.

300. https://www.marxists.org/reference/archive/stalin/works/1934/07/23.htm. 2021년 8월 4일 검색.

301. M. Edele, 'Better to Lose Australia', *Inside Story*, https://insidestory.org.au/better—to—lose—australia에서 재인용(2021년 5월 25일).

302. Roberts, *Stalin's Wars*, p.267.

303. G. Roberts, 'Why Roosevelt Was Right about Stalin', *History News Network*, http://hnn.us/articles/36194.html (2007년 3월 19일). 루스벨트에 대한 스탈린의 태도를 근본적으로 다르게 보는 견해로는 R. H. McNeal, 'Roosevelt through Stalin's Spectacles', *International Journal*, 18/2 (Spring 1963)이 있다.

304. J. Stalin, *Works*, vol.10, Foreign Languages Publishing House: Moscow 1954, pp.141ff.

305. 스탈린이 표시한 인용문을 알고 싶으면 RGASPI, F.558, Op.3, D.41, 논문의 pp.82—4를 보라.

306. 스탈린의 주기(注記)는 A. Girshfel'd, 'O Roli SShA v Organizatsii Antisovetskoy Interventsii v Sibiri i na Dal'nem Vostoke', *Voprosy Istorii*, 8 (August 1948), 논문의 p.15에 있다.

307. Magnúsdóttir, *Enemy Number One*.

6장 역공학: 스탈린과 소비에트 문학

1. 이 장은 픽션 문학에 대한 스탈린의 일반적 태도에 초점을 맞춘다. 스탈린과 개별 소련 작가들의 관계에 관해서는 A. Kemp—Welch, *Stalin and the Literary Intelligentsia, 1928—1939*, St Martin's Press: New York 1991; B. J. Boeck, *Stalin's Scribe: Literature, Ambition and Survival*, Pegasus Books: New York 2019; Y. Gromov, *Stalin: Iskusstvo i Vlast'*, Eksmo: Moscow 2003; B. Frezinsky, *Pisateli i Sovetskiye Vozhdi*, Ellis Lak: Moscow 2008; B. Sarnov, *Stalin i Pisateli*, 4 vols, Eksmo: Moscow 2010—11을 보라.

2. A. Gromyko, *Memories*, Hutchinson: London 1989, p.101.

3. K. Clark et al. (eds.), *Soviet Culture and Power: A History in Documents, 1917–1953*, Yale University Press: London & New Haven 2007, doc.18.

4. *Ibid.*, doc.19.

5. *Ibid.*, doc.20.

6. *Vlast' i Khudozhestvennaya Intelligentsiya, 1917–1953*, Demokratiya: Moscow 2002, doc.46, p.40.

7. Clark et al., *Soviet Culture and Power*, doc.21.

8. J. Barber, 'The Establishment of Intellectual Orthodoxy in the U.S.S.R. 1928–1934', *Past & Present*, 83 (May, 1979) p.159.

9. L. Maximenkov & L. Heretz, 'Stalin's Meeting with a Delegation of Ukrainian Writers on 12 February 1929', *Harvard Ukrainian Studies*, 16/3–4 (December 1992). 이 논문에는 이 회동의 러시아어 구술 기록이 영어 번역문과 함께 있다. 이 구술 기록에서 나온 상당량의 발췌문을 Clark et al., *Soviet Culture and Power*, doc.27에서 찾을 수 있다. 타자로 친 기록보관소 문서는 다음에서 찾을 수 있다. Rossiysky Gosudarstvenny Arkhiv Sotsial'no-Politicheskoy Istorii (이하 RGASPI), F.558, Op.1, D.4490.

10. Clark et al., *Soviet Culture and Power*, doc.33.

11. 스탈린의 답변은 당시 비공식적이었으나 종전 후 그의 전집에 실렸다. J. Stalin, *Works*, vol.13, Foreign Languages Publishing House: Moscow 1955, pp.26–7.

12. N. Mandelstam, *Hope Against Hope: A Memoir*, Harvill Press: London 1999, p.26. 소문으로는, 베드니를 배신한 것은 그의 비서였다. 비서는 베드니의 일기에서 이 부분을 베껴 적어 스탈린에게 보냈다.

13. 'Soviet Thought in the 1930s: The Cultural Counterrevolution' in R. V. Daniels, *Trotsky, Stalin and Socialism*, Westview Press: Boulder CO 1991, p.143.

14. *Mezhdu Molotom i Nakoval'ney: Soyuz Sovetskikh Pisatelei SSSR*, vol.1, Rosspen: Moscow 2010, doc.29.

15. S. Kotkin, *Stalin: Waiting for Hitler, 1928–1941*, Penguin: London 2017, pp.151–2. 더 나아가 마이클 데이비드-폭스(Michael David-Fox)의 *Showcasing the Great Experiment: Cultural Diplomacy & Western Visitors to the Soviet Union, 1921–1941*, Oxford University Press: Oxford 2012에 있는 'Gorky's Gulag' 장을 보라.

16. 스탈린은 이 주장을 밝히면서 의심할 여지 없이 레닌이 1920년 10월에 다음과 같이 말한

바를 염두에 두었다. "프롤레타리아 문화는 갑자기 무에서 생겨난 것도 아니고, 자칭 프롤레타리아 문화 전문가라는 사람들의 발명품도 아닙니다. 이것은 완전히 터무니없는 소리입니다. 프롤레타리아 문화는 인류가 자본주의 사회의 멍에 아래에서 쌓은 많은 지식의 논리적 발전임이 틀림없습니다"(R. K. Dasgupta, 'Lenin on Literature', *Indian Literature*, 13/3 (September 1970), p.21. 더 나아가 A. T. Rubinstein, 'Lenin on Literature, Language, and Censorship', *Science & Society*, 59/3 (Fall 1995)을 보라. 스탈린이 레닌의 연설문을 읽은 것이 확실하다. 왜냐하면 스탈린은 1923년에 발간된 레닌 전집 초판 제17권에 실려 있는 그 연설문에 표시를 했기 때문이다(RGASPI, Op.3, D.131, pp. 313−29). 마르크스에 관해서는 S. S. Prawer, *Karl Marx and World Literature*, Verso: London 1976.

17. *Bol'shaya Tsenzura: Pisateli i Zhurnalisty v Strane Sovetov, 1917−1956*, Demokratiya: Moscow 2005 doc.196; S. Davies & J. Harris, *Stalin's World: Dictating the Soviet Order*, Yale University Press: London & New Haven 2014, pp.250−1.

18. 스탈린의 말은 문학 비평가 K. L. 젤린스키(K. L. Zelinsky)가 기록한 발언이다. RGASPI, F.558, Op.11, D.1116, doc.3, Ll.32−3; *Mezhdu Molotom i Nakoval'ney*, doc.38; C. A. Ruder, *Making History for Stalin: The Story of the Belomor Canal*, University Press of Florida: Gainesville 1998, p.44; Kemp−Welch, *Stalin and the Literary Intelligentsia*, pp.130−1. 누가 '사회주의 리얼리즘'이라는 용어를 처음 사용했는지는 불분명하다. 한 가지 가능성은 그 용어가 1932~1933년에 스탈린과 언론인 이반 그론스키(Ivan Gronsky)가 대화를 나누는 동안 등장했다는 것이다. 그론스키에 따르면, 자신은 '프롤레타리아 사회주의 리얼리즘'이라는 용어를 제안했으나, 스탈린은 프롤레타리아라는 형용사가 없는 게 더 나은 것 같다고 생각했다(Kemp−Welch, p.132).

19. RGASPI, F.71, Op.10, D.170, L.162.

20. *Soviet Writers' Congress 1934: The Debate on Socialist Realism and Modernism*, Lawrence and Wishart: London 1977, pp.21−2. 인용된 구절은 길이를 줄이고 생략 부호를 뺐다.

21. *Ibid.*, pp.252−5.

22. Clark et al., *Soviet Culture and Power*, doc.123.

23. *Bol'shaya Tsenzura*, doc.327.

24. RGASPI, F.558, Op.3, D.251. 나는 *ibid.*, p.455, n.11을 보고 이러한 연상(聯想)에 주목하게 되었다. 플레하노프의 번역문은 https://www.marxists.org/archive/plekhanov/1895/monist에서 나왔다. 2021년 8월 4일 검색.

25. I. R. Makaryk, 'Stalin and Shakespeare' in N. Khomenko (ed.), *The Shakespeare*

International Yearbook, vol. 18, Special Section on Soviet Shakespeare, Routledge: London 2020.

26. Clark et al., *Soviet Culture and Power*, doc.129.

27. *Ibid.*, doc.131

28. 이 일화 전체에 관해서는 M. Belodubrovskaya, *Not According to Plan: Filmmaking under Stalin*, Cornell University Press: Ithaca NY 2017, pp.41-2, 83-4, 192-3을 보라.

29. Davies & Harris, *Stalin's World*, pp.254-5.

30. 이 회의의 구술 기록은 G. L. Bondareva (ed.), *Kremlevsky Kinoteatr, 1928-1953*, Rosspen: Moscow 2005 doc.214에서 찾을 수 있다. 이 책은 스탈린 시대의 소련 영화 제작에 관한 주요한 문서 모음집이다. 더 나아가 J. Miller, *Soviet Cinema: Politics and Persuasion under Stalin*, I. B. Tauris: London 2010, 특히 pp.60-9를 보라.

31. Clark et al., *Soviet Culture and Power*, doc.132. 마지막 세 문장은 러시아어 구술 기록에서 내가 번역해 추가한 것이다.

32. S. Yekelchyk, *Stalin's Empire of Memory: Russian-Ukrainian Relations in the Soviet Historical Imagination*, Toronto University Press: Toronto 2004, pp.40, 54-5.

33. Clark et al., *Soviet Culture and Power*, doc.177.

34. *Ibid.*, p.455. 스탈린의 논평은 소련 신문들에 게재된, 영화에 관한 익명의 기사라는 형태를 띠었다.

35. S. Alliluyeva, *20 Letters to a Friend*, Penguin: Harmondsworth 1968, p.129.

36. A. M. Ball, *Imagining America: Influence and Images in Twentieth-Century Russia*, Rowman & Littlefield: Lanham MD 2003, p.87에서 재인용.

37. A. Mikoyan, *Tak Bylo*, Moscow: Vagrius 1999, pp.533-4.

38. Clark et al., *Soviet Culture and Power*, doc.163.

39. *Bol'shaya Tsenzura*, doc.414.

40. Clark et al., *Soviet Culture and Power*, docs 153-5.

41. *Vlast' i Khudozhestvennaya Intelligentsiya*, docs.14, 22, pp.565, 598.

42. Clark et al., *Soviet Culture and Power*, doc.162.

43. N. Mitchison, 'AWPA Writers Visit to the USSR', Authors World Peace Appeal, Bulletin no.7 (1952), p.9. AWPA는 1950년대 비동맹 평화 운동이었다.

44. M. Djilas, *Conversations with Stalin*, Penguin: London 2014, p.111.

45. *Ibid.*, pp.77-8.

46. S. Alliluyeva, *Only One Year*, Penguin: London 1971, p.336.

47. D. Shepilov, *The Kremlin's Scholar*, Yale University Press: London & New Haven 2014, p.92. 도스토옙스키의 전집을 구성하는 여러 책 중 두 책과 1873~1876년에 쓴 그의 일기만이 없어지지 않고 스탈린의 장서에서 살아남았다. 이 책들은 SSPL의 스탈린 도서 컬렉션에서 찾을 수 있다. 보리스 일리자로프에 따르면, 스탈린은 도스토옙스키의 소설 『카라마조프가의 형제들』의 일부에 표시를 남겼다. 하지만 장서에 있는 책을 살펴보면, 이것들은 스탈린의 표시가 아니라는 점이 거의 확실하다.

48. R. L. Strong, 'The Soviet Interpretation of Gogol', *American Slavic and East European Review*, 14/4 (December 1955), pp.528–9, 533.

49. O. Johnson, 'The Stalin Prize and the Soviet Artist: Status Symbol or Stigma?', *Slavic Review*, 70/4 (Winter 2011), p.826. 또 P. Akhmanayev, *Stalinskiye Premii*, Russkiye Vityazi: Moscow 2016도 보라. 제정된 모든 상의 상세한 내용은 다른 문서와 함께 V. F. Svin'in & K. A. Oseyev (eds.), *Stalinskiye Premii*, Svin'in i Synov'ya: Novosibirsk 2007에서 찾을 수 있다.

50. Shepilov, *The Kremlin's Scholar*, pp.104–9.

51. Davies & Harris, *Stalin's World*, pp.270–1.

52. *Ibid.*, p.271.

53. K. Simonov, *Glazami Cheloveka Moyego Pokoleniya: Razmyshleniya o I. V. Staline*, Novosti: Moscow 1989, p.233.

54. 스탈린의 희곡 편집은 RGASPI, F.558, Op.3, D.233, pp.41–101에서 볼 수 있다.

55. *Vlast' i Khudozhestvennaya Intelligentsiya*, doc.104, pp.675–81. 이 보고서의 저자는 전 IMEL 소장 블라디미르 크루시코프(Vladimir Kruzhkov)였다.

56. M. Zorin, 'Obsuzhdeniye Romana V. Latisa "K Novomu Beregu"', *Literaturnaya Gazeta* (15 December 1952).

57. *Vlast' i Khudozhestvennaya Intelligentsiya*, doc.101. 손으로 쓴 편지의 초고와 타자기로 친 원고는 RGASPI, F.558, Op.11, D.205, Ll.1929–136에서 찾을 수 있다. 나는 Davies & Harris, *Stalin's World*, p.263을 읽고 이 문서들을 주목하게 되었다. 스탈린의 원래 의도는 편지를 자신을 포함해 일단의 고위 당 관리들이 쓴 것으로 발표하는 것이었던 듯하다.

58. P. Neruda, *Memoirs*, Penguin: London 1977, p.317.

59. https://redcaucasus.wordpress.com/2018/09/18/ode-to-stalin-by-pablo-neruda. 2021년 8월 4일 검색.

60. I. Ehrenburg, *Post-War Years, 1945-1954*, MacGibbon & Kee: London 1966, p.46. 스탈린과 예렌부르크의 소설에 관한 이 이야기는 알렉산드르 파데예프(Alexander Fadeyev)가 예렌부르크에게 말했다. 파데예프는 국제 평화 운동에서 예렌부르크와 긴밀하게 함께 활동하던 소련 작가 동맹의 수장이었다.

61. N. Krementsov, *The Cure: A Story of Cancer and Politics from the Annals of the Cold War*, University of Chicago Press: Chicago 2004, pp.136-43.

7장 소련의 편집장

1. 시사하는 바가 큰 홀리 케이스(Holly Case)의 글 'The Tyrant as Editor', *Chronicle of Higher Education* (7 October 2013)의 주장.

2. Rossiysky Gosudarstvenny Arkhiv Sotsial'no-Politicheskoy Istorii (이하 RGASPI), F.558, Op.4, D.333, L.1.

3. E. Pollock, *Conversations with Stalin on Questions of Political Economy*, Cold War International History Project Working Paper No.33 (July 2001), p.9.

4. 스탈린과 작가의 관계에 관해서는 L. Spiridonova, 'Gorky and Stalin (According to New Materials from A. M. Gorky's Archive)', *Russian Review*, 54/3 (July 1995)을 보라.

5. 민츠의 회고는 R. C. Tucker, *Stalin in Power: The Revolution from Above, 1928-1941*, Norton: New York 1992, pp.531-2에 요약되어 있다.

6. 이 제1권에 대한 스탈린의 편집은 RGASPI, F.558, Op.1, D.3165에서 찾을 수 있다. 그것은 민츠의 회상이 옳음을 증명한다.

7. D. Brandenberger, *Propaganda State in Crisis: Soviet Ideology, Indoctrination and Terror under Stalin, 1927-1941*, Yale University Press: London & New Haven 2011, p.80.

8. E. MacKinnon, 'Writing History for Stalin: Isaak Izrailevich Mints and the *Istoriia grazhdanskoi voiny*', *Kritika*, 6/1 (2005), p.22.

9. 인용문을 위해서는 I. Mints, 'Podgotovka Velikoy Proletarskoy Revolyutsii: K Vykhodu v Svet Pervogo Toma "Istoriya Grazhdanskoy Voyny v SSSR", *Bol'shevik*, 12/15 (November 1935), p.30.

10. 『단기강좌』에 관한 이 섹션은 데이비드 브랜든버거(David Brandenberger)의 다음 저술들에 크게 의존한다. 'The Fate of Interwar Soviet Internationalism: A Case Study of the

Editing of Stalin's 1938 *Short Course on the History of the ACP(B)*, *Revolutionary Russia*, 29/1 (2016); 'Stalin and the Muse of History: The Dictator and His Critics on the Editing of the 1938 Short Course' in V. Tismaneanu & B. C. Iacob (eds.), *Ideological Storms: Intellectuals, Dictators and the Totalitarian Temptation*, CEU Press: Budapest 2019; *Stalin's Master Narrative: A Critical Edition of the History of the Communist Party of the Soviet Union (Bolsheviks): Short Course*, Yale University Press: London & New Haven 2019 (co-edited with M. Zelenov); '*Kratky Kurs Istorii VKP (b)*': *Tekst i Yego Istoriya v 2 Chastyakh: Chast' 1*, Rosspen: Moscow 2014 (co-edited with M. Zelenov). 편집된 앞 책은 「단기강좌」의 공식 영어 번역본을 스탈린의 세세한 편집과 함께 전재하고 있는 반면, 뒤 책은 책 제작 과정과 관련 있는 기록보관소의 문서들을 포함한다.

11. Brandenberger & Zelenov, '*Kratky Kurs Istorii VKP (b)*', doc.112.

12. *Ibid.*, doc.165.

13. Brandenberger & Zelenov, *Stalin's Master Narrative*, pp.17-18.

14. Brandenberger & Zelenov, '*Kratky Kurs Istorii VKP (b)*', doc.231, p.429. 이 회의는 1938년 9월 27일부터 10월 1일까지 진행되었다.

15. Brandenberger & Zelenov, *Stalin's Master Narrative*, p.20.

16. *Ibid.*, p.21.

17. Brandenberger & Zelenov, '*Kratky Kurs Istorii VKP (b)*', doc.231, p.457.

18. 이 섹션의 텍스트는 Brandenberger & Zelenov, *Stalin's Master Narrative*, pp.48-73에서 찾을 수 있다.

19. 개관을 위해서는 E. van Ree, 'Stalin as a Marxist Philosopher', *Studies in East European Thought*, 52/4 (December 2000)를 보라. 더 나아가 G. V. Wetter, *Dialectical Materialism: A Historical and Systematic Survey of Philosophy in the Soviet Union*, Routledge & Kegan Paul: London 1958, chap.10과 Z. A. Jordan, *The Evolution of Dialectical Materialism*, Macmillan: London 1967, chap.8도 보라.

20. J. Stalin, 'Anarchism or Socialism?' in *Works*, vol.1, Foreign Languages Publishing House: Moscow 1952, pp.297-372.

21. A. Bonfanti, 'Eric Hobsbawm's Dialectical Materialism in the Postwar Period 1946-56', *Twentieth Century Communism*, 19 (November 2020)에서 재인용.

22. Wetter, *Dialectical Materialism*, p.212. 브랜든버거(Brandenberger)는 스탈린 시대 동안 4,000만 부가 발행되었다고 말한다.

23. RGASPI, Op.558, Dd.1602-4. 기록보관소에는 타자로 친 원고가 별개 책의 원고라고 잘못 확인되어 있으나 페이지를 나타내는 숫자는 그것이 좀 더 큰 원고, 즉 『외교사(Istoriya Diplomatii)』의 일부임을 나타낸다. 이 파일들에는 1920년대를 다루는 장들만 들어 있다.

24. RGASPI F.558, Op.1, D.5754, L.98. 판크라토바에 관해서는 R. E. Zelnik, *Perils of Pankratova: Some Stories from the Annals of Soviet Historiography*, University of Washington Press: Seattle 2005를 보라.

25. V. P. Potyomkin (ed.), *Istoriya Diplomatii*, vol.3, Ogiz: Moscow-Leningrad 1945, pp.701-64. 더 나아가 V. V. Aspaturian, 'Diplomacy in the Mirror of Soviet Scholarship' in J. Keep & L. Brisby (eds.), *Contemporary History in the Soviet Mirror*, Praeger: New York 1964도 보라. 타를레는 1945년 9월에 당 지도자 G. M. 말렌코프(G. M. Malenkov)에게 보낸 편지에서 당 잡지 『볼셰비크』에 지금 막 게재된, 크림 전쟁에 관한 자신의 책을 비판한 서평과 관련해 불만을 제기하면서 스탈린에 관해 이러한 주장을 펼쳤다. I. A. Shein, 'Akademik Ye. V. Tarle i Vlast': Pis'ma Istorika I. V. Stalinu i G. M. Malenkovu, 1937-1950gg', *Istorichesky Arkhiv*, 3 (2001). 타를레는 스탈린은 알지만 자신은 모르는 사이에 19세기 차르 대외 정책의 부당성에 관해 온건 노선을 옹호했다고 최근 당내에서 공격을 받았다. 서평은 일반인들 사이에는 알려지지 않았으나 그동안 진행된 타를레에 대한 비판의 분위기를 반영했다. 스탈린은 1941년 6월 3일 타를레와 포툠킨을 만났을 때 타를레에게 부르주아 외교 방법에 관한 글을 써달라고 부탁했을 가능성이 있다. 1시간 반 동안 계속된 이 만남에서 세 사람은 아마도 최근에 발간된 『외교사』 제1권에 대한 후속 조치를 논의했을 것이다.

26. M. Beloff, 'A Soviet History of Diplomacy', *Soviet Studies*, 1/2 (October 1949). A. A. 트로야놉스키와 B. Ye. 시테인(A. A. Troyanovsky & B. Ye. Shteyn)이 쓴 소련 대외 정책의 역사에 관한 1941년 책에서 스탈린은 외교 방향을 당을 대신해 그와 레닌이 결정했다는 언급을 삭제했다. RGASPI, F.558, Op.3, D.390, 책의 p.6.

27. *Ibid.*, Op.11, Dd.221-2. 사이먼 앤드 슈스터사의 편지는 D.221, doc.19에서 찾을 수 있을 것이다. 이 편지는 러시아어로 번역되어, 스탈린이나 그의 직원이 눈에 띄는 부분에 표시를 했다. 스탈린은 답장하지 않았다. 나는 S. McMeekin, *Stalin's War*, Allen Lane: London 2021, p.455를 보고 이 편지에 주목하게 되었다. 맥미킨은 스탈린에게 자서전 집필을 제안하는 것으로 편지의 성격을 잘못 묘사한다.

28. *Ibid.*, D.1280, Ll.4-9.

29. D. Brandenberger, 'Stalin as Symbol: A Case Study of the Personality Cult and Its

Construction', in S. Davies & J. Harris (eds.), *Stalin: A New History*, Cambridge University Press: Cambridge 2005, p.265.

30. I. Stalin, *Sochineniya*, vol.17, Severnaya Korona: Tver 2004, pp.630–3. 이 회의는 1946년 12월 23일 저녁에 있었고, 1시간 15분 동안 계속되었다.

31. Brandenberger, 'Stalin as Symbol.'

32. *Bol'shaya Tsenzura: Pisateli i Zhurnalisty v Strane Sovetov, 1917–1956*, Demokratiya: Moscow 2005, doc.416.

33. 스탈린의 『약전』 편집에 대한 나의 요약은 S. Davies & J. Harris, *Stalin's World: Dictating the Soviet Order*, Yale University Press: London & New Haven 2014, pp.155–6; V. A. Belyanov, 'I. V. Stalin Sam o Sebe: Redaktsionnaya Pravka Sobstvennoy Biografii', *Izvestiya TsK KPSS*, 9 (1990); RGASPI, F.558, Op.11, D.1280에 바탕을 두고 있다. 뒤의 파일에는 스탈린이 수정한 『약전』의 견본 중 하나가 들어 있다. Dd.1281–2에도 다른 견본들(makety)이 있는데, 나는 보지 못했다.

34. 전쟁 동안 스탈린은 자신의 기여에 대해 좀 더 겸손했다. 스탈린은 1943년 참모본부가 제작한 모스크바 전투사를 받자마자 "스탈린 동지의 리더십"에 관한 언급을 삭제했다. RGASPI, F.558, Op.3, D.300, 책의 p.4. 이 책은 대조국전쟁의 전투와 작전들에 관한 일련의 내부 연구 중 하나이다. 이 연구들은 포스트소비에트 시기에야 공개되었다.

35. *Joseph Stalin: A Short Biography*, Foreign Languages Publishing House: Moscow 1949, p.89.

36. RGASPI, F.558, Op.11, D.1284.

37. J. Degras (ed.), *Soviet Documents on Foreign Policy*, vol.3 (1933–1941), Oxford University Press: London 1953, p.492.

38. 'Captain H. H. Balfour Moscow Diary 1941', Harriman Papers, Library of Congress Manuscript Division, container 64.

39. W. S. Churchill, *The Second World War*, vol.1, Cassell: London 1948, p.344.

40. *Istoriya Diplomatii*, vol.3, pp.668–9, 672, 680, 682.

41. F. Hirsch, *Soviet Judgment at Nuremberg: A New History of the International Military Tribunal after World War II*, Oxford University Press: New York 2020 passim을 보라.

42. RGASPI F.558, Op.11, Dd.239–42. 스탈린은 이 번역에 표시하지 않았다.

43. *Ibid.*, D.243, doc.1, L.1. 역사가들의 그룹은 V. M. 흐보스토프(V. M. Khvostov, 1905~1972), G. A. 데보린(G. A. Deborin, 1907~1987), B. Ye. 시테인(B. Ye. Shteyn,

1892~1961)으로 구성되었다고 전해진다.

44. *Fal'sifikatory Istorii (Istoricheskaya Spravka)*, Ogiz: Moscow 1948. 영어본: *Falsifiers of History (Historical Survey)*, Foreign Languages Publishing House: Moscow 1948.

45. RGASPI, F.558, Op.11, D.243, docs.1, 5, 5a.

46. *Falsifiers of History (Historical Survey)*, p.41.

47. *Ibid.*, p.43.

48. *Ibid.*, pp.47−8.

49. *Ibid.*, p.51. 스탈린은 트루먼에게 약간 부당한 태도를 취하고 있었다. 트루먼은 같은 연설에서 자신은 히틀러가 이기기를 결코 원하지 않는다고 말했다. 전쟁 동안 트루먼은 영국과 소련에 대한 루스벨트의 무기대여법 지원을 관장하는 매우 유능한 감독자였다.

50. *Ibid.*, p.52.

51. G. Roberts, *Molotov: Stalin's Cold Warrior*, Potomac Books: Washington DC 2012, chap.2를 보라.

52. *Falsifiers of History*, p.59.

53. E. Pollock, *Stalin and the Soviet Science Wars*, Princeton University Press: Princeton 2006, p.169. 이 섹션에서 나는 폴록의 책 제7장 "Everyone Is Waiting": Stalin and the Economic Problems of Communism'의 뒤를 따라간다. 또 교과서 논의와 제작에 깊숙이 관여한 드리트리 셰필로프(Dmitry Shepilov)의 회고록도 보라. *The Kremlin's Scholar*, Yale University Press: London & New Haven 2014.

54. 스탈린이 1941년 1월에 경제학자들과 가졌던 회의 기록의 영어 번역은 Pollock, *Conversations with Stalin*에서 찾을 수 있다.

55. 스탈린이 2월, 4월, 5월에 경제학자들과 나눈 대화의 영어 번역은 *ibid*에서 찾을 수 있다.

56. 의사록은 *Stalinskoye Ekonomicheskoye Nasledstvo: Plany i Diskussii, 1947−1955gg*, Rosspen: Moscow 2017에 실렸다.

57. RGASPI, F.558, Op.11, Dd.1242−6.

58. J. Stalin, *Economic Problems of Socialism in the USSR*, Foreign Languages Publishing House: Moscow 1952. 트집 잡기식 현학적 비판을 위해서는 N. Leites, 'Stalin as Intellectual', *World Politics*, 6/1 (October 1953)을 보라.

59. K. D. Roh, *Stalin's Economic Advisors: The Varga Institute and the Making of Soviet Foreign Policy*, I. B. Tauris: London 2018을 보라.

60. Pollock, *Stalin and the Soviet Science Wars*, p.192.

61. *Ibid.*, p.207.

62. 이 교과서의 영어 번역은 다음에서 찾을 수 있을 것이다. https://www.marxists.org/subject/economy/authors/pe/index.htm. 2021년 8월 4일 검색.

63. R. B. Day, *Cold War Capitalism: The View from Moscow, 1945–1975*, M. E. Sharpe: Armonk NY 1995, pp.83–4.

나가는 글: 책을 사랑한 독재자

1. F. Chuyev, *Tak Govoril Kaganovich: Ispoved' Stalinskogo Apostola*, Otechestvo: Moscow 1992, pp.154, 190. 대화는 1991년에 있었다.

2. Litsedey: 배우를 지칭하는 러시아어. 나는 이 언급을 S. Sebag Montefiore, *Stalin: The Court of the Red Tsar*, Weidenfeld & Nicolson: London 2003, p.3에서 빌렸고, 몬티피오리는 V. Zubok & C. Pleshakov, *Inside the Kremlin's Cold War: From Stalin to Khrushchev*, Harvard University Press: Cambridge MA 1996, p.21에서 얻어왔다.

3. C. Read, 'The Many Lives of Joseph Stalin: Writing the Biography of a "Monster"' in J. Ryan & S. Grant (eds.), *Revisioning Stalin and Stalinism: Complexities, Contradictions and Controversies*, Bloomsbury Academic: London 2021.

4. R. G. Suny, *Stalin: Passage to Revolution*, Princeton University Press: Princeton 2020, pp.668–95.

5. I. Deutscher, 'Writing a Biography of Stalin', *The Listener*, https://www.marxists.org/archive/deutscher/1947/writing–stalin.htm (25 December 1947).

6. G. Roberts, 'Working Towards the *Vozhd*'? Stalin and the Peace Movement' in Grant & Ryan, *Revisioning Stalin and Stalinism*.

7. G. Roberts, *Stalin's Wars: From World War to Cold War, 1939–1953*, Yale University Press: London & New Haven 2006, pp.247–8.

추가 참고문헌

이 책의 1차 자료는 스탈린의 리치니 폰트lichny fond, 즉 개인 파일 시리즈에 있는 수많은 파일이었다. 이 기록물의 상당량이 디지털화되었고 문서들은 예일 스탈린 디지털 기록보관소Yale's Stalin Digital Archive, stalindigitalarchive.com나 그에 해당하는 러시아 정부의 기록보관소 sovdoc.rusarchives.ru에서 온라인으로 볼 수 있다. 특히 러시아의 온라인 시설은 내 연구의 마지막 단계에서 값을 따질 수 없을 정도로 매우 귀중한 것으로 밝혀졌다. 유감스럽게도 스탈린의 표시가 있는 장서[그의 포멧키pometki가 있는 도서] 중 3분의 1만이 온라인으로 이용 가능하다. 나머지는 모스크바의 '국립 사회-정치사 기록보관소'(러시아 두문자어로 RGASPI)에서 볼 수 있다. 스탈린 기록보관소의 다른 섹션들에도 100권 정도의 표시된 책들이 있으나 대부분 디지털화되지 않았다. 모스크바에 있는 '러시아 국립 역사도서관'의 '사회-정치사 센터'(구 '국립 사회-정치도서관')의 특별 컬렉션 섹션에서는 스탈린의 컬렉션에 나온, 표시가 없는 책 수천 권을 찾을 수 있다. 나는 이 책 중 몇 권을 보았으나 주로 손으로 쓴 책 제목 카드 목록들을 연구했다.

책 전체에 걸쳐 나는 독자들이 스스로 지식인으로서 스탈린의 자질을 판단할 수 있도록 그에게 자신의 목소리로 직접 말할 수 있게 했다. 나는 50년 전에 내 개인 장서를 모으기 시작했을 때 13권으로 된 스탈린 전집 영어판 중고 세트를 구입했다. 나는 그 후 수십 년 동안 이 전집에 많은 주의를 기울였다고 말할 수는 없지만, 그것은 선견지명이 있는 구매였던 것으로 밝혀졌다. 이 저술들은 스탈린의 다른 많은 글과 함께 이제 www.marxists.org에서 이용 가능하다.

내가 다른 학자들의 연구들에서 엄청난 이익을 얻은 것은 이 책 미주를 보면 분명할 것이다. 스탈린과 그의 시대에 관한 저술의 질은 정말 깜짝 놀랄 정도다. 이 연구를 읽고 풍부하게 활용하는 것은 큰 즐거움이었다. 아래는 내가 가장 유용하고 신뢰할 수 있다고 생각하는, 스탈린에 초점을 맞춘 영어책들의 목록이다. 나는 소련이 붕괴하기 전에 출간되었고 러시아 기록보관소에서 작업할 기회가 없었던 저자들의 책은 배제했다. 그러나 아이작 도이처Isaac Deutscher, 로버트 맥닐Robert McNeal, 이언 그레이Ian Grey, 로버트 터커Robert Tucker를 비롯한 많은 학자의 옛 저작들은 읽으면 여전히 큰 도움을 받을 수 있을 것이다.

Brandenberger, D., & M. Zelenov (eds.), *Stalin's Master Narrative: A Critical Edition of the History of the Communist Party of the Soviet Union (Bolsheviks): Short Course*, Yale University Press: London & New Haven 2019.

Davies, S., & J. Harris, *Stalin's World: Dictating the Soviet Order*, Yale University Press: London & New Haven 2014.

Fitzpatrick, S., *On Stalin's Team: The Years of Living Dangerously in Soviet Politics*, Princeton University Press: Princeton 2015.

Getty, J. Arch, & O. V. Naumov, *The Road to Terror: Stalin and the Self-Destruction of the Bolsheviks, 1932–1939*, Yale University Press: London & New Haven 1999.

Kemp–Welch, A., *Stalin and the Literary Intelligentsia, 1928–1939*, St Martin's Press: New York 1991.

Khlevniuk, O., *Stalin: New Biography of a Dictator*, Yale University Press: London & New Haven 2015.

Kotkin, S., *Stalin: Paradoxes of Power, 1878–1928*, Allen Lane: London 2014.

———, *Stalin: Waiting for Hitler, 1928–1941*, Penguin: London 2017.

Kun, M., *Stalin: An Unknown Portrait*, CEU Press: Budapest 2003.

Kuromiya, H., *Stalin*, Pearson: Harlow 2005.

Medvedev, R., and Z. Medvedev, *The Unknown Stalin: His Life, Death and Legacy*, Overlook Press: Woodstock NY 2004.

Pollock, E., *Stalin and the Soviet Science Wars*, Princeton University Press: Princeton 2006.

Rayfield, D., *Stalin and His Hangmen*, Viking: London 2004.

Read, C., *Stalin: From the Caucasus to the Kremlin*, Routledge: London 2017.

Ree, E. van, *The Political Thought of Joseph Stalin*, Routledge: London 2002.

Rieber, A. J., *Stalin and the Struggle for Supremacy in Eurasia*, Cambridge: Cambridge University Press 2015.

Roberts, G., *Stalin's Wars: From World War to Cold War, 1939–1953*, Yale University Press: London & New Haven 2006.

Rubenstein, J., *The Last Days of Stalin*, Yale University Press: London & New Haven 2016.

Service, R., *Stalin: A Biography*, Macmillan: London 2004.

Suny, R. G., *Stalin: Passage to Revolution*, Princeton University Press: Princeton 2020.

감사의 말

나는 책을 완성하도록 도와준 많은 사람에게 진심 어린 감사를 표하는 데 이렇게 큰 기쁨을 느껴본 적이 없다. 무엇보다도 먼저 나의 동반자이자 탁월한 편집인인 실리아 웨스턴이 있다. 실리아의 편집 방식은 스탈린의 편집 방식과 비슷하다. 책은 군더더기 말이 없도록 깔끔하게 만들어야 한다는 것이다. 그러나 편집 작업보다 훨씬 더 중요한 것은 그녀의 지적 동료애였다. 실리아는 한 박식한 독재자의 내적인 지적 생활을 더듬은 이 탐구의 단계마다 나를 추궁하고 지지했다.

내가 맞닥뜨린 가장 큰 기술적 난제는 스탈린이 손으로 쓴 글을 해독하는 것이었다. 그 점에서는 알렉산드르 포즈데예프의 도움이 필수적이었다. 필요하면 언제라도 포즈데예프와 알렉산드라 우라코바에게 번역 문제를 논의할 수 있었다.

사샤와 알렉산드라는 이 책을 바칠 모스크바 친구들이다. 책을 바칠 또 다른 이는 세르게이 리스티코프이다. 그는 사반세기 동안 내가 러시아 기록보관소에 접근하는 것을 도왔다. 돌아가신 올레크 르제셉스키 역시 모스크바에서 나를 따뜻하게 맞아주고 도움을 아끼지 않은 후원자였다.

에릭 판 레이는 시종일관 힘이 되었다. 스탈린을 한 사람의 지식인으로서 진지하게 고려하게끔 고무한 것은 스탈린의 정치사상에 관한 그의 선구적인 저서였다. 스탈린의 장서에 관한 판 레이의 연구는 값을 헤아릴 수 없을 정도로 귀중했고, 그의 조언과 많은 질문에 대한 대답도 마찬가지였다.

내가 실제로 이 책을 쓰던 팬데믹 동안 데이비드 브랜든버거는 그의 시간과 자료를 나누는 데 놀라울 정도로 관대했다. 1930년대와 1940년대의 소련 정치, 문화, 사회에 관한 그의 저술들은 나 자신의 견해를 형성하는 데 엄청나게 큰 영향을 미쳤다.

짐 코르넬리우스, 주디스 데블린, 앨프레드 J. 리버, 제임스 라이언은 책의 초고를 읽었고, 나는 그들의 예리하고 전문적인 피드백을 감사히 받아들였다. 세 번에 걸친 출판사의 검토도 마찬가지였다. 이들은 내가 무수한 오류를 범하지 않게 해주었고 책의 체계를 개편하도록 자극했다. 나는 이들 친구와 동료들의 충고를 전부는 아니지만 대부분 수용했는데, 이 결정은 전적으로 내가 책임져야 하는 것이다. 물론 오류가 남아 있다면 그것도 내 잘못이다.

많은 이가 도움을 달라는 나의 다양한 호소에 응답했다. 마이클 칼리, 홀리 케이스, 마이클 데이비드-폭스, 수전 그랜트, 프랜시스 킹, 마크 크레이머, 이레나 마카릭, 에반 모즐리, 브루스 메닝, 케빈 모건, 블라디미르 네베진, 파멜라 네빌-싱턴, 조 팻맨, 에단 폴록, 맬컴 스펜서, 드미트리 수르지크, 존 터너, 데이비드 C. 워전, 알렉세이 자도로즈니가 그들이다. 젊은 스탈린에 관한 완벽한 전기의 원고를 읽게 해준 로널드 수니에게 특별한 감사의 마음을 전한다.

나는 내 개인 도서 컬렉션에 있는 러시아어 텍스트 대부분을 모스크바에서 구입해 아일랜드의 집으로 발송했지만, 최근에는 에스테룸 서점의 레오니트 메지뵙스키가 제공한 매우 효율적인 서비스에 크게 의존했다. 나는 레닌의 사서였고 같은 자격으로 스탈린을 위해 일한 슈샤니카 마누차리얀츠의 소중한 회고록을 입수할 수 있게 해준 그에게 감사해야 한다.

다년간에 걸쳐 러시아의 사서와 기록보관인들로부터 많은 도움을 받았지만, '러시아 역사도서관'의 '사회–정치사 센터'(구 '국립 사회–정치 도서관')에서 특별 컬렉션 책임자로 일하는 이리나 노비첸코 박사에게 마땅히 특별한 감사를 표해야 한다. 2021년 9월 모스크바에서 이 책을 위한 내 연구가 막바지에 이르렀을 때 그녀는 내가 스탈린의 장서에 관해 그때까지도 끈질기게 계속된 의문들을 푸는 데 중요한 도움을 주었다.

나는 다행히도 2016년에 있었던 '더블린 역사 축제Dublin History Festival'부터 시작해서 진실을 캐고자 하는 많은 청중에게 스탈린의 장서에 관한 내 생각을 제시할 기회가 있었다. 탐페레대학교, 코크대학교, 헬싱키 고등연구협의회, 부다페스트에 있는 중부유럽대학교의 고등 연구원, 폴란드 고등 연구원에서의 발표가 그 뒤를 이었다. 2018년 3월에는 뉴욕대학교의 조던 러시아 고등 연구 센터에서 발표가 예정되었으나 갑자기 치아를 뽑게 돼 발표를 포기할 수밖에 없었다!

장서에 관해 가장 먼저 출간한 글은 예일 스탈린 디지털 기록보관소를 위해 바딤 스타클로가 부탁한 것이었다. 스타클로는 또 러시아의 동료 유리 니키포로프에게 남아 있는 스탈린의 장서 도서 목록 중 주요 부분을 음성기호로 표기해줄 것을 부탁하는 데도 중요한 역할을 했다. 영국의 '러시아·소련학 협력 협회Society for Cooperation in Russian and Soviet Studies'(구 '소련과의 문화 교류를 위한 협회Society for Cultural Relations with the USSR')는 그들의 회보에 장서에 관한 나의 글을 실었다. 또 다른 글이 '잔혹한 폭군과 책벌레'라는 제목으로 『아이리시 타임스Irish Times』 웹사이트에 게재되었다.

2019년에는 파쿤도 가르시아가 이 프로젝트에 대해 나를 인터뷰했고 아르헨티나 신문 『파히나/12Página/12』에 스탈린의 장서에 관한 기사를 게재했다. 나는 또 다행히도 '뉴스토크Newstalk'의 '토킹 히스토리Talking History'와 그 공영 방송국인 RTÉ가 제작하는 '히스토리 쇼The History Show' 같은 우수한 프로그램이 있는 나라인 아일랜드의 라디오에서 인터뷰도 했다.

이 책을 집필하는 데 필요한 연구조사를 위해서 모스크바를 빈번하게 방문하지 않으면 안 되었다. 이 여행은 코크대학교의 역사학부와 예술·켈트학·사회과학 대학의 후한 재정적 지원이 없었더라면 불가능했을 것이다.

이 책은 헤더 맥컬럼이 부탁했다. 이해하기도 쉽고 학문적이기도 한 책들을 출간하는 일에 대해 그녀가 보여준 헌신은 나를 끊임없이 경탄하게 한다. 헤더와 런던의 예일대학교 출판부에서 근무하는 그녀의 동료들에게 깊은 감사를 드린다.

헤더와 마찬가지로, 내 대리인 앤드루 로니도 내가 이 책을 출판하는 데 걸린 오랜 세월을 초인적인 인내심으로 견뎌냈다.

끝으로, 너무나 훌륭한 찾아보기를 만들어준 수전 세르토와 내가 했던 러시아어에서 영어로의 음역을 다시 한번 확인해준 스베틀라나 프롤로바에게 감사한다.

　1953년 3월 스탈린이 뇌졸중으로 갑자기 사망한 후 그에 대한 일반인의 평가는 대체로 1956년 소련 공산당 제20차 대회에서 니키타 흐루쇼프가 이른바 '비밀 연설'에서 드러낸 신랄한 비판을 되풀이하거나 확대하는 것이었다. 단순히 말해 스탈린은 '개인 숭배'를 조장하고 일인 독재 권력을 유지하기 위해 피의 숙청을 단행한, 20세기 역사상 히틀러와만 비교할 수 있는 전제군주, 악의 화신이었다는 주장이다. 사실 소련 붕괴 후 공개된 문서들에서 더욱 분명하게 밝혀졌듯이, 트로츠키나 부하린 등 그의 권좌를 위협하는 정적들을 말살했을 뿐만 아니라 '인민의 적'이라는 낙인을 찍어 적어도 수십만 명에 달하는 일반 시민을 살해한 스탈린의 행동을 보면 사람들이 그를 피에 굶주린 잔혹한 괴물로 상상하는 것도 충분히 이해된다.

　하지만 이런 시각은 스탈린이 인생의 고비마다 드러낸 여러 성격의 한 단면만 보여줄 뿐이다. 스탈린은 공산주의 혁명으로 러시아 제국의 차르 전제정 아래에서 신음하는 민중을 해방시키려 한 열렬한 정치적 행동주의자였고, 혁명 후에는 러시아 내전을 승리로 이끈 중요한 볼셰비키 지도자 중 한 명이었으며, 급속한 산업화로 후진적인 농업 국가를 탄탄한 공업 국가로 탈바꿈시킨 강력한 근대적 국가 건설자였다. 그리고 결정적으로 독소전쟁에서 히틀러를 물리침으로써 제2차 세계대전을 연합국의 승리로 이끈 뛰어난 외교관이자 전쟁 지도자였다.

영국의 러시아 전문 현대사가 제프리 로버츠는 그의 최신간 『스탈린의 서재』에서 우리에게 잘 알려지지 않은, 지식인이라는 스탈린의 또 다른 면모를 조명함으로써 이처럼 복잡하고 다면적인 그의 성격을 종합적으로 이해하려는 학자들의 학문적 노력에 또 하나의 시도를 더한다.

로버츠에 따르면, 스탈린은 한마디로 광적인 독서가였다. 혁명 이후 생활이 안정되면서 스탈린이 본격적으로 수집하기 시작한 장서는 무려 2만 5,000권의 책과 정기간행물, 팸플릿으로 확장되었다. 그는 1920년대 중반에 이미 방대해지기 시작한 이 책들을 사서를 시켜 체계적으로 분류하려고 했다. 그가 제시한 분류 체계에는 철학, 심리학, 역사학, 경제학에서부터 예술비평과 회고록, 그리고 마르크스, 엥겔스, 레닌은 물론이고 카를 카우츠키, 트로츠키, 로자 룩셈부르크 같은 저명한 반볼셰비키 사회주의자들의 저술에 이르기까지 40여 개에 달하는 분류 항목이 있었다.

스탈린은 이렇게 폭넓게 모은 자신의 책에 더해 친구나 공립 도서관에서 책을 빌려 서구와 러시아의 고전 소설과 당대 문학작품을 포함해 논픽션과 픽션을 광범위하게 탐독했다. 그리고 자신이 읽은 이 책들의 페이지에 밑줄이나 옆줄을 긋고, 번호를 매기고, 책 내용에 대한 소감을 적은 길고 짧은 문구나 혹은 '횡설수설', '쓰레기', '정확해', '동의함', '옳아'처럼 경멸과 동의를 나타내는 간단한 단어를 쓰는 등 여러 '포멧키(pometki, 표시들)'를 여백에 남겼다.

로버츠의 이 역작은 스탈린이 일생 동안 모은 다양한 저술과 책 속에 그가 남긴 이 문헌적 흔적을 꼼꼼히 탐구함으로써 그의 공적 역할을 넘어 내밀한 사고와 인격을 들여다보고자 한 하나의 야심 찬 학문적 시도라 할 수 있을 것이다.

들어가는 글과 나가는 글을 제외하고 총 7개 장으로 이루어진 이 책에서 1~3장은 스탈린의 독서 생활을 본격적으로 탐구하기 전에 혁명가로 성장하기까지 그가 받은 교육과 젊은 혁명가로서 그의 활동에 대한 전기적 서술에 치중한다. 아마도 자료 부족으로 그의 청소년 시절 독서 생활을 세밀하게 탐구하기는 거의 불가능했겠지만, 몇 가지 흥미로운 서술과 분석은 두드러진다. 한 가지는 스탈린이 혁명 이전에 북부 러시아와 시베리아 등지에서 유형 생활을 하는 동안에도 책 읽기를 결코 게을리하지 않았다는 사실이다. 예를 들어 1912년에 볼로그다의 스탈린 셋방에는 마르크스주의 문헌뿐 아니라 볼테르, 오귀스트 콩트 같은 철학자들의 저서와 오스카 와일드 같은 소설가의 문학작품도 있었고 심지어 회계, 산술, 천문학, 최면술에 관한 책도 있었다.

또 일반적으로 보통 믿어지듯이, 스탈린은 그루지야의 고리와 트빌리시의 교회 학교와 신학교에 다닐 때 거리 불량배의 우두머리나 무턱대고 나서는 과격한 행동가가 아니라 열심히 공부하고 품행이 방정한 학생이었다. 그의 학과 성적은 우수했으며 신학교에서 퇴학당한 것도 정치 활동 때문이라기보다는 시험을 치르지 않은 것이 그 이유였다. 게다가 1907년의 유명한 트빌리시 마차 강도 사건도 스탈린은 정보를 제공하고 작전을 도덕적으로 지지하는 정도에 그치는 지엽적 역할을 했을 뿐 작전을 주도하거나 직접 그 행동에 참여하지 않았다.

4장은 스탈린이 책들을 어떻게 모으고, 어디에 보관했으며, 그가 죽은 뒤에 이 책들은 어떻게 되었는지, 그가 수집한 장서의 운명에 관한 이야기로 이루어져 있다. 로버츠에 따르면, 스탈린의 장서는 도서관 같은 하나의 공간에 비치되어 있지 않았다. 그의 책은 크렘린의 집무실과 다차 두 곳, 당 중앙위원회의 총서기 집무실에 딸린 방 등 여러 곳에 흩어져 있었다. 그는 이렇듯 자신이 일상적으로 업무를 보고 생활하는 모든 곳에 책을 두었다.

1953년 스탈린이 사망했을 때 모스크바 다차의 서재에는 대형 책장이 있었고 그가 앉았던 책상들에는 다양한 종류의 책과 원고가 수북이 쌓여 있었다. 하지만 스탈린의 방대한 장서는 그의 사후, 특히 스탈린 격하 운동을 벌이던 흐루쇼프 시대 동안 여러 학술 도서관과 전문 도서관으로 흩어져버렸다. 이들 다른 도서관으로 이관된 책들이 세월이 흐르면서 얼마나 분실되었는지는 정확히 알 도리가 없지만 다행히 그중 일부, 특히 스탈린이 포멧키를 남긴 거의 400점에 이르는 책은 공산당 기록보관소에 간수되었다. 로버츠가 책을 쓰면서 핵심 사료로 이용한 자료가 바로 이것들이다.

5장과 6장에서는 스탈린이 어떤 책을 읽었고, 그 독서 행위가 스탈린의 세계관 형성에 어떤 영향을 미쳤는지를 탐구한다. 5장에 자세히 서술되어 있듯이 스탈린의 장서에서 가장 많은 권수를 차지한 것은 마르크스, 엥겔스, 레닌의 저작 같은 마르크스주의 고전들이지만, 스탈린은 역사서, 특히 고대사와 전쟁사도 열심히 독파했다. 스탈린은 자신의 최대 정적이었던 트로츠키의 저술도 꼼꼼히 읽고(스탈린의 장서에는 40여 권에 이르는 트로츠키의 책과 팸플릿이 있었다) 때로 그 주장의 타당성을 인정하는 등 정적들로부터도 기꺼이 배우고자 하는 자세를 취했다. 또 스탈린은 국정을 책임진 최고 지도자로서 정치적 현실주의, 실용주의, 전술적 유용성 같은 교훈을 찾아 마키아벨리보다 비스마르크를 더욱 가까이 들여다보려 했다.

한편 스탈린은 마르크스와 레닌처럼 고전 문학의 계몽적 역할과 연극·영화의 동원력도 충분히 이해했다. 스탈린이 소련 작가들을 "인간 영혼의 기사技師"라고 부른 것은 이런 맥락에서다. 6장에서는 이처럼 스탈린이 특히 중요한 학문 분야의 하나로 여겼던 문학계의 전문적 토론과 스탈린상 수여 심의에 관여한 정도와 방식을 분석함으로써 그가 문학작품을 광범위하게 읽으면서 소련 문단에 어떻게 영향을 미치려 했는지를 상세히 규명한다. 한 가지 분명한 결론은 스탈린은 픽션이 궁극적으로 사회주의 진보를 묘사해야 한다고 여겼지만, 당 노선을 문학에 강요하는 데는 주저했으며, 이상을 향해 단선적으로 달려가는 글보다는 복잡성, 갈등, 모순을 포착한 글을 더 좋아했다는 사실이다.

마지막 7장에서는 글을 습관적으로 뜯어고치는 편집인으로서 스탈린이야기를 다룬다. 로버츠에 따르면, 스탈린은 자신의 유명한 공식 전기인 『약전』과 공식 당사인 『단기강좌 소련 공산당사』 등의 제작 과정에 처음부터 깊숙이 개입했다. 그는 이런 노력으로 당의 역사를 지나치게 왜곡하고 단순화하는 잘못을 저질렀지만, 우리가 보통 믿듯이, 자신에 대한 개인 숭배를 스스로 조장한 것은 결코 아니었다. 스탈린은 당의 역사에서는 자신이 했던 역할을 찬미한 수많은 설명을 삭제했으며, 특히 혁명 전 당의 역사에서는 자신을 지워버리고 레닌을 당의 유일한 지휘관으로 남겨두었다. 또 전기에서도 마찬가지로 스탈린은 자신에 대한 지나친 칭송을 누그러뜨리는 대신 많은 동료 혁명가에게 공적을 돌리고 명성을 부여할 것을 고집했다.

이 흥미로운 저서에서 저자인 로버츠가 스탈린에 대해 내린 최종적 결론은 무엇인가? 그것은 스탈린이 청소년 시절부터 책 읽기에 몰두한 독서가였으며, 혁명 운동에 종사하면서부터는 많은 볼셰비키처럼 광범위한 독서가 사람들의 사상과 의식은 물론이고 본성 자체를 바꿀 수 있다고 믿은 정치적 행동주의자가 되었다는 사실이다. 그리고 스탈린은 이 독서 활동을 통해 "정서적으로도 이해력이 뛰어나고 감수성이 예민한 지식인"으로 성장했으며, 스탈린이 "수십 년간 야만적 통치를 유지할 수 있었던 것은 그 자신이 깊이 간직한 신념에 대한 정서적 애착의 힘 덕분"이었다는 것이다.

일부 독자는 로버츠의 다소 과감한 이 결론에 불편함을 느낄지도 모르겠다. 스탈린이 테러와 폭력을 일삼은 무지한 독재자, 아무런 정서적 공감 능력과 죄책감도 없는 반사회적인 사이코패스라고 믿는 독자는 더더욱 그럴 것이다. 스탈린에 대한 평가는 궁극적으로 독자 개개인의 몫이겠지만, 로버츠가 자기주장을 뒷받침하려고 의지한 수많은 문헌과 사료들을 감안하면 그의 책에서 보이는 설득력 있는 설명과 분석에 상당히 동의할 수밖에 없는 것도 부인할 수 없는 사실이다. 스탈린 개인의 전기, 스탈린 체제와 사상, 나아가 스탈린이 그 토대를 놓았던 소련 체제에 관심이 있는 연구자와 일반인들의 일독을 권한다.

김남섭

[ㄱ]